DIALOGUE SOCIAL
DANS LES PAYS DE L'ESPACE OHADA
ET AILLEURS DANS LE MONDE

LA PART DU DROIT

Colloques & Rencontres

Le secteur « Colloques et Rencontres » des éditions L'Harmattan s'est fixé pour but de publier des ouvrages universitaires à caractère collectif dans le cadre de trois rubriques thématiques :

- Lettres et sciences humaines
- Droit, économie et AES
- Sciences et santé

Ce secteur a la double vocation de donner un cadre éditorial cohérent aux chercheurs tout en permettant l'élargissement de leur audience.

Déjà parus

Sophie Hild et Louis Schweitzer (dir.), *Le bien-être animal : de la science au droit,* 2018.

Chelly-Zemni Alya et Fourtanier Marie-José (dir.), *Le mythe dans la pensée contemporaine,* 2018.

Lee Hsin-I et Xu Yiru (dir.), *Regards croisés sur la didactique, l'éducation et la culture sino-françaises,* 2018.

Debono Marc-Williams, (dir.), *Mémoires singulières, mémoires plurielles, À l'heure du dataïsme et de l'intelligence artificielle*, 2018.

Evrard Sébastien, Piotraut Jean-Luc, tafforeau Patrick, *Les aspects transfrontaliers de la contrefaçon*, 2017.

Bryant Christopher R., Loudiyi Salma, *Des espaces agricoles dans la métropolisation. Perspectives franco-québécoises*, 2017.

Bena Jonas Makamina, Kalamba Sylvain Nsapo et Verhaeghe Samuel (dir.), *Le vivre ensemble aujourd'hui. Approche pluridisciplinaire*, 2017.

Dubruc Nadine, Mekdessi Sélim, *Les entreprises libanaises et leur responsabilité sociale. Etat des lieux de la RSE*, 2017.

Coum Daniel (dir.), *Appartenance, identité et filiation. Les liens familiaux en question aux Antilles en général et en Guadeloupe en particulier,* 2017.

Beddiar Nadia (dir.), *70 ans de justice pénale des mineurs. Entre spécialisation et déspécialisation*, 2017.

Brobbel Dorsman Anne, Lapérou-Scheneider Béatrice, Kondratuk Laurent (Dir.), *Genre, famille, vulnérabilité, Mélanges en l'honneur de Catherine Philippe*, 2017.

Solbiac Rodolphe et Alaric Alexandre, *Littérature et arts postcoloniaux dans l'émergence civilisationnelle caribéenne,* 2016.

Sous la direction de
Philippe Auvergnon et Chrysal Kénoukon

DIALOGUE SOCIAL DANS LES PAYS DE L'ESPACE OHADA ET AILLEURS DANS LE MONDE

LA PART DU DROIT

L'Harmattan

5-7, rue de l'Ecole-Polytechnique, 75005 Paris

www.editions-harmattan.fr

ISBN : 978-2-343-16338-3
EAN : 9782343163383

À la mémoire d'Élise Panier,
de son travail scientifique,
de son engagement pour l'Afrique,
de sa personne.

PRÉSENTATION

Philippe AUVERGNON et Chrysal KÉNOUKON[1]

Le mot *dialogue*, « *dialog* » en anglais et allemand, « *diálogo* » en espagnol, italien et portugais, nous vient du grec « *dialogos* », formé à partir de « *dia* » signifiant à travers, entre, et de « *logos* », la parole, le discours. Il est utilisé dans le langage courant dans le sens de communication verbale entre deux ou plusieurs personnes. L'expression « dialogue social » quant à elle ne fait pas l'objet d'une définition univoque. Elle se rapporte à ce qui favorise la discussion entre différentes composantes d'une société, d'une collectivité humaine considérée comme une entité propre ; il peut s'agir de relations entre acteurs d'une entreprise ou d'un secteur professionnel donné, mais aussi, plus largement, d'échanges dans le champ social entendu du travail, de l'emploi et de la protection sociale.

Le « dialogue social » se distingue en particulier du « dialogue politique », tout en pouvant entretenir avec lui de fortes relations. Il est à ce propos intéressant d'observer le parallélisme établi par l'Organisation internationale du Travail : « *Lorsque les intérêts des différents secteurs de la société divergent, il est généralement admis que les personnes concernées doivent pouvoir exprimer leurs besoins, participer au processus décisionnel et influer sur son résultat final afin que les gouvernements et les autres décideurs trouvent un moyen terme entre les intérêts de toutes les parties concernées. Ce principe social fondamental s'applique aussi bien à l'ensemble des institutions politiques démocratiques qu'au monde du travail* »[2]. Ceci conduit

---

[1] Respectivement directeur de recherche au CNRS, membre du Centre de droit comparé du travail et de la sécurité sociale de l'Université de Bordeaux et enseignant-chercheur à l'ENAM du Bénin, directeur du Centre africain du travail de l'Université d'Abomey-Calavi.

[2] BIT, Dialogue social, Discussion récurrente en vertu de la Déclaration de l'OIT sur la justice sociale pour une mondialisation équitable, Rapport VI, CIT 102ème session, 2013, p. 5.

l'OIT à affirmer que « *le dialogue social désigne la participation des travailleurs, des employeurs et des gouvernements aux décisions relatives à l'emploi et à toute question afférente au lieu de travail. Il englobe toutes les formes de négociation, de consultation et d'échange d'informations entre les représentants des trois groupes susmentionnés qui portent sur les politiques économiques et sociales et les politiques du travail. Le dialogue social est à la fois un moyen de réaliser des progrès sociaux et économiques et un objectif en soi puisqu'il donne à la population l'occasion de se faire entendre et d'exercer une influence sur la société et le lieu de travail* »[3].

Si l'on suit l'OIT, le dialogue social est pour le moins un concept « XXL ». Indiscutablement, il inclut, sans y être réductible, la négociation collective, elle-même très polymorphe, entre employeur ou représentant d'employeurs et représentants de travailleurs, mais aussi diverses formes de « concertation sociale ». Plus qu'un ensemble de mécanismes de régulation sociale, il s'agit en réalité d'une méthode appelant un type de comportement des acteurs sociaux et, parfois, de ceux gouvernementaux. En toute hypothèse, l'expression « dialogue social » vise des processus intervenant dans le champ social éloignés de toute décision ou de tout acte de gestion d'ordre unilatéral. En même temps, un dialogue social peut précéder un acte formellement unilatéral ou s'inscrire à sa suite, accompagner sa mise en œuvre ou contribuer à son évaluation. Il peut aussi carrément constituer une alternative en conduisant à l'adoption d'un compromis, d'une position commune, voire d'une norme négociée s'imposant dans un champ donné à quelques-uns ou à tous.

Le dialogue social, ne serait-ce qu'à travers parfois son absence, est une préoccupation majeure dans nombre de pays du monde. En tous cas, il fait aujourd'hui l'objet d'une véritable promotion de la part de différentes organisations internationales. A l'occasion de la parution d'une publication commune avec l'Organisation de coopération et de développement économique (OCDE)[4], le Directeur général de l'OIT

---

[3] *Idem.*

[4] OIT et OCDE, Concrétiser le travail décent et la croissance inclusive : les avantages du dialogue social (www.theglobaldeal.com/app/uploads/2017/09/Thematic-Brief-Achieving-Decent-Work-and-Inclusive-Growth_The-Business-Case-for-Social-Dialogue-2.pdf).

n'a ainsi pas hésité à vanter le fait qu' *« un vrai dialogue social peut être mutuellement avantageux pour les gouvernements, les entreprises, les travailleurs et la société tout entière »*, qu'il peut « *favoriser la productivité et la croissance durables des entreprises et aboutir à de meilleurs niveaux de formation et de qualification des travailleurs », voire « en période de baisse d'activité, conduire à des négociations sur la protection de l'emploi en échange de réductions temporaires de la durée du travail et des salaires* »[5]. Le dialogue social serait-il en train de devenir l'alpha et l'oméga de toute régulation économique et sociale, le mode privilégié de gouvernance du social par temps de crise et/ou le meilleur moyen de faire « passer les pilules les plus amères » ?

L'appel au dialogue social est tout particulièrement en vogue en Afrique, singulièrement dans les pays dits de l'espace OHADA, c'est-à-dire de l'Organisation pour l'Harmonisation en Afrique du Droit des Affaires. Paradoxalement cette dernière n'a pas pour priorité particulière le développement du dialogue social. Son objectif est « *la facilitation des échanges et des investissements, la garantie de la sécurité juridique et judiciaire des activités des entreprises. Le droit de l'OHADA est ainsi utilisé pour propulser le développement économique et créer un vaste marché intégré afin de faire de l'Afrique un pôle de développement* »[6]. Toutefois, pareil objectif ne peut être sérieusement poursuivi si, parallèlement, des assurances ne sont pas données aux investisseurs sur la qualité du climat non seulement économique mais aussi social[7]. Précisément, nombre des dix-sept États membres de l'OHADA[8] ont été secoués ces dernières années ou sont encore régulièrement confrontés à d'importantes crises sociales,

---

[5] *Cf.* G. Ryder, Directeur général de l'OIT. Communiqué de presse de l'OIT, 18 septembre 2017 (www.ilo.org/global/about-the-ilo/newsroom/news/WCMS_575468/lang--fr/index).

[6] *Cf.* http://www.ohada.com.

[7] *Cf.* not. P. Ayangma Amang, « Les attentes des investisseurs face aux risques juridiques et judiciaires dans l'espace OHADA : témoignage et expérience de terrain », in L. Cadiet (coord.), *Droit et attractivité économique : le cas de l'OHADA*, IRIS éditions, 2013, p. 19-28.

[8] Pour rappel les États membres de l'OHADA sont les suivants : Bénin, Burkina Faso, Cameroun, Comores, Congo, Côte d'Ivoire, Gabon, Guinée Bissau, Guinée, Guinée Equatoriale, Mali, Niger, République Centrafricaine, République démocratique du Congo, Sénégal, Tchad, Togo.

aux risques politiques qu'elles emportent et aux drames humains qu'elles génèrent.

Si l'on parle beaucoup de dialogue social en Afrique, s'y engage-t-on vraiment ? Les pouvoirs publics ainsi que les organisations d'employeurs et de travailleurs ne semblent pas toujours avoir la volonté de dialoguer, de négocier, de trouver des compromis constructifs. Sans parler de situations délétères résultant de conflits armés, d'instabilités politiques ou d'une corruption érigée en système, au sein d'un certain nombre d'États de la région prévaut parfois encore une conception du pouvoir peu favorable à l'écoute des revendications sociales des travailleurs et des besoins des acteurs économiques.

Outre le manque de volonté politique et de tradition de dialogue entre acteurs sociaux et gouvernementaux, les institutions et techniques nécessaires au développement du dialogue social ne semblent pas toujours disponibles ou bien, parfois, être mobilisées à d'autres fins. Lorsque c'est le cas, sans surestimer la place du droit, il est permis de s'interroger sur la pertinence, l'effectivité et l'efficacité des dispositions juridiques prises en faveur du dialogue social. C'est précisément ce questionnement qui a été initié lors d'un colloque international organisé dans le cadre du Centre africain du travail de l'Université d'Abomey-Calavi avec la collaboration du Centre de droit comparé du travail et de la sécurité sociale de l'Université de Bordeaux et le Centre de recherche interdisciplinaire Droit, Entreprise et Société de l'Institut de l'Université Catholique de Louvain. Le dialogue s'est poursuivi jusqu'à aboutir au présent ouvrage articulé en quatre parties principales.

La première partie réunit des contributions générales relatives à la problématique, aux spécificités et enjeux dans le contexte africain. **Aminata Cissé** (Université Cheikh Anta Diop de Dakar) nous propose quelques grandes pistes de réflexions sur un concept de dialogue social apparaissant aussi bien à géométrie variable que porteur de pratiques diverses. Elle souligne combien le symbole de l'arbre à palabres peut sembler favorable à l'épanouissement du dialogue social en Afrique, mais aussi qu'il s'agit là d'une question technique qui ne peut éviter celle des préalables de l'organisation et des objets dudit dialogue social. **Adelle Blackett** (Université McGill de Montréal) nous alerte sur des dysfonctionnements de ce dernier, certes également observables dans d'autres espaces géopolitiques. Elle estime toutefois, en ce qui concerne l'espace OHADA, qu'ils imposent de « replacer l'interrogation sur le dialogue social dans celle, plus large, de l'adéquation d'un droit du travail » fondé sur la figure du « travailleur-citoyen industriel ». Elle appelle les acteurs africains à une réappropriation du dialogue social. Sur la lancée, de façon sans doute quelque peu dérangeante pour un lecteur européen ou américain « politiquement correct », **Armel Brice Adanhounme** (Université du Québec à Trois-Rivières) propose de référer la pratique du dialogue social à la réalité ethnique. Constatant l'inexistence d'une identité nationale, « homogène et égalitaire pour tous », il souligne que « l'ethnicité a encore sa place dans un dialogue social inclusif et ouvert en Afrique subsaharienne ». Enfin, **Elise Panier** (Universités de Bordeaux et Montréal) attire notre attention sur le développement de zones franches d'exportation en Afrique subsaharienne. Leur institutionnalisation par la loi organise une sorte de frontière juridique et administrative interne aux pays d'accueil. Il y a là souvent des espaces pour un dialogue social « en mode mineur » qui, paradoxalement, peuvent être eux-mêmes objet d'un dialogue social.

La deuxième partie de l'ouvrage est consacrée aux approches des institutions internationales ou régionales du dialogue social. **Angelika Muller** (Département de la gouvernance et du tripartisme du BIT) après avoir rappelé l'attachement historique de l'Organisation internationale du Travail au modèle tripartite de dialogue social, met en évidence des tendances régionales *via* un bilan des ratifications des normes internationales pertinentes, en soulignant les progrès de l'institutionnalisation du dialogue social en Afrique tant au niveau régional et sous régional qu'au plan national. En pointant toutefois dans ces institutions la sous-représentation des femmes, elle relève parmi les principaux thèmes traités, les politiques d'emploi et les réformes du droit du travail. **Dorothé Sossa** (Secrétaire permanent de l'OHADA), en réponse à un certain nombre de critiques « en extériorité de l'organisation à la question du dialogue social », tient à rappeler que les fondateurs de l'OHADA en 1993 ont prévu que le droit du travail fasse l'objet d'un acte uniforme. Il indique à la fois les raisons qui ont retardé l'adoption du projet d'acte ayant fait quasi consensus en 2010 et le fait que le projet ne serait absolument pas enterré. Il en profite pour souligner combien ce projet est largement marqué au sceau de la négociation sociale et est porteur de diversification des instances de dialogue social dans l'entreprise et au plan national. Enfin, **Birane Thiam** (Secrétaire permanent du Conseil du travail et du dialogue social de l'UEMOA), après avoir rappelé les conditions de création dudit Conseil et les principes directeurs du dialogue social au sein de l'UEMOA, analyse les contraintes, les raisons de faiblesse et les opportunités de développement du dialogue social, en insistant tout particulièrement sur les enjeux en termes de prévention des conflits, de contribution à la paix sociale et au développement économique.

La troisième partie est constituée de contributions portant sur le cadre national et la situation du dialogue social dans divers États de l'espace OHADA. Les trois premières concernent des pays d'Afrique centrale, sous-région apparaissant parfois plus réservée que l'Afrique de l'Ouest en matière de liberté syndicale, d'organisation des travailleurs et des employeurs. Pareil présupposé n'est pas véritablement démenti par les observations sur la situation camerounaise de **Jean-Marie Tchakoua** (Université de Yaoundé II). Si ce dernier retient l'idée d'une responsabilité du droit dans l'état de crise dans lequel se trouve le dialogue social au Cameroun, il appelle à garder en tête combien l'élaboration comme la mise en œuvre du droit est avant tout chose humaine, responsabilité des politiques d'aujourd'hui et legs de l'histoire. L'auteur rappelle en particulier que « depuis la période coloniale, c'est par le droit que les pouvoirs publics ont combattu les syndicats et affaibli le syndicalisme ». Se penchant sur la situation au Gabon, **Augustin Emane** (Université de Nantes) souligne le contraste existant entre discours des acteurs gouvernementaux mais aussi sociaux invoquant en permanence le « dialogue social » et la faiblesse de ce dernier en pratique, faiblesse imputée par lui, notamment, à la rigidité d'un droit du travail gabonais avant tout étatique. Il décèle toutefois quelques possibilités de développement d'un « véritable dialogue social ». Enfin, à propos de la République Démocratique du Congo, **Joseph Loko** (Université de Kinshasa) confirme à la fois l'existence d'un cadre juridique du dialogue social relativement formel, des progrès dans la reconnaissance effective d'instances et d'acteurs nécessaires à tout début de dialogue social et le maintien d'écueils, de fait ou de droit, à son existence, notamment dans le secteur public avec le « filtre de l'enregistrement » par l'État des syndicats.

Les contributions ultérieures concernent des États d'Afrique de l'Ouest. **Nanga Silué** (Université Alassane Ouattara de Bouaké) alerte, de façon liminaire et générale, sur la fausse piste qui relierait pratique ancestrale de l'arbre à palabres - sous lequel ne se trouve aucune femme ! - et dialogue social d'aujourd'hui. Pour ce qui est de la Côte d'Ivoire, il montre qu'historiquement le droit n'a poursuivi que l'étouffement du dialogue social, estimant qu'aujourd'hui, paradoxalement, il en assure la promotion. **Mohamed Bachir Niang** (Université Cheikh Anta Diop de Dakar) indique que le Sénégal partage avec d'autres États de la région une certaine conception du droit du travail et donc du dialogue social, du fait de la colonisation mais aussi de l'intégration économique et juridique actuelle. Mais l'effectivité et la pertinence du dialogue social dépendent largement des réalités nationales. S'il constate au Sénégal une forme « d'ancrage par le droit », il n'en souligne pas moins le besoin d'un approfondissement du dialogue social par une restructuration de son régime juridique. Pour sa part, **Paul Kiemde** (Université de Ouagadougou II) met en miroir la multiplicité des instances permanentes ou *ad hoc* qui sont censées concourir au dialogue social au Burkina-Faso, avec leurs faibles performances en la matière. Il attribue notamment ce déficit au manque de consensus sur les valeurs en jeu et les objectifs, mais aussi à une « faible lisibilité » des politiques sociales aussi bien de l'État que des entreprises. Un certain nombre d'évolutions normatives pourraient néanmoins contribuer à renforcer l'assise juridique du dialogue social au Burkina. **Dianguina Tounkara** (Université de Bamako) n'hésite pas à parler de « dialogue social dénaturé » au Mali. L'examen empirique conduit notamment au constat de l'exclusion de fait de certaines confédérations syndicales de travailleurs, d'un confinement souvent du dialogue social dans une « fonction quasi-ornementale », en tous cas d'une très difficile mise en œuvre dans les branches et dans les entreprises. L'auteur s'attache, par ailleurs, à mettre en exergue les conditions d'une refondation du dialogue social au Mail qui passe, selon lui, en particulier par des choix courageux des pouvoirs publics en matière de représentativité syndicale. **Komi Wolou** (Université de Lomé) tient à rappeler que le droit n'est qu'un « des facteurs susceptibles de favoriser ou d'entraver le dialogue social ». Toutefois, s'il est le « reflet de réalités sociologiques », il a aussi pour mission de faire évoluer, si nécessaire, les comportements. Dans une telle approche, il remarque que le droit togolais incite de façon significative au dialogue social sans toutefois, ou de façon encore bien trop marginale, obliger au dialogue. Enfin, **Roch David Gnahoui** (Université d'Abomey-Calavi) constate lui-même à propos de la situation béninoise que si le dialogue social est « bien encadré par le droit », il existe de fait une pratique de l'échange, de la négociation et du compromis tout à fait insuffisante, voire une pratique dévoyée du fait de l'émiettement syndical, de la politisation des revendications, plus généralement d'un manque réciproque de confiance entre acteurs sociaux, mais aussi entre gouvernement et syndicats. Il rappelle également, à juste titre, l'importance de l'information et de la formation des acteurs au dialogue social.

La quatrième partie de l'ouvrage réunit des contributions relatives au dialogue social « ailleurs qu'en Afrique ». L'objectif est en effet non seulement d'offrir un panorama intra-africain mais aussi de permettre la comparaison avec des systèmes non africains contemporains, ne se limitant pas aux « exemples » des ex-puissances coloniales ayant sévi en Afrique subsaharienne. C'est ainsi que si la situation actuelle du droit du dialogue social en Belgique, Espagne, France, Portugal et Royaume-Uni fait l'objet d'observations, il en va aussi de ce qui prévaut aujourd'hui au Brésil, au Canada et en Chine, tous pays commerçant également avec des pays de l'espace OHADA.

Gilles Trudeau (Université de Montréal) nous alerte d'entrée sur le fait qu'au Canada l'expression « dialogue social » est fort peu utilisée ; sa réalité se concrétise essentiellement dans la négociation collective d'entreprise. A compter de 1944, on est ici passé de la tolérance à la reconnaissance, puis à l'encouragement. La liberté d'association et de négociation collective sont élevées au rang de libertés fondamentales, mais la concertation sociale tripartite comme la négociation au niveau sectoriel ou national ne fait quasiment pas partie des réalités canadiennes, hors la province du Québec. **Pierre-Paul Van Gehutchen** (Université catholique de Louvain) insiste sur le fait qu'il n'y a « pas de dialogue social sans forces sociales » ; il en profite pour rappeler comment à la fin du XIXème siècle, la « question sociale » a mis « le feu à la maison Belgique », et comment, sur la lancée, adviendra la figure de la « convention collective ». Il nous dit après ce premier temps de mise en forme du dialogue social, quels en sont aujourd'hui les acteurs, les instances et les produits. **Valérie Lacoste-Mary** et **François Petit** (Université de

Bordeaux) traitent respectivement de l'espace et des transformations en cours du dialogue social en France. La première souligne la diversité des niveaux de négociation collective et combien dans ce pays la représentativité des acteurs, aussi bien syndicaux que patronaux, est devenue un pivot du système. Le second se focalise sur le renouvellement des objets mais aussi des formes du dialogue social, s'aventurant à parler de « dialogue social informel » et soulignant, avant même les ordonnances « Macron » du 22 septembre 2017, la facilitation actuelle de la négociation dérogatoire. **José Luis Gil y Gil** (Université d'Alcala de Henares) rappelle qu'en Espagne c'est avec la transition démocratique initiée en 1975 qu'une politique de dialogue et de concertation sociale a été développée. Cette orientation a été accompagnée et facilitée par le passage d'un syndicalisme de type révolutionnaire à un syndicalisme de négociation. Se référant aux travaux de l'OIT concernant la définition mais aussi les conditions préalables et les modalités du dialogue social, l'auteur indique les principales figures de dialogue social tripartite ou bipartite développées ces quarante dernières années en Espagne. **Jo Carby-Hall** (Université de Hull) souligne qu'au Royaume-Uni les syndicats ont connu, depuis la fin des années 1970, un déclin continu d'influence ; ceci a eu d'indéniables conséquences sur le dialogue social. Faut-il encore savoir, à propos de ce dernier, de quelle forme ou de quel produit l'on parle : de participation ou de consultation des travailleurs ou encore de « *gentlemen's agreement* », exécutoire sur l'honneur mais pas en Justice ? L'auteur insiste surtout, avec un indéniable humour « post-Brexit », sur « les changements du dialogue social venus de l'extérieur », c'est-à-dire liés à la transposition en droit interne britannique de normes européennes. **Antonio Monteiro Fernandes** (Institut universitaire de Lisbonne) nous propose un exercice comparatif concernant le Brésil et le Portugal, en n'oubliant pas de rappeler à titre préliminaire le lien triangulaire ayant réuni, au temps de la traite et de l'esclavage, ces deux pays à l'Afrique. Ceci ne lui interdit pas à propos du dialogue social présent de souligner la grande différence existant quant à la situation syndicale. Le Brésil est encore marqué par le modèle corporatiste et l'on s'interroge, de façon justifiée, sur son respect des principes de la convention OIT n° 87. Rien de tel au Portugal où la négociation tripartite s'étend aujourd'hui à pratiquement tous les domaines de la gouvernance du social. Enfin, **Aiqing Zheng** (Université Renmin de Pékin) nous propose un bilan critique de trois formes de dialogue social en Chine : tout d'abord l'instance multi-niveaux dénommée « réunion tripartite de coordination des relations de travail », jouant un rôle surtout de résolution des conflits sociaux, puis la consultation ou la négociation collective pouvant exister dans quelques branches ou grandes entreprises, enfin « l'assemblée des délégués du personnel ». L'auteur avec réalisme et/ou modestie estime que « la Chine a du chemin à faire » pour trouver des modalités de dialogue social à la fois respectueuses de sa propre histoire et voisines des conceptions en la matière de l'OIT. On sait cependant que la Chine, si elle pense y avoir intérêt, apprend très vite...

In fine on trouvera associée à quelques observations conclusives, la contribution d'un juriste non travailliste, **Joseph Djogbenou**, relative à « l'après dialogue social ». Des juristes travaillistes pourront s'émouvoir non pas de voir développer une réflexion sur les droits des parties dans le cadre de l'exécution de l'accord intervenu, mais en cas de remise en cause de l'accord. S'il faut ici entendre que tout accord peut faire l'objet d'une renégociation d'adaptation si l'ensemble des parties le souhaitent, il convient de retenir, surtout, comme essentiel à tout dialogue social, le respect de la parole donnée et des engagements pris. Si tel n'est pas le cas, tout « après du dialogue social » est synonyme de relance d'une conflictualité sociale porteuse non pas d'avancées sociales mais d'embourbements, de surplace sociétal.

Lecteurs soyez en avertis, qu'on se situe au niveau de l'entreprise ou d'un secteur professionnel, au plan national comme international, le dialogue social pour exister et perdurer ne peut être un truc, un prétexte, un leurre, une occupation institutionnelle. Il doit être animé de la reconnaissance des différences d'intérêt clairement identifiés, du respect de l'autre et de la volonté de construire ensemble.

PROBLÉMATIQUE, ENJEUX ET SPÉCIFICITÉS

DIALOGUE SOCIAL : QUELQUES PISTES D'ÉCHANGES SUR UN CONCEPT A GÉOMETRIE VARIABLE ET DES PRATIQUES POLYMORPHES

Aminata CISSÉ NIANG[1]

Osons une question impertinente : le dialogue social mérite-t-il tous les séminaires, colloques et ouvrages qui lui sont consacrés ? La réponse ne peut découler que d'un certain nombre de considérations théoriques et pratiques[2]. Toutefois, il est permis d'emblée de rappeler que l'existence d'un consensus ne résout pas toutes les difficultés. Car s'il y a un consensus sur la nécessité d'un dialogue social dans le monde professionnel en raison de réelles difficultés et de la violence qu'elles engendrent, il reste quand même beaucoup à dire sur ce processus de prévention des conflits et de régulation sociale.

Tout le monde a une certaine représentation du sujet. Tout le monde sait ou croit savoir ce que dialoguer signifie ou, au moins, possède une certaine intuition sur ce qu'est le dialogue social. De la multiplicité ou diversité à la fois conceptuelle et pratique découle un premier questionnement : qu'est-ce que le dialogue social ? Il s'agit avant tout d'une pratique qui se situe aux antipodes du conflit. Ce procédé est souvent érigé en panacée dans un contexte de crise et de divergences profondes que les lois ne permettent pas de prévenir ou de résoudre.

L'un des premiers enseignements que nous recevons en Faculté de droit est la célèbre formule de Lacordaire « (...) c'est la liberté qui

---

[1] Enseignante à l'Université Cheikh Anta Diop de Dakar.

[2] *Cf.* not. A. Cissé Niang, « A propos du dialogue social », Revue sénégalaise de droit et de sciences politiques, 2014, n° 12, p. 273 et s.

opprime, la loi qui affranchit». En ces temps de grandes turbulences, surtout dans le champ professionnel, ne faut-il pas revisiter cet adage ? Le dialogue social fait appel à la volonté qui ne s'exprime que parce qu'on est libre. Le législateur lui-même semble l'avoir compris dans tous les pays où la négociation est aujourd'hui largement encouragée. La loi se fait plus modeste pour laisser les acteurs sociaux s'exprimer librement. Ce droit d'expression et de participation, exigence d'ordre démocratique et de bonne gouvernance, promu par le droit international du travail – pensons notamment aux conventions de n° 144 et 154 sur les consultations tripartites et la négociation collective, ne trouve-t-il pas sa forme la plus complète dans le dialogue social ? Ce dernier est aussi indiscutablement un instrument de régulation sociale ; il vise et doit permettre de trouver et de maintenir certains équilibres. Mais, au-delà de la prévention ou de la résolution des conflits, la réflexion concerne d'autres pans du droit des relations de travail. Il emporte en réalité une revivification des sources du droit social.

Le dialogue social ne manque donc pas de fondements juridiques, *nonobstant* le fait que dans de nombreux États, certaines conventions de l'OIT n'ont pas été ratifiées. L'intégration dans la catégorie des normes fondamentales des conventions n° 87 et n° 98 permet de combler les vides. Le dialogue social bénéficie aussi d'une grande légitimité du fait de son appropriation par le monde professionnel qui a créé autour du concept un consensus pour une large autonomie normative.

Dès lors on ne doute pas que le dialogue social mérite une réflexion menée tant au regard de la théorie juridique qu'en référence aux différentes expériences nationales, communautaires ou internationales. L'aspect pratique ou le « vécu » en la matière est tout aussi important que les considérations théoriques. Il faut en tous cas oser saisir l'opportunité de réflexions et d'échanges dans un contexte africain souvent socialement tendu mais dans lequel on considère, traditionnellement, que le dialogue est une grande vertu. Le symbole « de l'arbre à palabres » est assez répandu. Sous ce dernier, beaucoup de problèmes trouveraient une solution. Certes, l'image peut demeurer mais il faut veiller cependant à des adaptations certaines. Ceci nous permet en tous cas de souligner la dimension culturelle du dialogue social, largement reconnue en Afrique comme ailleurs.

La réflexion doit d'abord, nous semble-t-il, porter sur les difficultés conceptuelles ; il faut en effet s'entendre sur la notion de dialogue social, au besoin en en regroupant toutes les acceptions (I). Il faut ensuite envisager la question très concrète mais aussi très technique de l'organisation du dialogue social (II), avant de s'interroger sur l'efficacité du dialogue social et ses présupposés : principes moraux et règles de conduite doivent gouverner le dialogue qu'elle qu'en soit la forme (III). Enfin, dès lors qu'aucun espace de décision politique ou économique régional ne peut ignorer ce phénomène des temps modernes, les perspectives communautaires devront être évoquées (IV).

I - LE DIALOGUE SOCIAL : QUELLE DÉFINITION ?

Le dialogue social est devenu un véritable slogan. Il est évoqué à tous propos par les autorités publiques comme par les acteurs sociaux, dans le cadre ou en direction du monde du travail. Mais l'on ne songe généralement pas à le définir. Il n'y a ni définition, ni conception uniforme du dialogue social[3].

Le dialogue social est conçu à la fois comme une méthode, une ambition et une fin en soi. Chacune de ces idées apparaît nettement ou transparaît dans les discours mais aussi dans les instruments, nationaux et internationaux. Dans la plupart des pays africains, y compris au Sénégal, il n'y a pas de lois expressément consacrées au dialogue social. L'absence de texte entraîne en conséquence une absence de définition légale. A l'opposé des législateurs africains quelque peu indifférents ou négligents, les législateurs occidentaux en traitent et permettent ainsi l'institutionnalisation d'un dialogue social au plan national ou régional ; on relèvera toutefois, à titre indicatif, que les textes français mettent en exergue la concertation et la

[3] *Cf.* N. Maggi-Germain, « Sur le dialogue social », *Droit social* 2007 p 798 ; Ph. Martin, « Dialogue social et régulation juridique, une problématique européenne » *in Le dialogue social, modèles et modalités de la régulation juridique en Europe*, Presses Universitaires de Bordeaux 2007, p 54 et s ; R. Escudero Rodriguez, « Quelques réflexions sur le dialogue social : signification, portée, faiblesses et risques » in *Le dialogue social, modèles et modalités de la régulation juridique en Europe*, *op. cit.*, p. 63.

négociation mais ne définissent pas non plus la notion de dialogue social. Ceci ne semble pas être une préoccupation majeure lors de la rédaction et de l'adoption des textes.

Dans cette quête de la signification du concept, on est amené à se tourner naturellement vers ceux pour qui le processus présente un intérêt particulier. Ainsi, l'apport des partenaires sociaux eux-mêmes ne saurait être négligé. Par exemple au Sénégal, c'est une Charte interprofessionnelle de 2002 qui fonde le dialogue social. Cette Charte n'aborde pas directement la question de la définition du dialogue social ; elle indique cependant que son objet est de renforcer le dialogue social, notamment la négociation collective, et d'aider à la prévention et à la résolution des conflits par la conciliation. En pratique, les partenaires sociaux conçoivent le dialogue social très souvent comme la négociation collective, mais parfois aussi comme un rapport de force. En effet, il suffit de les observer pour constater que pour dialoguer, les syndicats se mettent paradoxalement dans une logique de confrontation des différents intérêts en cause alors qu'il faudrait chercher à les concilier.

Pour la doctrine, le dialogue social est un phénomène qui vise à réguler le champ social. Ainsi, Alain Supiot le présente comme une machinerie qui canalise les forces collectives pour les mettre au service du droit[4]. L'idée est qu'il s'agit d'un système qui vise à faire participer chacun à l'élaboration de la norme juridique. En cela, le dialogue social marque un tournant historique dans l'évolution des relations collectives et dans les modalités de production des normes du travail.

Le Bureau international du Travail, pour sa part, définit le dialogue social de manière large et empirique : il s'agit de tous types de négociation, consultations, échanges d'informations entre les représentants des travailleurs et des employeurs sur des questions relatives à la politique économique et sociale présentant un intérêt commun[5]. Cette définition a été reprise par l'acte additionnel du 17 mars 2009 portant création du Conseil du travail et du dialogue social

---

[4] A Supiot, *Critique du droit du travail*, PUF 2002, préface p x et s.
[5] www.itcilo.org.

(CTDS) au sein de l'Union économique et monétaire ouest-africaine (UEMOA). Cette définition a le mérite d'être « englobante » et de conférer un statut à tout échange survenant entre partenaires sociaux. Cela signifie que le dialogue social se ramène à la fois à tout et rien, en étant susceptible d'emprunter des formes variables. Il faut donc essayer de saisir le dialogue social à travers ses différents aspects ; mais il faut rappeler avec insistance que le dialogue social ne se résume pas à la négociation collective parce que son objectif n'est pas forcément de parvenir à un accord. Il n'en reste pas moins cependant que certains systèmes juridiques pourraient en avoir une conception plus restrictive et faire le choix d'assimiler les deux.

Le dialogue social peut consister dans un simple échange d'informations. Ceux qui détiennent des informations, évidemment surtout les dirigeants de l'entreprise, doivent informer de manière sincère les représentants des salariés ainsi que l'État si ce dernier est partie prenante au dialogue. Cette information est souvent d'ailleurs une obligation légale qui doit être respectée périodiquement, par exemple dans le cadre de l'élaboration d'un « bilan social ». En tous cas, il faut insister davantage sur la qualité de l'information que ses modalités de transmission. Une fois l'information donnée, deux hypothèses sont envisageables : soit on en reste là, sans ouvrir une discussion ce que l'on imagine difficile notamment dans un contexte d'entreprise en difficultés, soit à l'inverse, une concertation s'en suit, permettant ainsi de dépasser l'étape de la simple information pour envisager des échanges. Le dialogue prend alors une signification lorsque des points de vue sont exprimés de part et d'autre.

La concertation, qui n'est pas un terme forcément juridique, a trouvé un terreau fertile dans le champ social. Elle est définie comme une relation d'échange et de dialogue. La concertation mène inéluctablement au dialogue et à la négociation. En France, elle est érigée en préalable à tout projet de réforme portant sur les relations individuelles et collectives, l'emploi et la formation professionnelle. Au Sénégal, les partenaires sociaux semblent assimiler concertation et consultation. Il y a peut-être juste une question de choix sémantique ou alors une question de degré. Des efforts de clarification ne seraient pas ici aussi inutiles.

Ce qu'on ne peut pas occulter, c'est le dialogue social en tant que procédé alternatif de règlement des conflits. Le dialogue social recoupe alors la conciliation, la médiation et l'arbitrage. Les législations nationales diffèrent de ce point de vue. Toutes ces méthodes de résolution des conflits ne sont pas obligatoires pour les parties en conflit ou toujours prévues par la loi ; c'est ainsi qu'au Sénégal, l'arbitrage a été supprimé en tant que procédure légale de règlement des différends du travail. Cependant, il faut constater l'actualité de ces modes alternatifs de résolution des conflits. Il est évident que les dirigeants d'entreprise entendent bien minimiser les coûts des procédures contentieuses. Les salariés ont eux-mêmes intérêt à un traitement rapide de leurs prétentions. Si la médiation et l'arbitrage sont souvent en quête d'une véritable place dans les rapports professionnels, on ne peut en aucun cas occulter l'intérêt pratique de tels instruments de régulation sociale et, par-delà de toutes formes de dialogue social. A propos de ce dernier il faut se résoudre à constater que la palette est large, que différents types d'actes de portée variable permettant d'en rendre compte[6]. Il convient alors d'interroger le concept *via* son organisation ou son encadrement.

II - L'ORGANISATION OU L'ENCADREMENT DU DIALOGUE SOCIAL

Il faut d'abord voir que le dialogue social peut être informel. Dans ce cas, il n'obéit à aucune règle particulière. Mais dès lors qu'il s'agit d'un dialogue institutionnalisé dans un souci de pérennité, il est évident qu'il doit être encadré. Néanmoins, le régime ne doit pas être rigide. Chaque pays ayant ses particularités, on ne peut qu'évoquer quelques questions communes mais fondamentales concernant, notamment, la détermination des acteurs, les sujets et le cadre du dialogue social.

Il y a sans doute beaucoup à dire sur les acteurs. Tout naturellement, ce sont les partenaires sociaux ou acteurs des relations professionnelles qui sont concernés au premier chef. Il s'agit des représentants des salariés et de ceux des employeurs. Pour les nommer

---

[6] *Cf.* A. Cissé Niang, « A propos du dialogue social », *op. cit.*, p. 281 à 284.

plus précisément encore, ce sont les syndicats de travailleurs et les organisations d'employeurs. Le dialogue est alors bipartite. On admet aisément un tel face à face pour le traitement des questions spécifiques à l'entreprise. Ce premier niveau de concertation et de négociation est tout fait vital pour l'entreprise elle-même car sa survie dépend bien souvent d'un climat favorable à la production.

Toutefois, il arrive que l'État lui-même puisse être interpellé dans le cadre de certaines concertations, notamment lorsque sont abordés des sujets d'intérêt général. Le rôle de l'État peut alors s'avérer important, voire même déterminant, à différentes étapes du processus. Son intervention, officielle ou officieuse, donne au dialogue un caractère tripartite. En réalité, en matière de dialogue social en Afrique, le tripartisme domine largement. Le tripartisme constitue une règle fondamentale en la matière. C'est si évident pour les différents acteurs eux-mêmes qu'ils ne peuvent parfois même pas envisager un seul instant de déroger à ce modèle.

Il semble bien que tout doive se construire autour de ce principe essentiel de fonctionnement si cher à l'OIT, aux États et aux acteurs professionnels. Mais, pour autant, faut-il en rester là ? Le dialogue social doit-il exclure tout autre acteur ? N'y a-t-il pas d'autres voies que le bipartisme ou le tripartisme ? L'interrogation est suscitée par une considération importante et quelques constats. Le BIT semble admettre le « tripartisme plus » ; cela s'est aussi concrétisé dans l'Acte additionnel de l'UEMOA qui prévoit un quatrième membre au sein du CTDS : la société civile. La position de l'organisation reste cependant feutrée. Le rôle de ce membre au sein du Conseil suscite bien des controverses. Sa présence est contestée par les acteurs traditionnels qui craignent une immixtion inopportune.

Il faut pourtant constater le phénomène de décloisonnement et d'ouverture qui s'est dessiné au plus haut niveau. Les questions sociales, surtout quand elles dérivent vers des considérations sociétales, environnementales et financières fortes, impliquent d'autres organismes et acteurs que ceux qui sont connus historiquement. Le Niger semble avoir admis cette nouvelle donne car la société civile a trouvé sa place dans le cadre du dialogue social. L'efficacité de l'action d'associations diverses (associations de parents d'élèves, de femmes, de chefs coutumiers, etc.) dans le dénouement de certaines crises a convaincu de la nécessité de les impliquer de manière plus formelle. La question ne continue pas moins de se poser de savoir qui est cette « société civile », cette composante se présentant parfois de manière très « effritée » et son intervention emportant parfois quelques risques de perversion.

En ce qui concerne les représentants syndicaux, la question de la représentativité se pose ici, comme en matière de négociation collective, de manière lancinante. Il y a là une préoccupation récurrente, souvent source de contestations ou de contentieux en raison des nombreux privilèges ou prérogatives que confère la qualité d'organisation représentative. L'exigence de représentativité ne demeure pas moins une nécessité qui n'est presque jamais remise en cause. Sans doute les syndicats préfèrent-ils eux-mêmes « jauger » leur poids ou leur importance. Ce qu'ils contestent, ce sont souvent les règles ou les procédures conduisant à la détermination de la représentativité. L'implication de l'administration est souvent regardée avec beaucoup de suspicion. Le patronat pour sa part, ainsi que l'État quand il est partie aux concertations et négociations, éprouvent des réticences à élargir le cercle de leurs interlocuteurs. Comment déterminer la représentativité demeure une difficulté. Certains pays notamment le Bénin, le Sénégal ou le Togo ont entrepris de régler le problème par la voie électorale à l'échelle nationale. Malgré cela, le débat reste parfois encore ouvert. Par ailleurs, il faut aussi admettre que la question de la représentativité devrait concerner les organisations patronales. Elle n'est pas toujours envisagée sérieusement. Peut-être faut-il attendre que les revendications à ce sujet s'intensifient…

Sur la détermination des sujets du dialogue social, le registre est également très ouvert. Aux préoccupations traditionnelles de sécurité et d'amélioration des conditions de travail s'ajoutent aujourd'hui des questions liées au contexte mondial : croissance économique ou compétitivité, formation, égalité des genres etc. En un mot, ce qui préoccupe tout le monde du travail c'est à la fois la condition des salariés à travers l'exigence d'un travail décent et le sort de l'entreprise. Il est clair que le nouveau contexte mondial n'a pas conduit à une renonciation aux revendications sociales traditionnelles. Bien au contraire, les exigences justifiées par la promotion des droits humains ont rendu la demande sociale plus forte. Le besoin de justice sociale est plus criant, les inégalités sont combattues qu'elles soient fondées sur le sexe ou sur tout autre considération subjective, parfois sans rapport avec l'exécution normale du contrat. En cela, le droit contemporain du travail présente bien des paradoxes et ambivalences.

Quant au cadre du dialogue social, il permet d'envisager ce dernier tant au niveau local ou d'entreprise, qu'au plan national sectoriel ou interprofessionnel ou encore régional ou communautaire. Le dialogue national est plus dynamique que le dialogue sectoriel. Au Sénégal différents accords d'envergure ont été signés[7]. On voit également dans certains pays, l'inscription à l'agenda social, d'une conférence réunissant État et partenaires sociaux. En revanche, il semble bien qu'il y ait urgence à organiser le dialogue au niveau de la branche et de l'entreprise elle-même. La faiblesse du dialogue au niveau local a souvent été relevée. La responsabilité est, bien évidemment, imputée à l'employeur. Il faut bien voir qu'en l'absence d'obligation légale de négocier, l'employeur qui n'a pas d'intérêt à la négociation ne fera pas preuve d'une diligence particulière. Il faut oser le rappeler le dialogue social a un coût ; ne serait-ce qu'à ce titre, la reconnaissance de sections syndicales peut être problématique pour une entreprise. Par ailleurs, pour beaucoup de salariés, la liberté syndicale est un luxe auquel ils ne peuvent prétendre. Vivant souvent dans la précarité, ils aspirent avant tout à une stabilité dans leur emploi, cela au prix d'une renonciation à leurs droits fondamentaux. Ce constat d'une précarité d'où dérive un non exercice des droits fondamentaux est largement fait, notamment dans les entreprises situées dans les zones franches.

III - L'EFFICACITÉ DU DIALOGUE : PRINCIPES MORAUX ET RÈGLES DE CONDUITE

L'efficacité du dialogue social dépend de la réunion de certaines conditions dont la première se rapporte à la liberté syndicale. L'existence de syndicats libres et responsables (crédibles) et représentatifs (légitimes) constitue un premier jalon et une première source de difficultés[8]. La liberté syndicale n'est pas toujours acquise.

---

[7] Charte nationale sur le dialogue social en 2002, accord sur la prorogation de l'âge de la retraite en 2005, Pacte de stabilité sociale et d'émergence économique en 2014.

[8] *Cf.* G. Borenfreud, « Pouvoir de représentation et négociation collective », *Droit social* 1997, p. 1006 et s ; « Propos sur la représentativité syndicale », *Droit social*

Il existe encore beaucoup d'entraves qui s'expliquent par diverses considérations de droit ou de fait. Les nombreuses atteintes à cette liberté fondamentale sont imputables aux employeurs et aux pouvoirs publics. C'est une des raisons pour lesquelles les actions de défense de cette liberté doivent être multipliées. La question de la formation et des compétences techniques des représentants n'est pas non plus à négliger. Ceux-ci doivent pouvoir identifier les enjeux et ne pas figer leur position sur des intérêts particuliers. L'ère du « « syndicalisme alimentaire » est révolue. Le syndicat doit s'adapter aux nouvelles réalités aussi bien locales que mondiales. C'est à ce prix que qu'un dialogue pertinent et fructueux pourra avoir lieu. Heureusement, il y a consensus sur la nécessité d'organiser des séminaires de formation au dialogue social. Le BIT et les organes communautaires existants en Afrique sont parfaitement conscients des enjeux, développent et soutiennent des programmes en ce sens.

La deuxième série de conditions se rapporte à l'attitude des partenaires sociaux et de l'État. Ce dernier doit non seulement protéger la liberté syndicale, mais aussi créer et renforcer le cadre institutionnel propice au dialogue social. Le développement de concertations nationales, la création de structures indépendantes de veille ou de promotion du dialogue social en sus des organes nationaux classiques de concertation, de type « Haut conseil du dialogue social », constituent des manifestations d'un engagement certain de la part des autorités publiques. L'État, à travers l'administration du travail, doit aussi s'abstenir de toute attitude de résistance ou de réticence par rapport aux procédures de conciliation ou de médiation qui se développent en dehors du code du travail. Bien au contraire, ce segment de l'État doit apporter dans la mesure de ses possibilités appui et assistance aux acteurs sociaux, sachant par ailleurs que le constat de la faible efficacité de l'inspection du travail en la matière est largement partagé. En tous cas, l'État ne doit pas chercher à brider la liberté des négociateurs en essayant de contrôler le processus. Il faut surtout éviter le parasitage « politique », même si l'on sait combien la frontière entre la politique et le professionnel est très mince. Quant aux syndicats de travailleurs, ils doivent actualiser

1988, p. 476 et s ; J.-M. Béraud, « Les nouvelles règles sur la représentativité : l'évaluation de la Cour de cassation », *Revue de Droit du Travail* 2010, p. 276.

leurs modes d'intervention. Leur position et rôle par rapport au développement de l'entreprise doivent être mis en exergue. Les traditionnels rapports de force et logiques de confrontation sont nuisibles au dialogue social. Certaines postures telle la politique de « la chaise vide » neutralisent l'effort de construction du dialogue social. Les formes d'action collective qui perturbent le fonctionnement de la production doivent être repensées. La volonté des syndicats peut, dans certaines circonstances, se traduire par la renonciation provisoire à certains droits fondamentaux tels le droit de grève dans le cadre de la signature de « trêves sociales » ; toutefois la prudence est ici tout particulièrement de mise ; on peut en effet ne pas sentir rassuré par des clauses de paix sociale dont la légalité est souvent discutable. Enfin, grande est aussi la responsabilité des employeurs. Le dialogue social dilue la force de l'autorité. Le pouvoir de direction doit être revu dans sa conception et son exercice. Il ne peut plus être fondé sur une approche patrimoniale de l'entreprise. Le dialogue social impose une dynamique de partenariat qui conduit à reconsidérer le paradoxe entre la hiérarchie et l'égalité. Il impose à tous de la bonne foi. La création dans certains pays de « Chambres de médiation sociale et d'arbitrage », largement soutenues par le patronat, constitue une illustration de la volonté de réduire les conflits.

La troisième série de conditions à remplir pour que le dialogue social vive, concerne le sort des accords. La question du respect des engagements est essentielle. Le non-respect des accords est source de conflits permanents. Nombreuses sont les grèves déclenchées pour faire pression sur une entreprise qui n'a pas respecté les termes d'un accord de fin de conflit. Entre deux négociations, le temps est au travail. C'est pourquoi il y a nécessité absolue de définir un temps pour chaque chose. La détermination d'un agenda est ici fondamentale. Plus généralement, certains accords collectifs peuvent, dans certaines circonstances, être le prélude à des textes légaux. Ces « lois négociées » suscitent aujourd'hui beaucoup d'intérêt ; paradoxalement, le dialogue social atteint un rayonnement maximal lorsque le résultat des échanges est repris par la loi. Dans cette situation, le législateur qui avait cédé le terrain aux partenaires sociaux réapparaît pour endosser tout ou partie. L'autorité de la loi imprègne alors le contenu des concertations ou consultations qui deviennent des normes générales et abstraites, selon la définition communément admise de la loi. Faut-il se réjouir d'une telle mutation ou, au contraire, doit-on s'en inquiéter ? Faut-il simplement considérer qu'il y a là une voie pour sortir du dilemme droit légal/droit négocié ?[9]

En toute hypothèse, même quand ils ne sont pas repris sous forme de loi, les engagements pris par les acteurs sociaux doivent être respectés, tout comme les décisions contenues dans une sentence arbitrale ou un accord de fin de conflit. La force obligatoire du contrat se combine avec le principe moral du respect de la parole donnée. En matière de dialogue social, le juridique et le non- juridique interfèrent fortement.

IV - LES PERSPECTIVES COMMUNAUTAIRES

À l'échelle communautaire, le dialogue social a commencé à être organisé dans le cadre de l'UEMOA depuis l'adoption de l'acte additionnel du 17 mars 2009. Réagissant à la demande insistante des partenaires sociaux à l'occasion de rencontres sous régionales, la conférence des chefs d'État et de gouvernement a, par l'acte susvisé donné naissance au Conseil du travail et du dialogue social (CTDS). Il s'agissait ainsi de se doter d'un organe permettant l'implication effective des partenaires sociaux et de la société civile dans le processus d'intégration régionale. Par cette voie, on tente aujourd'hui d'encourager le dialogue social dans un contexte particulièrement difficile marqué par des crises sociales profondes. Précisément, il est assigné au CTDS la mission d'examiner et d'apprécier des questions ayant un impact social dans l'espace UEMOA. A l'actif de ce conseil, il est notamment à signaler l'adoption d'une Déclaration sur les crises sociales dans l'espace communautaire en 2013[10]. Ces crises sont souvent générées par le non-respect des accords et des droits fondamentaux. Des projets d'avis relatifs à ces droits fondamentaux sont en cours d'adoption. Les différents États membres de l'UEMOA sont interpellés sur la nécessité de créer des structures de dialogue social qui soient indépendantes et dotées de moyens de

---

[9] *Cf.* not. Ch. Charbonnier et A. Duroy, « Réaction sur la thématique de la loi négociée », *in* Ph. Waquet (dir.), *13 paradoxes en droit du travail*, Lamy, coll. Axe Droit 2012, p. 91 à 94.

[10] *Cf.* Conseil des ministres de l'UEMOA, Déclaration dite de Ouagadougou du 7 décembre 2013.

fonctionnement. On pense précisément au statut de ses membres et aux moyens qui lui confèrent autorité, efficacité et continuité dans l'action. Le dialogue social est aussi envisagé dans un autre cadre régional, celui de la Communauté Economique des États d'Afrique de l'Ouest (CEDEAO) qui s'est dotée, en 2013, d'un Forum tripartite du dialogue social[11]. Avec la création de ces conseils, les États africains attendent des acteurs sociaux recommandations et avis sur les mesures urgentes à adopter tant sur le plan économique que social. En ces temps de crise, aucune organisation régionale ou sous régionale ne peut ignorer ce type d'outil qui permet de donner la parole à ceux qui jusqu'alors n'avaient bien souvent pas le pouvoir d'influencer des décisions les intéressant au premier chef. Il est permis de penser que l'Organisation pour l'harmonisation du droit des affaires en Afrique (OHADA) a elle-même certainement un rôle à jouer en la matière, y compris en prenant en compte que le dialogue social engendre une revivification des sources du droit. L'OHADA peut rendre plus visibles les questions agitées au sein des structures communautaires existantes, en traduisant dans des dispositions uniformes contraignantes les solutions dégagées de manière consensuelle.

In fine, on retiendra que le dialogue social constitue une méthode de régulation aussi efficace que complexe, nécessitant un minimum d'encadrement juridique, des moyens techniques et financiers, et même une certaine stabilité politique.

[11] *Cf.* Règlement c/reg13/06/13 portant création du forum régional du dialogue social tripartite de la CEDEAO (www.ecowas.int/wp-content/uploads/2015/02/13Social_Tripartite).

SE RÉAPPROPRIER LE DIALOGUE SOCIAL

Adelle BLACKETT[1]

Même si un consensus s'établit quant aux qualités et vertus inhérentes au dialogue social, on a déjà souligné un certain nombre de difficultés sérieuses – voire un profond dysfonctionnement – de ce dernier dans les pays de l'espace OHADA[2]. Il en va toutefois de même dans d'autres espaces géopolitiques, notamment en Europe et aux Amériques, ce qui permet au moins d'éviter d'entrer dans une logique d'exceptionnalisme africain. L'histoire et le contexte économique et politique, comme les mutations du monde du travail, marquent ainsi chaque espace.

Un constat général est toutefois établi : il existe un grand écart entre le dialogue social idéal, cher aux travaillistes et aux concepts de citoyenneté au travail ou de « démocratie industrielle »[3] - et ses mises en œuvre effectives dans des contextes postindustriels en pleine crise économique. En fait, tout comme certaines approches de la Troïka en Grèce peuvent ressembler à des « remèdes » précédemment administrés en Afrique de l'Ouest francophone et dans d'autres pays

---

[1] Professeure de droit titulaire de la Chaire de recherche du Canada en droit transnational du travail et développement, Directrice du Laboratoire de recherche sur le droit du travail et le développement (LLDRL), Faculté de droit, Université McGill. L'auteure remercie Dr. Thierry Galani, Post-doctorant affilié à la Chaire de recherche du Canada en droit transnational du travail et développement pendant l'année académique 2016-17, et Aurélie Lanctôt, LL.B. & B.C.L. (McGill 2017) pour leur precieuse assistance éditorial.

[2] *Cf.* not. J.-M. Tchakoua, « Les tendances de la négociation collective de l'ère nouvelle au Cameroun » LLDRL Document de travail n° 2, 2010 (www.mcgill.ca/lldrl/files/lldrl/Tchakoua_WP2) ; A. Koné-Silué, « La négociation collective comme source de normativité en droit du travail ivoirien », LLDRL Document de travail n° 4, 2014 (www.mcgill.ca/lldrl/files/lldrl/assata_kone-silue).

[3] *Cf.* not. H. W. Arthurs, "Developing Industrial Citizenship: A Challenge for Canada's Second Century" *Canadian Bar Review*, 1967, p. 786.

« en développement »[4], certaines expériences de « dialogue social » peuvent illustrer également, au nord comme au sud, une ou des inadéquations du dialogue social[5].

On se doit certes d'être conscient d'un élément de lamentation dans le refrain souvent repris sur les insuffisances du dialogue social actuel; il faut à coup sûr éviter toute nostalgie d'un temps passé, fictivement inclusif… Mais, en ce qui concerne les pays de l'espace OHADA, il paraît au moins nécessaire de replacer l'interrogation relative au dialogue social dans celle, plus large, de l'adéquation d'un droit du travail fondé sur la figure du « travailleur-citoyen industriel ». En tous cas, dans l'espace OHADA, tout en prenant très au sérieux les institutions existantes, nous avons au moins le devoir de rappeler[6] qu'une notion aussi importante que le dialogue social n'était pas vraiment censée englober, ou même capter, la réalité sociale de la région[7].

---

[4] *Cf.* not. Z. Adams, S. Deakin, "Structural adjustment, economic governance and social policy in a regional context: The case of the Eurozone crisis", in A Blackett, A. Trebilcock (eds.), *Research Handbook on Transnational Labour Law*, Edward Elgar, 2015, p. 111.

[5] *Cf.* not. M. Coutu, G. Murray, "Towards Citizenship at Work? An Introduction", *Relations Industrielles/Industrial Relations*, 2005, p. 617 ; J. Fudge, "After Industrial Citizenship: Market Citizenship or Citizenship at Work?", *Relations Industrielles/ Industrial Relations*, 2005, p. 631; G. Mundlak, "Industrial Citizenship, Social Citizenship, Corporate Citizenship: I Just Want My Wages", *Theoretical Inquiries in Law*, 2007, 8, p. 719; N. Vanqa-Mgijima, Y. Wiid, D. du Toit, "Organizing for empowerment" *in* D. du Toit (ed.), *Exploited, Undervalued – and Essential: Domestic Workers and the Realisation of their Rights*, Pretoria University Law Press, 2013.

[6] Sur le devoir de mémoire : N. Fraser, *Scales of Justice: Reimagining Political Space in a Globalizing World*, Columbia University Press, 2009.

[7] La dimension progressiste des législations de la région à l'époque ne peut évidemment pas être oubliée (*Cf.* not. O. O. Sidibe, *Réalités africaines et enjeux pour le droit du travail,* Afrilex 2000 ; M. Kirsch, *Le droit du travail africain,* TPOM tome 1, 1975 p. 5, et tome 2 1976, p. 142 ; du même auteur, *L'Évolution du droit du travail en Afrique francophone et les perspectives d'un acte uniforme de l'OHADA dans cette discipline* juridique, *Revue droit africain du travail,* 2002, n° 920, p. 236. Mais, comme Achille Mbembe le rappelle, la justification pour cette amélioration des conditions des colonisées était de les inscrire dans les structures de production, notion clé du « commandement » (*Cf.* A. Mbembe, *De la postcolonie,* Karthala, 2005 ; voir aussi Ph. Auvergnon, « L'histoire coloniale comme matrice des conflits du travail des DOM », *in* B. Giraud (dir.), *Les métamorphoses de la grève, in Problémes politiques et sociaux* 2010, n° 969, p. 101). L'inadéquation des

Les institutions implantées dans la région, notamment par le code du travail des territoires d'outre-mer du 15 décembre 1952, devaient reproduire en Afrique, comme nous l'enseigne l'historien Frederick Cooper, les institutions juridiques et administratives conçues, dans ce cas précis, pour gérer les problèmes du travail en France métropolitaine[8]. Le souci est alors tout particulièrement de séparer la question du travail de la question politique[9]. L'objectif est bien de

---

mécanismes et institutions de dialogue social transplantés dans les pays du Sud - historiquement par les colons européens, ou plus récemment *via* les recommandations d'institutions financières internationales, tel que le FMI - pourrait ainsi s'expliquer par le fait qu'il s'agit généralement d'outils soit mal adaptés aux contextes locaux, soit établis sur la base d'objectifs et d'intérêts qui ne coïncident pas nécessairement avec ceux des travailleurs locaux (*Cf.* A. Blackett, "The Paradox of OHADA's Transnational, Hard Law, Labour Harmonisation Initiative ", *in* A. Blackett, Ch. Levèsque (eds.), *Social Regionalism in the Global Economy*, Routledge, 2011, spéc. p. 243 à 260). Sur l'approche contemporaine des institutions financières internationals : F. Ch. Ebert, "International financial institutions' approaches to labour law: The case of the International Monetary Fund", *in* A. Blackett, A. Trebilcock, (eds.), *Research Handbook on Transnational Labour Law*, Edward Elgar, 2015, p. 124.

[8] F. Cooper, *Decolonization and African Society: The Labor Question in French and British Africa*, Cambridge University Press, 1996.

[9] *Ibid.* p. 290. Voir aussi : A. Blackett, "Emancipation in the Idea of Labour Law", *in* G. Davidov & B. Langille (eds.), *The Idea of Labour Law*, Oxford University Press, 2010, p. 420. Sur l'interaction en Afrique entre mouvement syndical et mouvement politique : B. Rubbers et A. Roy, "Entre opposition et participation, les syndicats face aux réformes en Afrique. Introduction" *Revue Tiers Monde*, 2015, n° 224, pp 9-24. Pour une analyse plus poussée de cette thématique : P. Werbner, *The Making of an African Working Class: Politics, Law, and Cultural Protest in the Manual Workers' Union of Botswana*, Pluto Press, 2014. De leur côté Thierry Galani et Darcy du Toit suggèrent qu'il peut être intéressant de se questionner aussi sur la pertinence, notamment dans les pays du Sud, d'un tel souci de dissocier les revendications laborieuses du discours politique ; n'est-ce pas là une préoccupation qui parfois resurgit (persiste ?) aujourd'hui dans certains pays de l'espace OHADA ? Séparer le travailleur de l'individu politique dans le but de prédire, voire contrôler, les retombées et la dynamique des relations industrielles pourrait avoir une grande incidence sur la qualité, la vivacité et même l'effectivité du dialogue social. Il a ainsi été observé, dans le contexte sud-africain, que les travailleuses et travailleurs domestiques étaient généralement peu organisés et nullement représentés, d'où une participation limitée au dialogue social, et ceci du fait de défaillances des syndicats, qui sont plus impliqués dans le jeu politique national que dans leurs activités traditionnelles (*Cf.* T. Galani & D. du Toit, « Domestic workers' cooperatives: Organisational and regulatory possibilities'', Paper at the ILO's 4th Conference on

reproduire la référence à « l'homme industriel », singulièrement pour cette partie de la population déracinée de sa terre[10] incarnée par le migrant colonial devenu un « homme industriel »[11]. Oui, je dis bien, homme. Et je ne banalise pas non plus les gains pour lesquels ces hommes industriels ont lutté. De fait, l'idéal du travailleur-citoyen est en opposition totale avec les réalités du travailleur forcé colonial[12]. En réalité, le pouvoir colonial, en mettant en exergue l'idée selon laquelle tout travailleur est digne de respect et mérite des conditions décentes de travail, a constitué alors une base, subtile mais sûre, pour bâtir une vision suffisamment porteuse qui pourra accompagner la transition vers l'indépendance politique. On reviendra succinctement sur cette dernière, à travers une question : Quel droit du travail pour le pays « en dehors » ? (I). Ensuite, on s'interrogera sur l'adéquation du dialogue social avec la thématique du travail décent pour tous (II) avant de revenir sur la question du droit du travail dans l'espace de l'OHADA (III).

I - QUEL DROIT DU TRAVAIL POUR LE PAYS « EN DEHORS » ?

L'indépendance politique des États africains dans les années 60 n'a pas nécessairement conduit à la construction de nations[13]. Autant certains chercheurs de renom, tels l'historien haïtien Michel Trouillot[14], ont estimé que nous ferions mieux de ne pas évoquer le concept d'exceptionnalisme dans un pareil contexte, autant nous sommes obligés de reconnaître que la construction des institutions du

---

Regulating for Decent Work: Developing and Implementing Policies for a Better Future at Work Geneva, 8-10 July 2015).

[10] F. Cooper, *op. cit.*, pp. 2-3.

[11] *Cf.* A. Blackett,"Decolonizing Labour Law: A Few Comments", *Bulletin of Comparative Labour Relations*, 2016, 92, p. 89; E. Tendayi Achiume, "Reimagining International Law for Global Migration: Migration as Decolonization?" *American Journal of International Law Unbound,* 2017, 111, p. 142

[12] F. Cooper, *op. cit.*, pp. 2-3.

[13] *Cf.* L. Bani Bio Bigou, *La question du régionalisme et du sectarisme dans la conquête et la gestion du pouvoir d'état, du Dahomey au Bénin : origines et manifestations,* Cotonou, Bibliothèque Nationale, 2011.

[14] *Cf.* M. R. Trouillot, *Haiti: State Against Nation – The Origins & Legacy of Duvalierism,* Monthly Review Press, 1990.

dialogue social basées sur un modèle du travailleur-citoyen a largement négligé le pays « en dehors »[15].

Pour Michel Trouillot, le « pays en dehors » incluait certes les paysans et le monde rural, mais aussi le monde urbain et ces personnes qui, tous les jours, traînent avec eux le monde rural dans les quartiers précaires grandissants des villes, sans pour autant en faire des citoyens industriels[16]. On peut ici prendre l'exemple des travailleuses et travailleurs domestiques, sur lequel je me penche depuis de nombreuses années[17]. Il y a quelques années, j'ai eu l'occasion de poursuivre des recherches sur le travail décent des travailleuses et travailleurs domestiques en Côte d'Ivoire avec Assata Koné-Silué, collègue de l'Université Houphouët Boigny[18]. Je fus alors impressionnée d'apprendre que, malgré la crise sévissant alors dans le pays, les tribunaux du travail d'Abidjan, de Bouaké et de Gagnoa, ainsi que les Cours d'Appel et la Cour Suprême, avaient continué de siéger et avaient rendu plus d'une soixantaine de décisions appliquant les dispositions du Code du travail aux travailleuses et travailleurs domestiques, en plus des règlements à l'amiable conclus devant les inspecteurs du travail, durant la même période[19]. Il serait difficile de citer soixante décisions, toutes instances confondues, en droit du travail au Canada concernant les travailleuses et travailleurs domestiques[20]. Même si la quasi-totalité de ces décisions concernent

---

[15] Sur l'expression « pays en dehors » : G. Barthelemy, *L'Univers rural haïtien : Le pays en dehors*, Paris L'Harmattan, 1990. Voir aussi : Ch. Aguidioli Kénoukon, *Effectivité des principes et droits fondamentaux de l'OIT en Afrique francophone de l'Ouest : Autour et alentours du droit béninois*, Thèse de doctorat, Université d'Abomey-Calavi, et Université Catholique de Louvain, 2011.

[16] *Cf.* M. R. Trouillot, *op. cit.*; A. Blackett, "Social Regionalism in Better Work Haiti", *International Journal of Comparative Labour Law*, 2015, 31, p. 163.

[17] *Cf.* not. A. Blackett, "Introduction : Réguler le travail décent des travailleuses et des travailleurs domestiques", *Revue femmes et droit,* 2011, n° spéc. 23, p. 47.

[18] A. Blackett, A. Koné-Silué, "Regulatory Innovation in the Governance of Decent Work for Domestic Workers in Côte d'Ivoire: Labour Administration and the Judiciary under a Generalist Labour Code", LLDRL, Documents de travail 2016 (www.mcgill.ca/lldrl/files/lldrl/finalized_idrc_rci_combined_red.pdf).

[19] *Cf.* Ph. Auvergnon, S. Laviolette, M. Oumarou, « Des fonctions et limites des administrations du travail en Afrique subsaharienne: actualité de la convention n° 150 de l'OIT », *Revue internationale du Travail*, 2011 / 1-2, 150, spéc. p. 89 à 92.

[20] Il en existe, toutefois, quelques cas spécialement intéressants, voir notamment : *Mustaji* v. *Tjin* (1996) 25 B.C.L.R. (3d) 220, 1996 CanLII 1907 (Cour d'appel de la

les conditions de résiliation du contrat de travail, certaines d'entre elles témoignent d'une forte évolution dans les mentalités. Le travail domestique, dans toute sa spécificité, demeure un métier comme les autres, auquel doit aussi être appliqué le principe du droit à un travail décent pour tous et pour toutes.

Ce développement jurisprudentiel est d'autant plus crucial lorsque l'on considère que la réglementation – effective – du travail, dans les pays OHADA, a généralement été caractérisée par une limitation de l'application du droit du travail aux seuls employés du secteur formel. Un pourcentage très réduit de la main-d'œuvre était donc en mesure de bénéficier effectivement de la protection du droit du travail, ceci notamment dû à la prévalence du travail informel, du travail en famille surtout en milieu rural, ou tout simplement du chômage et sous-emploi endémiques qui caractérisent la situation économique dans la sous-région.

Il n'est pas surprenant qu'une telle évolution des mentalités ait été rapidement formalisée en Côte d'Ivoire, grâce notamment aux articles 2(1) du Code du travail de 1995[21] et à l'article 2(1) du Code du travail de 2015[22] qui donnent une très large portée à la définition du « travailleur » ou « salarié ». Il est tout de même important de noter la résistance d'autres catégories de travailleurs à une application du droit au travail décent pour les travailleurs et travailleuses domestiques. En effet, ces autres catégories de travailleurs sont les employeurs des travailleuses et travailleurs domestiques, et sont issus de toutes les couches sociales ivoiriennes. Cette catégorie de travailleurs devenus employeurs « chez eux » peut avoir tendance à dénier le statut de travailleur-citoyen à leurs « boys » ou « bonnes »[23].

Colombie-Brittanique) (responsibilité fiduciaire de l'employeur) et récemment *PN* v. *FR and another (No. 2),* 2015 British Columbia Human Rights Tribunal 60 (discrimination intersectionnelle, et trafic des personnes).

[21] Loi n° 95/15 du 12 janvier 1995 portant Code du travail.

[22] Loi n° 2015-532 du 20 juillet 2015 portant Code du travail.

[23] A. Blackett, A. Koné-Silué, *op. cit.*, pp. 3-4. L'étude soulève aussi, la question de l'application des décisions à l'ensemble de la population, ou aux employeurs les plus fortunés, et parfois expatriés.

Une analyse attentive des décisions de justice atteste l'ancrage de cette attitude protectrice dans l'esprit même des juges. Les tribunaux ivoiriens s'évertuent donc à offrir une protection aux travailleuses et travailleurs domestiques qui parviennent devant eux, essayant ainsi de rétablir la justice sociale dans une relation asymétrique[24]. Une protection en aval, via le mécanisme judiciaire, est ainsi offerte aux travailleuses et travailleurs domestiques[25]. Une pareille approche de rectification en aval, bien qu'elle soit opportune pour ceux, parmi les travailleurs, qui se présentent devant les tribunaux, est cependant, et d'emblée, inefficace pour la majorité des travailleuses et travailleurs domestiques, surtout les plus vulnérables. En effet, elle laisse « en dehors » ceux qui ne parviennent pas, ou ne parviendront jamais, devant les tribunaux[26]. Une rectification en amont - grâce à une régulation plus effective et à une formalisation plus cohérente du travail domestique - pourrait donc être favorable aux droits des travailleuses et travailleurs domestiques, et donc au devenir du dialogue social dans ce secteur. Toutefois, les tentatives actuelles ne semblent pas se baser sur ces décisions de justice pour rectifier la régulation, et risquent même de rétrograder les protections disponibles[27].

Ainsi donc, même si en janvier 2000 le Tribunal du travail avait décidé que « la perte de confiance de l'employeur en raison d'un vol survenu à son domicile, alors même que l'employé avait été innocenté

---

[24] *Ibid.*, pp. 24-25.

[25] Constatons que les tribunaux ivoiriens, quels que soient leurs positions sur la justification d'un licenciement, ont tendance à corriger les violations subies par les travailleuses et travailleurs domestiques, notamment en ce qui concerne le SMIG, les horaires de travail et les avantages sociaux (*Cf.* not. Cour d'Appel d'Abidjan, 4ème Chambre sociale, arrêt n° 687 du 21 septembre 2006, Juris-Social janvier 2007).

[26] On peut en particulier penser ici au travailleuses et travailleurs domestiques moins éduqués, à ceux peu informés de leurs droits, ou simplement à ceux qui ne sont pas en mesure de saisir les tribunaux, soit pour des raisons financières, soit par respect (ou par peur ?) de l'employeur ou d'un agent-intermédiaire (par exemple les « mamans des bonnes ») avec qui ils entretiennent des relations asymétriques de pouvoir et de soumission (*Cf.* not. A.-M. Kouadio, « Stratégies résidentielles d'une catégorie de citadins du bas de l'échelle de qualification : les personnels domestiques féminins de la ville d'Abidjan », disponible sur le site web « codesria.org »).

[27] A. Blackett, A. Koné-Silué, *op. cit.*, pp. 27-31.

par l'enquête, justifiait le licenciement»[28], dans une décision précédente du Tribunal du travail d'Abidjan, il a été précisé qu'il existe un licenciement abusif lorsqu'un employeur a mis fin au contrat parce qu'il soupçonnait son employé d'un vol, mais n'avait pas de preuve[29]. En juillet 1999, un Tribunal de Bouaké avait conclu qu'un employeur qui n'était pas satisfait du travail d'un employé dans un contrat à durée indéterminée pouvait mettre fin au contrat[30], et dans sa décision récente n° 535 - sur la base de l'article 16.3 exigeant un motif légitime de la part de l'employeur - le Tribunal du travail a cependant déterminé qu'il n'y a pas de motif dès lors que la perte de confiance ne repose pas sur des éléments objectifs et personnellement imputables au travailleur[31]. Par ailleurs, un jugement du Tribunal du travail de Bouaké datant de mai 2000 a affirmé qu'il n'y a pas de motif dès lors que l'employeur a mis fin au contrat sans vérifier que l'employé était bien dans un état d'incapacité à cause d'une situation médicale justifiée par un certificat[32]. Les tribunaux ont qualifié de licenciement abusif de la part de l'employeur la rupture intervenue après le refus de l'employé de subir une modification substantielle de son contrat[33].

Certaines décisions peuvent par moments surprendre. Ainsi, dans une autre décision, la Cour d'Appel d'Abidjan a estimé qu'il n'y a pas de motif ou cas de force majeure lorsque l'employeur a déménagé dans un autre pays, car le lieu de travail de l'employé est le domicile des employeurs, que ce soit sur le territoire national ou à l'étranger[34]. En outre, les juges ont soutenu qu'il n'existe pas de preuve de

---

[28] Cour d'Appel d'Abidjan, arrêt n° 21 du 6 janvier 2000, Juris-Social décembre 2001.

[29] Tribunal du travail d'Abidjan, arrêt du 1er avril 1974, *Travail et professions d'outre-mer*, n° 421 du 2 juillet 1976.

[30] Tribunal de Première Instance (TPI) de Bouaké, arrêt n° 132 du 29 juillet 1999.

[31] Cour d'Appel d'Abidjan, 4ème Chambre sociale, arrêt n° 470 du 11 avril 2013.

[32] Tribunal du travail de Bouaké, arrêt n° 109 du 25 mai 2000, Juris-Social septembre 2002.

[33] Tribunal du travail d'Abidjan, arrêt du 19 octobre 1971, *Travail et professions d'outre-mer*, n° 327 du 2 juin 1972; Voir aussi cette autre décision : Cour d'Appel d'Abidjan, 4ème Chambre sociale, arrêt n° 68 du 18 mars 2011, Juris-Social avril 2012.

[34] Cour d'Appel d'Abidjan, 5ème Chambre sociale, arrêt n° 552 du 22 juin 2006, Juris Social, août 2007.

comportements dits « choquants » quand une des employées s'est baignée nue devant des enfants[35]. Les décisions judiciaires ne sont, évidemment, pas toujours décidées en faveur des travailleuses et travailleurs domestiques, comme ce fut le cas pour le gardien qui ne s'est pas rendu compte d'un vol pendant son service et fut ainsi renvoyé pour « faute lourde »[36].

Lors de nos entretiens, les juges du tribunal du travail et les inspecteurs du travail ont pris soin d'expliquer leur souci d'équilibre, et leur reconnaissance du fait que les travailleuses et travailleurs domestiques ont aussi le droit de bénéficier d'un droit du travail protecteur[37]. La jurisprudence est constante, prévisible, et évolutive...

On pourrait même être tenté de faire abstraction du fait que la grande majorité de ces cas concernaient des hommes – des gardiens, quelques chauffeurs et même des « boys », cuisiniers ou blanchisseurs[38]. Le Code du travail a donc un volet protecteur, qui est fort, et qui semble capable de toucher une catégorie de travailleurs qu'on pourrait croire « exclus » de la promesse du droit du travail.[39] Il n'y a cependant pas d'autonomie collective. Ces travailleurs – hommes et femmes - sont largement exclus de la promesse de la citoyenneté au travail, et d'une capacité de participer au dialogue social[40]. Dans un tel contexte, une émancipation tant intrinsèque qu'extrinsèque des travailleuses et travailleurs domestiques est cruciale tant pour leur affranchissement individuel que pour une maximisation de leur capacité à effectivement participer au dialogue

---

[35] Cour d'Appel d'Abidjan, 3ème Chambre sociale, arrêt n° 98 du 31 janvier 2002, Juris-Social juin 2005.

[36] Cour suprême du Sénégal, arrêt n° 347 du 18 décembre 1997, Juris-Social septembre 2001.

[37] A. Blackett, A. Koné-Silué, *op. cit.*, p. 24 et s.

[38] Néanmoins, il existe quelques décisions qui pourraient être troublantes. Considérons par exemple que le tribunal du travail semblait accepter qu'un travailleur domestique qui avait signé un contrat prévoyant qu'il travaillerait les dimanches et les jours fériés sans compensation financière l'a fait en connaissance de cause, et ce malgré les articles 24.1 et 24.2 du Code du travail de 1995, qui auraient normalement été applicables (*Cf.* Tribunal du travail d'Abidjan-Plateau, arrêt n° 813/CS6 du 10 juin 2013).

[39] A. Blackett, A. Koné-Silué, *op. cit.*, p. 27.

[40] *Ibid.*, p. 5.

social[41]. Lors de la même visite dans les bureaux du syndicat principal, nous avons ainsi rencontré un doyen du syndicalisme qui présidait le Syndicat des employés de maisons, et tentait de représenter deux femmes licenciées sans préavis ni motif, et assujetties à des conditions de travail lamentables, devant l'inspection du travail. Le président a affirmé avec éloquence que c'était eux, les « gens de maison » de l'époque – communément appelés des « boy domestique », les travailleurs urbanisés de l'époque coloniale. Ils avaient lutté pour pouvoir se syndiquer et réclamer des conditions de travail justes et équitables, afin de pouvoir participer pleinement à la construction, par le dialogue social et par l'action politique, de leur nouveau pays.

Il est toutefois troublant de constater que la situation des travailleuses et travailleurs domestiques, à travers le monde, demeure assez similaire en ce qui concerne les conditions de travail et de protection sociale[42]. Serait-ce une indication que le modèle traditionnel de représentation syndicale est inadapté, ou peine à répondre effectivement aux attentes des travailleuses et travailleurs domestiques ? Serait-il déjà opportun d'envisager des approches plus innovatrices pouvant aboutir à une meilleure participation des travailleuses et travailleurs domestiques au dialogue social ?[43]

---

[41] *Cf.* A. Blackett, "Emancipation in the Idea of Labour Law", *op. cit.* Ce type d'approche est renforcée par le constat d'un déséquilibre de force entre employeurs et travailleuses et travailleurs domestiques. Cette dimension historiquement inhérente à la nature de la relation employeur-travailleur domestique engendre, nécessairement, des entraves au dialogue social : l'employeur étant le plus souvent considéré comme un parent (au sens de quelqu'un à qui on doit le respect), un sauveur, quelqu'un censé être issu d'une classe sociale supérieure - bien qu'indéfinie - et avec qui on ne saurait donc négocier ou dialoguer en termes égaux.

[42] *Cf.* BIT, *travail décent pour les travailleurs domestiques,* rapport n° IV(1) 2010, Conférence internationale du travail, 99e session, 2009, Genève, et récemment, BIT, Social protection for domestic workers : Key policy trends and statistics, *Social Protection Policy Paper* n° 16, Genève, 2016. Voir aussi : D. du Toit, T. Galani, "Do Cooperatives Offer a Basis for Worker Organisation in the Domestic Sector? An Exploratory Study'', *Industrial Law Journal,* 2015, 36, p. 1677.

[43] La mise sur pied de coopérative de travailleurs domestique est une approche qui a, par exemple, déjà été proposée dans le contexte sud-africain (D. du Toit, T. Galani, *op. cit.*).

Comment se fait-il que dans le contexte contemporain, malgré toutes les protections que les travaillistes essaient de conserver contre une balkanisation perpétuelle – en fait, de l'état développementaliste - nous ayons toujours autant d'exclus, y compris la prépondérance de travailleuses et travailleurs domestiques qui vivent au quotidien dans une situation d'invisibilité, et que nous ayons des relations de travail qui se moquent de la notion de citoyenneté au travail, rappelant ainsi le travail forcé ? Et surtout, comment se fait-il que nous semblions nous contenter du fait que ces personnes – même si elles peuvent jouir de quelques rares protections en droit du travail – n'aient nullement accès aux conditions nécessaires, selon le BIT[44], pour l'exercice du dialogue social ? Qu'avons-nous à offrir au pays « en dehors » ?

II - L'ADÉQUATION DU DIALOGUE SOCIAL AVEC LE PRINCIPE DU TRAVAIL DÉCENT POUR TOUS

Toute tentative de revitaliser, voire de se réapproprier le dialogue social, nous oblige à nous pencher sérieusement sur l'adéquation de ces notions pour l'ensemble des travailleurs. Dès que l'OIT affirme que le travail décent est pour tous, nous sommes obligés de décloisonner nos réflexions, et de mettre en question certaines distinctions. La question qui se pose urgemment, dans des pays où l'économie formelle n'englobe qu'approximativement 10% de la population active[45] – population qui travaille tous les jours, juste pour sa subsistance – et aussi, franchement, pour des sociétés comme la mienne où le taux de syndicalisation est en constante baisse et le travail précaire est en constante augmentation[46] – et lorsque les

---

[44] Selon le BIT, ces facteurs sont les « fondements démocratiques et la liberté syndicale », des « partenaires sociaux forts, indépendants, et représentatifs », une « volonté et détermination politique à s'engager dans le dialogue social, quand il a lieu au niveau national, et un « appui institutionnel adéquat. » (*Cf.* OIT, *Le dialogue social tripartite au niveau national : Guide de l'OIT pour une meilleure gouvernance*,
(www.ilo.org/wcmsp5/groups/public@dialogue/documents/publication/wcms_303210.pdf, p. 44 et s.)

[45] *Cf.* not. C. Maldonado *et alii*, *Le secteur informel en Afrique face aux contraintes légales et institutionnelles*, Genève, OIT, 1999.

[46] *Cf.* not. L. F. Vosko, *Managing the Margins: Gender, Citizenship, and the International Regulation of Precarious Employment*, Oxford University Press, 2010.

employeurs sont davantage des entreprises multinationales et des investisseurs délocalisés, c'est la question de l'adéquation.

Il serait opportun de se demander quels sont les risques associés à un tel questionnement, au moment où les institutions du droit du travail sont sous menace[47]. La Banque Mondiale est évidemment la première à regarder le syndicat qui revendique un statut spécial comme un groupe d'intérêts spéciaux en opposition avec ceux d'autres acteurs. En tant que travaillistes, nous nous méfions avec justesse de ce genre d'argumentaires qui incarnent un « grand retournement », selon Alain Supiot, de la subordination de l'organisation économique au principe de justice sociale effectué dans la Déclaration de Philadelphie. C'est plutôt la « perspective inverse » qui préside actuellement[48].

Toutefois, le problème qui nous préoccupe ne peut pas tout simplement disparaître. Même si j'affirme l'importance des approches comparées du capitalisme et la capacité qu'ont certains états de construire des systèmes qui les avantagent relativement[49], je crois que pour plusieurs autres pays, nous constaterons que l'empereur n'est pas vêtu[50]. Même si nous ne disons rien, tout le monde le sait.

Si tout le monde le sait, surtout ces acteurs majeurs de la gouvernance néolibérale, soyons certains que quand personne ne fait attention, les acquis seront, de toutes les façons, érodés. Ce qui nous

---

[47] *Cf.* K. Rittich, "The Future of Law and Development: Second Generation Reforms and the Incorporation of the Social", *in* D. M. Trubek, A. Santos (eds), *The New Law and Economic Development: A Critical Appraisal*, Cambridge University Press, 2006.

[48] Pour Alain Supiot, « À l'objectif de justice sociale a été substitué celui de la libre circulation des capitaux et des marchandises, et la hiérarchie des moyens et des fins a été renversée » (A. Supiot, *L'esprit de Philadelphie : la justice sociale face au marché total*, Paris, Seuil, 2010, p. 24).

[49] *Cf.* P. Hall et D. Soskice (eds.), *Varieties of Capitalism: The Institutional Foundations of Comparative Advantage*, New York, Oxford University Press, 2001; pour une application au droit du travail : B. Hepple, *Labour Laws and Global Trade*, Oxford, Hart Publishing, 2005.

[50] *Cf.* T. Teklè (ed.), *Labour Law and Worker Protection in Developing Countries*, Oxford, Hart Publishing, 2010.

ramène vers la thématique de l'avant-projet portant code du travail de l'OHADA.

III - LE DROIT DU TRAVAIL DANS L'ESPACE OHADA

La perception de stabilité et de modernisation par l'uniformisation des lois, y compris en matière du travail, peut sembler la solution la plus crédible pour sécuriser les investissements dans la région, même si, paradoxalement, cette perception d'insécurité juridique est en partie le fruit de facteurs historiques, sociopolitiques et économiques, et aggravée par l'application rigoureuse des mécanismes d'ajustement structurel et la déflation monétaire brutale[51]. La jurisprudence constante et évolutive des tribunaux du travail, comme ceux qui fonctionnent de manière si prévisible même pour une des catégories de travailleurs des plus démunis, soit les travailleuses et travailleurs domestiques, est présumée, de facto, non fiable. Mais l'avant-projet de code du travail peut difficilement être considéré comme un texte qui favorise la simplification juridique, bien au contraire[52]. Suffit-il de mentionner que pendant que les acteurs du dialogue social tripartite se souciaient du contenu potentiel d'un acte uniforme OHADA en matière du travail en 2009, la Banque Mondiale procédait au Sénégal à des mesures de « simplification des procédures » et de « promotion d'investissement » par un programme APIX, dédié en fait à la réforme de la législation du travail, au plus haut niveau de la gouvernance bénéficiant d'un appui présidentiel direct, mais sans grande visibilité en raison de la sensibilité politique des démarches, tout ceci loin du dialogue social et des commentaires du BIT ?[53] Le manque de transparence et la mauvaise communication entre partenaires sociaux impliqués dans le processus d'élaboration de ce code uniforme du travail OHADA n'est-il pas précurseur d'une lacune originelle du modèle OHADA, du moins, en ce qui concerne le dialogue social ?[54]

---

[51] Sur l'abondante littérature concernant l'OHADA : A. Blackett, "Beyond standard setting: A study of ILO technical cooperation on regional labor law reform in West and Central Africa", *Comp. Lab. L. & Pol'y J.*, 2011, 32, p. 443.

[52] *Ibid.* pp. 443-445.

[53] *Ibid.* pp. 456-457.

[54] L'exemple sénégalais cité plus haut illustre tout de même combien le flux modernisateur et réformateur que constitue cet avant-projet de code de travail se

La philosophe politique Nancy Fraser nous rappelle à quel point, dans l'ère contemporaine, les questions de redistribution, de reconnaissance, et de représentation sont importantes[55]. Ce sont les questions du dialogue social. En droit du travail, nous avons vite compris l'importance de la redistribution. Nous sommes amenés, avec les changements démographiques, à faire davantage attention à la reconnaissance sans perdre de vue les autres dimensions. Mais pour Fraser, la représentation est une question de premier ordre. J'aimerais mettre l'accent sur le fait qu'elle insiste sur l'importance de bien caractériser le niveau de représentation convenable. Autrement dit, elle nous demande d'être attentif pour bien cibler si un sujet ou une partie d'un sujet peut mieux être résolue au niveau transnational ou au niveau national. Il ne doit pas y avoir d'automatismes, et les analyses doivent être faites dans le contexte historique, sociopolitique, et économique. Il faut pouvoir voir et comprendre la présence du passé dans le présent. Il est donc nécessaire de reconnaître que les histoires sont interconnectées, comme affirmé avec honnêteté et sobriété par le Professeur Antonio Monteiro[56], et comme plusieurs célèbres historiens de l'esclavage et du capitalisme nous le rappellent. L'Europe et l'Afrique sont liées de longue date, et l'un s'est construit sur la base de l'autre[57]. Le dialogue social, comme nous l'ont rappelé plusieurs intervenants dans ce contexte, nous permet de reconnaître l'autre, dans le respect. Mais encore faut-il que l'autre – tant le travailleur informel, urbain que rural – soit présent.

positionne soit en contraste, soit en parallèle, avec un reflux conservateur et anti-réformateur qui érige, dans les zones concernées, des mécanismes et des institutions de droit du travail dont les véritables objectifs ne coïncident pas nécessairement avec ceux promus par l'avant-projet OHADA.

[55] *Cf.* N. Fraser, *Scales of Justice: Reimagining Political Space in a Globalizing World*, *op. cit.*

[56] *Cf.* A. Monteiro Fernandes, A propos du dialogue social : une comparaison des cas du Brésil et du Portugal, dans le présent ouvrage.

[57] *Cf.* not. E. Williams, *Capitalism & Slavery*, University of North Carolina Press, 1944. Sur l'esclavage comme système mondial : S. Beckert, *Empire of Cotton: A Global History*, Barnes & Noble, 2014.

CONCLUSION

En guise de conclusion, il paraît nécessaire de revisiter quelques idées de base en vue d'une forme de réappropriation du « dialogue social ». Tout d'abord, ce dernier se doit d'être inclusif ; il ne doit pas répéter les exclusions du passé, à commencer par ceux de fait les plus concernés par la revendication d'un « travail décent pour tous ». Le dialogue social doit favoriser l'émancipation. Par ailleurs, il y a une grande part d'interdépendance entre histoire et situation contemporaine. Les destins sont liés. En ce sens, il serait important de commencer à penser le dialogue social sur un plan transnational, au sein d'institutions. Le dialogue social devrait notamment permettre de nous reconnaître les uns les autres. Il faut donc confronter la diversité socioéconomique. Enfin, l'OIT a plus que jamais un rôle significatif à jouer à ce chapitre. Il ne s'agit pas simplement de rappeler les normes internationales du travail, mais surtout de fournir des espaces de réflexion critique sur l'avenir et le devenir d'un dialogue social capable de promouvoir la justice sociale partout dans le monde.

DIALOGUE SOCIAL ET ETHNICITÉ EN AFRIQUE SUB-SAHARIENNE : LA CITOYENNETÉ AU TRAVAIL POUR QUI ?

Armel Brice ADANHOUNME[1]

On parle beaucoup de dialogue social en Afrique subsaharienne. Les enjeux de ces pourparlers censés répondre aux questions socioprofessionnelles des travailleurs, et fondés, comme ailleurs, dans les idéaux de démocratie participative, de justice sociale et de paix organisationnelle, sont connus. En principe ! À dire vrai, à l'aune des réalités africaines que nous proposons de comprendre par le truchement de l'ethnicité, la pratique du dialogue social est autre chose! Tout se passe comme si les acteurs du dialogue social tripartite, gouvernements, employeurs et syndicats, parlaient toujours sans se comprendre. Supposément portés par des enjeux économiques du marché libéral, les institutions que ces acteurs représentent et que sont l'État postcolonial, les associations patronales et syndicales, apparaissent déconnectées des réalités sociales des travailleurs et des citoyens. À rebours de cette approche qui en reste au cadre formel international du dialogue social, la présente contribution propose d'en référer la pratique à la réalité ethnique en Afrique subsaharienne.

Certes, le concept d'ethnicité, pris comme catégorie d'analyse sociologique, peut porter un déterminisme racial, et sa manipulation idéologique expliquer les conflits politiques qui renforcent les inégalités sociales comme cela a été le cas en Côte d'Ivoire[2]. Pour beaucoup, l'ethnicité est le problème de la nation, et ses expressions outrancières qui produisent les guerres tribales et civiles seraient

---

[1] Professeur à l'Université du Québec à Trois-Rivières.

[2] *Cf.* not. A. S. Fall, "Le masque de l'ethnicité en Afrique noire", revue *Relations* 2001, p. 668.

plutôt à bannir de la structuration du dialogue social en Afrique subsaharienne. Mais le cadre national idéalisé du dialogue social ne convient pas non plus aux travailleurs dont les sentiments d'appartenance et les repères identitaires, en absence de projet équitable de citoyenneté pour tous, sont encore structurés par leurs collectivités ethniques. Reconduisant la logique coloniale du développement séparé et autres formes d'ambivalence des intérêts et d'antagonisme des classes qui ont longtemps caractérisé les relations d'emploi en Afrique subsaharienne entre ceux qui gagnent et ceux qui perdent, ceux qui négocient et ceux au nom de qui on négocie, les structures de dialogue social ont souvent éludé les enjeux ethniques et subordonné les réalités sociales des travailleurs aux intérêts économiques de l'entreprise. Loin donc d'être des survivances précoloniales, les revendications ethniques sont des manifestations contre l'illégitimité de l'État-nation postcolonial[3]. Pourfendant l'hégémonie du dialogue social comme construit d'emprunt et son incapacité à clarifier les termes du débat social africain, la présente contribution propose de remonter aux espaces socio-ethniques des Africains pour découvrir d'autres sources de normativités favorables à l'accomplissement de leur citoyenneté au travail[4].

Pour ce faire, cette problématique sera élucidée à partir de deux éclairages théoriques que sont les thèses de la déconnexion des économies africaines et la logique du développement séparé. En réalité, la déconnexion (ou le désencastrement) de l'économie du social, et la séparation (ou la discrimination) entre les citoyens qui en est le corollaire résultent de la référence postcoloniale du dialogue social. Autrement dit, l'échec du dialogue social tient à la répétition de la parole coloniale par des acteurs hégémoniques qui parlent au nom des autres. Pour le démontrer, on entend analyser des pratiques du dialogue social initiées par deux entreprises multinationales dans le cadre d'un projet de responsabilité sociale au Ghana avec la

[3] D. Juteau, *L'ethnicité et ses frontières*, 2e éd., Presses de l'UdM, Montréal 2005.

[4] S. M. Nyambegera, "Ethnicity and Human Resource Management Practice in sub-Saharan Africa: The Relevance of Managing Diversity Discourse", *International journal of Human Resource Management,* 2002, pp. 1077-1090 ; S. M. Apitsa, "L'hybridation des pratiques de GRH à l'international par le truchement de l'ethnicité en Afrique", *Annales des Mines - Gérer et comprendre*, 2013, 113(3), pp. 51-61.

communauté locale, et d'un partenariat avec des coopératives en Côte d'Ivoire. À partir d'une approche institutionnelle des conditions favorables au dialogue social dans les deux études de cas, on souhaite analyser la construction identitaire des citoyens sujets à inclure dans le régime de citoyenneté au travail, les droits qu'ils négocient, et les espaces sociaux où ils vivent, pour mieux saisir les fondements ethniques du dialogue social en Afrique subsaharienne.

La première partie remonte à la postcolonie pour comprendre l'échec du dialogue social, à savoir la parole de la force des acteurs hégémoniques que les autres acteurs de la société civile ne peuvent comprendre (I). La deuxième partie présente la méthodologie de recherche et des résultats à partir des deux exemples de dialogue social recourant à l'ethnicité (II). La troisième et dernière partie revient sur les fondements théoriques de l'échec du dialogue social et propose de prendre au sérieux l'ethnicité dans les discussions sur la citoyenneté au travail en Afrique subsaharienne (III).

I - COMPRENDRE LES FONDEMENTS SOCIO-ETHNIQUES DU DIALOGUE SOCIAL AFRICAIN

Pour proposer un cadre porteur de dialogue social qui tienne compte de l'ethnicité en Afrique subsaharienne, il faut d'abord comprendre les causes du dysfonctionnement des pratiques habituelles. Dans une reproduction formelle du cadre tripartite des échanges entre les partenaires de l'entreprise[5], le dialogue social en Afrique subsaharienne, comme dans les démocraties libérales des pays développés, est tributaire des politiques nationales de l'emploi qu'il faut discuter en vue de la performance économique des entreprises. Toutefois, les réalités sociales débattues dans le cadre formel du dialogue social découlent des enjeux qui ne sont pas toujours ceux de la démocratie industrielle à la base de cette structure spécifique de négociation. La raison est que les économies en Afrique subsaharienne n'ont pas expérimenté les étapes socio-historiques qui ont conduit au développement de la démocratie libérale. Ces économies, plutôt

---

[5] T. Fashoyin, "Tripartism and Other Actors in Social Dialogue", *International Journal of Comparative Labour Law and Industrial Relations, 2005,* 21(37), pp. 46-49.

basées sur l'extraction des matières premières, n'ont pas connu l'industrialisation qui a produit cette forme de dialogue social qu'est la négociation collective bipartite ou tripartite. C'est pourtant la reproduction de cette structure de dialogue social notamment au Ghana et en Côte d'ivoire qui conduit à l'impasse que la théorie postcoloniale aide à comprendre.

Selon cette théorie, le postcolonialisme n'a pas mis fin au colonialisme ; en réalité il l'a exacerbé[6] ; les indépendances africaines ont ratifié le régime hégémonique colonial de la force[7]. Cette théorie de la parole du perroquet qui consiste à répéter ce qu'on a toujours entendu du maître peut s'apprécier par les thèses de la déconnexion de l'Afrique de l'économie mondiale et la thèse du développement séparé qui définit les contours de la citoyenneté au travail en Afrique subsaharienne. Outre la question de leur dévaluation et de leur marginalisation[8] la thèse de la déconnexion montre que ces économies sont restées désincarnées ou désencastrées des réalités locales depuis les indépendances de ces pays[9] et désengagées du vécu social des Africains[10]. Cette thèse rappelle la perspective de Karl Polanyi[11] sur le désencastrement de l'économie à laquelle il proposait un ré-encastrement, en ce qui concerne l'Afrique subsaharienne dans les institutions de l'informel que sont les traditions, les coutumes, etc. Dans son « *Dahomey and the slave trade* », Karl Polanyi démontrait

---

[6] A. Mbembe, *De la postcolonie. Essai sur l'imaginaire politique dans l'Afrique contemporaine,* Paris, Karthala 2000; G. Spivak, *A Critique of Postcolonial Reason: Toward a History of the Vanishing Present*, Cambridge, MA: Harvard University Press, 1999; R. Young, *Postcolonialism: A Very Short Introduction*, Oxford University Press, 2003.

[7] B. F. Eboussi, *Les conférences nationales en Afrique noire. Une affaire à suivre*, Paris Karthala, 1993.

[8] D. Bach (dir.), "Afrique: la déconnexion par défaut", *Études Internationales*, XXII 2, 1991 ; J.-F. Bayart, "L'Afrique dans le monde : Une histoire d'extraversion", *Critique Internationale*, 1993, 5, pp. 97-120.

[9] A. Anghie, *Imperialism, Sovereignty and the Making of the International Law*, Cambridge CUP, 2005.

[10] M. Dia, *Africa's Management in the 1990s and beyond. Reconciling Indigenous and Transplanted Institutions*, Washington, D.C: The World Bank 1996; F. M. Edoho, *Management Challenges for Africa in the Twenty-First Century*, Praeger Publishers, Westport, 2001.

[11] K. Polanyi, *La grande transformation. Aux origines économiques et politiques de notre temps,* Paris, Gallimard, 1983.

qu'il y avait déjà dans le Dahomey précolonial une alternative à l'économie capitalisme colonial[12]. Les sociologues de l'économie ont bien documenté cette approche qui remet l'économie au service de la société et non la subordination du social à l'économique[13]. C'est cette subordination qui conduit à la déconnexion avec des conséquences néfastes sur les relations socioprofessionnelles.

La deuxième thèse est celle du développement séparé. L'origine conceptuelle de l'invention occidentale du développement par opposition au sous-développement[14], en remplacement du binôme colonisateur/colonisé[15], dont les premières élaborations en termes de processus de modernisation sociale[16], porte les germes de l'antagonisme que dénonce la théorie « dépendentiste » du centre qui exploite la périphérie[17]. Le sociologue américain Immanuel Wallerstein[18], spécialiste en affaires postcoloniales africaines, avait dénoncé cette dualité inégalitaire qui relève de la nature même du capitalisme à l'échelle mondiale. Aujourd'hui encore, les politiques de développement et de libéralisation de l'économie n'ont pas réinterprété le concept de développement en termes de processus de mobilisation sociale dans laquelle les acteurs sociaux joueraient un rôle charnière. Il y a encore une discrimination qui est fondée sur l'accès au pouvoir et la distribution matérielle de la richesse. Du temps colonial, c'était entre les colonisateurs et les colonisés, et parmi les colonisés eux-mêmes, entre les « évolués » et les indigènes. Aujourd'hui, la séparation se fait entre ceux qui ont le pouvoir et y

---

[12] K. Polanyi, *Dahomey and the Slave Trade: An analysis of an Archaic Economy*, University of Washington Press, 1966.

[13] B. Barber, "All the Economies Are Embedded: The Career of a Concept, and Beyond", *Social Research,* 1995, Vol. 62(2), pp. 387-414; R. Le Velly, "Le problème du désencastrement", in *Contre la société du tout marchand, Revue du MAUS*, 2007, 29 1, pp. 241-256; M. Granovetter, "Economic Action and Social Structure: The Problem of Embeddedness", *American Journal of Sociology,* 1985, 91(3), pp. 481-493.

[14] A. Memmi, *The Colonizer and the Colonized*, Boston, MA, Beacon Press 1965.

[15] *Idem*.

[16] W. W. Rostow, *Les étapes de la croissance économique, Un manifeste anti-communiste*, Cambridge University Press, 1960.

[17] E. Said, *Culture and Imperialism*, New York: Vintage Books, 1994; W. Rodney, *Et l'Europe sous-développa l'Afrique,* Paris: Éd. caribéennes 1972.

[18] I. Wallerstein, *World-Systems Analysis: An Introduction*, Durham, NC, Duke University Press, 2004.

sont associés qui gagnent tout et absolument tout, et le peuple qui est dépossédé du peu qui lui reste. Ces deux thèses postcoloniales - la déconnexion de l'Afrique de l'économie et le développent séparé des citoyens - permettent de comprendre les échecs du dialogue social.

Pour explorer les conditions de la réussite du dialogue social entre l'entreprise et sa société d'implantation, l'approche privilégie un régime de négociation basé sur des institutions pouvant effectuer la citoyenneté des membres[19]. Ensemble d'arrangements institutionnels qui renferment en leur sein des représentations paradigmatiques du modèle citoyen[20], le régime de citoyenneté au travail est fonction du combinatoire de trois dimensions que sont le sujet (qui peut revendiquer le droit et est reconnu comme tel), la substance (la teneur desdits droits) et le domaine (où le droit est reconnu et exercé)[21]. À cet élément de la construction de la citoyenneté s'ajoutent les dimensions normative, cognitive et régulatrice[22] qui fait que le sujet est accepté ou s'accepte comme inclus dans le régime, suivant une logique d'inclusion et d'exclusion à la table ou se tient le dialogue social. La substance de la citoyenneté relève des droits qui y sont liés et sont sociaux, civils et politiques[23]. Les droits sociaux touchent aux conditions de travail, le salaire décent, les services sociaux, l'éducation, et les projets en RSE. Les droits civils protègent

---

[19] A. B. Carroll, "The Four Faces of Corporate Citizenship", *Business and Society Review*, 1998, n° 100/101, pp. 1-7; J. L. Campbell, "Why Would Corporations Behave in Socially Responsible Ways? An Institutional Theory of Corporate Social Responsibility", *Academy of Management Review*, 2007, n° 323, pp. 946-967; A. Crane, D. Matten & J. Moon, *Corporations and Citizenship*, Cambridge, C.U.P., 2008.

[20] J. Jenson, "D'un régime de citoyenneté à l'autre : La rémunération des soins". *Travail, genre et société*, 2001, n° 26, pp. 43-58; R. Jeurissen, "Institutional Conditions of Corporate Citizenship", *Journal of Business Ethics*, 2004, 53, pp. 87-96.

[21] L. Bosniak, "Citizenship and Work", *North Carolina Journal of International Law and Commercial Regulation*, 2002, 273, pp. 497-506; L. Bosniak, "Citizenship", in P. Crane, M. Tushnet (eds.), *The Oxford Handbook of Legal Studies, 2003,* Oxford University Press pp. 183-201.

[22] J. L. Campbell, *Institutional Change and Globalization*, Princeton and Oxford, P.U.P. 2004.

[23] M. Bulmer & A. M. Rees (eds.), *Citizenship Today: The Contemporary Relevance of T. H. Marshall,* London, University College London Press Limited 1996; T. H. Marshall, *Class, Citizenship and Social Development,* New York, Anchor, 1965.

l'individu contre les abus du pouvoir et garantit sa liberté dans la différence. Les droits politiques touchent à la participation à l'exercice du pouvoir comme membre d'un collectif associatif et permet la représentation. Le domaine renferme les espaces sociaux d'enracinement de citoyenneté.

Deux perspectives, une vision économique hégémonique et une vision sociale contre-hégémonique[24], encadrent la production de la citoyenneté au travail. Alors que la vision économique prétend que les entreprises multinationales (plus avant MNC pour *Multinational Corporation*), dans la logique du marché libéral, peuvent procurer le bien-être à tous les travailleurs, la vision sociale réintroduit le social dans l'économie ainsi encastrée en proposant une alternative locale à la solution libérale. Aussi, l'une part des institutions d'emprunt relevant du cadre tripartite du dialogue social et l'autre introduit dans le débat des institutions locales où des acteurs de la société civile ont leur mot à dire. L'hypothèse est que la structure de dialogue social qui privilégie une logique sociale qui insisterait sur les intérêts des travailleurs et de leurs collectivités ethniques, contrairement à la logique économique et collusoire des acteurs hégémoniques peut véritablement générer la citoyenneté au travail pour tous.

II - MÉTHODOLOGIE DE RECHERCHE ET EXEMPLES DE DIALOGUE SOCIAL RECOURANT A L'ETHNICITÉ

La recherche porte sur deux modèles de dialogue social initiés par les filiales de deux MNC, l'une nord-américaine dans l'industrie minière au Ghana (recherche menée en 2007-8), l'autre européenne dans l'industrie cotonnière en Côte d'Ivoire ; les enquêtes ont été conduites pour la première en 2007-2008, pour la seconde en 2015. La recherche recourt à une méthodologie socioconstructiviste pour capter le rôle des acteurs notamment par des entrevues semi-dirigées et confidentielles d'une heure de durée au moins, l'observation du terrain, et la documentation en vue de la triangulation des données.

---

[24] R. Shamir, "Corporate Social Responsibility: A Case of Hegemony and Counter-Hegemony", in B. de Sousa Santos, C. Rodriguez-Garavito (eds), *Law and Globalization from Below. Towards a Cosmopolitan Legality*, Cambridge, C.U.P, 2005 pp. 92-117.

Elle étudie les enjeux du dialogue social par lequel les acteurs locaux négocient les droits socio-économiques, civils et politiques avec leurs partenaires d'affaire. Au Ghana, cinq groupes d'acteurs ont été interviewés dans la mine et dans la communauté locale pour un total de 46 entrevues incluant les travailleurs (n=19), les cadres (n=10) et les gestionnaires (n=6) dont trois expatriés; les représentants syndicaux (n=7) et les membres de la communauté locale dont le chef (n=4) auquel s'ajoutent au niveau national des acteurs institutionnels comme le syndicat national (n=6) et les ONG (n=5). En Côte d'Ivoire, l'échantillonnage d'une trentaine d'entrevues inclut les travailleurs (n=10), les gestionnaires (n=5), les représentants de communauté locale (n=10), et les responsables des coopératives de paysans (n=5). Ces collectes de données nous renseignent sur la construction des coalitions locales pour saisir les institutions porteuses du dialogue social d'une part ; et d'autre part la description ethnographique des acteurs pour comprendre les configurations de leur citoyenneté.

Au Ghana, la recherche examine les réponses données dans le cadre du dialogue social, initié par l'employeur dans le cadre d'un projet de RSE dans une mine dans la province occidentale du pays. L'enjeu de ce dialogue est une répartition équitable, plutôt une redistribution entre les travailleurs majoritairement d'une origine ethnique étrangère et provenant du Nord, et la communauté locale. En Côte d'Ivoire, l'employeur initie le dialogue dans le cadre d'un partenariat avec deux coopératives de production de coton dans un contexte homogène où les travailleurs et les paysans de la communauté locale sont majoritairement de la même origine ethnique. Les enjeux de ce dialogue social opposent les managers nationaux et internationaux aux responsables locaux des coopératives. Dans les deux cas, les enjeux du dialogue social, par le truchement des programmes de RSE qui supplantent les accords collectifs d'emploi au Ghana (A) et le partenariat avec les coopératives en Côte d'Ivoire, essaient de résoudre le problème de la citoyenneté au travail par le recours à l'ethnicité (B).

A - Un dialogue social au sujet de le RSE dans une mine au Ghana

Dans cette mine centenaire construite par les Anglais du temps de la colonisation, nationalisée par la suite à l'indépendance en 1958 et enfin privatisée à la faveur des programmes d'ajustement structurel dans la décennie des années 80, les relations socioprofessionnelles ont toujours été traitées dans le cadre des négociations collectives menées par le syndicat national de mineurs du *Ghana Trade Union Congress* et la MNC. Les conventions collectives, *Collective Bargaining Agreement* (CBA), qui en ont régulièrement résulté, dans le cas de cette mine, ont plutôt fait la part belle aux employés en fonction de leur statut d'emploi : les mineurs appelés les *juniors* opposés aux cadres appelés *seniors* et qui ont remplacé les managers occidentaux. Ces deux groupes d'employés vivent séparés, les juniors dans le *compound* et les seniors dans des *bungalows*. La mine elle-même est séparée de la communauté locale et protégée par des gardes de sécurité pour « prévenir l'infiltration des pauvres villageois » selon un cadre, et surtout pour sécuriser la mine contre les violences de la communauté locale, selon un villageois.

C'est pour rapprocher ces deux communautés, celle des travailleurs de la mine provenant du Nord et la communauté locale, qui ne se parlent pas et vivent littéralement séparées que la direction expatriée de la mine, composée d'un français, un canadien et un australien, a initié un projet de RSE appelé *Community Development Effort* (CDE). Pour le directeur de la mine, il s'agit d'une question de justice distributive et l'enjeu consiste à revoir les accords collectifs d'emploi conclus avec le syndicat, même si la mise en cause du CBA occasionnera des mouvements de protestation. Mais contrairement à la structure bipartite du CBA entre la MNC minière et le syndicat national des mineurs, les termes de la CDE ont été négociés entre la MNC, une structure décentralisée de l'État au niveau de l'assemblée de district, et une ONG européenne œuvrant dans le domaine du développement socio-communautaire dans la région. La CDE consiste en quatre projets touchant la distribution de l'eau potable et l'électricité à la communauté, l'amélioration du système de santé par la délocalisation du dispensaire de la mine dans la communauté, l'amélioration du système de l'éducation par la construction d'un centre de formation de métiers professionnels et l'octroi de bourses collégiales à quelques villageois, et le financement de petits projets entrepreneuriaux par la MNC. Si ces projets visent les cinq villages alentour de la mine, leur mise en application se fera au détriment des travailleurs qui devront renoncer à certains privilèges. L'enjeu consiste à remplacer des provisions sociales du CBA par ces projets de CDE. Pourtant, les supposés bénéficiaires que sont les travailleurs juniors menés par leur syndicat local et la communauté locale dirigée par le chef traditionnel ont été exclus du processus de négociation de la CDE.

Ces deux types d'arrangements institutionnels portés d'une part par la CBA et d'autre par la CDE font déterminer les configurations de la citoyenneté au travail dans la mine. Alors que la CBA est déterminée par une logique économique de négociation des accords collectifs d'emploi et de partage des bénéfices par des acteurs hégémoniques en collusion (une MNC avec un État avec lequel elle est en joint-venture et un syndicat national corporatiste), la CDE est orientée vers une logique sociale de redistribution équitable de la richesse produite par la mine entre ses deux parties prenantes que sont les travailleurs d'origine ethnique étrangère et la population locale. Ces deux structures de négociation qui ont produit deux types de dialogue social vont opposer et diviser les deux communautés dans leur réponse à la question des bénéficiaires de la mine. Pour le chef de la communauté locale et ses membres, la question devrait se poser en termes de propriété de la terre de la mine que lui ont léguée ses ancêtres et dont il est le gardien. Il mérite, selon lui, la part du lion, parce que c'est sa communauté ethnique « *qui est mariée à la MNC depuis plus de 70 ans* ». Pour un villageois, les travailleurs ghanéens de la mine qu'il qualifie d'étrangers ne sont pas des citoyens de leur village, mais des allogènes qui profitent plus que les autochtones de la mine. Ils sont dans de meilleures conditions dans leur *compound* profitant de bons logements et de bonnes nourritures, se plaint-il, et c'est pour cela que les villageois ont décidé de protester contre la MNC, conclut-il. Pour ces travailleurs enviés par la communauté locale et qui vivent reclus, la réponse à la question des bénéficiaires réside dans le lien d'emploi qui les lie prioritairement à la mine. Dans cette optique, les juniors vont s'allier aux seniors contre lesquels ils étaient toujours opposés, pour affronter leurs adversaires de la communauté locale et la direction locale de la MNC.

La teneur des droits octroyés par la MNC aux deux groupes qui se discutent les faveurs corporatives est fonction de la nature du régime de la négociation. De l'assistance économique pour les membres de la communauté locale par les projets de développement comme le suggèrent les quatre points de la CDE d'une part, et d'autre part le respect des accords collectifs d'emploi pour les travailleurs dans le cadre du CBA. Pour le chef de la communauté locale qui reconnaît l'enjeu alimentaire de ses requêtes, la direction de la mine lui octroie des contrats « *pour manger un peu* ». Il sollicite aussi de la MNC la construction d'un palais, un centre communautaire, une bibliothèque et une école secondaire. À côté de cette vision philanthropique de la RSE réclamée par la communauté locale, les travailleurs exigent des droits qui vont au-delà des provisions sociales de bien-être du CDE. Ils demandent l'application des accords collectifs d'emploi négociés pour eux par le syndicat national des mineurs, et se situent plutôt dans une logique des droits civils et politiques qui garantiraient par la suite leurs droits socio-économiques. Dans l'impossibilité de déclencher une grève qui serait illégale au regard du code de travail ghanéen, les juniors, sous l'œil bienveillant de leur superviseurs immédiats que sont les seniors, vont se contenter de ralentir le rythme de production par ce qu'ils appellent le *slow motion*. Mais entre les deux groupes, la communauté locale et les travailleurs, il y a un poignet de cadres qu'on pourrait qualifier d'acteurs amphibiens qui font le pont et traversent les frontières entre le village et la mine pour apaiser les tensions. S'il n'y a pas un conflit ouvert entre les deux groupes, c'est notamment grâce aux offices des amphibiens dont la structure de fonctionnement ressemble à la palabre africaine, selon eux. Leur pouvoir de négociation est plus respecté dans la mine que celui des managers expatriés. Ils rencontrent la communauté locale et parlent sous l'autorité morale du chef traditionnel, et essaient d'arrondir les bords de leur différence d'intérêt.

Le domaine de la couverture de la citoyenneté oppose aussi les deux groupes, une juridiction ancestrale pour les uns et une juridiction administrative pour les autres. Cette opposition spatiale au sujet des domaines de la citoyenneté se révèle pour les membres de la communauté locale par « une séparation avec ceux qui ne sont pas citoyens du village ». Le chef dit préférer les voir confiner dans leur « territoire » qu'est le *compound*. Quant aux travailleurs, ils se démarquent par « des barricades pour prévenir l'infiltration et le hooliganisme », et entre eux-mêmes, les juniors et les seniors, vivent séparés selon le statut d'emploi. Pour la communauté locale, le domaine de la juridiction ancestrale est le lieu de la citoyenneté locale à laquelle devrait se soumettre la mine. Cette logique d'affiliation ethnique n'est pas moins présente chez les travailleurs qui, malgré leur référence à la juridiction administrative, se définissent comme des « musulmans nordistes » dont la réussite consiste à construire des maisons chez eux et retourner y vivre à la retraite. Dans les deux cas, la couverture de la citoyenneté est ethnique, et la communauté d'intérêt des uns et des autres s'identifie aux limites claniques, pour les membres de la communauté autour de la chefferie traditionnelle, et pour les travailleurs, leur famille et leur village d'origine. Il y a une logique de territorialité basée sur l'ethnie à la base de ces régimes de citoyenneté.

Mais si les deux structures de dialogue social portées par la CBA dans un arrangement institutionnel entre la direction de la MNC et le syndicat national des mineurs d'une part, et d'autre part par le CDE dans un arrangement institutionnel entre la direction, l'ONG d'origine européenne et l'assemblée locale de district, opposent les deux régimes de citoyenneté, la communauté locale et les travailleurs se rencontrent et parviennent à se parler et se comprendre dans cet autre cadre informel de dialogue initié par les acteurs amphibiens. C'est dans ce cadre de rencontre et de réconciliation mené par les protagonistes eux-mêmes que la paix organisationnelle est possible et la justice sociale que visent la CBA et le CDE sont atteignables.

B - Un dialogue social avec des coopératives de la filière coton en Côte d'Ivoire

Le dialogue social est d'une autre nature dans le cas ivoirien. Il se déroule entre une MNC, l'une des quatre plus importantes de propriété pakistanaise, singapourienne, italienne et locale, et deux des quatre plus importantes unions inter-régionales de coopératives des producteurs de coton dans le nord du pays. Cette filière consiste en la production de coton fibre – il n'y a pas de filature ou du textile, et est estimée entre 120 à 150 milliards de francs CFA de chiffre d'affaire annuel, représentant près de 75% d'une économie régionale qui s'étend du centre au grand nord du pays. Avant la crise de 1990, exacerbée par la libéralisation du marché en 1998, les coopératives étaient les fournisseurs exclusifs des industriels du coton. Les coopératives contrôlaient alors l'encadrement exclusif des paysans et la production du coton. À partir de 2002, le quota des coopératives est descendu à 8% - les 92% restants aux mains des industriels privés qui transigent directement avec les paysans sans recourir aux coopératives qu'ils ont inféodées à leur propre système de production. L'État, avec sa politique de zonage, participe aussi à cette mise à l'écart des coopératives à l'avantage des industriels. Cette politique consiste à délimiter et confier des blocs de production à des entités industrielles qui procurent les facteurs de production, encadre les producteurs et retire la production qu'elles vont ensuite égrener.

Pour sa part, la MNC de notre étude est un industriel qui paie les facteurs de production et les met encore à la disposition de deux grandes coopératives qui produisent du coton pour lui. Mais en 2015, elle a acquis son égreneur et souhaiterait aussi intégrer les coopératives dans son système de production intégrale. C'est dans ce contexte que se pose la question du nouveau statut des coopératives et ce qu'elles gagneraient dans un dialogue social de partenariat.

Même si les coopératives sont soumises depuis 2010 à l'Acte uniforme de l'OHADA qui les transforme en société coopératives, le mouvement coopératif en Côte d'Ivoire a un fort ancrage local et remonte à ce qu'on appelait les groupements à vocation coopérative (GVC) dans les villages. Elles sont devenues par la suite des unions des GVC, plus larges, et dont le but était « de participer à la construction des infrastructures primaires comme les écoles et des dispensaires dans les villages », se rappelle un membre qui a bénéficié desdites structures. En 1997, la nouvelle loi nationale a transformé les unions des GCV en coopératives. Les deux coopératives de l'étude sont elles-mêmes des unions de plusieurs sociétés coopératives. L'une d'elle est l'une des plus grandes de la filière dans toute l'Afrique francophone ; elle se vante d'avoir reçu des « *gens du Tchad, du Congo, du Bénin, du Togo, du Mali qui venaient en pèlerinage* », et d'avoir favorisé la création de l'association des producteurs de coton africain. Ces coopératives décrivent leur rôle comme celui d'une courroie de transmission entre les paysans et les industriels de la filière. Elles sont financées sur les ressources cotonnières à même un différentiel entre le coton produit dans les champs et le coton livré à l'industriel. La différence entre les coopératives tient à la qualité des services offerts aux membres, comme les bœufs de culture, l'encadrement technique aux paysans par les conseillers agricoles, les aides sociales comme des prêts d'argent pour les fournitures scolaires des enfants à la rentrée, etc. Selon un responsable, la coopérative est un « *bâtard à deux têtes qui doit avoir la vitalité associative et la viabilité entrepreneuriale* ». Ce sont ces deux éléments qui portent sur un enjeu social de vitalité comme une association, et un enjeu économique de viabilité comme une entreprise, qui feront l'objet de la négociation partenariale avec la MNC.

Du point de vue social, avec une main-d'œuvre composée à plus de 95% des gens de la région, le lien des dirigeants des coopératives avec les chefs des communautés locales est très fort. Les chefs traditionnels interviennent dans le choix des administrateurs des coopératives. La culture annuelle du coton demande que « les gens soient solidaires », contrairement aux cultures pérennes au Sud comme le cacao qui demandent moins de main-d'œuvre et où l'urbanisation a fait reculer les liens de solidarité, selon un dirigeant. Cette culture de solidarité est renforcée par les traditions culturelles locales. Pour un responsable, « *il y a une grosse influence de l'ethnicité dans la filière coton. La culture du coton est le fait du groupe que nous appelons l'ethnie senoufo pour les trois quarts de production. Et la culture senoufo influence énormément cette activité. Par exemple, les sénoufos ont une culture des funérailles très poussée ; c'est le plus gros des évènements de rassemblement, où les gens se mobilisent même quand ils ne connaissent pas le défunt. C'est dans ce réseau informel puissant lié à l'ethnie senoufo et que vous ne verrez pas ailleurs que les entreprises ont l'occasion de faire des dons et de faire passer des messages* ». C'est justement à l'occasion de ces funérailles auxquels participe le PDG de la MNC que les liens ont été tissés avec les paysans des coopératives, et que la confiance a été créée. Pour expliquer le succès d'un industriel natif de la région, un responsable souligne que « *l'avantage qu'il a sur les autres, c'est qu'il est originaire d'ici et il connaît nos us et coutume. Il sait que chez nous, les funérailles sont très importantes. Et quand il y a un décès dans la famille d'un paysan, il intervient avec beaucoup de sous et des dons* ». Le paysan assisté se souviendra de cette aide et sera « fidélisé ». Comme les projets de développement dans les villages sont en partie financés par les coopératives, les chefs de villages soutiennent beaucoup les coopératives notamment dans les règlements de litiges. Il est difficile pour une coopérative de s'installer dans un village sans le soutien du chef.

L'enjeu économique du partenariat a été signifié par le Directeur général avec une forte parole à la première rencontre avec l'une des coopératives en 2010; il a depuis lors cimentée ses échanges avec les paysans ; il déclare « *qu'aujourd'hui la réalité de la filière coton ne réside pas dans l'augmentation des prix, mais dans une augmentation raisonnée des rendements à travers des structures des paysans qui peut nous permettre d'améliorer la condition de la filière* ». Cette vision que les partenaires trouvaient juste et qui va consacrer le partenariat, renfermait aussi un malentendu. Si, aux dires d'un responsable « *on savait où on allait avec cet investisseur* », pour un autre « *il est loin des réalités africaines, et décide tout du siège social* ». Avec le temps, il lui est reproché de s'entourer d'intermédiaires ivoiriens (qui ne sont pas natifs de la région) qui ne connaissent pas assez la filière coton. « *Nous sommes dans la filière, et souvent, il y a des choses qu'on leur explique et qu'ils ne comprennent pas* ». Contrairement aux autres groupes industriels qui « *s'appuient sur les anciens qui ont de l'expérience dans la filière et sont sur le terrain* » cette MNC agit comme « *un véritable opérateur économique qui dit : j'ai donné 100 francs, j'attends mes 100 francs, alors que dans le système il n'a pas de remboursement systématique à 100% et le risque et le travail de la terre sont aléatoires* ». Pour les coopératives, l'objectif du partenariat est de leur permettre de remonter leur contrôle sur le marché. Certes, ce partenariat commence par un investissement de la MNC pour payer les dettes des coopératives et favoriser leur relance économique avec, en moyenne un financement de 200 000 francs CFA par hectare qu'on prête, sans garantie de remboursement aux producteurs de coton. Mais, cette politique a été par la suite remise en cause par la MNC, qui, dans sa politique d'alignement sur les pratiques des autres industriels, veut aussi engloutir les coopératives. En récupérant l'encadrement des paysans ou en mettant directement en place ses propres sociétés coopératives, il y a le risque que l'industriel dresse les paysans contre les coopératives. Alors que la plupart des conseillers techniques des coopératives sont sous contrat à durée déterminée, ceux des industriels sont en contrat à durée indéterminée ; ceci fait que ces industriels débauchent facilement les conseillers des coopératives. Un responsable pense que l'objectif est « *d'affaiblir le mouvement coopératif pour pérenniser le fonctionnement des entités industrielles* ».

C'est l'opposition de ces deux enjeux qui définit les configurations de la citoyenneté dans le régime partenarial, entre la vitalité associative et la viabilité entrepreneuriale de la coopérative. Pour les responsables, conscients de la fonction d'intégration sociale des coopératives, les règles de l'inclusion dans la citoyenneté des membres, les paysans, doivent être définies « *sous l'arbre à palabre en ce que c'est l'endroit où les contradictions sont débattues* » et dans lequel la coopérative joue « *le rôle d'arbitre entre l'industriel qui achète et le producteur qui vend* ». Les relations sont basées sur la confiance, et c'est en cela que les coopératives jouent un rôle de médiation qui permet l'inclusion ou l'exclusion. Pour un directeur de coopérative, « *pour établir la relation de confiance, nous jouons un rôle très important dans le sens où la paix sociale en dépend* ». Alors que les autres collaborateurs que sont les transporteurs du coton et les employés de bureau se plaignent de leurs conditions de travail (peu de contrats de transports, insuffisance du salaire des employés, etc.) et ne sont pas protégés, les responsables des coopératives ont leur mot à dire à l'industriel même s'ils ne sont sentent pas toujours écoutés.

La défense des intérêts des paysans est centrale à la stratégie des coopératives qui la préfèrent à la politique de zonage dont les avantages économiques sont vantés par l'État et des industriels privés. Pour les coopératives, les droits associatifs ont préséance sur les droits économiques. Car, « *les meilleurs règles sont celles qui sont établies par les intéressés eux-mêmes : il faut laisser les acteurs édicter eux-mêmes leurs propres règles en veillant à ce que cela soit en conformité avec les règles nationales* », dit un membre. Le regroupement en coopératives permet aux paysans de garantir leurs droits civils et politiques. Les coopératives participent à la détermination équitable du prix du coton dans la structure de l'interprofession cotonnière dont le président est un producteur de coton. Pour un autre responsable, l'avenir des coopératives est dans une syndicalisation comme toute entreprise, mais à l'africaine en tenant compte de l'environnement local pour en influencer le fonctionnement, prévient-il. Mais ils savent que « *ce n'est pas dans l'intérêt des industriels que les coopératives soient des syndicats qui défendent les producteurs. Voilà pourquoi les industriels font tout pour émietter et déstabiliser les coopératives* ».

Le domaine couvert par la citoyenneté que recherchent les coopératives est naturellement celui des communautés locales des paysans autour des limites de la chefferie traditionnelle. L'homogénéité du groupe des paysans en favorise la cohésion. Les coutumes et les traditions stipulent par exemple que « *lorsque vous n'êtes pas originaire du village, vous n'avez pas le droit de planter des arbres pérennes ; vous pouvez cultivez du coton, du riz, de l'arachide, etc.* ». Même si ces traditions sont aujourd'hui en déphasage avec la loi foncière nationale qui permet à tous les nationaux de s'établir où ils veulent, et qu'elles commencent par créer des conflits, « *les terres continueront d'être gérées localement, de concert avec l'administration* ». Avec l'ordonnance sur la création des interprofessions de 2012, l'État ivoirien a permis aux opérateurs le soin de gérer eux-mêmes leur filière dans une structure appelé le Conseil Coton Anacarde qui joue un rôle régulateur et qu'un responsable de coopérative compare à un arbre à palabre : « *L'État a aidé avec cette interprofession qui est l'arbre à palabre où les industriels, les producteurs et tous ceux qui ont des intérêts privés se retrouvent pour débattre des contradictions* ».

III - UN DIALOGUE SOCIAL AU RISQUE DE L'ETHNICITÉ

Plutôt que de la considérer comme une illusion ou une fatalité, ce chapitre a proposé de comprendre l'ethnicité en Afrique subsaharienne en recourant à la théorie postcoloniale qui en saisit l'actualité et la pertinence dans les pratiques du dialogue social. Les deux études de cas en montrent l'importance dans la structuration (*via* les arrangements institutionnels) et la pratique (*via* les acteurs) du dialogue social. Dans les deux cas, l'appartenance ethnique est une réalité qui conditionne les relations socio-professionnelles dans des arrangements institutionnelles, formels ou informels, dans lesquels des acteurs ethniques jouent un rôle médiateur d'inclusion ou d'exclusion dans le régime de citoyenneté proposé par la MNC initiatrice du dialogue social. Il nous faut revenir aux thèses de la déconnexion de l'Afrique et du développement séparé à la lumière de ces résultats pour appréhender comment l'ethnicité façonne le dialogue social en proposant des structures antagonistes des arrangements institutionnels et les configurations de la citoyenneté qui en découlent. Autrement dit, alors que la thèse de déconnexion de l'Afrique aide à saisir l'importance de l'ethnicité dans les pratiques hégémonique du dialogue social auxquelles elle propose une contre-hégémonie sociale, celle du développement séparé aide à comprendre les règles d'inclusion et d'exclusion dans le régime de citoyenneté au travail.

D'abord la thèse de la déconnection de l'Afrique de l'économie mondiale par laquelle on entendait le désencastrement de l'économie libérale du social africain. L'ambivalence des enjeux du dialogue social dans chacun des cas, le CDE *versus* le CBA au Ghana et la vitalité associative *versus* la viabilité économique en Côte d'Ivoire, illustrent cette tension entre l'économique et le social. Le problème dans les deux cas était que le social était déconnecté de l'économique : un problème de justice sociale et distributive au Ghana auquel la direction expatriée de la mine propose une solution de RSE qui impliquerait la communauté locale, et un problème de place des coopératives locales dans la chaîne de valeur de la production du coton auquel un industriel propose une solution dans l'établissement d'un partenariat avec des coopératives locales. Cette solution censée connectée le social à l'économique a en réalité renforcé l'antagonisme entre les groupes bénéficiaires de par la dualité des choix, ceci s'expliquant par les références nationale et internationale de ce dialogue. L'opposition inévitable des enjeux du dialogue social, le CBA *versus* le CDE au Ghana, s'explique par l'antériorité nationale du cadre bipartite de la négociation collective et la sollicitude internationale qui fait inclure une ONG européenne dans le débat sur la RSE mais en exclut les concernés que sont les communautés locales et les travailleurs. Ces mêmes références nationale et internationale posent problème en Côte d'Ivoire où les acteurs locaux des coopératives dénoncent l'éloignement de l'investisseur étranger des réalités locales et l'ignorance des *managers* ivoiriens qui ne sont pas de la région.

Dans les deux cas, la juridiction ancestrale de la citoyenneté dans le cas ghanéen et la puissance sociale du réseau informel de l'ethnie senoufo dans le cas ivoirien viennent suppléer à l'incapacité des institutions formelles porteuses du dialogue social que sont l'État-nation, les organisations syndicale et patronale, pris au piège du libéralisme économique qui les désengagent du social et de la réalité de la base. Outre la fourniture des droits socio-économique par les politiques sociales (notamment dans le cadre des projets de RSE, la CDE au Ghana et les politiques de zonage qui permettraient aux entités économiques dans le cas ivoirien de créer plus d'emploi dans les communautés locales), ces acteurs hégémoniques ont souvent négligé l'importance des droits civils et politiques que vise l'auto-détermination locale. C'est dans ce besoin d'équilibre entre le pouvoir et le peuple que les amphibiens ghanéens (et non le syndicat national) vont établir les ponts entre les travailleurs et la communauté locale. Tout comme ces amphibiens, les responsables des coopératives ivoiriens (et non les managers ivoiriens) vont jouer ce rôle de courroie de transmission entre les industriels et les paysans. Ces acteurs transversaux recourent tous aux modalités de l'arbre à palabre pour concevoir le cadre informel d'un dialogue social alternatif qui permet la connexion et l'encastrement de l'économie dans le social, lorsque les acteurs formels sont incapables de le faire du fait de leur subordination à un cadre de négociation sociale inadaptée à leur contexte socio-ethnique.

Cette solution ethnique à la déconnexion de l'économie ne règle pas pour autant de façon satisfaisante pour tous les acteurs le problème du développement séparé qu'elle exacerbe en fait. Dans les deux cas, les configurations de la citoyenneté construites autour des arrangements aux logiques économique et social et aux principes national et ethnique opposent des locaux aux étrangers. À la vérité, ces configurations résultent d'une pratique de « l'exploitation » de la mine ou de la filière coton qui génère une hiérarchie dans la répartition des richesses et établit deux classes de citoyens: ceux du pouvoir et les reclus de la périphérie qui devrait se contenter des portions congrues. C'est contre ces politiques inégalitaires et séparatistes qui produisent la dualité entre le centre et la périphérie que s'insurgent les acteurs contre-hégémoniques qui recourent à une mobilisation sociale qui prend en compte les intérêts des communautés locales et des coopératives des paysans et que les structures syndicales qui n'adhèrent pas au principe ethnique ne peuvent défendre. Dans le cas ghanéen, la séparation entre les travailleurs et la communauté, malgré la bonne volonté du syndicat à défendre les intérêts socio-professionnels de tous les Ghanéens, tient de la reconduite, par le haut, de la logique capitaliste de la distribution de la richesse selon le statut d'emploi et non l'identité sociale. Les coopératives ivoiriennes chercheront à réconcilier cette opposition de classes en prévoyant une évolution de leur mouvement coopératif vers une forme de syndicalisme qui tienne compte des enjeux locaux et partirait de la base et des enjeux sociaux des paysans. Pour redistribuer équitablement la richesse produite (que ce soit par le droit de propriété de la terre ou le travail) et sortir de l'opposition entre les classes, l'affirmation et l'acquisition des droits civils et politiques doivent précéder les droits socio-économiques qui sont à la source de la séparation entre ceux qui ont plus et ceux qui ont moins.

Revenons à l'hypothèse de notre recherche. En privilégiant une logique sociale comme réponse à la déconnexion de l'économie autour du principe d'ethnicité, la CDE dans le cas ghanéen et le partenariat avec les coopératives dans le cas ivoirien, les structures antagonistes de dialogue social dans chacun des cas ont produit de l'exclusion : les « autres » ghanéens et ivoiriens qui ne sont pas du terroir et qui ne comprennent pas. Si cette logique ethnique est invisible dans le cas ivoirien du fait de la commune identité des paysans sénoufo et des coopératives qui les défendent, elle est plus fragrante dans le cas ghanéen où les travailleurs étrangers sont exclus de la communauté locale tout comme cette dernière est séparée de la mine par les barrières. Cette logique génère-t-elle une citoyenneté pour tous au travail ? Au regard des résultats des deux cas, la réponse est clairement négative. Tous ne sont pas inclus dans le régime des droits citoyens revendiqués par l'ethnicité, et il y a de l'exclusion de part et d'autre. Mais l'exclusion des travailleurs étrangers ghanéens et des managers ivoiriens de la citoyenneté ne s'explique pas par une politique de discrimination mais une réaction contre la structure hégémonique du dialogue social (un débat entre les gens du pouvoir et au pouvoir) et sa stratégie inégalitaire de distribution de la richesse ou de développement.

L'objectif de cette contribution était de comprendre, à la lumière de la thèse postcoloniale, l'impact de l'ethnicité sur le dialogue social en Afrique subsaharienne. Les deux études de cas ghanéen et ivoirien de dialogue social mené par les deux MNS ont montré que même si la parole (la promesse) du développement (RSE au Ghana, partenariat en Côte d'Ivoire) est nouvelle ou plutôt renouvelée, les règles de prise de parole pratiquée par les acteurs de la négociation sont toujours les mêmes. C'est contre la discrimination que produit cette hégémonie du centre désengagé de la périphérie que les acteurs ethniques que sont les communautés locales au Ghana et les coopératives en Côte d'Ivoire réagissent en recourant aux institutions endogènes pour rééquilibrer les rapports entre l'entreprise et leur société. Alors que dans les démocraties libérales, les conditions favorables à l'essor de la citoyenne au travail émanent du consensus institutionnel des acteurs de la négociation collective, ce n'est pas encore le cas en Afrique subsaharienne où les porte-paroles du dialogue social sont dissociés de la base socio-ethnique de ceux au nom de qui ils négocient. Cette dissension remonte aux origines coloniales de l'entreprise et de l'État en Afrique subsaharienne. Elle fait que le dialogue social reste dissocié des enjeux sociaux.

C'est contre cette hégémonie construite autour des règles économiques (politiques d'ajustement structurels, libéralisation de l'économie) qu'un dépassement de la société de marché qui causait déjà un problème à Karl Polanyi est nécessaire pour retrouver, comme il l'envisageait dans la réalité de la société africaine, les résistances sociales qui permettraient le rééquilibrage des rapports et la cohésion sociale. Problème-solution, l'ethnicité peut être un avantage compétitif institutionnel, et n'est pas réductible à son incapacité à créer une communauté homogène nationale en ce qu'elle en reste aux regroupements grégaires. Elle a aussi la capacité de structurer les relations socioprofessionnelles dans lesquelles les acteurs comme les chefferies traditionnelles ou les représentants des coopératives jouent un important rôle dans la réalisation du bien-être des leurs. En attendant la construction d'une identité nationale, homogène et égalitaire pour tous, l'ethnicité a encore sa place dans un dialogue social inclusif et ouvert en Afrique subsaharienne. Ne pas tenir compte du droit coutumier qui émane des chefferies traditionnelles et des communautés locales, c'est reconduire les thèses de la déconnexion des économies africaines et du développement séparé qui expliquent l'incapacité du dialogue social à effectuer la citoyenneté au travail pour tous.

LES ZONES FRANCHES D'EXPORTATION EN AFRIQUE SUBSAHARIENNE ET LE DIALOGUE SOCIAL

Élise PANIER[1]

La notion de « dialogue social » recouvre en droit et plus largement dans les sciences sociales une diversité de mécanismes et processus mettant en relation différents acteurs publics et/ou privés, les partenaires sociaux certes, mais également des intervenants de plus en plus diversifiés aux différents niveaux où se mettent en œuvre des procédures de concertation, de négociation, de consultation. Le dialogue social peut en outre être institutionnalisé ou informel selon les modalités collectives par lesquelles ces différents acteurs sont impliqués dans le jeu politique. Les espaces du dialogue social se diversifient aussi, les échelles de l'entreprise, du secteur ou du pays se voyant complétées par le niveau international ou « transnational », et par une nouvelle dimension locale des enjeux du développement économique et de l'emploi, les relations professionnelles tendant en effet à devenir territoriaux, à se territorialiser[2]. Si l'on prend acte à l'OIT de ces tendances en matière de participation et de concertation dans l'élaboration des politiques relatives à l'emploi et au travail[3], la définition générale et internationale du dialogue social reste

[1] Docteure en droit, chercheuse au CRIMT-Montréal.

[2] J. De Munck *et alii* (eds.), *Renewing Democratic Deliberation in Europe, the challenge of social and civil dialogue*, Bruxelles, PIE Peter Lang, Coll. Travail et société/Work and society, vol. 73, 2012.

[3] Si des acteurs non « traditionnels » interviennent dans ses modalités, on parle dès lors de dialogue social « tripartite élargi » qui soulève la question de la représentativité des organisations et qui peut semer la confusion (BIT, *Dialogue social. Discussion récurrente en vertu de la déclaration de l'OIT sur la justice sociale pour une mondialisation équitable*, Rapport VI, Conférence internationale du Travail, 102e session, ILC.102/VI, 2013, § 39, 40, 76 et s. Disponible en ligne : http://www.ilo.org/ilc/ILCSessions/102/on-the-agenda/social-dialogue/lang--fr/index.htm.

relativement restrictive du point de vue de ses acteurs, malgré une diversité d'objets, de modalités et d'enjeux de ses mécanismes et quand bien même il est affirmé que le dialogue social « donne à la population l'occasion de se faire entendre et d'exercer une influence sur la société et le lieu de travail »[4]. Donc d'un côté, les acteurs du dialogue social au sens de l'OIT sont nécessairement les partenaires sociaux et les pouvoirs publics (l'administration du travail), le tripartisme constituant le meilleur modèle de gouvernance en la matière. De l'autre, c'est une diversité de processus, d'outils et d'enjeux qui sont rassemblés dans ce terme générique : diversité des enjeux économiques et sociaux relatifs à sa structuration institutionnelle, notamment juridique, diversité des modalités du dialogue social dans sa dimension de négociation, de consultation ou d'échange d'informations et diversité des mécanismes qui peuvent être tri- ou bipartites et consister aussi bien en des négociations qu'en des procédures de règlement des différends. Ainsi, outre des espaces du dialogue social qui se complexifient, on remarque que le dialogue social renvoie à différents moments, allant de la réalisation des conditions de sa possibilité sur le plan collectif et institutionnel à ses résultats plus ou moins formalisés.

S'agissant de la question des zones franches d'exportation (ci-après ZFE) qui est l'objet de cette contribution, on repère à l'égard de ces programmes de développement économique une telle combinaison d'échelles, d'acteurs et de moments en matière de dialogue social, les ZFE étant à la fois espaces et objets des dialogues sur ces politiques controversées du monde en développement. En tout premier lieu en effet, les conditions de possibilité d'un dialogue social au sens du BIT, à savoir le droit d'association et d'organisation, doivent être particulièrement évoquées en la matière tant ces politiques publiques ont mis en question l'existence et la réalisation de ce droit fondamental dans ces enclaves au vu de leur fonction première d'attraction de l'investissement. Mais de façon plus large, la question que soulèvent ces programmes tels qu'ils évoluent aujourd'hui est celle des implications de cette institution particulière sur les acteurs et modalités du dialogue qui ont pour espace et/ou objet la ZFE. Car les ZFE sont avant tout des espaces particuliers du travail et de droit dont

[4] *Ibidem*, § 15.

il devient intéressant d'interroger l'autonomie sur le plan des normes et de l'organisation collective dans le contexte des pays d'accueil et de la mondialisation. D'ailleurs, dans un paragraphe consacré à l'action syndicale dans « un monde en mutation » au sein du rapport précité du BIT, la question des zones franches est explicitement mentionnée comme défi à relever pour l'acteur syndical[5].

Cette contribution s'appuie principalement sur des exemples d'Afrique subsaharienne en essayant de mettre l'accent sur certains pays de l'espace OHADA[6] où l'on repère d'une part un attrait particulier de ces types de stratégie et d'autre part une réalisation des tendances de normalisation perceptibles en la matière au niveau international. La dénomination choisie au Gabon dans une loi de 2011[7] de « zones économiques à régime privilégié (ZERP) » n'est pas sans évoquer à cet égard la proposition d'un auteur dans une publication de la Banque Mondiale de développer un concept d' « *early reform zones* » qui désignerait des régions où les conditions optimales de compétitivité, juridiques et matérielles, seraient immédiatement applicables[8]. Car si la définition générale des ZFE est devenue minimale et principalement économique dans la documentation de l'OIT depuis la fin des années 1990[9], on note dans les publications de la Banque Mondiale une définition « technique » de ces mesures qui insiste sur l'idée d'espaces différenciés dans les pays d'accueil sur le plan du droit, de l'administration et de l'aménagement des ZFE[10]. Les programmes actuels de zones franches

---

[5] BIT, 2013, *op. cit.*, § 66.

[6] Ce travail s'appuie principalement sur les études et rapports internationaux sur le phénomène, en particulier sur l'étude des commentaires de la CEACR de l'OIT, sur les lois et réglementation de zone franche des pays de l'espace OHADA et sur un travail d'enquête concernant plus précisément le cas togolais.

[7] Voir la liste des lois et réglementations de ZFE en annexe.

[8] R. Auty, « Early Reform Zones: Catalysts for Dynamic Market Economies in Africa », in T. Farole, G. Akinci (dir.), *Special Economic Zones Progress, Emerging Challenges, and Future Directions*, World Bank, 2011, pp. 207-224.

[9] L'OIT définit les ZFE comme étant des « *zones industrielles offrant des avantages spéciaux ayant pour vocation d'attirer des investisseurs étrangers et dans lesquelles des produits importés subissent une transformation avant d'être réexportés* ».

[10] Trois caractéristiques sont mises en avant : 1. Les zones sont avant tout des espaces particuliers, notamment juridiques puisque s'y appliquent des règles plus libérales. 2. L'administration requiert une structure propre de gouvernance. 3. Les zones sont en général bien équipées en infrastructures (T. Farole (ed.), *Special*

en Afrique subsaharienne, notamment dans l'espace OHADA où 9 pays membres sur les 17 ont adopté un régime juridique de zone franche[11], illustrent en outre la tendance à préférer le concept de zone économique spéciale et la délimitation physique des zones[12]. Malgré différentes dénominations, administrations et installations matérielles de ces espaces, il apparaît ainsi que l'instrument de la ZFE est d'actualité et évolue dans les pays d'accueil au regard de cette tendance mondiale qui intéresse particulièrement cette contribution[13].

---

economic zones in Africa : comparing performance and learning from global experience, World Bank, Washington, D.C., 2011).

[11] On dénombre 32 régimes nationaux de ZFE en Afrique subsaharienne concernant notamment le Bénin, le Cameroun, la Côte d'Ivoire, le Gabon, le Mali, la RDC, la République centrafricaine, le Sénégal et le Togo (*Cf.* not. F. Bost, *Atlas mondial des zones franches*, CNRS GDRE S4, 2010, pp. 165-166). Concernant la tendance à la multiplication des zones délimitées, l'exemple peut être pris du Togo avec un projet de zone en périphérie de Lomé ou encore le projet de zone de Maluku en RDC.

[12] Selon l'ONUDI, en effet, « *il se peut qu'il soit plus facile de briser ce cycle dans un cadre physique restreint, tel celui des zones économiques spéciales, que de tenter de le faire pour l'économie tout entière* » (ONUDI, *Accéder aux marchés et y progresser : Nouveaux défis industriels pour les pays du milliard inférieur et les pays à revenu intermédiaire*, rapport sur le développement industriel. Résumé analytique, 2009, p. 7).

[13] On remarque en effet que la plupart des pays dispose d'un régime assez récent de zone franche (voir annexe) qui prévoit une administration spécifique du programme. On parle au Bénin, au Cameroun et au Togo de Zone Franche Industrielle. L'agence d'administration a le statut de société anonyme privée avec participation minoritaire de l'État au Bénin tandis que l'office national des zones franches industrielles (ONZFI) au Cameroun et la nouvelle Agence nationale de la promotion des investissements et de la Zone Franche (API-ZF) au Togo ont un statut public. Dans le dernier cas, c'est un établissement public doté de l'autonomie juridique et financière qui devrait bientôt remplacer la société d'économie mixte actuellement en place, la SAZOF. La Côte d'Ivoire abrite à une cinquantaine de kilomètres d'Abidjan la zone franche de la biotechnologie, des technologies de l'information et de la communication dont le gestionnaire est la société Village des Technologies de l'Information et de la Biotechnologie (VITIB SA), société de participation publique minoritaire. Au Gabon, une loi de 2011 porte réglementation des zones économiques à régime privilégié (ZERP) et un décret de 2013 règlemente la mise en place de la ZERP de Port-Gentil, gérée par une société de droit gabonais, dénommée « Société de la Zone Economique Spéciale de Port-Gentil SA » (SZES POG) et administrée par l'Autorité Administrative de la ZERP de Port-Gentil. L'agence de promotion des investissements du Mali administre les différents programmes de promotion des investissements dont celui des zones franches qui paraissent correspondre au régime D du nouveau code des investissements malien de 2012. Après différents projets en RDC dès les années 1980, une loi adoptée en 2014 et son décret d'application de

Par-delà la question des résultats de ces programmes ou de la comparaison entre les espaces de zone franche et le territoire douanier dont les résultats dans la littérature sont ambivalents sur le plan à la fois économique et social, notre propos visera ici à relier le fait que d'une part, ces espaces apparaissent particulièrement problématiques en matière de dialogue social et que, d'autre part, leur multiplication dans la région implique qu'un droit spécifique et les institutions qui l'administrent voient leur champ de compétence s'élargir, suggérant par là des espaces et objets spécifiques de dialogue social intéressants à investiguer. Nous aborderons ainsi la problématique du dialogue social en lien avec le droit dans les ZFE en mettant tout d'abord l'accent sur la constitution d'espaces particuliers de dialogue social, au travers des controverses sur la liberté syndicale dans ces espaces et en tenant compte du fait que les ZFE se caractérisent par des dispositions légales et réglementaires propres qui participent plus ou moins expressément à la constitution de ces espaces problématiques sur le plan des droits collectifs et de leur garantie. Car l'institutionnalisation des ZFE par la loi semble organiser une frontière juridique et administrative qui a des implications sur le dialogue social dans les différents pays d'accueil (I). Dans un deuxième temps, il faudra néanmoins interroger les fluctuations de cette frontière en matière de dialogue social selon les différents acteurs et lieux de la prise en charge des problèmes de déficit qu'on y constate. Sera donc abordée en deuxième point la ZFE comme objet du dialogue social selon la confirmation et/ou la mise en cause de son autonomie institutionnelle de manière générale puis à partir de l'exemple plus précis du Togo (II).

2015 instituent les ZES congolaises et prévoient la mise en place de l'Agence des Zones Economiques Spéciales (AZES) qui a le statut d'un établissement public à caractère administratif et technique dont le conseil d'administration se compose de représentants des ministères en charge de l'industrie, des finances et de la gestion foncière, ainsi que d'un représentant de la fédération des entreprises du Congo pour le secteur privé. Au Sénégal, on parlait jusqu'en 2007 d'Entreprise Franche d'Exportation (EFE) mais on préfère aujourd'hui le concept de la « zone économique spéciale intégrée » régie par une loi de 2007 et son décret d'application de 2008. C'est la « Haute Autorité » qui se charge d'administrer le programme.

I - LES ZONES FRANCHES D'EXPORTATION ESPACES SINGULIERS DE DIALOGUE SOCIAL

Les ZFE apparaissent constitutives d'espaces particuliers de dialogue social en Afrique subsaharienne parce que, d'une part, y sont pointés du doigt des problèmes particulièrement importants en matière de respect du droit et de la liberté d'organisation des travailleurs (A) et parce que, d'autre part, les régimes juridiques qui encadrent ces programmes sont impliqués, de façon plus ou moins explicite, dans les difficultés qu'on y repère (B).

A - Les zones franches d'exportation comme espaces problématiques en matière d'exercice de la liberté syndicale

ZFE et problèmes vont le plus souvent et depuis de nombreuses années ensemble en matière de liberté syndicale. Un rapport de la CISL en 1996 mentionne à l'époque que les pratiques antisyndicales constituent une caractéristique intégrée au concept même de ZFE[14] tandis qu'un rapport sectoriel du BIT fait le constat selon lequel « *les conditions de travail apparaissent relativement favorables dans certaines ZFE, sans que la liberté syndicale et la négociation collective aient joué un grand rôle à cet égard* »[15]. À la fin des années 2000, la Commission d'expert pour l'application des conventions et recommandations de l'OIT (CEACR) y voit un phénomène particulièrement alarmant au moment de fêter le 60e anniversaire de la convention n° 87 sur la liberté syndicale et la protection du droit syndical de l'OIT[16].

---

[14] Cité par Robert Weissman, in « Waiting to Export. Africa Embraces Export Processing Zones », *Multinational Monitor*, 1996, n° 7-8

[15] BIT, *La mondialisation des industries de la chaussure, des textiles et du vêtement*, Rapport soumis aux fins de discussion à la Réunion tripartite sur la mondialisation des industries de la chaussure, des textiles et du vêtement: incidences sur l'emploi et les conditions de travail, Genève, 1996, p. 139.

[16] Rapport de la CEACR, III (partie 1A), CIT 98ème session, 2009, p. 56. Inquiétudes reprises dans le Rapport de la CEACR, III (partie 1B), *Donner un visage humain à la mondialisation*, Étude d'ensemble sur les conventions fondamentales concernant les droits au travail à la lumière de la Déclaration de l'OIT sur la justice sociale pour une mondialisation équitable, 2008, CIT 101ème session, 2012, § 74 concernant le

Le problème le plus décrié concernant le dialogue social en zone franche est donc celui de la garantie et de l'exercice de la liberté syndicale, problème d'ailleurs le plus documenté depuis les années 1980 au sujet des ZFE. Les commentaires que la CEACR consacre spécifiquement aux mesures de zones franches concernent en effet dans la majorité des cas les conventions fondamentales n° 87 et 98 de l'OIT. Une problématique centrale qui est reprise dans différents rapports et études disponibles qui ne manquent pas d'illustrer ces déficits. Un manuel a même été réalisé récemment par le Bureau des activités pour les travailleurs du BIT sur cet enjeu spécifique du syndicat dans les ZFE[17]. S'agissant des chiffres, on ne dénombre par exemple qu'une seule convention d'entreprise à Madagascar alors que le régime concerne 62 entreprises en 2012[18] tandis que les taux de syndicalisation sont parfois inférieurs en ZFE[19]. En substance, les problèmes peuvent aller de l'absence pure et simple de représentation syndicale en zone franche comme ce fut longtemps le cas par exemple au Togo ou au Nigeria, à des contournements avec par exemple le problème de syndicats dits jaunes à Madagascar ou la position critiquée des délégués du personnel au Togo, voire à des violences, actes d'intimidation ou licenciements en masse suite à des grèves comme au Ghana, au Mozambique ou encore au Togo[20].

Les causes ou explications de ces entraves sont diverses et, selon les rapports et études sur le phénomène, elles tiennent plus ou moins

---

champ d'application de la convention n° 87, § 143 au sujet du droit de grève et § 189 concernant la convention n° 98.

[17] ACTRAV/BIT, *Trade Union manual on Export Processing Zones*, ILO, Genève, 2014.

[18] ACTRAV/BIT et CSI, *Madagascar : Zones franches, droits des travailleurs et stratégies syndicales*, OIT, Genève, 2012.

[19] C'est explicité pour le Ghana et le Kenya, à l'inverse toutefois des zones franches du Sénégal (T. Farole, *op. cit.*, p. 98). À Madagascar le taux de 14% apparaît limité, de même que celui de 15,63% répartis entre trois syndicats au Togo (ACTRAV/BIT et CSI, *Togo : Zones franches, droits des travailleurs et stratégies syndicales*, OIT, Genève, 2012). Le Nigeria, Maurice et la Namibie sont également mentionnés (ACTRAV/BIT, 2014, *op. cit.*).

[20] Rapport de la CEACR, III (partie 1A), 96ème session, 2007 pour le Mozambique, p. 125. Sur le Ghana : A. T. Romero, Export processing zones in Africa: implications for labour, *Competition and change, The Journal of Global Business and Political Economy*, 1998, vol. 2, n° 4, pp. 391-418 ; Rapport de la CEACR, III (part. 1A), 99ème session, 2010, C98, pp. 156-157

au dispositif de ZFE lui-même. Le lien avec celui-ci est relativement facile à établir lorsque l'accès aux entreprises de zone franche ne semble pas possible du fait de la réglementation et des mesures de sécurité que justifie le régime douanier de ces espaces[21]. L'isolement physique et institutionnel des zones pose parfois aussi la question de l'accès des autorités publiques à ces espaces comme l'illustrent notamment différents commentaires publiés de la CEACR sur ce point, sous la convention n° 87, concernant par exemple le Togo ou le Nigeria, et sous la convention n° 81 concernant le Kenya relativement à l'étendue des pouvoirs de l'inspection du travail[22] et au champ d'application d'un projet de loi sur les comités de santé et de sécurité dans les entreprises[23]. S'ajoute bien évidemment à ces difficultés d'accès les défauts du système d'administration et de relations professionnelles du pays d'accueil tels que le manque de disponibilité et de moyens des autorités publiques en charge de contrôler le respect de ces droits fondamentaux ou les entraves plus générales en matière de reconnaissance de la liberté et du droit syndical[24].

Certaines explications avancées du déficit de dialogue social dans les ZFE tiennent par ailleurs à la composition de la main d'œuvre. Il y a la question du caractère temporaire d'une grande partie des emplois posant celle de la couverture syndicale comme par exemple au Sénégal sous l'ancienne loi sur les ZFE[25] ou au Cameroun où 51% de l'effectif des travailleurs des zones franches camerounaises sont des emplois saisonniers en 2009[26]. La main d'œuvre est en outre souvent féminine et migrante ajoutant parfois une explication plus « culturelle »[27] à celle du type d'investissement attiré par ces

[21] Voir notamment la reprise des commentaires concernant le Nigeria dans le rapport de la CEACR, III (part. 1A), CIT 104ème session, 2015, p. 137, et les commentaires généraux dans le rapport de 1999, III (part. 1A), CIT 87ème session, § 110.
[22] Rapport de la CEACR, III (partie 1A), CIT 92ème session, 2004.
[23] Rapports de la CEACR, III (partie 1A), CIT 96ème à 100ème session, 2007 à 2010.
[24] Concernant le Soudan : rapport de la CEACR, III (partie 1A), CIT 103ème session, p. 126.
[25] C. K. Akpokavie, Les normes fondamentales du travail dans les zones franches d'exportation, *Éducation Ouvrière*, 2001, n° 122, pp. 37-42.
[26] A. S. Ngo Balepa, « Le régime de la zone franche industrielle au Cameroun (ZFIC) : résultats mitigés d'une stratégie d'industrialisation », *Les Cahiers d'Outre-Mer*, 2012, n° 259, pp. 339-369.
[27] ACTRAV/BIT, 2014, *op. cit..*, p. 13.

programmes pour identifier le défi posé par l'organisation collective dans les entreprises de ZFE.

Dans tous les cas et même si des problèmes similaires peuvent être notés dans des entreprises situées à l'extérieur des ZFE, le propre des ZFE semble être de le concentrer à plus grande échelle, voire de l'amplifier dans le cadre de statuts juridiques spécifiques. D'ailleurs, le rapport sur le dialogue social cité en introduction reprend ces différents déterminants dans un paragraphe 69 spécialement dédié aux ZFE[28], de la même façon que des paragraphes du recueil de décisions du comité de la liberté syndicale consacrés à ces mesures rappellent un principe selon lequel aucun argument économique ne saurait justifier une différence de droits syndicaux[29]. Ainsi, la ZFE apparaît constitutive d'un espace problématique, un espace où l'implication du droit est centrale[30] même si les régimes de ZFE limitent de plus en plus rarement explicitement le droit et l'exercice de la liberté syndicale.

B - L'implication du droit dans la particularisation de ces espaces de dialogue social

Les régimes juridiques des ZFE comportent parfois des dispositions relatives au droit du travail mais la tendance est à abroger celles qui limitent expressément l'exercice de la liberté syndicale. Néanmoins, l'implication du droit dans la constitution de ces espaces particuliers et problématiques apparaît importante en la matière quand bien même elle se manifeste de manière plus ou moins diffuse. Il est dès lors possible de distinguer les cas où le droit institue une frontière juridique que l'on pourrait qualifier d'explicite entre le régime des

---

[28] BIT, 2013, *op. cit.*

[29] La liberté syndicale - Recueil de décisions et de principes du Comité de la liberté syndicale du Conseil d'administration du BIT, 5e édition, 2006, § 264 à 266.

[30] Le droit est central dans certaines approches académiques du phénomène. Pour Delphine Mercier par exemple, le principe de la ZFE est de « *surseoir pour une durée éventuellement déterminée aux droits commun d'un pays dans ces enclaves, dans le but de profiter au mieux, de l'environnement local et international* » (D. Mercier, « Affranchissement et exception au cœur des frontières profitables. Le cas des zones franches d'exportation industrielle en Amérique centrale », *Critique économique*, n° 25, 2009, pp. 109-132.

ZFE (1) et les dispositions applicables dans le pays et les cas où l'implication du droit est plus indirecte dans la détermination d'un problème de dialogue ou, en tout cas, de modalités spécifiques de son effectuation en zone franche (2).

1 - Des frontières juridiques explicites

Les prévisions formelles instituant clairement une frontière en matière de liberté syndicale et de dialogue social ont consisté et consiste parfois encore pour certains régimes africains à suspendre l'application des lois du travail dans l'espace des ZFE (a), à en limiter certains aspects comme le droit de grève, ou à en déterminer des modalités dérogatoires de garantie, en particulier en matière de règlement des différends (b).

a. *Des suspensions de droits du travail*

En ce qui concerne les cas de suspension des droits par ailleurs applicables, citons l'exemple récent de Djibouti pour lequel sont publiés les premiers commentaires de la CEACR sur les zones franches en 2012 sous la convention n° 81, commentaires qui pointent une contradiction entre un code du travail excluant les ZFE de son champ d'application et un « code des zones franches » affirmant le contraire, commentaires auxquels le gouvernement répond en affirmant avoir saisi le « Conseil national du travail, de l'emploi et de la sécurité sociale (CONTESS) pour avis, afin [que les textes] puissent être amendés et éclaircis »[31]. Parmi d'autres cas d'exclusion générale, il y a l'exemple du Zimbabwe où la loi de 1994 sur les ZFE excluait l'application de celle de 1985 sur les relations professionnelles, le gouvernement ayant pris l'engagement en 1998 de revoir le texte, ce qui a été fait en 2005 avant que la loi sur les ZFE ne soit abrogée. Il y a également le régime namibien de 1995 prévoyant le non assujettissement des entreprises de zone franche aux lois du travail de 1994 et de 1995 qui a provoqué une action syndicale à l'époque et un compromis avec les pouvoirs publics matérialisé dans une loi rectificative temporaire en 1996 affirmant l'application des lois du travail à l'exception du droit de grève pendant cinq ans. La CEACR se

[31] Rapport de la CEACR, III (part. 1A), CIT 103ème session, 2014, p. 398.

dit satisfaite en 2003 du commentaire du gouvernement précisant l'annulation automatique de cette interdiction en l'absence de nouvelle loi[32].

Il y a également des dispositions concernant précisément le droit syndical. Citons l'île Maurice, modèle de réussite des années 1970 au sujet duquel pourtant une publication des années 1980 de l'OCDE mentionne une interdiction d'affiliation syndicale pendant 5 ans[33]. Une publication de 2011 précise par ailleurs une interdiction de se syndiquer et d'engager des négociations au Kenya jusqu'en 2005[34]. Le Nigeria est un cas très documenté au niveau de la CEACR depuis 1998 concernant notamment l'interdiction pendant dix ans d'exercer le droit de grève en zone franche. Si dans les années 2010, le gouvernement déclare que l'autorité en charge des ZFE n'est pas opposée aux activités syndicales et que des discussions ont lieu sur le sujet avec le Ministère en charge du travail, l'amendement de la réglementation tarde à intervenir à ce jour.

b. Des dérogations en matière de règlement des différends

Sur les cas d'exclusion explicite en matière de dialogue social, il faut aussi mentionner la question du règlement des différends du travail qui est parfois traitée par les dispositions qui déterminent le régime des ZFE. On peut citer tout d'abord le Togo alors qu'on pouvait croire que la loi de 2011 réformant le régime général de la ZFE avait mis fin à la procédure obligatoire de règlement des différends au sein de l'autorité de zone. Il faut en effet mentionner une certaine contradiction suite à l'adoption de dispositions réglementaires en 2013 qui encadrent la nouvelle autorité de zone franche, l'API-ZF, et en vertu desquelles cette autorité a des pouvoirs distincts selon qu'on est en zone franche ou dans un autre programme lié à l'investissement. Selon l'article 6 c) du texte consacré à la ZFE, l'autorité assure « le suivi des conditions générales de travail, d'hygiène et de sécurité au travail et l'organisation de conciliations en matière de différend individuel et collectif du travail » ce qui pose la

---

[32] Rapport de la CEACR, III (part. 1A), CIT 91ème session, 2003, p. 303.

[33] A. Basile et D. Germidi, *Investir dans les zones franches d'exportation*, OCDE 1984, p. 43.

[34] T. Farole, *op. cit.*, p. 99.

question de l'articulation avec la compétence légale des administrations du travail extérieures à la zone franche. Ajoutons similairement les prévisions du décret béninois de 2003 selon lesquelles l'AZFI « procède par voie amiable au règlement de tous les contentieux individuels et collectifs intervenus dans les zones franches (...) ». Enfin, et toujours similairement, le décret qui institue l'autorité de zone au Nigeria lui confie l'arbitrage obligatoire et retire aux syndicats la possibilité d'intervenir dans les conflits du travail[35].

2 - Des déterminants juridiques plus diffus

On le voit donc, relativement peu de régimes de ZFE prévoient explicitement des limitations au droit syndical et à la réalisation d'un dialogue social dans les entreprises concernées. Ce qui rejoint les études qui notent que le droit national du travail des pays d'accueil s'applique en général en zone franche. Néanmoins, et cela ressort déjà du dernier paragraphe, les déterminants juridiques peuvent être plus indirects ou diffus. Le silence des textes qui encadrent les ZFE est vecteur de doute quant à l'applicabilité du droit national dans la zone (a). De plus, il faut revenir sur la question du champ des compétences des autorités de zone qui tendent à devenir incontournables dès lors qu'il est question de dialoguer sur le travail en zones franches (b)

a. L'ambiguïté du silence des textes de zones franches

En ce qui concerne les doutes et ambiguïtés que soulèvent certains silences des dispositions des lois et réglementations de ZFE, on peut revenir sur l'exemple des textes togolais applicables en zone franche entre 1989 et 2011 qui programmaient un droit du travail propre aux entreprises de ZFE et l'institution de délégués élus du personnel, mais ne contenaient aucune mention de l'acteur syndical, de la négociation collective ou de la grève en ZFE. Il y eut bien sûr des mouvements de grève mais la syndicalisation ne s'est amorcée qu'en 2009 malgré les demandes adressées notamment par la CEACR s'agissant du champ d'application des différents codes du travail en vigueur au Togo entre

---

[35] *Cf.* not. Rapport de la CEACR, III (part. 1A), CIT 99ème session, 2010 (p. 193-194) et les commentaires de l'Organisation de l'Unité syndicale africaine (OUSA).

1995 et aujourd'hui. On peut également mentionner le cas nigérian dont les dispositions n'excluent explicitement que le droit de grève mais dont le silence sur les autres points soulève des demandes de la CEACR. Ce à quoi le gouvernement répond pendant plusieurs années, et à l'instar du Togo, que « la loi sur les ZFE n'empêche pas la syndicalisation et tous les travailleurs des ZFE sont libres d'adhérer à un syndicat et de négocier collectivement » tout en affirmant dialoguer sur le sujet avec les autorités des ZFE[36]. Ce n'est toutefois qu'en 2015 que la CEACR exprimera une satisfaction avec la nouvelle d'un début de syndicalisation en zone franche au Nigeria[37]. Le cas ghanéen est aussi intéressant à mentionner ici car au moment de l'adoption du *Free Zone Act* en 1995, des syndicats auraient tenté, en vain, de faire pression pour que le texte pose clairement l'applicabilité du *Labor Act* en plus de la seule référence au droit international du travail[38].

On le voit avec ces quelques exemples, auxquels on aurait pu ajouter la loi béninoise de 2005 dont les dispositions sur le droit du travail en zone franche n'abordent pas l'organisation collective des travailleurs[39], le silence a un caractère ambigu et appuie l'intérêt manifeste de l'OIT pour une affirmation explicite des droits applicables dans les ZFE. Cet intérêt est visible dans des formulations selon lesquelles les pays qui « étendent » ou « élargissent » l'application du droit national dans les ZFE sont à placer parmi les bonnes pratiques en matière de droits syndicaux. Le cas malgache est dans ce sens mentionné dans un document de l'OIT de 2012 sur les bonnes pratiques dans les ZFE à propos d'un « progrès législatif » consistant à y étendre l'applicabilité du code du travail[40].

---

[36] *Cf.* not Rapport de la CEACR, III (part. 1A), CIT 101ème session, 2012, p. 213.

[37] Rapport de la CEACR, III (part. 1A), CIT 104ème session, 2015, p. 137.

[38] R. Weissman, *op. cit.*

[39] Articles 28 à 30 de la loi n° 2005/16 du 8 septembre 2005 portant régime général de la Zone Franche Industrielle en République du Bénin.

[40] ILO, *Good practices in labour inspection in export processing zones*, OIT, LAB/ADMIN, 2012, p. 16. Le commentaire de la CEACR de 2008 sous la convention n°81 à l'origine de cette affirmation fait référence à un nouveau code du travail de 2003. Or, des lois sur les ZFE continuent d'affirmer des dérogations en matière de conditions de travail.

b. Des autorités de zone incontournables ?

Il y a enfin la question du rôle de ces acteurs particuliers que sont l'administration de zone et le développeur dont le statut et le fonctionnement sont l'objet des lois et réglementations de ZFE. Il arrive en effet que soient prévues certaines attributions en matière de travail pour contrôler, inspecter ou veiller au respect du droit. On a évoqué des exemples concernant les règlements de conflits, nous pouvons ajouter ici cette question concernant l'autorité des ports et zones franches de Djibouti dans un commentaire de la CEACR sous la convention n° 81[41]. Le décret qui encadre la zone de Port-Gentil au Gabon prévoit de son côté que le guichet unique installé dans la zone comporte notamment une représentation de la Direction Générale du Travail, de l'Emploi et de la Main d'œuvre. Nous pouvons aussi mentionner les compétences de l'Administration des ZES en RDC en vertu des dispositions réglementaires de 2015 qui lui confient la tâche « d'assurer dans les zones économiques spéciales le respect de la législation sociale (...) » et de procéder à tout contrôle et inspection administratif « avec le concours des services publics compétents ».

L'implication plus diffuse tient ici à l'idée que le transfert de certaines attributions à ces autorités autonomes aux statuts divers et souvent placées sous la tutelle des ministères chargés de l'industrie et du commerce peut apparaître critiquable, même s'il arrive que l'on y voit une pratique intéressante dans des contextes d'administrations défaillantes[42]. On peut en effet demeurer critique si l'on se réfère par exemple au rôle du département de l'emploi intégré aux services de la SAZOF au Togo jusqu'à la syndicalisation ou à la réglementation de 2009 de la zone de *Tinapa* au Nigeria qui confie ce type d'attribution au gestionnaire lui-même de la zone pour garantir le maintien de la paix sociale dans cet espace[43].

---

[41] Rapport de la CEACR, III (part. 1A), CIT 103ème session, 2014, p. 398. Élément central d'interrogation de la CEACR dans les années 1980 concernant les ZFE, les autorités de zone sont par la suite aléatoirement abordées selon les cas, et assez peu concernant l'Afrique subsaharienne (Nigeria, Djibouti). Ailleurs, le rôle du BEPZA au Bangladesh est très documenté ; on trouve également la production de normes formelles par ces autorités au Pakistan et au Sri Lanka.

[42] A. T. Romero, Export processing zones in Africa: implications for labour, *op. cit.*.

[43] *Tinapa Free Zone Regulation and resort regulation*, 2009, point 53 (http://www.tinapa.com.ng).

Dans tous les cas, et même sous l'apparent souci de favoriser un dialogue dans et/ou sur les zones franches, certaines dispositions ou interventions de l'administration de zone confirment l'idée d'un espace de droit particulier et d'une institution relativement autonome dans les pays d'accueil qui soulèvent la question du statut de ces espaces en matière de régime de dialogue social. Mentionnons par exemple cette ancienne disposition sénégalaise préconisant la concertation dans le cadre de l'entreprise en matière de chômage technique[44] ou bien le cas malgache, à propos duquel la CEACR formule des observations sur les ZFE sous la convention n° 144 en 2010 et 2011 suite à l'adoption de lois portant sur les conditions de travail dans les zones franches sans respect de la consultation du Conseil national du travail prévue par le Code du travail[45]. Enfin, et pour se rendre à un autre niveau de dialogue, prenons l'exemple du dialogue social au niveau international comme espace possible de confirmation de l'importance des autorités de zone en citant le cas du Togo qui, à l'occasion de la Conférence internationale du Travail, envoie des représentants de la SAZOF au sein de la délégation gouvernementale.

Ainsi, et souvent au travers de cette administration particulière de ZFE, on repère une confirmation de cet espace particulier de droit à différents niveaux de dialogue. Or, et comme l'illustre cette pluralité de niveaux ainsi que des recommandations internationales sur l'articulation entre un dialogue intégré et l'accessibilité des autorités extérieures aux ZFE[46], le périmètre de la ZFE, sa frontière juridique et institutionnelle, ne peut être que perméable au territoire d'accueil.

II - LA ZONE FRANCHE D'EXPORTATION COMME OBJET DE DIALOGUE SOCIAL

Il convient maintenant d'aborder les mobilisations du droit dans les ZFE en matière de dialogue social ou les modalités d'institution des mécanismes de représentation, de concertation et de négociation en

---

[44] Article 6 de la loi n° 95-35 du 21 décembre 1995 instituant le statut de l'entreprise franche d'exportation.
[45] Rapport de la CEACR, III (partie 1A), CIT 99ème session, p. 598.
[46] ILO, 2012, *op. cit.*

matière de ZFE selon le degré de confirmation ou de mise en cause du périmètre de la ZFE. Dans un cas, le cadre des zones est au cœur des mobilisations du droit tandis que dans l'autre, il s'agit de mettre en cause ce cadre « réservé ». Entre confirmation de la zone franche comme secteur économique et espace de droit particulier et mise en cause du programme, le dialogue social de zone franche présente différentes spécificités sur le plan de ses modalités et des acteurs institutionnels et sociaux impliqués que l'on présentera en relatant d'une part les tendances perceptibles en matière de promotion d'un dialogue social au sujet des ZFE et, d'autre part, l'évolution du dialogue social dans le cas précis du Togo entre 2009 et aujourd'hui.

A - Les tendances en matière de promotion d'un dialogue social à propos des ZFE

Parmi les bonnes pratiques en matière de dialogue social et au titre du souci d'intégrer mieux les politiques de ZFE aux problématiques des territoires socio-économiques d'accueil, on peut repérer une tendance à favoriser un dialogue social ayant pour cadre et pour objet la ZFE au travers soit des acteurs traditionnels du dialogue social (1), soit d'acteurs diversifiés impliqués dans l'opérationnalisation de ces programmes, aussi bien internationaux que locaux (2).

1 - Les acteurs traditionnels et la confirmation d'un secteur à part entière

Différentes pratiques permettent de relever dans plusieurs cas des modalités de dialogue social qui s'inscrivent ou s'avèrent médiatisés par l'institution autonome de la ZFE. En effet, la représentation syndicale en zone franche s'installe parfois à cette échelle et confirme dès lors l'idée d'un secteur à part entière malgré la diversité des activités économiques admises dans ces statuts. La création d'une échelle de représentation syndicale propre à la zone, reliée aux autres échelles syndicales nationales ou internationales, peut ainsi s'analyser en une forme de déploiement de la logique d'autonomie des zones franches.

La mise en place d'un dialogue social bi- ou tripartite de zone est également un indice de confirmation d'une logique institutionnelle et économique propre de la ZFE. Ce type de structuration d'un dialogue au sujet des ZFE est d'ailleurs une bonne pratique selon des publications de l'OIT concernant la création de comités tripartites de zone franche pour la résolution des différends et pour la promotion d'une culture de conformité aux droits des travailleurs[47], de même que la mise en place de comités de sécurité et de santé dans les zones[48]. Peuvent aussi se réunir des forums ou comités de dialogue social dans ce cadre[49]. Une autre bonne pratique est celle des mécanismes intégrés aux zones en matière de contrôle et d'inspection sous la forme de modalités proactives telles que celles qui ressortent de pratiques de « *self-regulatory inspection* ». Est cité le Kenya comme exemple africain et précisé que ces modèles de contrôle impliquent la consultation des partenaires sociaux qui peuvent émettre des recommandations sur les procédures et les éléments de conformité[50].

Concernant des exemples d'organisation collective à l'échelle de la zone ou de dialogue bi ou tripartite de zone, on peut mentionner une étude sur Madagascar relatant le projet de renforcer le bipartisme en zone franche entre d'un côté la plateforme nationale des syndicats de travailleurs et de l'autre l'organisation patronale de zone franche, le GEFP (groupement des entreprises franches et partenaires)[51]. Citons également le cas togolais où il existe trois syndicats sectoriels de la zone franche rattachés à deux centrales nationales du pays, une association des entreprises de la zone franche (l'ASOZOF) et une convention collective sectorielle de la zone franche du Togo signée par les représentants de ces quatre organisations. Le manuel syndical précité propose des exemples de négociations ou de consultations dans ce sens. On retrouve le cas togolais et celui malgache au sujet d'un comité bipartite qui se réunirait chaque mois pour traiter des problèmes économiques et sociaux dans les zones franches. Le cas Nigérian est aussi mentionné concernant des efforts du ministère

---

[47] H. Pérez Vásquez, *Good labour practice compilation of labour inspection practices and guidelines for effective labour inspections in EPZs*, Labor Administration and Inspection program (LAB/ADMIN), Social dialogue sector, 2010.
[48] ILO, 2012, *op. cit.*, p. 25.
[49] *Ibidem.*
[50] H. Pérez Vásquez, *op. cit.* et ILO, 2012, *op. cit.*
[51] ACTRAV/BIT, 2012, *op. cit.*, p. 27.

fédéral en charge du travail et de la productivité pour créer de meilleures pratiques de relations professionnelles, la zone de Calabar étant citée en tant que site où un certain degré de tripartisme se serait mis en place en pratique[52].

Dans le même temps et à côté de ces modalités de dialogue en ZFE, on peut repérer des actions institutionnelles et collectives qui consistent plus à déborder cette frontière institutionnelle. Il y a l'exemple encore une fois de Madagascar et de la constitution d'une « équipe mobile de contrôle (...) instituée de manière informelle » par le Ministère en charge du Travail ou les plaintes pour discrimination touchant à des entreprises de zone franche[53]. Sont aussi relatées des formations syndicales à l'extérieur des zones franches le samedi[54]. Dans le cas du Togo, c'est à partir de l'extérieur de la zone franche que la mobilisation de différents acteurs institutionnels, syndicaux et associatifs a favorisé la syndicalisation après notamment certaines tentatives infructueuses de faire appel au Tribunal du travail.

2 - Des intervenants diversifiés dans la constitution d'un dialogue social en matière de zone franche

Outre la présence d'acteurs « publics » singuliers dans la mise en œuvre de modalités de dialogue social en zone franche, avec les autorités de zone ou la présence des ministères en charge de l'investissement et de l'industrie, la ZFE comme mesure technique pour le développement économique et comme dispositif spatial génère aussi une implication d'acteurs internationaux et locaux qui pourraient être insérés dans l'étude de la constitution d'un dialogue social ayant pour objet la ZFE et être analysés là encore selon qu'ils participent plus ou moins à la confirmation d'un espace normatif particulier.

La question tout d'abord des initiatives privées en matière de contrôle et de responsabilité sociale des entreprises se pose particulièrement dans les ZFE du fait de l'importance des investissements étrangers qui s'y installent. Le guide des bonnes

---

[52] ACTRAV/BIT, 2014, *op. cit.*, p. 40 et 58.
[53] ACTRAV/BIT 2012, *op. cit.*, p. 35.
[54] S. Perman *et alii*, *L'envers des marques. Conditions de travail et droits des travailleurs dans les zones franches d'exportation*, CISL, 2004, p. 43.

pratiques de l'OIT précise d'ailleurs qu'en matière de zones franches, un challenge pour l'inspecteur du travail est de faire face à la complexité de la chaîne de production qui implique une diversité de partenariats[55]. Dans ce document sont cités différents exemples d'initiatives privées telles que des audits dans le cadre de certifications, de codes de bonne conduite de multinationales, voire d'organisations patronales locales elles-mêmes comme la fédération des employeurs de Maurice, et il est mentionné le fait que les inspecteurs penseraient que leur mission est plus effective là où des audits existent[56]. Le manuel réalisé en 2014 à l'attention des syndicats sur les ZFE, est de son côté davantage critique sur les mécanismes de ce type, en particulier s'agissant des procédures de plaintes mises en place par la SFI au sein du groupe de la Banque Mondiale.

Cette dernière remarque nous mène à un autre acteur important en matière de zones franches, si ce n'est central puisqu'il est amené à élaborer les stratégies d'implantation des programmes, à savoir le consultant du bailleur de fonds et les autres experts ou consultants techniques internationaux amenés à intervenir en matière de ZFE. Car on repère la constitution d'un réseau d'expertises en ce domaine au niveau international par le biais des grands bailleurs et agences d'accompagnement technique comme la Banque Mondiale ou l'ONUDI[57], mais également par la constitution d'associations internationales et régionales de ZFE ou encore par la multiplication des sociétés de conseils à ce niveau. Ces acteurs semblent donc aujourd'hui incontournables si l'on souhaite comprendre les modalités du dialogue en matière de politique de zones franches au sein des processus de normalisation au niveau mondial. Citons ici l'exemple intéressant du projet d'*Adetikope* au Togo, piloté par le groupe de la Banque Mondiale qui pourrait voir s'impliquer le groupe tunisien *COMETE*[58] qui est déjà intervenu dans ce domaine au Gabon, et éventuellement l'association mondiale des zones franches (WFZO)

[55] ILO, 2012, *op. cit.*, p. 10.

[56] *Ibidem*. Voir aussi les documents afférents à la réunion d'experts sur l'inspection du travail et le rôle des initiatives de vérification privée des 10-12 décembre 2013.

[57] *Cf.* not. Rapport d'activité de l'ONUDI de 2014 et son implication dans le projet de *Diamniado* au Sénégal (p. 51).

[58] http://conseil-national-patronat-togo.com/actualite-affichage-94-Creation-d-Une-Nouvelle-Zone-Franche-au-Togo.

dont est membre la récente association africaine des zones franches installée au Nigeria.

Dans ce cadre d'une normalisation internationale qui se densifie, s'opère également une diversification des autorités locales et acteurs sociaux impliqués dans les concertations sur des projets. S'ajoute donc aux acteurs on pourrait dire traditionnels et internationaux, la société civile au sens large et en particulier les communautés locales dans des opérations pour lesquelles l'outil de la consultation territorialisée est particulièrement utilisé. En effet, on peut remarquer des mécanismes de consultation publique qui se multiplient dès lors qu'il s'agit de délimiter des portions de territoires pour les extraire de l'espace douanier du pays. On peut mentionner le Plan d'action de réinstallation de la Zone économique spéciale de *Maluku* en RDC préconisant, par exemple, que « les populations déplacées devront être consultées de manière constructive et avoir la possibilité de participer à la planification et à la mise en œuvre des programmes de réinstallation »[59]. Pour revenir au cas togolais, on peut citer le Cadre de l'évaluation des impacts sociaux et environnementaux réalisé par un consultant pour la Banque mondiale sur le projet d'extension de la ZFE au Togo, document qui relate la consultation publique réalisée dans le secteur d'*Adetikopé* et dont le récit fait ressortir des enjeux économiques et sociaux qui abordent le travail et l'emploi tout en allant au-delà. Il faut toutefois noter l'absence de participation de l'acteur syndical dans cette démarche dite participative ayant impliqué la SAZOF et l'association des sociétés de la zone franche[60]. Enfin, les autorités des localités parfois intégrées dans l'espace du projet sont des acteurs importants des dialogues territorialisés sur le sujet, ce qu'on peut illustrer ici avec la commune de Grand Bassam en Côte d'Ivoire à laquelle sont reversés 0,5% des chiffres d'affaires des entreprises de la zone franche pour son développement et son aménagement[61].

---

[59] Gouvernement de la RDC, 2012.

[60] A. G. Bachabi Alidou, *Cadre de gestion environnementale et sociale (CGES)*, Rapport final provisoire, Gouvernement du Togo, 2011 (http://www-wds.worldbank.org).

[61] D. A. Nassa Dabié, *Zone franche en Côte d'Ivoire, entre mondialisation, objet et effets géographiques*, 2011 (https://hal.archives-ouvertes.fr/halshs-00580353/document).

La logique d'attraction de l'investissement de ces programmes par les nombreux avantages fiscaux et douaniers et leurs implications problématiques du point de vue des droits et des espaces de vie des citoyens suscite une autre forme de participation de la société civile au sens large qui intervient cette fois-ci de l'extérieur de ces programmes. On pourrait en effet la caractériser par une forme de surveillance ou vigilance citoyenne qui peut être notamment illustrée par une étude environnementale réalisée au sujet de la zone béninoise[62] ou par la forte fréquentation des étudiants et citoyens lors de journées portes ouvertes organisées à Lomé par la SAZOF en 2008[63].

B - L'exemple du mouvement du dialogue social concernant la ZFE du Togo

Afin d'illustrer ces mouvements entre les institutions des zones franches et les contextes d'accueil, retraçons pour finir le processus de syndicalisation jusqu'à aujourd'hui au Togo qui montre la tension qui peut exister entre cet espace institutionnel différencié et un droit commun du travail dont on doute de son extension dans les zones franches.

Ce n'est qu'en 2009 et 2010 que des syndicats s'installent en zone franche du Togo. Ils sont aujourd'hui au nombre de trois constitués en collectif (COSYNTRAZOFT). D'une pénétration syndicale amorcée de l'extérieur par différents acteurs, en particulier par un acteur associatif encore aujourd'hui impliqué dans l'action syndicale en zone franche, il est résulté la constitution de ces syndicats de zone franche mais aussi la conclusion d'une convention collective sectorielle à la fin de l'année 2012 et de son avenant portant sur les salaires en 2015[64]. Ces textes conventionnels confirment donc l'idée d'un secteur

---

[62] P. J. Dossou *et alii*, *Évolution et impacts de l'occupation des terres sur le littoral béninois: le cas de la commune de Sèmè-Podji*, International Land Coalition, CIRAD, 2011, 54 p.

[63] E. Panier, *L'État et les relations de travail au Togo*, L'Harmattan, Paris, 2014, p. 352.

[64] Convention collective de la zone franche du Togo signée en octobre 2012 et déposée au greffe du tribunal du travail de Lomé le 27 novembre 2012. Avenant à la convention collective relative au déplafonnement de la grille salariale de la zone franche du Togo du 5 octobre 2015.

à part entière mais aussi celle d'un espace de droit relativement autonome. À leur analyse, on constate en effet que le cadre institutionnel particulier de la zone franche qui était contesté au départ est confirmé par le droit conventionnel au travers, d'une part, des acteurs ayant apposé leur signature sur les documents[65] et, d'autre part, de dispositions qui prévoient un inspecteur du travail « du ressort de la zone franche » et préconisent la structuration d'un dialogue social de zone franche.

Concernant l'inspecteur du travail du ressort de la zone franche, il correspond en pratique au fonctionnaire qui fut effectivement désigné puis transféré matériellement et juridiquement au département de l'emploi du siège de l'autorité de zone et qui dirige aujourd'hui ce département. Si la mention de cet inspecteur spécial dans la récente convention sectorielle n'est plus exclusive à ce jour, on remarque qu'elle recouvre un certain nombre de domaines importants en ce qui concerne justement les droits rattachables au dialogue social, et en particulier à la protection de la liberté syndicale : citons entre autres la prévision de sa compétence en matière d'autorisation de licenciement des délégués du personnel et syndicaux selon l'article 82, en matière d'autorisation d'embauche pendant une grève selon l'article 88 ou encore son intervention sur les problèmes liés aux affichages syndicaux selon l'article 85.

Cette convention sectorielle contient en outre d'autres dispositions nouvelles par rapport à ce qui se fait au Togo en matière de conventions interprofessionnelles et sectorielles. D'une part, elle précise le rôle de la catégorie d'accord d'établissement qui doit intervenir pour ce qui touche à certaines primes et pour déterminer les modalités de la prise en charge de certains frais médicaux et d'hospitalisation par l'employeur. D'autre part, le texte comporte un titre VIII intitulé « dialogue social et conflits collectifs » visant précisément à instituer un dialogue social de zone franche « comme

[65] La convention collective sectorielle a été signée par les représentants syndicaux et patronaux de la ZFE ainsi que par l'inspecteur du travail de la zone franche, « vu » à la fois par le directeur général du travail et celui de la SAZOF et « approuvé » par le ministre en charge du travail et celui en charge de l'industrie et de la zone franche. Il est intéressant de noter que l'avenant conventionnel de 2015 se contente des seuls représentants de la SAZOF sur le plan de l'autorité publique.

cadre pour gérer les intérêts et prévenir les conflits collectifs ». La définition du dialogue social se contente néanmoins de sa composante bipartite tout en renvoyant à l'adoption d'un arrêté ou, « à défaut », à une entente entre les parties pour en fixer « les modalités particulières d'organisation ». Donc ici, un peu paradoxalement, l'outil du texte ministériel l'emporterait sur celui du dialogue pour organiser justement le dialogue. Dans ce nouveau cadre conventionnel, il est clair que le périmètre de la zone franche est celui à partir duquel un dialogue doit se mettre en place même si des dispositions juridiques et procédures de droit commun y sont applicables. Toujours est-il que l'articulation apparaît nécessaire entre l'autorité de la zone franche et l'administration générale du travail et des lois sociales[66] bien qu'il apparaisse que la loi de 2011 a favorisé une relative dispersion des orientations des travailleurs ou employeurs vers les autorités « publiques », entre les inspecteurs du travail, le tribunal du travail et la SAZOF[67].

C'est la même combinaison du côté du mouvement syndical togolais dont les actualités montrent une confirmation de ce constat mais également sa relativisation au travers de mobilisations qui manifestent plutôt une volonté d'insérer la ZFE dans le contexte social et politique plus large. Nous ne citerons pour conclure que cette récente collaboration syndicale bénino-togolaise consacrée aux zones franches qui permet de noter une prise en charge originale et de l'extérieur de la question des zones franches dans ces pays. Ici, l'échelle internationale est constitutive non seulement d'un espace d'expression des problèmes ou de revendication, d'un lieu de solidarités internationales mais semble également se constituer, quoique de façon assez éphémère[68], en lieu d'action politique dans ces espaces. Cette mobilisation appuyée par un syndicat sectoriel belge et impliquant une association togolaise active sur le sujet a vu le jour en

---

[66] Ce qui peut poser des problèmes en cas de recours hiérarchique contre une décision administrative comme le fait remarquer un inspecteur du travail de Lomé (entrevue du 16 décembre 2015).

[67] On peut citer l'exemple de la mise en place des comités de santé et de sécurité faisant intervenir la SAZOF et les inspecteurs du travail ou un jugement du tribunal du travail de Lomé de 2015 qui relate une procédure de conciliation à la SAZOF.

[68] Le projet de trois ans devrait prendre fin en 2016 (entrevue avec un responsable syndical de la ZFE, 17 décembre 2015).

2014. Elle est issue d'un projet commun dit « de promotion du travail digne et décent dans les industries des zones franches et dans les secteurs vulnérables au profit des travailleurs du Bénin à partir de l'expérience du Togo »[69] et a donné lieu à différentes rencontres. L'une d'elle s'étant tenue à Lomé en 2015 avait pour thème « pour un travail digne et décent, mobilisons-nous pour une application effective de la législation du travail dans les Zones Franches »[70]. Parmi les différents récits d'actualité sur cette nouvelle organisation, on repère donc une internationalisation par les acteurs syndicaux locaux du problème spécifique des zones franches, sur la base des droits internationaux des travailleurs certes, mais aussi des législations sociales des deux pays. Ainsi, la mobilisation du droit national par l'acteur syndical pour mettre en question les frontières des zones franches se réalise ici en débordant non seulement la frontière de la zone mais aussi l'État. Il reste à voir comment s'articulera à l'avenir la critique du dispositif et la confirmation de cet instrument apparaissant aujourd'hui incontournable en matière de politique de développement.

---

[69] http://www.letogoenligne.com/index.php/togo/politique/item/945-togo-la-cstt-et-la-cgtb-s-interrogent-sur-le-statut-juridique-des-travailleurs-des-zones-franches-du-benin-et-du-togo

[70] http://www.csttogo.org/emploi-de-qualite-dans-les-zones.html

APPROCHES INSTITUTIONNELLES INTERNATIONALES ET RÉGIONALES

LA GOUVERNANCE PAR LE DIALOGUE SOCIAL ET LE DROIT : L'AFRIQUE DANS UNE PERSPECTIVE INTERNATIONALE

Angelika MULLER[1]

Le dialogue social et le droit, ces deux éléments majeurs, sont indissociables de l'Organisation internationale du Travail (OIT), et cela dès sa création en 1919. Le tripartisme reste un attribut spécifique de l'OIT qui se reflète de façon transversale dans toutes ses activités. Le droit, à travers les normes internationales du travail, est un autre outil unique de l'OIT qui continue d'être indispensable pour réaliser son mandat de promotion de la justice sociale dans le monde.

Les droits et le dialogue social sont des objectifs stratégiques de l'OIT, tout en étant des moyens de réaliser les deux autres piliers de l'Agenda du travail décent que sont l'emploi et la protection sociale. L'expérience universelle de l'OIT de près d'un siècle confirme que le dialogue social et le droit restent essentiels pour une meilleure gouvernance des marchés du travail.

Le monde du travail d'aujourd'hui est confronté à plusieurs défis. Bien que disposant d'avantages comparatifs, le continent africain fait face à des contraintes particulières. Le progrès économique de ces dernières années s'est accompagné de certains progrès sociaux qui demeurent néanmoins inégaux. 34 des 48 pays considérés par l'Organisation des Nations Unies (ONU) comme les plus pauvres, se trouvent en Afrique.

---

[1] Département de la gouvernance et du tripartisme, Bureau international du Travail (BIT), Genève. Cette étude, de même que les désignations territoriales utilisées, n'engagent que l'auteur et leur publication ne signifie pas que le Bureau international du Travail souscrit aux opinions qui y sont exprimées.

214 millions de travailleurs pauvres de la planète, soit un sur quatre, vivent également en Afrique[2].

En 2015, l'ONU a adopté le Programme de développement durable à l'horizon 2030. La collaboration sur la réalisation de dix-sept objectifs de développement durable (ODD) offre à la communauté internationale, tant aux pays, aux régions qu'à l'OIT, l'opportunité de définir ensemble des politiques intégrées et cohérentes. Par le biais des objectifs n° 8 (travail décent et croissance économique), n° 10 (réduction des inégalités) et n° 16 (paix et justice) du Programme de développement durable à l'horizon 2030, l'importance du travail décent et, par conséquent, du dialogue social et du droit, est clairement reconnue. L'OIT et ses mandants tripartites ont œuvré pour une plus grande visibilité, au sein du système des Nations Unies, de leurs positions stratégiques sur diverses questions : financement du développement, emplois verts, autonomisation des femmes, travail forcé, peuples autochtones, migrations de main-d'œuvre, travail des enfants, épidémie d'Ebola. Le dialogue social et le droit sont au cœur de tous ces débats[3].

L'objectif de cette étude est d'examiner la position de l'Afrique sur des questions du dialogue social et du droit dans une perspective internationale. Nous nous limitons à dresser un tableau d'aujourd'hui, sans pour autant porter de jugement de valeur afin de laisser l'analyse qualitative aux auteurs de contributions nationales. Par ailleurs, vu l'immensité du sujet, nous nous concentrerons tout d'abord sur le cadre juridique du dialogue social à travers les normes internationales du travail pertinentes (I). L'analyse des données de ratification d'instruments de l'OIT, peut aider à éclairer les tendances régionales de l'engagement des pays vis-à-vis du droit international. Par ailleurs, nous traiterons du cadre institutionnel du dialogue social, en mettant l'accent sur les mécanismes tripartites nationaux (II) et en comparant la situation avec d'autres régions dans le monde.

---

[2] OIT, *Vers un développement inclusif et durable en Afrique grâce au travail décent*, Rapport du Directeur général, 13ème réunion régionale africaine, Addis-Abeba, Ethiopie, 2015.

[3] BIT, Conseil d'administration, Section de l'élaboration des politiques, Segment du dialogue social, 326ème session, Genève, 2016.

I - LE CADRE JURIDIQUE DU DIALOGUE SOCIAL

Le droit international du travail est composé de conventions et recommandations de l'OIT. Ces instruments peuvent être présentés en trois groupes principaux (Tableau 1). Les huit conventions fondamentales du travail sont contenues dans la Déclaration relative aux principes et droits fondamentaux au travail de 1998. Même si le dialogue social est transversal, la Convention n° 87 sur la liberté syndicale et la protection du droit syndical, 1948, et la Convention n° 98 sur le droit d'organisation et de négociation collective, 1949, sont d'une pertinence particulière pour notre étude. La Déclaration de l'OIT de 2008 sur la justice sociale pour une mondialisation équitable se réfère aux quatre conventions qui ont été reconnues par les mandants de l'OIT comme prioritaires pour leur promotion, étant donné leur importance pour les questions de bonne gouvernance. Ces conventions dites « de gouvernance » traitent des thèmes de l'inspection du travail, des politiques de l'emploi et des consultations tripartites relatives aux normes internationales du travail. Le troisième groupe est celui des conventions « techniques » qui couvrent un large éventail de thématiques, telles que salaires, temps de travail, protection sociale, santé et sécurité au travail, formation professionnelle, protection de maternité etc.

Tableau 1. Typologie des conventions de l'OIT

Type de conventions	Nombre de conventions	Thèmes des normes internationales du travail
Fondamentales	8	▪ Liberté d'association et négociation collective (Conventions n° 87 et 98) ▪ Abolition du travail forcé (Conventions n° 29 et 105) ▪ Elimination du travail des enfants (Conventions n° 138 et 182) ▪ Non-discrimination au travail (Conventions n° 100 et 111)
Gouvernance (prioritaires)	4	▪ Inspection du travail (Conventions n° 81 et 129) ▪ Politiques de l'emploi (Convention n° 122) ▪ Consultations tripartites (Convention n° 144)
Techniques	177	Conditions de travail (salaires, temps de travail), sécurité sociale, santé et sécurité au travail, protection de maternité, formation professionnelle etc.

Source: NORMLEX, BIT, 2016.

Le taux de ratification des conventions de l'OIT est un des indicateurs pour mesurer l'engagement des pays envers les normes internationales du travail et les valeurs qui y sont exprimées. Il est ainsi important de repérer le niveau de ratification des conventions de l'OIT pertinentes pour le dialogue social.

Tableau 2. Conventions de l'OIT pour la promotion du dialogue social

Conventions de l'OIT	Nombre de ratifications
Convention n° 87 sur la liberté syndicale et la protection du droit syndical, 1948	153
Convention n° 98 sur le droit d'organisation et de négociation collective, 1949	164
Convention n° 144 sur les consultations tripartites (normes internationales du travail), 1976	13
Convention n° 11 sur le droit d'association (agriculture), 1921	123
Convention n° 141 sur les organisations de travailleurs ruraux, 1975	40

Source : NORMLEX, BIT, 2016.

A ce jour, sur 187 États membres de l'OIT, 153 et 164 ratifications ont été enregistrées respectivement pour les Conventions n° 87 et 98. Par ailleurs, 46 des 54 pays africains ont ratifié les huit conventions fondamentales de l'OIT. Ce taux élevé est un fait positif, bien que l'application en pratique varie grandement, comme le souligne la Commission d'experts pour l'application des conventions et recommandations de l'OIT. Un instrument de gouvernance, la Convention de l'OIT n° 144 sur les consultations tripartites[4] a été ratifiée par 139 pays en 2016[5]. Cela représente 75 % des 187 États membres (Carte 1).

[4] La Convention n° 144 est accompagnée et doit être lue en conjonction avec la Recommandation n° 152.

[5] OIT, *Promotion des consultations tripartites : Ratifier et appliquer la convention n° 144*, Département des relations professionnelles et des relations de l'emploi (DIALOGUE) et Département des normes internationales du travail (NORMES), Genève, 2011.

Carte 1. Ratification de la Convention n° 144 de l'OIT sur les consultations tripartites

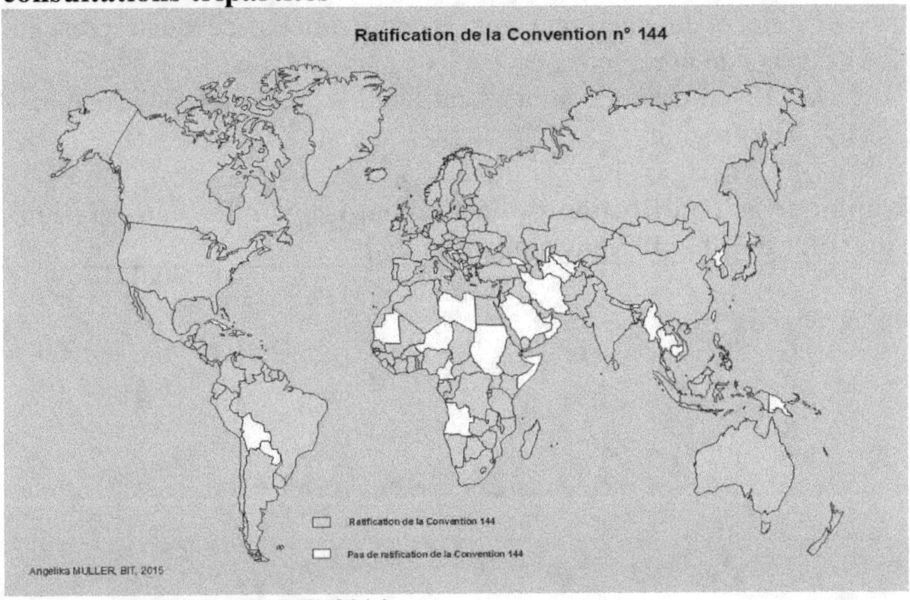

Source. NORMLEX, BIT, 2016.

En 2016, 40 pays africains ont ratifié la Convention n° 144[6]. Parmi les 14 pays qui n'ont pas ratifié la Convention n° 144[7], le Cameroun a sérieusement avancé dans le processus de la ratification en 2015. Le graphique 1 fournit les détails sur le niveau de ratifications de la Convention n° 144 par régions :

- l'Europe et l'Asie centrale sont en première place avec 44 ratifications, ce qui également représente la plus haute couverture dans la région avec 88% de ses pays;
- l'Afrique est en deuxième place avec 40 ratifications, ce qui représente 75% des pays du continent;

[6] Afrique du Sud, Algérie, Bénin, Botswana, Burkina Faso, Burundi, République centrafricaine, Comores, Congo, Côte d'Ivoire, Djibouti, Egypte, Ethiopie, Gabon, Ghana, Guinée, Kenya, Lesotho, Libéria, Madagascar, Malawi, Mali, Maroc, Maurice, Mozambique, Namibie, Nigéria, Ouganda, République démocratique du Congo, Sao Tomé-et- Principe, Sénégal, Seychelles, Sierra Leone, Swaziland, République-Unie de Tanzanie, Tchad, Togo, Tunisie, Zambie, Zimbabwe.

[7] Angola, Cabo Verde, Cameroun, Erythrée, Gambie, Guinée-Bissau, Guinée équatoriale, Libye, Mauritanie, Niger, Rwanda, Somalie, Soudan, Soudan du Sud.

- les Amériques et les Caraïbes comptent 30 ratifications, ce qui représente, néanmoins, 85% des pays de la région ;
- l'Asie et le Pacifique ont 21 ratifications, ce qui représente 57% des pays de la région ;
- le Moyen-Orient compte 4 ratifications, ce qui représente 40% des pays de la région.

Graphique 1. Ratification de la Convention sur les consultations tripartites n° 144 (187 pays, par régions)

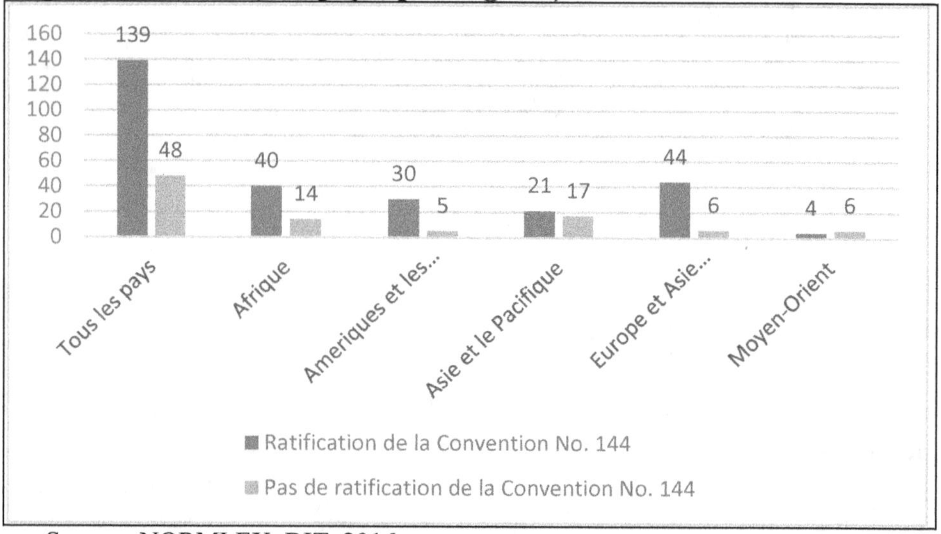

Source : NORMLEX, BIT, 2016

Le plein exercice de la liberté d'association et du droit à la négociation collective est une condition préalable pour l'exercice d'un dialogue social efficace. Etant donné l'importance du secteur rural pour l'Afrique, il paraît utile de se référer aux deux autres instruments pertinents à ce propos : la Convention n° 11 sur le droit d'association (agriculture) de 1921, et la Convention n° 141 sur les organisations de travailleurs ruraux de 1975.

Les mandants tripartites de l'OIT ont toujours affirmé l'importance du dialogue social dans tous les secteurs, y compris l'économie rurale[8]. Cependant, le constat s'impose qu'en dépit de progrès notables ces dernières années, les défis juridiques et pratiques que rencontre le dialogue social en milieu rural restent nombreux et omniprésents. Les travailleurs ruraux sont souvent exclus des processus et du champ d'application du dialogue social. Cette situation est préoccupante, puisque le déficit de travail décent est particulièrement accentué dans les zones rurales dont les travailleurs - femmes, jeunes, enfants, peuples autochtones et travailleurs migrants - sont particulièrement vulnérables. Partout, et l'Afrique ne fait pas exception, les travailleurs et les employeurs ruraux éprouvent des difficultés à se faire entendre collectivement. Cette faiblesse a des causes profondes : les syndicats et les organisations d'employeurs sont généralement fragmentés, ont de très faibles effectifs en milieu rural et, dans la pratique, la législation restreint souvent leurs droits d'association et de négociation collective, qui présentent des particularités en milieu rural[9].

En mars 2016, 123 des 187 États membres de l'OIT ont ratifié la Convention n° 11. A ce propos, il est important de noter que huit d'entre eux[10], soit environ 41% de la population mondiale, n'ont pas ratifié la Convention n° 87. La ratification par ces pays de la Convention n° 11 assure un niveau minimal de droits d'organisation à de nombreux travailleurs ruraux dans ces pays[11].

Si les conventions et recommandations de l'OIT sont la référence pour l'engagement international des pays pour le tripartisme, leur réalisation concrète sur le terrain passe par l'institutionnalisation du dialogue social au niveau national.

---

[8] OIT, *Dialogue social : Discussion récurrente en vertu de la Déclaration de l'OIT sur la justice sociale pour une mondialisation équitable*, Rapport VI, CIT, 102ème session, Genève, 2013.

[9] OIT, *Promotion du dialogue social dans l'économie rurale*, Département des activités sectorielles, Genève, 2016.

[10] Brésil, Chine, Inde, Irak, Kenya, Maroc, Nouvelle Zélande et Singapour.

[11] OIT, *Donner une voix aux travailleurs ruraux: Etude d'ensemble sur les instruments relatifs au droit d'association des organisations de travailleurs ruraux*, Rapport III (Part 1B), CIT, 104ème session, Genève, 2015.

II - LE CADRE INSTITUTIONNEL DU DIALOGUE SOCIAL NATIONAL

On abordera successivement la question de diversité des mécanismes nationaux de dialogue social (A), puis celle de l'égalité entre femmes et hommes dans le cadre des structures institutionnelles du dialogue social (B), avant de faire quelques observations à propos des thématiques traitées par le dialogue social (C).

A – La diversité des mécanismes nationaux de dialogue social

Selon la définition opérationnelle assez large employée par l'OIT, qui vise à refléter la diversité des processus et des pratiques en vigueur à l'échelle mondiale, le dialogue social englobe « toutes formes de négociation, de consultation ou d'échange d'informations entre représentants des gouvernements, des employeurs et des travailleurs sur des questions d'intérêt commun liées à la politique économique et sociale ». Le dialogue social a pour objectif premier de promouvoir la recherche d'un consensus et la participation démocratique des principaux acteurs du monde du travail. Des institutions et des processus de dialogue social fonctionnels encouragent la bonne gouvernance, en promouvant la paix et la stabilité sociales et en stimulant le progrès économique[12].

Il existe plusieurs formes de dialogue social. Le tripartisme est l'une des principales formes de dialogue social pour l'OIT qui le considère comme son principe fondateur. Le tripartisme peut être défini comme « un dialogue permettant au gouvernement, aux organisations d'employeurs et aux syndicats de travailleurs de s'exprimer sur un pied d'égalité et en toute indépendance en vue de rechercher des solutions à des problèmes d'intérêt commun ». La négociation collective est la forme la plus répandue du dialogue social bipartite. Le dialogue social « bipartite-plus » implique des représentants d'organisations de travailleurs et d'employeurs, ainsi que d'autres groupes de la société civile qui sont indépendants du

[12] OIT, *Dialogue social tripartite au niveau national: Guide de l'OIT pour une meilleure gouvernance*. Unité du dialogue social et du tripartisme, Département de la gouvernance et du tripartisme, Genève, 2013.

gouvernement. Le terme « tripartite-plus » est utilisé pour désigner le processus du dialogue social entre les acteurs tripartites traditionnels de l'OIT avec d'autres groupes de la société civile. La Résolution de l'OIT de 2002 sur le tripartisme et le dialogue social reconnaît le potentiel que peut offrir la collaboration avec les organisations non gouvernementales (ONG) sur certaines thématiques spécifiques (ex. travail domestique). Quant à la forme, ces processus de dialogue social peuvent être permanents ou temporaires, informels et institutionnalisés. Vu l'impossibilité de traiter tous les aspects, nous omettons dans cette étude la description des exemples de niveaux où le dialogue social peut avoir lieu : international, régional, national, local, secteur, entreprise. Le plus fréquemment les pays adoptent plusieurs de ces approches, en fonction du contexte et des problèmes à gérer.

Pour sa part, l'OIT encourage la mise en place de ces mécanismes de dialogue social qui permettent aux partenaires tripartites de résoudre les problèmes économiques et sociaux à l'échelon central. Le degré de coordination et de solidarité qui peut être assuré de cette façon, ne peut pas, le plus souvent, être atteint par des instances décisionnelles à des niveaux inférieurs. Environ 80% des 187 États Membres de l'OIT ont établi des institutions de dialogue social tripartites au niveau national. En Afrique, selon des estimations comparatives du BIT, 50 pays sur 54 disposent d'une ou plusieurs institutions de dialogue social[13]. Ce chiffre important peut être considéré comme constituant une preuve d'enracinement des idées du dialogue social sur le continent. Cependant, le degré d'efficacité de ces institutions se différencie d'un pays à l'autre de façon significative. Selon des informations disponibles, plusieurs conseils/commissions existent uniquement sur le papier ou fonctionnent de façon très sporadique ou formelle. Parmi les facteurs qui sont des prérequis pour le succès de dialogue social, sont à mentionner :

- la volonté politique et l'engagement responsable du gouvernement et des partenaires sociaux ;
- la liberté d'association et les fondements démocratiques ;
- l'indépendance, la force et la représentativité des partenaires sociaux ;

---

[13] *Cf.* Tableau en annexe.

- le cadre légal et institutionnel ;
- le niveau de compétence technique des acteurs sociaux.

Dans une mesure différente, des lacunes dans chacun de ces domaines peuvent être constatées en Afrique. Sans entrer dans les détails, le manque de représentativité des partenaires sociaux, aggravé par l'éclatement du mouvement syndical, est invoqué presque dans toutes les études nationales.

Concernant le cadre légal de ces institutions de dialogue social, il est intéressant de noter que plusieurs ont une base constitutionnelle. Il en va ainsi dans les pays suivants : Burkina Faso, Burundi, Congo, Côte d'Ivoire, Gabon, Guinée, Mali, Mauritanie, Niger, République centrafricaine, République démocratique du Congo, Sénégal, Tchad)[14].

Une autre particularité du paysage institutionnel est l'existence des conseils économiques et sociaux (CES), le plus souvent avec une structure bi ou tripartite-plus. Ces structures sont apparues en tant qu'instruments de l'implication démocratique de la société civile dans la gouvernance des affaires publiques. Cependant, les CES ne reflètent pas toujours le tripartisme au sens de l'OIT, puisque le rôle du gouvernement se limite souvent à la direction des réunions ou à l'appui d'un service de secrétariat.

Une variation dans le paysage institutionnel s'observe aussi dans le temps. Même si le renouvellement et le changement sont des phénomènes naturels, cela traduit une certaine instabilité – plusieurs institutions apparaissent et disparaissent, au gré des problèmes politiques et économiques, ce qui est particulièrement visible dans certains pays de l'Afrique francophone.

La plupart du temps, ces forums sont des lieux d'échange d'information et de consultation, même si la négociation dans leur sein est aussi une option envisageable, notamment pour certains

---

[14] Union des Conseils économiques et sociaux et institutions similaires des Etats et gouvernements membres de la Francophonie, *« La démocratie participative en marche : 39 conseils économiques et sociaux comparés en Afrique et en Europe »*, 2015.

accords nationaux. Par exemple, en Algérie, le pacte de croissance économique et sociale a été adopté en 2014 dans le cadre de la conférence tripartite. En Tunisie, un « Contrat social tripartite » a été conclu en janvier 2013, deux ans après les évènements qui ont conduit au Printemps arabe au Moyen-Orient. Dans le contexte de la transition politique en Tunisie, le contrat social a ouvert plusieurs chantiers économiques et sociaux, y compris le projet de créer un Conseil national pour le dialogue social. Dans le prolongement de ce processus, les partenaires sociaux et les représentants de la société civile de Tunisie se sont vu décerner le prix Nobel de la paix en 2015.

L'analyse comparative des instances du dialogue social dans le monde fait ressortir la tendance, et l'Afrique n'y échappe pas, des commissions tripartites spécialisées qui sont établies pour traiter des questions spécifiques liées au monde du travail (par ex. salaires et salaire minimum, santé et sécurité au travail, promotion de l'égalité de genre). Ces conseils tripartites spécialisés peuvent être des organismes autonomes ou dépendre de la principale institution tripartite nationale. Ils peuvent être permanents ou *ad hoc*. Cette diversité institutionnelle et des changements fréquents se reflètent dans la multiplicité des instances de dialogue social dans la majorité des pays de l'Afrique francophone. En pratique, les rôles qui ne sont pas clairement délimités et la multiplication d'institutions conduisent plutôt à la confusion des mandats et à la dispersion des moyens, ce qui affaiblit inévitablement la plupart des institutions concernées.

Une tendance positive est à mentionner au niveau de l'intégration régionale en Afrique. Plusieurs instances de dialogue social ont été instituées :

- la Commission tripartite des affaires sociales et du travail de l'Union africaine ;
- le Comité tripartite du dialogue social de la Communauté économique et monétaire de l'Afrique centrale (CEMAC) ;
- le Forum tripartite du dialogue social de la Communauté économique des États de l'Afrique de l'Ouest (CEDEAO) ;
- le Conseil tripartite de la Communauté de développement de l'Afrique australe (SADC) ;
- le Conseil du travail et du dialogue social de l'Union économique et monétaire ouest-africaine (UEMOA).

B - L'égalité entre les femmes et les hommes et le dialogue social

La promotion de l'égalité entre les femmes et les hommes, dans la société en général et dans le monde du travail en particulier, reste, malgré des progrès accomplis, problématique dans de nombreux pays. La promotion de l'égalité et du dialogue social devraient aller de pair, puisque ces valeurs fondamentales sont, par excellence, des questions transversales pour l'OIT et ses mandants tripartites[15]. Ces thèmes peuvent être abordés de deux façons, d'une part sous l'angle quantitatif, c'est-à-dire la participation des hommes et des femmes sur un pied d'égalité dans le processus du dialogue social, d'autre part au plan qualitatif, c'est-à-dire quand, notamment, la parité conduit à ce que les questions d'égalité entre les sexes figurent parmi les priorités du dialogue social.

Des données comparatives révèlent que les femmes représentent, en moyenne, moins de 15% des membres des institutions nationales de dialogue social dans la plupart des régions[16]. L'engagement formel des acteurs du dialogue social, y compris à travers des mesures temporaires de quotas (à l'instar des parlements nationaux), est nécessaire pour assurer une représentation équilibrée des hommes et des femmes. La Conférence internationale du Travail en 2009 a spécifiquement appelé à une meilleure représentation des femmes dans le dialogue social, par un accès à des postes à responsabilités, au sein des gouvernements et des organisations d'employeurs et de travailleurs, dans le cadre des négociations collectives et des réunions de l'OIT. Le suivi des progrès accomplis à cet égard est freiné par l'absence de statistiques ventilées par sexe au niveau national.

Pour l'Afrique, les données disponibles (voir le tableau en annexe) montrent que dans la plupart des pays, les femmes représentent moins de 30 pour cent des membres des institutions nationales du dialogue social. Madagascar est en première place en Afrique avec ses 32% de femmes au Conseil national du travail. Plusieurs pays affichent des résultats encourageants : Congo (25%), Guinée (24%), Burundi

---

[15] OIT, *Le dialogue social au travail: Donner une voix et donner le choix aux hommes et aux femmes,* Bureau de l'égalité entre hommes et femmes, Genève, 2009.
[16] OIT, *L'égalité entre hommes et femmes au cœur du travail décent,* Rapport VI, Conférence internationale du Travail, 98e session, Genève, 2009.

(23%), Burkina Faso et Sénégal (22%), Tchad (17%), Gabon (14%). Une illustration de bonne pratique dans ce domaine est le plan d'action pour 2015-2018 adopté par la Commission « Genre et relations professionnelles » du Haut Conseil du dialogue social du Sénégal. Bien entendu, cette initiative devra être appréciée à l'aune de sa réalisation en pratique

C - Les thèmes traités par le dialogue social

Parmi une liste quasi-illimitée des thèmes (conditions de travail, sécurité sociale[17], emplois verts) qui peuvent – et devraient – être traités par le dialogue social tripartite, nous souhaitons en mentionner quelques-uns qui sont dans l'agenda des gouvernements et partenaires sociaux dans la plupart des pays : les politiques de l'emploi et les réformes du droit du travail.

L'emploi reste une des préoccupations majeures pour les gouvernements et les partenaires sociaux à travers le monde. L'élaboration des politiques de l'emploi par le biais des consultations tripartites est préconisée par les dispositions de la Convention n° 122 sur la politique de l'emploi. Le dialogue social doit se tenir aux différentes étapes, de l'analyse de la situation qui conduit à l'élaboration des choix politiques, à toutes les phases de la validation de la mise en œuvre de la politique, en passant par son évaluation[18]. L'adoption de la Recommandation n° 204 sur la transition de l'économie informelle vers l'économie formelle, 2015, est d'une pertinence spéciale pour l'Afrique dont le taux d'activité informelle serait aux alentours de 80% dans beaucoup de pays.

Parmi l'ensemble des sujets traités dans le monde du travail, le droit du travail est certainement celui qui est le plus en mesure de refléter les principes du tripartisme et du dialogue social. Le dialogue

---

[17] OIT, *La sécurité sociale pour une justice sociale et une mondialisation équitable: Discussion récurrente sur la protection sociale (sécurité sociale) en vertu de la Déclaration de l'OIT sur la justice sociale pour une mondialisation équitable,* Rapport VI, Conférence internationale du Travail, 100e session, Genève, 2011.

[18] OIT, *Guide pour la formulation des politiques nationales de l'emploi*, Département des politiques de l'emploi, Genève, 2012.

social est un instrument efficace de promotion du droit du travail, qui permet à la fois de garantir la sécurité de l'emploi et des conditions de travail décentes pour les travailleurs, mais aussi d'assurer une marge de manœuvre suffisamment flexible pour les employeurs dans la gestion de leurs entreprises.

Dans un contexte de mondialisation, où les crises économiques et de l'emploi persistent, de nombreux pays à travers le monde se sont engagés dans un processus de réforme du droit du travail. Dans de nombreux cas, ces réformes ont été entreprises afin d'améliorer la compétitivité économique et d'attirer des investissements. Le dialogue social est particulièrement mis à l'épreuve par des réformes récentes visant la flexibilité du droit du travail. Les normes internationales du travail et le droit comparé sont des outils indispensables pour guider les acteurs du dialogue social tripartite dans leurs réformes.

Comme plusieurs pays africains ont été et sont bénéficiaires de programmes d'assistance par les institutions internationales financières, il est à souligner que, suite à la collaboration de l'OIT, la Banque mondiale a reconnu de manière explicite le rôle essentiel du dialogue social et du tripartisme dans l'élaboration et la mise en œuvre de la législation du travail[19].

La réglementation du travail dans les zones franches économiques, y compris l'emploi dans les chaînes d'approvisionnement globales, est un autre sujet brûlant en Afrique et dans le monde, sujet débattu à la Conférence internationale du Travail en juin 2016. Des idées et propositions concrètes sont attendues de la discussion tripartite, notamment sur la façon d'améliorer la collaboration des entreprises multinationales avec les institutions de dialogue social tripartite.

CONCLUSION

L'entrée de l'Afrique dans le XXIème siècle se caractérise par une croissance économique dont elle se doit de tirer profit pour réduire la

[19] A. Kuddo, D. Robalino et M. Weber, *Balancing Regulations to Promote Jobs: From Employment Contracts to Unemployment Benefits*, Groupe de la Banque mondiale, Washington, DC, 2015.

pauvreté. L'utilisation efficace du potentiel du continent africain, notamment sa richesse en ressources naturelles et son essor démographique, passe par une meilleure gouvernance, avec des politiques bien orientées pour une croissance durable et inclusive pour combattre les déficits du travail décent.

La présente étude confirme plusieurs tendances positives en Afrique dans le domaine du dialogue social. Même si beaucoup de préoccupations et de défis persistent, plusieurs avancées ne peuvent pas être ignorées, notamment au plan de l'institutionnalisation du dialogue social au niveau national et régional. Les institutions tripartites gagnent de l'expérience, tout en développant la culture du dialogue social avec des spécificités propres à l'Afrique. Ces mécanismes sont indispensables pour garantir la paix sociale et consolider la démocratie. Dans le cadre du dialogue social tripartite-plus, la pensée académique est très utile pour analyser l'histoire et se projeter dans le futur pour l'Afrique et pour le monde.

Le développement national est inimaginable aujourd'hui sans une intégration régionale et une collaboration internationale. En plus des instances régionales citées dans cette étude, l'OHADA offre un potentiel à explorer, en collaboration avec l'OIT, notamment *via* le dialogue social tripartite présent dans le projet d'acte unique relatif au droit du travail. Les objectifs du Programme de développement durable à l'horizon 2030 constituent également un ensemble de priorités interdépendantes. Plusieurs sont liés au mandat de l'OIT et à son Agenda sur le travail décent. L'OIT tire une fierté et une responsabilité du fait de rester pertinente à la veille de la célébration de son centenaire en 2019. Le dialogue social et le droit, y compris les normes internationales du travail, apparaissent essentiels, et même incontournables, sur le chemin vers le progrès économique et la justice sociale en Afrique et dans le monde.

Annexe. Institutions nationales de dialogue social en Afrique

Pays	Institution nationale de dialogue social (intitulé et date de création)	Structure	Nombre de membres /% de femmes
Afrique du Sud	National Economic Development and Labour Council (NEDLAC) (1994)	Tripartite-plus	76 membres, 25% de femmes
Algérie	Conseil national économique et social (CNES) (1993)	Tripartite-plus	180 membres
	Conférence tripartite (annuelle)	Tripartite	
Angola	Conseil national du dialogue social (2010)	Tripartite	16 membres
Bénin	Conseil économique et social (CES) (1992)	Tripartite-plus	30 membres, 10% de femmes
	Conseil national du travail		
Botswana	Labour Advisory Board	Tripartite-plus	12 membres, 33% de femmes
	Minimum Wage Advisory Board	Bipartite	12 membres, 33% de femmes
Burkina Faso	Conseil économique et social (1959)	Tripartite-plus	90 membres, 22% de femmes
	Commission consultative relative aux normes internationales du travail (CCNIT) (2015)	Tripartite	
Burundi	Conseil économique et social (2006)	Biipartite-plus	20 membres, 23% de femmes
	Commission nationale du dialogue social (2013)	Tripartite	
Cabo Verde	Economic and Social Council (ESC) (1999)		
	Commission nationale de promotion de la négociation collective (2011)		
Cameroun	Conseil économique et social (1960)	Tripartite-plus	150 membres
	Commission nationale consultative du travail (CNCT)	Tripartite	
	Comité de concertation et de suivi du dialogue social (2014)	Tripartite	27 membres 15% de femmes
République centrafricaine	Conseil économique et social (1983)	Tripartite-plus	75 membres
	Conseil national permanent du travail (CNPT) (1999)	Tripartite	16 membres 19% de femmes
	Cadre permanent de concertation et de négociation (CPCN)	Bipartite	
Comores	Conseil consultatif du travail et de l'emploi (CCTE) (2012)	Tripartite	12 membres
Congo	Conseil économique et social (2003)	Tripartite-plus	75 membres
	Comité national du dialogue social (2010) (CNDS)	Tripartite	51 membres, dont 4% de femmes
	Commission nationale consultative du travail	Tripartite	40 membres, 25% de femmes
	Commission des litiges	Tripartite	9 membres
Côte d'Ivoire	Conseil économique et social (1960)		120 membres
	Conseil national du dialogue social (CNDS, 2015)	Tripartite	54 membres, 20% de femmes
Djibouti	Agence de développement social (2007)		

	Conseil national du travail, de l'emploi et de la sécurité sociale (CONTESS) (2012)	Tripartite	
Égypte	National Council for Social Dialogue (2014)		
Érythrée	Pas d'institution nationale de dialogue social		
Éthiopie	Labour Advisory Board		
Gabon	Conseil économique et social (1959)	Tripartite-plus	101 membres dont 14% de femmes
	Commission nationale du travail		
Gambie	Pas d'institution nationale de dialogue social		
Ghana	National Tripartite Committee (NTC) (2003)	Tripartite	16 membres, 12% de femmes
	National Labour Commission (NLC)		
Guinée	Conseil économique et social (CES) (1997)	Tripartite-plus	45 membres, 24% de femmes
	Conseil national de dialogue social (2013)		
Guinée-Bissau	Conseil national tripartite pour le dialogue social	Tripartite	
Guinée équatoriale	Pas d'institution nationale de dialogue social		
Kenya	National Economic and Social Council (NESC) (2004)	Tripartite-plus	49 membres, 17% de femmes
	Labour Advisory Board	Tripartite	
Lesotho	National Advisory Committee on Labour) (NACOLA)	Tripartite	24 membres, 29% de femmes
Libéria	Commission nationale tripartite (National Tripartite Committee)		9 membres
Libye	Pas d'institution nationale de dialogue social		
Madagascar	Conseil national du travail (CNT)	Tripartite	44 membres, 32% de femmes
Malawi	Tripartite Labour Advisory Council (1996) (	Tripartite	12 membres
Mali	Conseil économique, social et culturel (CESC) (1988)	Tripartite-plus	58 membres, 10% de femmes
	Conseil supérieur du travail (1992)	Tripartite	
Maroc	Conseil économique, social et environnemental (ESEC) (2011)	Bipartite-plus	109 membres, 12% de femmes
Maurice	National Economic and Social Council (NESC) (2002)	Tripartite-plus	24 membres, 12% de femmes
	Labour Advisory Council	Tripartite	18 membres
Mauritanie	Conseil économique et social (2007)	Tripartite-plus	37 membres, % de femmes
	Conseil national du dialogue social (CNDS) (2014)	Tripartite	21 membres
Mozambique	Comissão Consultiva do Trabalho (CCT) (1994)	Tripartite	18 membres
Namibie	Labour Advisory Council (1992)	Tripartite	13 membres
Niger	Conseil économique, social et culturel (CESOC) (2011)	Tripartite-plus	99 membres, % de femmes
Nigéria	National Labour Advisory Council (NLAC) (1955)	Tripartite	57 membres
	Economic and Social Council	Tripartite	
Ouganda	Labour Advisory Board (LAB) (2000)	Tripartite	
	Conseil consultatif sur le salaire minimum (2013)		
République démocratique du Congo	Conseil économique et social (2013)	Bipartite-plus	68 membres, 7% de femmes
	Conseil national du travail et de l'emploi	Tripartite	
Rwanda	Economic and Social Development Council (RESC) (2007)	Tripartite-plus	42 membres

Sao Tomé-et-Principe	National Council for Social Dialogue		
Sénégal	Haut Conseil du dialogue social (2014)		30 membres
	Conseil social, économique et environnemental (CESE) (1961)	Tripartite-plus	120 membres, 22% de femmes
	Conseil de la République pour les Affaires Économiques et Sociales (CRAES) (2003)	Tripartite-plus	102 membres
Seychelles	National Tripartite Employment and Labour Council (NTELC) (2005)	Tripartite	
Sierra Leone	Joint Consultative Committee		
Somalie	Pas d'institution nationale de dialogue social		
Soudan	Comité national des normes internationales du travail	Tripartite	
	Comité tripartite national pour la législation	Tripartite	
Soudan du Sud	Pas d'institution nationale de dialogue social		
Swaziland	Labour Advisory Board	Tripartite	13 membres, 23% de femmes
	National Steering Committee on Social Dialogue (2015)		
République-Unie de Tanzanie	Labour, Economic and Social Council (LESCO) (2004)		16 membres
Tchad	Conseil économique, social et culturel (CESC) (2006)	Tripartite-plus	32 membres, 17% de femmes
	Comité national du dialogue social (2009) (CNDS)	Tripartite	25 membres 4% de femmes
	Haut comité pour le travail et la sécurité sociale	Tripartite	16 membres
	Collège du pétrole et de surveillance des revenus pétroliers	Tripartite	
Togo	Conseil national du dialogue social (CNDS) (2007)	Tripartite	32 membres
Tunisie	Institution nationale de dialogue social mise en place 2016		
	Conseil économique et social (1959)	Tripartite-plus	110 membres
Zambie	Tripartite Consultative Labour Council / (1993)		21 membres
Zimbabwe	National Economic Council (NEC)		
	Tripartite Negotiating Forum (1998)		

Source : Base de données d'AICESIS-BIT[20]; NORMLEX, BIT ; sources secondaires sur Internet et enquêtes du BIT auprès des représentants des pays, 2016. Au regard de la nature évolutive des données, ainsi que des difficultés d'accès à certaines informations, ce tableau est fourni à titre indicatif et ne peut prétendre être exhaustif, ni parfaitement à jour.

[20] En coopération avec l'Association internationale des Conseils économiques et sociaux et institutions similaires (AICESIS), le BIT a créé une base de données sur les institutions nationales de dialogue social tripartite de 100 pays en vue de fournir des informations comparatives sur les principales modalités de fonctionnement de ces institutions (http://www.aicesis.org/database/).

DIALOGUE SOCIAL : ANALYSE ET POINT DE VUE DE L'OHADA

Dorothé C. SOSSA[1]

L'OHADA est composée de dix-sept États membres principalement francophones. Même si on s'interroge fréquemment sur l'absence d'adhésion massive des États anglophones, ce qui est davantage préoccupant, pour l'instant, c'est de pouvoir bien fonctionner avec les États membres actuels. En tout état de cause, les États anglophones ne peuvent pas facilement ignorer le système OHADA. Par exemple, on note que le Nigéria fait des transactions commerciales avec le Bénin, et le Ghana avec la côte d'ivoire. Quand il y a des conflits de lois, cela peut se résoudre au profit du droit OHADA. Ce n'est pas un hasard si au niveau de la CEDEAO, il a été mis en place un projet d'harmonisation du droit des affaires par rapport au droit OHADA. Le modèle étant le droit OHADA, il s'agit d'amener les États non membres vers ce qui a pu être réalisé de bien au sein de l'OHADA.

Par ailleurs, il y a une diversité linguistique au niveau de l'OHADA : le français, l'anglais, l'espagnol et le portugais. Le Cameroun, par exemple, est un pays bilingue et, constitutionnellement, on ne conçoit pas qu'on puisse adopter des actes concernant le Cameroun qui ne soient pas également en anglais. La Guinée équatoriale a comme langue officielle l'espagnol et la Guinée Bissau a comme langue officielle le portugais. Il n'y a pas encore de langue africaine mais je pense que cela viendra. On pourrait mettre, par exemple, le yorouba qui est une grande langue africaine et - pourquoi pas ? - le haoussa qui est aussi une langue assez connue dans nombre d'États africains. D'autres exemples pourraient être donnés. Mais on n'en est pas encore là. Il y a des adhésions qui se signalent mais ce n'est pas forcément la grande priorité de l'OHADA. La

[1] Professeur à l'Université d'Abomey-Calavi, Doyen honoraire de la Faculté de Droit, Secrétaire permanent de l'OHADA.

grande priorité, c'est de faire fonctionner ce qui existe déjà et qui, me semble-t-il, demande beaucoup d'attention. Ceci dit, l'OHADA est dédiée à la rationalisation de l'environnement juridique des entreprises à travers l'élaboration d'un droit des affaires performant et la sécurisation des règlements des contentieux d'affaires. Par conséquent, elle met en place un droit commun dans différents domaines de la vie économique en tenant compte autant que faire se peut des observations qui lui sont faites même si certaines de ces observations méritent quelques mises au point.

Certaines voix s'élèvent pour porter des griefs au sujet de l'OHADA. Il sied en effet d'apporter quelques éléments de clarification à propos des appréhensions et conceptions soulevées et qui ne sont pas toujours fondées. Il arrive ainsi que l'on estime que l'OHADA aurait beaucoup à apprendre d'autres expériences notamment de celle de l'UEMOA comme si l'OHADA était une institution composée d'un groupuscule d'individus chargés de décider au nom des États membres. En réalité, l'OHADA n'est pas un corps étranger aux États membres. Ce sont les représentants des États qui, mandatés, prennent les décisions appropriées reflétant la position unanime des États membres et qui s'imposent.

Par ailleurs, d'autres observations n'apparaissent pas très fondées à propos de l'OHADA, de ses projets, de ses compétences… Par exemple, un article très savant sur le droit du travail dans le cadre de l'OHADA relève à raison que ce droit pourtant essentiel, n'y est pas opérationnel ; mais les diverses raisons avancées pour justifier une telle situation ne reflètent pas tout à fait la réalité. Il faut être d'abord clair sur ce sujet. Il se fait que dès 1993, les fondateurs de l'OHADA ont prévu que le droit du travail fasse l'objet d'un acte uniforme. Et d'ailleurs, il faut bien comprendre que Kéba Mbaye et Martin Kirsh, vrais auteurs de l'OHADA, très travaillistes, tenaient à ce qu'il y ait un texte sur cette matière. Mais pourquoi, ce vœu cher et légitime n'est-il pas encore une réalité ? Ma qualité de Secrétaire permanent de l'OHADA, par ailleurs membre de la commission nationale OHADA du Bénin, me permet d'apporter des éléments de réponse. La commission du Bénin, à l'instar certainement de celles des autres États membres, a contribué à l'élaboration de l'avant-projet d'harmonisation du droit du travail. Cela a été fait mais certainement sur une période assez longue. En fait, le droit du travail est délicat à traiter. Il n'est pas concevable de l'aborder comme un sujet ordinaire et même pas comme on aurait abordé le droit du contrat en général. Le droit du travail touche un domaine assez sensible. C'est pourquoi, avant de traiter de l'avant-projet, il a fallu beaucoup de négociations, attitude propre à une matière où le tripartisme est de principe. Il fallait ainsi associer aussi bien les syndicats d'employeurs que de travailleurs de tous les secteurs économiques concernés afin de parvenir à un texte à peu près consensuel. C'est ce qui a été fait au Bénin et certainement dans les autres États membres.

Ce travail de consultation et de négociation a débouché, sur la réunion à Lomé, le 2 octobre 2010, des commissions nationales OHADA. Cette rencontre a connu la rédaction de la version actuelle (consensuelle) de l'avant-projet d'acte uniforme. Seulement, un des États membres qui, avait pourtant participé à toutes les négociations menées depuis lors, a objecté qu'il lui fallait une ultime concertation au niveau national avant la poursuite du processus. Or, l'OHADA fonctionne sur la base de la règle de l'unanimité, prix à payer pour obtenir l'abandon d'une certaine souveraineté par les États membres à son profit. De fait, il était impossible de poursuivre le processus.

La consultation sollicitée qui était partie pour être nationale est devenue sous régionale. Le dossier a connu une stagnation jusqu'à ma prise de service en 2011. Il était question que les États membres de la CEMAC fassent une concertation interne sur le projet. Pour cause, dans cette sous-région, il y a, contrairement à l'Afrique de l'Ouest, un problème de travailleurs étrangers et de circulation de la main-d'œuvre. Malheureusement, certains évènements n'ont pas facilité les démarches entreprises. D'abord, il y a eu changement à la tête de la CEMAC à l'époque. Ensuite, il y a eu changement de régime à Bangui et, depuis lors, la Centrafrique n'a plus retrouvé la quiétude. La CEMAC, chargée d'organiser la consultation, n'a plus de siège en tant que tel. Cependant, les efforts ont été poursuivis. Les 25 et 26 novembre 2015, soit environ six ans après la rencontre de Lomé, il y a eu une première réunion technique sur l'avant-projet de texte. A l'occasion, certaines observations ont été faites. Une nouvelle réunion devrait se tenir dans les mois à venir.

Un autre constat à propos duquel je souhaiterais me prononcer est le souhait d'extension du droit OHADA aux questions de droit de la concurrence, de droit bancaire… Il faut dire que l'OHADA ne s'occupe pas de tout ; cela n'est d'ailleurs pas mentionné dans son traité constitutif. Le droit de la concurrence demande une administration imposante pour sa gestion alors que l'OHADA est conçue pour être sous-tendue par une administration légère. L'effectif du personnel se situe actuellement entre 120 et 150 agents pour les trois organes de l'OHADA. Cela est suffisant eu égard aux contraintes de disponibilités financières. Il n'est donc pas souhaitable que les attributions de l'OHADA soient indéfiniment étendues. Il est à souhaiter que les efforts soient davantage concentrés sur la mise en œuvre des attributions actuelles. Le droit du travail ne sera évidemment pas du reste.

L'article 2 du traité de l'OHADA a mentionné le droit du travail au nombre des matières devant faire l'objet d'harmonisation. Si toutes les autres matières qui ont été visées à l'article 2 ont déjà fait l'objet d'acte uniforme, ce n'est pas encore le cas du droit de travail et ceci, pour les raisons précédemment évoquées. Il n'empêche qu'on ne puisse parler du dialogue social dans le cadre de l'OHADA. Étant dans un système légaliste, on ne pourrait se référer qu'à l'avant-projet d'acte uniforme même s'il n'est pas encore un texte à valeur juridique. Le développement a ainsi pour socle exclusif l'avant-projet d'acte uniforme sur le droit du travail abstraction faite des considérations relatives à la part éventuelle de la société civile ou de telle ou telle autre partie prenante. Et ainsi, l'on constatera que l'avant-projet a consacré le dialogue social à travers la définition de certaines questions devant être réglées par ce moyen (I). Mais en plus, il prévoit des organismes au sein desquels ce dialogue devra se dérouler (II).

I - UN PROJET LARGEMENT MARQUÉ DU SCEAU DE LA NÉGOCIATION SOCIALE

Un constat est frappant dans le projet d'acte uniforme sur le droit du travail : c'est le renvoi massif aux législations nationales, ce qui est un indicateur de promotion permanente du dialogue social dans la mesure où ces textes nationaux sont généralement pris à l'issue d'un processus de concertation, de consultation. Le projet prend ainsi clairement partie sur certaines questions fondamentales à l'instar du dialogue social qui se trouve au cœur de la vie de l'entreprise. Le texte a abordé la question du dialogue social tel que cela peut s'entendre dans un système légaliste. Conscient de l'importance du processus social autour de l'entreprise, le projet prévoit un droit d'expression conséquent au profit des travailleurs (A). Le projet d'acte uniforme est aussi préoccupé par la recherche d'une gestion optimale des différends individuels ou collectifs du travail (B).

A - Le droit d'expression des travailleurs sur les conditions générales de travail

Le projet définit certaines matières qui doivent être régulées au moyen du dialogue social. C'est d'abord la consécration du droit à l'expression des travailleurs sur les conditions générales de travail et autres garanties sociales et ensuite la possibilité de règlement amiable de la cessation des relations de travail.

S'agissant de la définition des conditions de travail par dialogue, l'article 5 alinéa 3 du projet dispose : « *les employeurs, les travailleurs et leurs représentants jouissent d'un droit à l'expression sur le contenu, les conditions d'exercice et l'organisation du travail* ». Par exemple, les revendications salariales ayant toujours constitué un point d'achoppement entre travailleurs et employeurs, le projet envisage la fixation du salaire dans le champ des conventions sociales. Ainsi, l'article 113 alinéa 2 prévoit que « *le salaire est déterminé par l'apport des parties dans le respect des conventions collectives et de la loi* ». Mais, le champ de négociations des partenaires sociaux va au-delà des questions salariales pour embrasser de façon large toutes réclamations individuelles ou collectives relatives aux conditions de travail et aux garanties sociales et aussi les questions liées à l'organisation et au rendement de l'entreprise[2].

A travers et par-delà ces objectifs classiques de négociations sociales, ce projet se caractérise par un souci d'enracinement démocratique du dialogue social, par l'intéressement des salariés aux performances de l'entreprise. Si le projet d'acte uniforme ne va pas jusqu'à envisager la présence des salariés dans les instances de

---

[2] *Cf.* Articles 170, 202, 210 du projet d'acte unique relatif au droit du travail (Lomé 2010).

gouvernance de l'entreprise, tendance observée en droit des sociétés, il n'associe pas moins les travailleurs à l'organisation de la vie de l'entreprise. Il est prévu que les délégués du personnel doivent recevoir communication du bilan social annuel de l'entreprise, document de référence contenant les informations sur l'emploi, la rémunération des travailleurs, les conditions de santé et de sécurité au travail, les actions de formation, les conditions de vie des travailleurs et de leurs familles. Chaque État est appelé à fixer les conditions d'établissement par toute entreprise de son bilan social annuel d'information du délégué du personnel et de suivi des recommandations faites sur le bilan[3]. Les délégués du personnel éclairés de cette manière peuvent donner leurs avis sur tout projet d'acte de l'employeur instaurant des règles générales et permanentes qui s'imposent au personnel mais aussi faire part de leurs avis et observations sur toute mesure de licenciement pour motif économique envisagé et surtout communiquer à l'employeur toutes suggestions et observations du personnel tendant à l'amélioration de l'organisation et du rendement de l'entreprise[4]. De la sorte, et même sans être dans un rôle délibératif, les salariés pourraient contribuer à l'amélioration des performances de l'entreprise. Il me semble que nous sommes toujours sur le terrain de toutes les formes de négociation si chères à l'OIT. C'est une bonne nouvelle pour la promotion du dialogue social de même qu'il en est de la possibilité de règlement amiable (par dialogue) de la cessation des relations de travail par les parties.

B - Un règlement optimal de la cessation des relations de travail par dialogue

Le projet d'acte unique relatif au droit du travail aménage la possibilité pour les parties, avant ou après la cessation de leur relation de travail de conclure un accord amiable sur un conflit individuel en dehors de l'inspection et de la juridiction du travail[5].

Le système de gestion des conflits collectifs de travail privilégie clairement le dialogue à l'affrontement. Dans le système que

---

[3] Article 252.
[4] Article 176.
[5] *Cf.* Articles 60, 224.

l'OHADA envisage de proposer aux États, la démarche est identique. Le dialogue, est le maître mot à l'OHADA en matière sociale. La notification du différend collectif par la partie la plus diligente ouvre automatiquement une période de vingt jours pendant laquelle les parties s'engagent à recourir à toute une palette de possibilités incluant la négociation, la conciliation, la médiation ou l'arbitrage.

L'ambition nourrie par le texte en chantier est qu'en cas de difficultés au sein de l'entreprise, les protagonistes puissent s'asseoir et dialoguer[6], dialogue dont la mise en œuvre passera surtout par l'existence d'organismes appropriés.

II - LA CONSÉCRATION D'ORGANISMES DE DIALOGUE SOCIAL CONSÉQUENTS

Le projet ouvre la possibilité de diversifier les organismes de dialogue à l'échelle de l'entreprise (A) mais aussi à l'échelle nationale (B).

A - Une possibilité de diversification des institutions représentatives du personnel à l'échelle de l'entreprise

Des acteurs majeurs de la négociation sociale (délégués du personnel, syndicats) ont été visés par le projet d'acte uniforme qui leur consacre une réglementation détaillée. Les règles d'éligibilité et d'élection des délégués du personnel sont partiellement prévues par le projet et destinées à être complétées par chaque État partie[7]. Tout en imposant la désignation du délégué du personnel dans toutes les entreprises qui comptent plus de 10 travailleurs, le projet précise que ces représentants sont désignés par voie élective[8].

Il est aussi loisible à tout État membre de l'OHADA de prévoir d'autres types de représentation des travailleurs avec la même protection que celle accordée au délégué du personnel. Dans

[6] Article 244.
[7] Article 163.
[8] Article 163 alinéa 1.

l'exercice de leurs nombreuses attributions à la lecture du texte, les délégués du personnel sont reçus au moins une fois par le chef d'établissement ou son représentant sans préjudice des rencontres ponctuelles qui seraient dictées par l'urgence[9].

Le principe de la liberté syndicale est réaffirmé, tandis que les syndicats professionnels d'employeurs et de travailleurs sont consolidés dans leur posture de défenseurs des droits et intérêts des personnes visées par leurs statuts. Sauf initiative propre du ministre chargé du travail de l'État partie, il est prévu que la conclusion d'une convention collective susceptible d'être étendue ne peut être provoquée que par l'organisation d'employeurs ou l'organisation syndicale des travailleurs considérée comme la plus représentative. Le caractère représentatif d'un syndicat est constaté à l'aune des résultats des élections du délégué du personnel et de toute autre élection professionnelle organisée par l'État considéré[10]. Par le procédé démocratique de l'élection, sont ainsi recherchées à la fois l'indépendance et la meilleure représentativité de l'élu. Le projet d'acte uniforme précise que les syndicats peuvent être consultés sur tous points et questions se rattachant à leur spécialité[11].

Le projet instaure un comité de santé et de sécurité au travail[12] et donne des indications sur sa composition : l'employeur ou son représentant, des représentants du personnel désignés par leur pairs, le médecin du travail ou le personnel de santé de l'entreprise. Mais, il revient à chaque État membre de préciser les modalités de composition et de fonctionnement de ce comité[13]. La même logique de parturition a conduit le législateur à prévoir divers organismes de dialogue à l'échelle nationale.

B - De la diversité des organismes de dialogue nationaux

Le projet institue auprès du ministre chargé du travail, deux organes consultatifs. Ceux-ci sont ainsi dotés de compétences qui

---

[9] Article 171.
[10] Articles 208 et 209.
[11] Articles 5, 182 et 195.
[12] Article 157 et s.
[13] Article 161.

dépassent le cadre strict d'une entreprise. Les modalités d'organisation et de fonctionnement de ces organes consultatifs sont laissées à la compétence de chaque État partie. Il s'agit d'une part, d'un comité technique consultatif pour l'étude de questions intéressant la sécurité et la santé des travailleurs. D'autre part, il est question d'un conseil consultatif du travail, organisme regroupant les autorités publiques et les organisations professionnelles d'employeurs et de travailleurs avec pour mission l'étude des problèmes concernant le travail, la sécurité sociale, l'emploi et la formation professionnelle, l'émission des avis et la formulation des propositions sur tout texte législatif ou réglementaire à intervenir dans ces matières, l'étude des problèmes concernant l'amélioration des conditions de travail et les garanties des libertés fondamentales de l'homme au travail.

En conclusion, on peut relever que la construction de liens institutionnels privilégiés du dialogue social se ressent dans le projet d'acte uniforme relatif au droit du travail de même que la nécessité de concilier l'uniformisation avec la préservation de l'autonomie institutionnelle des États membres de l'OHADA.

Le défi majeur réside dans la nécessité de tenir compte de l'importance de certaines réalités nationales dans une matière qui se prête difficilement à l'uniformisation totale. La liberté du travail au Bénin n'a pas la même portée ou la même signification que dans un autre État membre par exemple. Cela devrait conduire à relativiser et à limiter le champ de l'uniformisation. A juste titre, cette préoccupation innerve le projet d'acte uniforme qui, plus que tous les autres textes de l'OHADA, illustre la difficulté que l'on peut éprouver à marquer la ligne de partage entre le champ de compétence de l'organisation commune et celui qui doit revenir aux États.

De toute façon, la promotion du dialogue social est une question préoccupante pour l'OHADA et au vu du projet d'acte uniforme, cette préoccupation prend bien corps. Ce qui est visé, c'est le dialogue, le dialogue social au sein des entreprises et pas l'affrontement. L'affrontement n'est pas souhaitable si l'on veut que les entreprises fonctionnent, si l'on veut que les travailleurs trouvent leur compte dans ce qu'ils ont à offrir et si l'on veut réduire la pauvreté dans nos États.

LE CONSEIL DU TRAVAIL ET DU DIALOGUE SOCIAL DE L'UEMOA : MISSIONS, CONTRAINTES, DÉFIS ET PERSPECTIVES

Birane THIAM[1]

La création en 2009 d'un Conseil du travail et du dialogue social (CTDS) est à inscrire parmi les plus importantes initiatives prises par les autorités de l'Union Economique et Monétaire Ouest Africaine (UEMOA) durant ces dix dernières années. Pour mémoire, l'Union dispose de deux autres organes consultatifs : la Chambre consulaire régionale[2] et le Conseil des collectivités territoriales[3]. Le CTDS est un organe jeune qui est appelé à jouer un rôle essentiel dans la promotion de la paix sociale dans l'Union. Après être revenu sur le contexte de cette création (I) et les principes directeurs du dialogue social au niveau communautaire (II), on rappellera les règles d'organisation et les missions attribuées au CTDS (III), sans oublier les contraintes et les faiblesses (IV) ainsi que les enjeux du dialogue social dans la sous-région (V). Enfin, on soulignera les opportunités et perspectives du dialogue social dans le cadre de l'UEMOA (VI).

---

[1] Docteur, Secrétaire permanent du CTDS.

[2] La Chambre, organe consultatif, créée par le Traité de l'Union, est chargée de réaliser l'implication effective du secteur privé dans le processus d'intégration de l'UEMOA, notamment *via* la participation à la réflexion sur le processus d'intégration et la mise en œuvre des réformes arrêtées par les organes compétents de l'Union, la promotion des échanges commerciaux et des investissements dans l'Union et l'appui technique aux chambres consulaires nationales.

[3] Le Conseil des collectivités territoriales est un organe consultatif de l'Union créé par l'acte additionnel n° 02/CCEG/UEMOA/2011 du 30 mai 2011. Par cet acte, l'Union a donné un signal politique clair pour une meilleure implication des collectivités territoriales dans le processus d'intégration afin de relever les défis de la mondialisation, promouvoir un système de gouvernance multi niveaux et prendre en compte les préoccupations des populations dans les politiques et programmes communautaires de développement.

I – LE CONTEXTE D'UNE CRÉATION

Le 17 mars 2009, en adoptant, après une longue période de maturation, l'acte additionnel instituant le Conseil du travail et du dialogue social (CTDS)[4] dans le schéma organisationnel de l'Union, les Chefs d'État et de Gouvernement de l'UEMOA posaient un acte de haute portée à la fois politique et technique. Non seulement ils répondaient ainsi à la demande, régulièrement formulée par les partenaires sociaux, de prendre part, de façon active, au processus de décision de l'Union mais ils comblaient également un vide qui, à terme, risquait d'alimenter un désintérêt croissant pour les mesures communautaires.

La création du CTDS résulte de la rencontre de deux préoccupations. La première concerne le besoin de participer au processus de construction communautaire fortement exprimé par les partenaires sociaux, la seconde réside dans la nécessité de rechercher l'adhésion des populations de l'Union aux activités de la Commission afin de renforcer le processus d'intégration régionale. L'avènement du CTDS marque donc une étape importante dans les grandes mutations que le processus de construction communautaire a connues ces dernières années : la substitution de l'Union des peuples à celle des États.

Ce processus s'est traduit concrètement, par la prise d'une série de mesures qui ont visé à intégrer, outre les partenaires sociaux, le secteur privé et les collectivités locales comme des anneaux venant compléter la chaîne des différents acteurs qui doivent rythmer la marche vers l'intégration totale et effective. En effet, il est apparu à beaucoup d'observateurs et analystes politiques, que le projet de construction communautaire se devait d'être plus inclusif. Il doit impliquer tous les acteurs représentatifs des secteurs économiques, sociaux, politiques et territoriaux dont le rôle pourrait se révéler décisif dans la poursuite des objectifs de l'Union.

---

[4] Le CTDS a été créé par l'acte additionnel au Traité fondateur de l'Union n° 002/2009/CCEG/UEMOA du 17 mars 2009.

Ce besoin d'impliquer les acteurs permet de pallier surtout les nombreuses difficultés rencontrées dans la mise en œuvre des politiques communautaires. Une étude sur *« la dynamique de la dette et la convergence multilatérale »* a constaté combien le processus est aujourd'hui fortement contrarié par de multiples obstacles[5]. Mettant en évidence les nombreuses limites dans la pratique de la surveillance multilatérale dans l'UEMOA, l'étude montre, notamment, que « *l'objectif d'un équilibre budgétaire recherché par le Pacte de Convergence, de Stabilité, de Croissance et de Solidarité apparaît difficilement réalisable avec l'environnement d'instabilité politique et économique dans de nombreux pays de l'Union* »[6].

Parmi les obstacles figurent les crises sociales et politiques qui ne peuvent être surmontées que par la prise en compte de la dimension sociale dans les politiques économiques. C'est la raison pour laquelle, les autorités politiques ont estimé qu'il était temps de changer de paradigme en passant d'une intégration qui se voulait, à l'origine, exclusivement économique et monétaire, à une intégration prenant aussi en compte les aspirations légitimes des peuples vers plus de progrès sociaux.

La création du CTDS contribue et facilite la réalisation des objectifs de l'Union et la mise en œuvre des réformes économiques en cours dans chaque État membre. L'implication des partenaires sociaux est dès lors perçue comme bénéfique. Elle permet de créer l'une des conditions indispensables à l'essor économique de nos États : la paix sociale. C'est cette prise de conscience qui a amené les chefs d'État et de Gouvernement à la promotion du dialogue social dans l'espace communautaire et à l'inscrire au rang des priorités à poursuivre par les États et la Commission. Cette dernière, soucieuse de répondre à la demande pressante des acteurs économiques de disposer d'un environnement apaisé nécessaire à l'accroissement de la productivité et de la croissance économique, a commandité la réalisation d'études sur les crises sociales récurrentes dans les huit pays membres de

---

[5] UEMOA, « *Dynamique de la dette et revue des critères de convergence dans l'Union* », Étude UEMOA 2014, 138 p.

[6] *Ibidem*, p. 10.

l'UEMOA[7]. Les résultats issus de ces monographies ont permis de comprendre les causes multiformes de ces crises, tout en formulant des recommandations, dont la mise en œuvre pourrait s'avérer utile précisément à la prévention des crises. Les résultats de ces études ont servi à alimenter une concertation de haut niveau sur les crises sociales qui a regroupé la Commission, les membres du CTDS et les Ministres en charge du travail des pays de l'Union. Cette concertation a débouché sur l'adoption d'une importante déclaration sur les crises sociales signées le 6 décembre 2013 à Ouagadougou par toutes les parties prenantes.

II - LES PRINCIPES DIRECTEURS DU DIALOGUE SOCIAL

La recherche d'une paix sociale durable et propice à l'émergence économique est poursuivie dans un cadre bien déterminé. La politique communautaire de promotion de la paix s'appuie essentiellement sur le dialogue social adossé à un certain nombre de principes forts reconnus à la fois au niveau national, régional et international[8].

Ces principes directeurs qui président à l'action publique communautaire sont les suivants :

- la promotion du dialogue social inclusif est une condition de base au développement économique et sociale. Ce dialogue, pour être

---

[7] Il s'agit de huit monographies réalisées avec l'appui du Bureau International du Travail, ayant fait l'objet d'un atelier de validation en septembre 2013 à Dakar.

[8] Conscientes de l'importance et de la dimension stratégique de la paix dans le processus de développement économique et social des États membres, les autorités de l'Union ont également créé, par l'acte additionnel au Traité de l'Union n° 004/2013/CCEG/UEMOA du 24 octobre 2013, une Politique commune de l'UEMOA dans le domaine de la Paix et de la Sécurité ; celle-ci a pour objectif de contribuer à la prévention des conflits et crises, de renforcer la gouvernance politique, d'intensifier la lutte contre le terrorisme en l'inscrivant dans la dynamique de la coopération internationale, de prévenir la criminalité transfrontalière et de lutter efficacement contre les réseaux mafieux, notamment le trafic de drogue, la prolifération des armes légères et de petit calibre, la traite des êtres humains, la cybercriminalité et le blanchiment de capitaux, enfin de de renforcer la sécurité des citoyens et des activités économiques au sein de l'Union. Sa mise en œuvre est réglée par la décision n° 306/2015/PCOM/UEMOA portant organisation de la Délégation générale à la Paix et à la Sécurité.

efficace et productif, doit avoir comme socle la représentativité des organisations d'employeurs et de travailleurs, tout en intégrant les organisations de la société civile ;

- le respect de la liberté syndicale, de la liberté du travail et du droit à la négociation collective sont des facteurs de croissance qui peuvent contribuer à asseoir, dans les entreprises, un climat de confiance et de compréhension mutuelle favorables à leur développement et susceptibles de préserver les intérêts légitimes des travailleurs ;
- la promotion de la libre de circulation des personnes et des biens dans l'espace communautaire est un principe irréversible et imprescriptible. Elle ne doit souffrir d'aucune contrainte, restriction ou discrimination et appelle le respect de l'égalité de traitement entre la main-d'œuvre nationale et celle provenant des pays membres de l'Union ;
- la démocratie politique seule ne suffit pas à garantir les libertés dans tous les secteurs. Le monde du travail a besoin de démocratie sociale, seule capable de garantir la liberté dans les espaces de production et de soutenir la mise en œuvre des relations professionnelles dans le respect des prérogatives de chaque acteur.

III – L'ORGANISATION ET LES MISSIONS DU CTDS[9]

Le CTDS est un organe unique dans sa configuration. Cette dernière entend traduire le choix des Chefs d'État et de Gouvernement de l'Union de faire de la construction communautaire un processus inclusif *via* une démarche allant au-delà du tripartisme classique. Ceci témoigne notamment de la volonté de prise en charge au plan communautaire de questions dont la résolution interpelle souvent d'autres acteurs que les partenaires sociaux classiques que sont

[9] Le Conseil du Travail et du Dialogue Social est le deuxième organe consultatif de l'UEMOA, après la Chambre consulaire régionale. Le CTDS a été créé sur le modèle architecturale du Bureau International du Travail ; cependant, le tripartisme décliné s'avère plus inspiré du modèle du Conseil économique et social environnemental de l'Union Européenne. Ce choix est largement motivé par la nécessité d'impliquer, outre les Gouvernements et les organisations d'employeurs et de travailleurs, les organisations de la société civile qui ont également un rôle majeur à jouer et leur mot à dire sur le processus de construction communautaire.

gouvernements et organisations d'employeurs et de travailleurs. Le CTDS a été porté sur les fonts baptismaux pour assurer l'implication effective de ces deniers mais aussi de la société civile dans le processus d'intégration de l'Union. Ceci explique sa nature quadripartite.

Sur le plan organisationnel, le CTDS comporte une Assemblée générale, des Commissions techniques spécialisées, un Bureau et un Secrétariat permanent. L'Assemblée générale est seule compétente pour rendre des avis, émettre des recommandations ou formuler des propositions. Elle se réunit au moins une fois par an en session ordinaire. Elle peut, en cas de besoin, se réunir en session extraordinaire à l'initiative de son président ou sur proposition des deux vice-présidents, après consultation de leurs mandants. L'Assemblée générale est l'instance où se prennent les décisions et orientations stratégiques relatives à tous les domaines relevant du champ de compétence du CTDS. Elle est composée de 72 membres[10], soit neuf membres par État membre. Chaque délégation est constituée de trois représentants gouvernementaux, deux représentants des organisations d'employeurs, deux représentants des centrales syndicales de travailleurs et deux représentants des organisations de la société civile. Les travaux de l'assemblée générale tirent leur richesse de la diversité des experts provenant de milieux professionnels différents (entreprises, administrations, universités) avec des expériences pointues mises en œuvre dans une dynamique de complémentarité pour étudier et apprécier avec rigueur et objectivité toutes les questions soumises.

Il existe par ailleurs deux Commissions techniques spécialisées : la Commission du dialogue social et la Commission économique et sociale. Composé chacune de douze experts, membres du Conseil, les deux commissions ont pour mission principale de préparer les avis, recommandations et propositions du CTDS sur les questions

[10] Au CTDS, la question « genre » est présente dans les esprits. En l'état actuel, il est composé de 55 hommes et de 17 femmes, représentant respectivement 76% et 24% du total des Conseillers. Ce n'est pas fameux mais le Conseil ne fait pas de l'équilibre de la représentation homme-femme un jeu de coudes. Nous y allons à notre rythme en sachant que ces faits ne font que refléter l'état des représentations des organisations nationales.

économiques ainsi que dans les domaines relatifs à la promotion du dialogue social et des cadres de concertation. Pour sa part, le Bureau est composé de trois membres : un Président (gouvernemental), un Vice-président (représentant des employeurs) et un Vice-président (représentant des travailleurs) élus pour un mandat de quatre ans[11]. Le Bureau est chargé de mettre en œuvre les décisions et orientations de l'assemblée générale entre deux sessions. Le Conseil dispose enfin d'un Secrétariat permanent et d'un réseau de huit « cellules nationales » animées par les membres du CTDS au niveau de chaque pays.

Le CTDS a pour mission de réaliser l'implication effective de tous les acteurs non étatiques dans le processus d'intégration de l'UEMOA[12]. Cet objectif est poursuivi notamment par l'examen et l'appréciation de toute question susceptible d'avoir un impact social dans l'Union, par le renforcement des mécanismes de consultation et de concertation tripartite au sein de l'Union ainsi que par l'appui à la consolidation du processus et des structures de dialogue social dans les différents États membres. En tant qu'organe consultatif, le CTDS donne des avis, à son initiative ou celle des États membres, du Conseil des Ministres, de la Commission de l'UEMOA, des représentants des employeurs ou des travailleurs. Le Conseil a adopté son premier avis en décembre 2015 sur les critères de convergence en tant qu'éléments essentiels du dispositif de surveillance multilatérale.

III – LES CONTRAINTES ET FAIBLESSES DU DIALOGUE SOCIAL

La promotion du dialogue social dans les États membres de l'Union fait face à de nombreuses contraintes (A) mais aussi des faiblesses (B) ralentissant notamment les processus de concertation tant au niveau national que communautaire.

---

[11] Ceci est effectif depuis la cinquième Assemblée générale des membres du Conseil du travail et du dialogue social (Abidjan 12-14 janvier 2015) et consigné dans le Règlement intérieur du Conseil en son article 2 modifié.

[12] *Cf.* Article 3 de l'acte additionnel n° 009/2009/CCEG/UEMOA du 17 mars 2009.

A – Les contraintes

Au niveau national, les contraintes sont essentiellement liées à l'environnement socio-politique et économique. Ces dernières servent parfois de prétexte pour justifier la priorité donnée à d'autres priorités que le dialogue social ou l'absence de soutien financier. En toute hypothèse, on peut relever parmi ces freins :

- l'absence de cadre de dialogue social dans certains pays de l'Union due à la réticence des organisations de travailleurs de procéder, par exemple, à la conclusion d'une Charte sociale servant de socle au développement du dialogue social,
- les situations socio-économiques et politiques des États peu favorables au dialogue social, surtout dans les pays qui connaissent une instabilité politique chronique,
- la priorité accordée exclusivement aux questions économiques compte tenu de la situation de sous-développement qui frappent certains pays,
- les nombreuses atteintes aux principes et droits fondamentaux au travail et, particulièrement, les questions relatives à la liberté syndicale et à la promotion du droit syndical,
- l'immixtion fréquente des employeurs et des autorités politiques ou administratives dans la vie des organisations de travailleurs, en violation du principe de non-ingérence dans la vie des organisations professionnelles,
- la poursuite délibérée, par certaines organisations syndicales faîtières de travailleurs, de buts politiques pourtant proscrits par les lois sur le travail des États qui demandent aux organisations d'évoluer en marge de la scène politique.

Au plan communautaire, on ne peut passer sous silence il est possible tout d'abord l'insuffisance des ressources financières allouées au CTDS[13] pour promouvoir le dialogue social dans l'Union. Par ailleurs, le caractère strictement consultatif du CTDS fait

---

[13] Certes, le CTDS dispose d'un budget qui connait une évolution depuis le démarrage de ses activités en 2010. Cependant, les demandes et préoccupations en matière de promotion du dialogue social sont sans cesse croissantes et nécessitent la mobilisation de ressources extérieures. Les ressources qui sont mises à la disposition du Conseil proviennent du budget des organes de la Commission.

qu'évidemment ces avis n'ont en rien une force obligatoire comme c'est le cas des directives ou règlements communautaires. Cette situation ne permet pas au CTDS d'évoluer assez rapidement dans la promotion du dialogue social. Enfin, on ne peut que regretter l'absence de politique communautaire en matière de gouvernance sociale avec des normes et des ratios qui permettent de mesurer les efforts des États dans le domaine de la prévention et de la gestion des conflits sociaux.

B – Les faiblesses

Au niveau national, les faiblesses sont nombreuses et multiformes. De manière caricaturale il est permis de considérer comme telles les situations suivantes :

- la non-préparation des Administrations du travail aux défis nouveaux qui interpellent le monde du travail dans le domaine du dialogue social,
- l'insuffisance de la maîtrise ou de l'application de la législation du travail en vigueur dans nos États et l'obsolescence des accords collectifs sectoriels,
- le manque de suivi des accords signés et des engagements pris[14] ainsi que le déficit d'information sociale, économique et financière,
- l'absence de formation des partenaires sociaux au dialogue social, à la négociation et à la discussion, ce qui accroît la tendance à la confrontation permanente,
- l'absence d'un système de gouvernance préventive en matière de dialogue social,

[14] Souvent les accords sont signés dans la précipitation et sous la pression dans le souci de calmer une situation ou mettre un terme à une action de revendication surtout lorsque ses effets sur le plan économique et social commencent à être dramatiques. Il est souvent clair que de tels accords ne sont pas viables ; leur application pose des difficultés du fait d'engagements pris à la hâte, sans étude ou simulation permettant de déterminer leur impact financier sur le budget de l'État et leur soutenabilité à long terme. Ces accords peuvent être appelés parfois « accords calmants » car ils n'ont pas vocation à résoudre un conflit social dans toute sa complexité et profondeur mais plutôt à stopper momentanément un mouvement de grève.

- l'absence de volonté de mise en œuvre effective de mécanismes de dialogue social,
- la non-détermination de la représentativité des organisations d'employeurs et de travailleurs,
- l'insuffisance des moyens alloués aux ministères en charge du travail et aux instances de dialogue social,
- la survenance de crises sociales récurrentes[15] et de crises politico-militaires parfois longues et persistantes,
- les mutations institutionnelles fréquentes.

Au niveau communautaire les faiblesses relevées découlent de l'absence de siège équipé et fonctionnel susceptible d'accroître la visibilité du CTDS, de la centralisation des activités statutaires du CTDS à Ouagadougou, de la dispersion des membres du Bureau dans les pays membres qui ne facilite pas la gestion administrative de certains dossiers et, enfin et surtout, de l'absence d'équipe technique susceptible d'assurer l'animation des Commissions spécialisées du Conseil.

IV – LES ENJEUX ET DÉFIS DU DIALOGUE SOCIAL

Le dialogue social est défini le plus souvent comme un processus impliquant tous les types de négociation, de consultation ou d'échange d'information[16]. Il est par ailleurs reconnu, au niveau international, qu'un dialogue social inclusif, s'il est bien conduit, remplit trois types de fonctions : une fonction de justice sociale et d'harmonisation des conditions de travail, une fonction novatrice et d'évolution du droit du travail et, enfin, une fonction de stabilisation et de paix sociale. Les autorités de l'UEMOA ont reconnu elles-mêmes que la prospérité économique, la stabilité et le progrès ne sauraient être atteints sans une concertation régulière entre les gouvernements, les employeurs et les travailleurs. Quels sont, au plan national comme communautaire, les

[15] Ceci est tout particulièrement vrai dans des secteurs importants tels que l'éducation et la santé, régulièrement secoués par des crises sociales.

[16] *Cf.* not. O. Ermida, « Dialogue social : théorie et pratique », in *Syndicats et Dialogue social : situation actuelle et perspective d'avenir*, BIT Éducation ouvrière 2000/3, n°120, p. 51.

enjeux d'un développement du dialogue social (A) et les défis qui doivent être relevés (B) ?

A – Les enjeux d'un développement

Au plan national, le développement du dialogue social emporte principalement l'amélioration des relations professionnelles, celle de la gouvernance des institutions de prévoyance sociale mais aussi de la représentativité réelle des organisations d'employeurs et de travailleurs, le renforcement de la négociation collective, une meilleure gouvernance de la gestion publique en réduisant les tensions sociales dans le cadre d'une politique de prévention et de gestion des crises sociales, d'adoption de mécanismes pertinents de gestion de ces dernières, plus généralement le renforcement des mécanismes de consultation, de concertation tripartite et la stabilité sociale condition essentielle de réalisation des activités économiques.

Au plan régional, le dialogue social peut favoriser la réalisation des objectifs de l'UEMOA et la mise en œuvre des réformes économiques en cours dans chaque État membre et celles découlant de l'intégration économique et monétaire. De même son développement peut soutenir la réalisation du Pacte de convergence, de stabilité, de croissance et de solidarité adopté en 1999 pour assurer la convergence des politiques et des performances économiques des États membres à l'horizon 2019. Il peut également :

- favoriser la demande et la formulation des avis, des recommandations, des propositions en matière sociale,
- soutenir la prise en compte de la dimension sociale dans l'élaboration des politiques communautaires notamment les domaines économiques et financiers,
- créer un consensus social fort autour des enjeux, des objectifs de la construction communautaire,
- assurer l'implication effective et durable des partenaires sociaux et de la société civile dans le processus d'intégration de l'Union,
- créer un espace communautaire intégré, harmonisé et attractif propice au développement économique,

- approfondir la démocratie sociale en l'inscrivant dans les politiques publiques des États et dans le programme communautaire de l'UEMOA,
- promouvoir la gouvernance sociale au niveau communautaire,
- associer les différentes composantes des populations des huit États membres de l'UEMOA à la conception, l'élaboration et la mise en œuvre des politiques et programmes ayant un impact social.

B – Les défis à relever

Au plan national, la promotion du dialogue social suppose d'abord une certaine volonté pour relever des défis tels que :

- l'adoption, dans chaque État membre de l'Union de chartes et pactes sociaux[17],
- la mise en place, par chaque État membre de l'Union, d'un cadre formel de dialogue social,
- l'opérationnalisation et l'équipement des cadres nationaux de dialogue social en les dotant de moyens appropriés,
- le renforcement des capacités techniques des acteurs sociaux en matière de dialogue social et de négociation collective,
- l'élaboration et la mise en œuvre de plans d'action par les structures de dialogue social dans tous les États de l'Union et leur implication effective dans la gestion et la résolution des crises sociales.

Au plan communautaire les défis sont encore plus importants, notamment en raison des fortes attentes des partenaires sociaux. Il s'agit surtout de :

- doter le CTDS de moyens conséquents (humains, financiers, matériels) pour réaliser les missions qui lui sont confiées,

[17] Le Mali est l'un des premiers pays de l'UEMOA à avoir réussi à conclure un Pacte social conclu en 2001. Les partenaires sociaux du Sénégal ont conclu une Charte sociale le 22 novembre 2002 et un Pacte national de stabilité sociale et d'émergence économique à l'issue de la première Conférence sociale des 14 et 15 avril 2015.

- rendre le CTDS plus visible par son implication dans les activités de promotion du dialogue social dans les États membres,
- promouvoir la mise en réseau des structures nationales de dialogue social afin de favoriser le partage d'expériences et de bonnes pratiques,
- élargir les partenariats du CTDS avec des structures similaires au plan régional et international, ainsi qu'avec les Conseils économiques et sociaux qui sont des institutions jouant un rôle essentiel dans la promotion du dialogue social et civil.

VI - FORCES, OPPORTUNITES ET PERSPECTIVES

Le CTDS est l'une des forces disponibles pour développer le dialogue social au niveau communautaire (A). En la matière des opportunités se présentent (B) et des perspectives peuvent être esquissées (C).

A – Des forces

La création du Conseil du Travail et du Dialogue Social comme organe communautaire à composition quadripartite a eu pour effet de combler un vide et de renforcer la Commission de l'UEMOA. Cette dernière s'est ainsi dotée d'un cadre approprié pour prendre en charge des questions sociales et donner plus de crédits ou de légitimité aux actions et aux mesures qu'elle prend dans les domaines économique et financier. Il convient toutefois ne pas avoir de vision restrictive de ce que le CTDS pourrait offrir comme appui à la Commission, en quelque sorte d'avoir conscience des forces qu'il peut apporter. En effet, les nombreuses initiatives et programmes déroulés au niveau communautaire dans des domaines comme le transport, les infrastructures, l'éducation, l'entreprise, l'énergie, les télécommunications, etc. peuvent également être soumis au crible du CTDS. Celui-ci est un organe transversal qui doit mettre ses compétences au service de tous les départements de la Commission afin que son éclairage favorise l'intelligibilité et la compréhension de divers chantiers et programmes.

Le CTDS est une force institutionnelle qui rehausse, d'une certaine manière, le prestige de la Commission et en fait une organisation sous régionale inscrivant les questions sociales au cœur de ses préoccupations. L'expertise aussi profonde que diversifiée du CTDS, à travers son assemblée forte de 72 membres, constitue véritablement un atout. Les deux Commissions techniques spécialisés dans le domaine économique et social, animées par les meilleurs experts du Conseil, sont des *task forces* qui peuvent apporter beaucoup à la Commission, aux États membres, aux partenaires sociaux et à la société civile.

Au-delà de ces considérations, il y a lieu de relever également, au niveau national, les efforts considérables qui sont entrains d'être faits dans certains États et qui traduisent une mutation profonde, voire une certaine maturité dans la conception et dans la définition des stratégies susceptibles de renforcer les politiques en matière de paix sociale. De nombreux pays de l'UEMOA ont créé des cadres formels bipartites, tripartites ou quadripartites de dialogue social. Cette innovation qui consiste à se doter de cadres de concertation sociale sous forme de « Comité », de « Commission », de « Conseil » ou de « Haut Conseil »[18] du dialogue social est en soi un moyen de renforcer, de manière considérable, les processus de dialogue social et de bâtir une paix sociale durable.

B – Des opportunités

La promotion du dialogue social au niveau communautaire peut s'appuyer sur des opportunités qui peuvent servir de rampes de lancement à des actions du Conseil. Déjà, au niveau national, des États membres comme le Niger, le Sénégal ou le Togo ont largement tiré profit du Programme de promotion du dialogue social en Afrique francophone (PRODIAF) du Bureau international du Travail (BIT). Ce programme, initié en 1998, a permis durant presque une décennie, de renforcer les capacités des partenaires sociaux sur le dialogue

[18] Le Sénégal s'est doté d'un Haut conseil du dialogue social (HCDS) par décret n° 2014-1299 du 13 octobre 2014, en remplacement du Comité national du dialogue social (CNDS) qui fut le cadre du dialogue social de 2003 à 2014.

social et les techniques de négociation. Parmi les résultats obtenus, on peut citer la création dans ces pays de cadres de concertation sociale.

L'existence d'un espace sous régional constitué d'États aux populations partageant la même langue officielle, le français hors le cas singulier de la Guinée Bissau lusophone, utilisant la même monnaie dans les échanges intracommunautaires, et ayant en commun des références culturelles similaires ou voisines, constitue un atout de taille. L'encrage du dialogue dans nos traditions culturelles ancestrales, enrichies par des siècles de pratiques « sous les arbres à palabre » comme moyens de prévention et de règlement des conflits sociaux ne peut également que faciliter le partage et la mise en œuvre de l'expression.

De même, l'existence, dans certains pays de l'Union, de cadres de dialogue[19] et/ou la conclusion de Pactes de stabilité sociale et de croissance économique peuvent servir d'exemples dans la promotion du dialogue social dans les États où les partenaires doutent encore parfois de l'efficacité du dialogue social. Enfin, au sein de l'UEMOA, la nécessité de réaliser les objectifs du Pacte de convergence, de stabilité, de croissance et de solidarité adopté en 1999[20] et, surtout, la parfaite compréhension de la nature des obstacles ayant retardé des progrès dans ce domaine, font du CTDS un cadre approprié pouvant jouer un rôle de levier dans les activités destinées à prévenir les conflits sociaux largement ciblés dans les diagnostics.

C – Des perspectives

Les perspectives concernant le dialogue social sont nombreuses. Il s'agit tout d'abord de promouvoir le *leadership* du CTDS pour en faire un cadre régional de concertation sociale offrant à la

---

[19] *Cf.* Côte d'Ivoire (Conseil national du dialogue social), Guinée Bissau (Cadre permanent de concertation sociale), Niger (Commission nationale de dialogue social), Sénégal (Haut conseil du dialogue social), Togo (Conseil national de dialogue social).

[20] Acte additionnel n° 04/99/CCEG/UEMOA du 8 décembre 1999 portant Pacte de convergence, de stabilité, de croissance et de solidarité entre les États membres de l'Union Économique et Monétaire Ouest Africaine.

Commission, aux États membres, aux partenaires sociaux et aux organisations de la société civile un cadre propice, une tribune de haut niveau pour débattre des questions économiques et sociales voire, dans une certaine mesure, politiques, sur des problématiques intéressant le monde du travail. Par ailleurs, une perspective importante réside dans l'institutionnalisation du dialogue social dans tous les pays membres de l'Union à travers, d'une part, son inscription comme valeur de référence dans les lois fondamentales des États membres et, d'autre part, la création au niveau national de structures de haut niveau (ou de haut rang) dédiées au dialogue social. De plus, il faut s'interroger sur l'extension du champ de compétences matérielles du CTDS, en consacrant son ouverture à la réflexion assortie de propositions aux États sur les gains potentiels que procurent les efforts dans le domaine de la bonne gouvernance, de la démocratie sociale et politique, de la gestion transparente et de la reddition des comptes, du travail décent, du respect des principes et droits fondamentaux au travail, de l'emploi et de la protection sociale, de la lutte contre la corruption, etc. Enfin, il faut faire du CTDS un véritable organe de prévention et de règlement des conflits. Aujourd'hui son intervention dans un pays membre, ne peut se faire qu'à la demande de l'État ou du Gouvernement ; elle pourrait être développée surtout afin de trouver une issue dans un différend collectif d'envergure interprofessionnelle ou nationale. La médiation du CTDS pourrait se révéler particulièrement efficace dès lors que conduite sous le sceau communautaire.

CONCLUSION

Le Conseil du travail et du dialogue social est un organe consultatif de l'UEMOA dédié à la promotion du dialogue social. Ses membres entendent mettre leur compétence au service du processus de construction communautaire au travers de la production d'avis. En dépit des difficultés multiformes qu'il doit surmonter, le CTDS est appelé à relever des défis énormes : prévenir les conflits sociaux et instaurer un climat de paix sociale en soutien aux processus d'émergence économique en cours dans les États membres de l'Union. Il n'est pas besoin de trop insister que le fait qu'un renforcement substantiel de ses moyens humains, techniques et financiers, serait bénéfique à la poursuite de ses missions.

DIALOGUE SOCIAL EN AFRIQUE SUBSAHARIENNE : ANALYSES ET PERSPECTIVES NATIONALES

DIALOGUE SOCIAL ET RESPONSABILITÉS DU DROIT : OBSERVATIONS SUR LA SITUATION CAMEROUNAISE

Jean-Marie TCHAKOUA[1]

Le terme responsabilité pourrait être compris, largement, comme la capacité ou l'obligation d'agir ou de répondre dans laquelle on pourrait se trouver. Mais dans le cadre de cette étude, il semble plus utile de s'orienter vers un autre sens, plus restreint, qui suppose un état pathologique. Nous ne devons en effet pas nous le cacher, le dialogue social est actuellement en crise. L'intitulé suggère, très clairement, que le droit pourrait avoir une responsabilité dans ladite crise. Il s'agirait alors, si cette responsabilité est avérée, de dire au moins quelle en sont les termes.

L'idée de rechercher la responsabilité du droit dans les réalités sociales n'est pas étonnante lorsqu'on sait le rapport entre celui-ci et celles-là. Au Cameroun en particulier, la doctrine avait déjà analysé le rapport entre le droit et le syndicalisme, et souligné que depuis la période coloniale, c'est par le droit que les pouvoirs publics combattent les syndicats et affaiblissent le syndicalisme[2]. Cette observation, qui date de 1994, n'a rien perdu de sa pertinence. Il est dès lors aisé de comprendre les insuffisances du dialogue social, si l'on part de l'idée que ce dernier repose, entre autres, sur la bonne santé du syndicalisme. Le propos dévoile le choix qui est fait, de réfléchir essentiellement sur les formes de dialogue qui se traduisent par le partage du pouvoir de décision, notamment le pouvoir d'édicter les normes.

---

[1] Agrégé des Facultés de Droit, Professeur titulaire à l'Université de Yaoundé II.

[2] L. Kaptué, « Droit et syndicalisme au Cameroun », *Revue juridique africaine*, numéro spécial sur les orientations du droit du travail camerounais après la réforme du 14 août 1992, 1994, p. 63 et s.

Pour être tout à fait juste, il faudrait reconnaître que ces dernières années, un certain frémissement s'est observé sur le terrain de la négociation collective, signe que le dialogue social n'est pas complètement au point mort. Plusieurs conventions collectives ont en effet été conclues, qui affichent des contenus à la fois innovants et variés[3]. Les salaires, qui diffèrent désormais d'une branche professionnelle à une autre[4], sont assez régulièrement renégociés dans quelques branches d'activité[5]. On est donc sorti du schéma de l'époque monolithique où, par leur caractère uniforme, les conventions collectives trahissaient le fait qu'elles étaient des compléments de la loi simplement octroyés par les pouvoirs publics. De même, les joutes entre les participants sont désormais plus franches dans le cadre de la Commission nationale consultative du travail[6].

Beaucoup d'efforts restent cependant nécessaires pour qu'on parvienne à un fonctionnement optimal du dialogue social. Ces efforts sont attendus des acteurs du dialogue : les employeurs et travailleurs, les organisations professionnelles et les pouvoirs publics. Or, sur le terrain, le patronat montre beaucoup de réticence en ce qui concerne le dialogue social ; les salariés sont peu engagés dans le syndicalisme[7] et leurs organisations professionnelles sont engluées dans des luttes de leadership, soit entre organisations, soit entre les membres d'une même organisation ; les pouvoirs publics sont parfois amenés à

---

[3] *Cf.* J.-M. Tchakoua, «Les tendances de la négociation collective de l'ère nouvelle au Cameroun, *Labor Law and Development Resarch Laboratory McGill* (http://www.mcgll.ca/fles/lldr/).

[4] L'article 62 (2) du Code du travail du 14 août 1992 actuellement en vigueur, prévoit que les catégories professionnelles et les salaires y afférents sont fixés par voie de négociation dans le cadre des conventions collectives ou des accords d'établissement. Ce texte met fin à la fixation autoritaire et uniforme des salaires par les pouvoirs publics : le ministre en charge du travail contrôlait la Commission nationale paritaire des conventions collectives et des salaires et rendait exécutoire les délibérations de cette dernière relatives aux salaires.

[5] Parmi ces branches dynamiques, il faudrait citer celle des banques et établissements de crédit, celle de l'exploitation et de la transformation du bois.

[6] Cette commission a une composition paritaire et doit être obligatoirement consultée dans le processus d'élaboration des textes sur divers points de la législation du travail et de la sécurité sociale.

[7] Faute de statistiques fiables sur la question, il est n'est pas possible d'indiquer le taux de syndicalisation au Cameroun.

arbitrer ces querelles syndicales, sans que leur neutralité soit toujours certaine. Des efforts sont également attendus du législateur qui, par ses choix ou son mutisme, rend difficile ou peu fructueuse la pratique du dialogue social.

S'il faut situer la responsabilité du droit dans la pratique peu efficiente du dialogue social, il faudrait s'intéresser, d'abord, aux choix opérés par le législateur, principale source du droit[8]. Où il apparaît qu'en violation des engagements internationaux du Cameroun[9], les syndicats sont mis sous une sorte de tutelle oppressante des pouvoirs publics, et leurs leaders pratiquement laissés à la merci des employeurs. Il faudrait s'intéresser, ensuite, aux lacunes que le législateur a laissées dans le dispositif d'encadrement du dialogue social. Où on voit que ne sont organisées ni la présence syndicale, ni *a fortiori* la tenue du dialogue social au sein des entreprises. Dans le secteur public, les instances de dialogue n'existent pratiquement pas[10], et les fonctionnaires se demandent toujours dans quelle mesure ils peuvent compter sur le droit de grève pour forcer l'Administration au dialogue.

C'est sur ces deux terrains que nous volons conduire cette étude. Autrement dit, nous nous efforcerons de montrer que la culpabilité du législateur tient non seulement aux mauvais choix qu'il a opérés (I), mais aussi à son silence sur un certain nombre de sujets (II).

I - LES CHOIX COUPABLES

Légiférer, c'est toujours choisir entre plusieurs voies possibles. Le choix est fait en fonction des objectifs poursuivis. Qualifier de

---

[8] Le législateur est la principale source du droit dans le système romano-germanique qui est le nôtre. En droit du travail, il est assez concurrencé par les partenaires sociaux ; mais, sur le terrain de l'édiction des règles du jeu du dialogue, le législateur règne presque en maître absolu.

[9] Sur ces engagements et leur violation : J.-M. Tchakoua, *Etude pour la mise en conformité de la législation camerounaise avec les normes internationales du travail*, BIT, Bureau Afrique centrale, Yaoundé, 2008.

[10] Les seules instances de dialogue prévues chez les fonctionnaires sont le Conseil supérieur de la fonction publique (décret n° 2000/698 du 13 septembre 2000) et les Commissions administratives paritaire (décret n° 2001/115/PM du 27 mars 2001).

coupable les choix faits en matière de dialogue social signifie, au moins, que les premiers ont eu un effet négatif sur le second. Le législateur peut-il volontairement œuvrer contre le dialogue social ? Cela n'est possible que s'il a des intentions cachées, car il ne peut afficher un tel objectif (A). A tout considérer, il faudrait reconnaître que si le législateur n'a pas directement fait le choix d'empêcher le dialogue, il a en revanche fait celui d'affaiblir les acteurs. Certes, dans certains cas, il faudrait penser qu'il a incontestablement misé sur le dialogue social pour résoudre les problèmes posés. C'est le cas en ce qui concerne la recherche des mesures alternatives au licenciement pour motif économique. Les choix faits pour mettre en œuvre cette solution ne sont malheureusement pas les plus appropriés et n'ont pu conduire, paradoxalement, qu'à l'évitement du dialogue (B).

A - De sombres objectifs inavoués

Le syndicalisme camerounais traîne, comme un boulet, un lourd héritage du passé colonial[11] du Cameroun. Il a le malheur d'être né dans le même moule que le nationalisme politique. C'est pourquoi durant la période coloniale, il s'est attiré les foudres de l'administration coloniale[12]. On pouvait espérer qu'avec l'accession du pays à la souveraineté internationale, le regard des pouvoirs publics sur les syndicats change. Au contraire, la neutralisation des syndicats s'est renforcée[13], alors même que dans la foulée, le Cameroun a ratifié la convention de l'OIT n° 87 concernant la liberté syndicale[14] et la

[11] Si l'on ne s'attache qu'aux textes, on dira que le Cameroun n'a jamais été une colonie, mais successivement un territoire sous protectorat allemand, puis sous mandat de la Société des Nations et sous tutelle de l'Organisation des Nations Unies. Mais, dans les faits, il a été exploité exactement comme une colonie.

[12] Pour le jumelage entre les luttes de libération nationale et les luttes sociales : L. Kaptué, *op. cit.*, spéc. p. 70 et s. Le Haut-commissaire de la France en poste au Cameroun, dans une lettre au ministre des Colonies, dira : « *(...) Je me permets en même temps d'attirer votre attention sur le danger de laisser se constituer à la colonie des syndicats indigènes avec tous les privilèges accordés par la loi à ces associations* » (Yaoundé, 1944, Archives nationales du Cameroun, APA 11025, désormais abrégé ANC, APA, 11025).

[13] Le durcissement concerne les conditions de forme de la création et le fonctionnement des syndicats, comme on le verra plus avant.

[14] Convention ratifiée le 7 juin 1960.

protection du droit syndical et celle n° 98 sur le droit d'organisation et de négociation collective[15].

La convention n° 87 organise la liberté syndicale autour de la liberté d'adhésion, mais aussi de la liberté dans la création et la gestion des syndicats. Devant, conformément à l'article 11 de la convention, prendre toutes les mesures nécessaires et appropriées en vue d'assurer aux travailleurs et aux employeurs le libre exercice du droit syndical, le Cameroun aurait dû, dans sa législation consécutive à la ratification, prévoir des solutions conformes à la norme internationale. Ce n'est pas ce qui a été fait, même s'il faut reconnaître que les entraves directes à la liberté d'adhésion sont aujourd'hui levées; de nombreuses entraves à la création et à la gestion des syndicats sont encore maintenues.

En ce qui concerne la création des syndicats, il faudrait rappeler les termes de l'article 2 de la convention n° 87 sur la liberté syndicale, qui dispose que « *Les travailleurs et les employeurs, sans distinction d'aucune sorte, ont le droit, sans autorisation préalable, de constituer des organisations de leur choix, ainsi que celui de s'affilier à ces organisations, à la seule condition de se conformer aux statuts de ces dernières* ». En son article 3, le code du travail de 1967 reprend presque mot pour mot ce texte ; mais l'article 6 vient enlever toute portée à l'affirmation faite. Il prévoit, d'une part, qu'un syndicat n'a d'existence légale qu'à partir du lendemain du jour où il a été soumis à la procédure d'enregistrement par les soins du greffier des syndicats, fonctionnaire nommé par décret ; d'autre part, que les promoteurs d'un syndicat non encore enregistré, qui se comporteraient comme si ledit syndicat avait déjà été enregistré, se rendraient coupables d'une infraction pénale. Il est clair que les promoteurs d'un syndicat n'ont aucune maîtrise sur sa création ; c'est le greffier des syndicats qui tient ici le rôle essentiel. Les codes du travail postérieurs, précisément le code de 1974 et celui de 1992, actuellement en vigueur, ont reconduit et raffiné le dispositif, confirmant ainsi le rôle éminent du greffier des syndicats en matière de création des syndicats[16]. Les fonctionnaires

[15] Convention ratifiée le 7 septembre 1962.

[16] Il y a là un important recul par rapport aux textes coloniaux : le décret d'août 1944 et le Code du travail des territoires d'outre-mer de 1952. Ces deux textes

sont soumis à un traitement plus dur : pour exister, leurs syndicats doivent être agréés par le ministre en charge de l'administration territoriale[17] et la demande d'agrément est introduite à Yaoundé ou à Buéa, seules villes où le siège peut être fixé[18].

S'agissant de la gestion des syndicats, il faudrait se réjouir de ce que le Code du travail de 1992 a supprimé l'obligation qui était faite aux syndicats de transmettre annuellement au greffier des syndicats un relevé général des recettes, fonds, biens, effets et dépenses de l'année civile précédente[19]. Cette suppression va dans le sens de plus de liberté syndicale. Mais un tel contrôle des comptes est maintenu sur les syndicats de fonctionnaires[20] qui doivent, en plus, faire viser annuellement par le ministre chargé des libertés publique la liste de leurs membres[21]. Ils ne peuvent s'affilier à une organisation syndicale étrangère qu'avec l'autorisation du même ministre, lequel peut leur retirer leur agrément pour divers motifs.

Le tableau n'est pas moins sombre du côté des personnes relevant du Code du travail. En effet, alors que l'article 4 de la convention n° 87 dispose que les organisations de travailleurs et d'employeurs ne sont pas sujettes à dissolution ou à suspension par voie administrative, l'article 13 du Code du travail de 1992 prévoit que le greffier des syndicats peut annuler l'enregistrement d'un syndicat, pour plusieurs raisons, dont le fait que le syndicat a délibérément violé une disposition de la loi ou a mené des activités non statutaires.

---

prévoyaient un régime de déclaration pour la création des syndicats (*Cf.* not Article 5 du CTTOM de 1952).

[17] *Cf.* Article 1er de la loi n° 68-LF-19 du 18 novembre 1968 relative aux associations ou syndicats professionnels non régis par le Code du travail.

[18] *Cf.* Articles 5 et 8 du décret n° 69-DF-7 du 6 janvier 1969 fixant les modalités d'application de la loi n° 68-LF-19 du 18 novembre 1968.

[19] *Cf.* Article 17 du code du travail de 1974, dernier texte en la matière. L'article 18 du même code ajoutait qu'en plus de la reddition des comptes annuels, le greffier pouvait, à tout moment, exiger que lui soit communiqué un compte détaillé des fonds sur toute période. Il faut noter que sous l'empire du décret colonial d'août 1944, les syndicats devaient remettre au procureur de la République, avant le dernier jour de février de chaque année, le bilan de sa situation financière pour l'année précédente. Un projet d'amendement soumis pendant les discussions du code de 1952 voulait introduire cette solution ; mais il a été repoussé.

[20] *Cf.* Article 10 du décret n° 69-DF-du 6 janvier 1969, *op. cit.*

[21] *Cf.* Article 13 du décret n° 69-DF du 6 janvier 1969, *op. cit.*

A la demande des syndicats de salariés, les organes de contrôle d'application des normes de l'OIT n'ont eu de cesse d'attirer l'attention du Gouvernement camerounais sur la contrariété de la législation camerounaise à la convention 87. Mais les autorités ont toujours fait la sourdre oreille. L'avant-projet du Code du travail élaboré par le gouvernement n'a rien abandonné des options ici contestées. Surtout, lorsque les bonnes options sont prises, elles ne sont pas toujours bien traduites.

B - De bons objectifs mal poursuivis

La crise économique qu'a connue le Cameroun dans les années 80 a montré les limites du paternalisme des pouvoirs publics en matière sociale. Dans les entreprises, cette crise s'est traduite par des licenciements massifs, appelés alors « compression du personnel ». Les pouvoirs publics voulaient bien que cessent ces licenciements ; mais il ne pouvait s'agir que d'un vœu pieux, dans la mesure où les entreprises étaient pratiquement contraintes de licencier pour espérer survivre et assurer le minimum au personnel maintenu. Cependant, si le gouvernement était totalement privé de capacité d'action à l'égard des entreprises du secteur privé, il pouvait agir sur les entreprises du secteur public et parapublic en raison du fait que l'État détient tout ou partie de leur capital et peut donc peser sur les décisions de gestion. Fut alors imaginée et mise en œuvre une vaste opération dont l'objectif était de sauver les emplois et de permettre la survie et le développement des entreprises essoufflées. Concrètement, le gouvernement avait accepté de renflouer les caisses de ces entreprises et, en contrepartie, chacune devait s'engager à des résultats à terme. Dans l'immédiat, chaque entreprise devait s'engager, sous le contrôle des pouvoirs publics, dans des négociations destinées à éviter les licenciements ou à en réduire le nombre.

On s'est alors rendu compte que dans les entreprises il n'y avait pas, du côté des travailleurs, les acteurs habilités à conduire la négociation et à conclure, le cas échéant, les accords. Il faudrait rappeler que traditionnellement, du côté des travailleurs, il revient aux syndicats professionnels de négocier et de conclure les conventions collectives destinées à améliorer la situation des travailleurs dont ils défendent les intérêts. Cette mission découle de l'indication de l'objet des syndicats et des parties à la convention collective. Les syndicats professionnels ont pour objet, aux termes de l'article 3 du Code du travail, l'étude, la défense, le développement et la protection des intérêts des travailleurs. Cette défense des intérêts se fait essentiellement au moyen de la négociation collective dont les produits sont la convention collective et les accords d'établissement. L'article 52 du Code du travail indique que les conventions collectives sont conclues, du côté des travailleurs, par les représentants d'un ou de plusieurs syndicats ou d'une union des syndicats. L'article 57 du Code du travail désigne également les représentants des syndicats comme personnes habilitées à négocier et conclure les accords d'établissement.

Ce dispositif date du code du travail des territoires d'outre-mer de 1952. IL était en place au moment où le gouvernement a entrepris de pousser dans la négociation les entreprises publiques. Or, les représentants des syndicats étaient introuvables dans les entreprises, à cause des entraves dressées par le droit. Il restait à compter sur les délégués du personnel pour représenter les travailleurs dans la négociation ; c'est ce qui a été fait. Les missions des délégués du personnel étaient ainsi, de fait, étendues à la négociation collective. Mais les négociations entreprises étaient conduites par un représentant du gouvernement chargé, en vérité, de dicter la volonté de ce dernier aux prétendues parties à la négociation, complètement dominées. En effet, les entreprises étaient en crise et attendaient tout du gouvernement ; les délégués du personnels, qui n'avaient au demeurant aucune culture de la négociation, imploraient l'intervention du gouvernement pour assurer la protection des emplois. Quoi qu'il en soit, des engagements en faveur des travailleurs ont été pris par les entreprises dans le cadre des contrats dits de performance. Le nombre des licenciements a ainsi été très souvent limité ; mais en contrepartie, les salaires ont souvent été baissés et divers avantages supprimés.

Au sortir de cette opération, le législateur aurait pu mettre en place les prérequis de la négociation, puisqu'il était apparu que la manœuvre conduite dans les entreprises publiques ne pouvait l'être dans les entreprises privées. Au lieu de cela, il a simplement inscrit dans le Code du travail de 1992, adopté dans la foulée, le dispositif de négociation expérimenté dans les entreprises publiques. L'article 40 de ce code prévoit que l'employeur qui envisage de licencier pour motif économique doit réunir les délégués du personnel, s'il en existe[22], et rechercher avec eux, en présence de l'inspecteur du travail du ressort, toutes les autres possibilités telles que : la réduction des heures de travail, le travail par roulement, le travail à temps partiel, le chômage technique, le réaménagement des primes, indemnités et avantages de toute nature voire la réduction des salaires.

Mais la solution ainsi prescrite ne pouvait être suivie par les entreprises privées et ne l'a pas été. D'une part, dans les entreprises où des syndicats ont pu avoir une certaine implantation, les délégués du personnel ou les représentants *ad hoc* des travailleurs ainsi investis du pouvoir de négocier les accords collectifs ne seront pas toujours en bonne intelligence avec les syndicats, alors que les premiers sont sur le terrain traditionnel des seconds. Il est bien affligeant, pour un représentant syndical, de vivre à distance les négociations conduites par un délégué du personnel ou un représentant *ad hoc des travailleurs*. D'autre part, les employeurs n'ont aucun intérêt à entrer en négociation dans le cadre de la procédure de licenciement pour motif économique, car tout compte fait, ils y risquent plus qu'ils ne peuvent en espérer. A cet égard, il faudrait indiquer que la procédure de licenciement pour motif économique est bien longue et comporte une phase d' « arbitrage » obligatoire à effectuer par le ministre chargé du travail. Cet arbitrage n'est pas limité dans le temps, et le législateur ne dit rien sur la portée de cet « arbitrage » au regard du pouvoir de licencier du chef d'entreprise. Tout cela dans un contexte où les travailleurs sont démobilisés par la perspective des licenciements. Dans ces conditions, l'employeur diligent, soucieux de la survie de l'entreprise sous le poids des difficultés économiques, tente raisonnablement le passage en force et assume le « prix » du licenciement brutal. Il le fera d'autant plus facilement que s'il fait le choix de suivre la procédure prévue par le législateur, rien ne lui garantit qu'il ne sera pas surpris par l'ouverture d'une procédure collective contre l'entreprise à l'initiative d'un créancier, ce qui conduirait soit à la perte soit à la réduction sensible de ses pouvoirs de gestion. Compte tenu du fait que le législateur a plafonné la réparation

[22] S'il n'existe pas de délégué du personnel dans l'entreprise, un représentant *ad hoc* des travailleurs doit être désigné par l'Inspecteur du travail, après consultation du personnel (article 3 al. 3 de l'arrêté n° 021/MTPS/SG/CJ du 26 mai 1993 fixant les modalités de licenciement pour motif économique).

due aux salariés injustement licenciés[23], le « prix » du licenciement brutal sera en général plus bas que celui qu'il aurait payé en s'engageant dans une longue et périlleuse procédure de licenciement pour motif économique.

C'est pour toutes ces raisons que les employeurs prononcent régulièrement les licenciements pour motif économique sans négociation préalable. Ils se détournent de la voie du dialogue parce qu'elle leur paraît trop risqué ; les syndicats qui pouvaient exercer sur eux un peu de pression pour les amener à la négociation sont exclus du jeu. On verra que cette exclusion a été favorisée par les lacunes de la législation.

II - LE SILENCE COUPABLE

Le dispositif juridique encadrant le dialogue social au Cameroun est très fragmenté. Cette fragmentation s'explique par la construction, par étapes, du dispositif actuel. Les choses avaient commencé plutôt bien, car la toute première Constitution du Cameroun, celle du 4 mars 1960, avait reconnu la liberté syndicale[24]. Le constituant élevait ainsi au rang constitutionnel une solution contenue déjà dans la législation du travail. Celle-ci ne se contente pas de reconnaître la liberté syndicale ; elle balise presque tout le terrain du dialogue social, en indiquant les acteurs et les règles du jeu. Mais, parce que limitée au champ du travail salarié dans le secteur privé[25], cette législation ne peut répondre aux préoccupations de tous ceux qui peuvent aspirer au dialogue social. La loi n° 68-LF-19 du 18 novembre 1968 relative aux associations ou syndicats professionnels non régis par le Code du travail viendra essayer de combler le vide laissé. Mais contrairement à ce que son intitulé suggère, elle ne régit que les syndicats de fonctionnaires. De plus, elle n'amorce que les règles relatives à la constitution des syndicats, et son décret d'application ne va pas loin dans l'édiction des règles du jeu social. La révision constitutionnelle

---

[23] Les dommages-intérêts accordés à cet effet ne peuvent dépasser un mois de salaire par année d'ancienneté.

[24] Cette solution est reprise par tous les autres textes constitutionnels.

[25] Elle s'applique cependant aux agents de l'Etat relevant du Code du travail et au personnel des entreprises publiques.

du 18 janvier 1996 ajoute, dans la Constitution, la reconnaissance du droit de grève à celle de la liberté syndicale qui s'y trouve déjà, et renvoie à la loi pour en fixer les conditions d'exercice. Cette marche saccadée a peut-être empêché que le législateur se rende compte qu'il a oublié de fixer les règles de jeu du dialogue social hors du champ d'application du Code du travail (A). Dans le champ couvert, subsistent de nombreuses lacunes (B).

A - L'absence de règles de jeu hors du champ d'application du Code du travail

Le lien entre le syndicalisme, la grève et le dialogue social est bien connu. La grève est en effet l'un des moyens des luttes sociales, parce qu'elle permet aux acteurs que sont les syndicats de forcer la négociation[26]. C'est pour cette raison que le droit de grève est perçu comme nécessairement lié à la liberté syndicale. C'est peut-être pour prendre acte de ce rapport que la Constitution du Cameroun a prévu le droit de grève à côté de la liberté syndicale, avant de charger le législateur d'en fixer les conditions d'exercice.

Il est sûr que le législateur n'a pas exécuté entièrement le mandat qui lui a ainsi été donné. Il faudrait au demeurant noter que ce mandat est plus large qu'il n'y paraît. En effet, définir les conditions d'exercice de la liberté syndicale et du droit de grève c'est, en réalité, fixer l'ensemble des règles du dialogue social.

Lorsqu'on a lu le Code du travail et ses textes d'application, on doit admettre que le législateur a essayé de fixer l'essentiel des règles, même si quelques lacunes subsistent dans le dispositif. En revanche, hors du Code du travail, le législateur est tantôt peu disert, tantôt complètement silencieux. Il est peu disert lorsqu'il traite des fonctionnaires, car il se contente de fixer quelques règles relatives à la constitution et au fonctionnement de leurs syndicats. Bien entendu, parmi les moyens d'action des syndicats, le décret de 1969 précité cite le dialogue, écrit ou oral. Mais il ne va pas plus loin pour régler les

---

[26] *Cf.* Y. Saint-Jours, « De la constitutionnalité du droit de grève à sa fonction sociale irréversible », *Droit ouvrier* 1988, p. 293.

modalités de ce dialogue, si ce n'est pour dire que les syndicats agissent dans le cadre des commissions ou des réunions qui traitent des problèmes du personnel. Cette circonspection est préjudiciable aux syndicats, car le statut général de la fonction publique et ses textes d'application viendront créer et mettre en place diverses commissions dont la composition ne tient pas compte des syndicats.

Le décret de 1969 énumère les moyens d'action des syndicats, mais se garde de faire référence à la grève. Au moment où ce décret procédait de la sorte, on pouvait bien penser que les fonctionnaires ne jouissent pas du droit de grève. Le temps a passé, les idées ont évolué et les données juridiques ont changé. En effet, alors qu'en dehors du Code du travail aucun texte ne prévoyait le droit de grève, la révision constitutionnelle du 18 janvier 1996 a formellement consacré le droit de grève. Doit-on penser que cette consécration vaut pour les seuls travailleurs régis par le Code du travail ou faut-il penser qu'elle vaut pour tous les citoyens ? Il n'est pas aisé d'apporter une réponse à cette question, tant sont importants les intérêts en jeu. Il faudrait sans doute indiquer que dans le contexte actuel, la seule définition connue de la grève est celle que donne l'article 157, alinéa 4, du Code du travail[27] ; le seul encadrement de l'exercice du droit de grève est celui prévu par ce même code. On ne peut raisonnablement penser que les solutions ainsi prévues en droit du travail doivent nécessairement s'appliquer dans la fonction publique. Mais il ne semble pas que les seules options ouvertes sont, d'un côté, l'emprunt des règles du droit du travail et, de l'autre, l'exclusion du droit de grève chez les fonctionnaires. A partir du moment où le constituant a reconnu le droit de grève et que celui-ci est perçu comme un corollaire de la liberté syndicale, laquelle est reconnue chez les fonctionnaires, ces derniers ne peuvent être privés du droit de grève que par une disposition expresse. Lorsqu'il en a éprouvé le besoin, le législateur l'a clairement fait, notamment dans le statut particulier du personnel de l'administration pénitentiaire, le statut du personnel de la sûreté nationale et celui de la magistrature.

Mais si le droit de grève est reconnu aux fonctionnaires, il reste à en définir les contours, en tenant compte, notamment, des exigences

---

[27] Aux termes de ce texte, « *La grève est le refus collectif et concerté par tout ou partie des travailleurs d'un établissement de respecter les règles normales de travail en vue d'amener l'employeur à satisfaire leurs réclamations ou revendications* ».

du service public. Il faudrait en effet donner des réponses satisfaisantes aux questions de procédure de déclenchement de la grève, de service minimum à assurer éventuellement, des modalités de ce service minimum, etc. La tâche n'est pas aisée, et on ne peut compter sur les seules juridictions pour le faire. Au demeurant, il ne semble pas que celles-ci aient été sollicitées sur une question ou une autre de l'exercice du dialogue social en général et de la grève en particulier. Cette absence de contentieux montre, sans nul doute, que le silence du législateur a atteint son but, à savoir annihiler les velléités de grève[28]. Les conditions de travail sont partout médiocres ; mais seuls les enseignants et le personnel médical se font de temps en temps entendre bruyamment.

Le silence du législateur est plus épais du côté des travailleurs indépendants. Aucun texte ne traite de leur participation au dialogue social, ni même de leurs organisations professionnelles. Ainsi, on peut dire qu'au Cameroun, l'activité syndicale et la participation au dialogue social sont réservées aux seuls travailleurs salariés et à leurs employeurs. Pourtant, à côté de ceux-là, existent de nombreux travailleurs indépendants. Leur nombre augmente avec la promotion de l'auto-emploi qui est aujourd'hui un axe majeur de la politique de l'emploi du gouvernement. Il augmente aussi avec la difficulté d'accéder ou de se maintenir dans les emplois salariés, pour ceux qui avaient pour option prioritaire le salariat.

Ces travailleurs indépendants rencontrent des problèmes dans leurs activités et sont parfois demandeurs de dialogue. La première difficulté qu'ils affrontent alors est de pouvoir se retrouver dans une structure pertinente. La voie qu'ils prennent majoritairement est celle de la constitution des associations. Les pouvoirs publics les laissent faire et, parfois, discutent même avec ces associations. Or, lorsqu'on lit la loi relative à la liberté d'association, on voit bien que les associations visées ne sont pas des groupements professionnels. Au demeurant, cette loi exclut de son champ d'application et renvoie à un texte particulier les associations ayant un objet professionnel. Dans le

[28] Sur le syndicalisme, Léon Kaptué avait déjà affirmé que le mutisme des normes est une façon astucieuse de geler les activités syndicales » (*Cf.* L. Kaptué, *op. cit.*, p. 64).

paysage juridique actuel, les seules associations ayant un objet professionnel sont des syndicats.

Dans le domaine du transport urbain, est apparu un phénomène bien curieux. Des syndicats y sont créés, qui regroupent souvent non seulement les travailleurs au sens du Code du travail (chauffeurs salariés), mais aussi leurs employeurs (propriétaires de voitures) et les travailleurs indépendants (chauffeurs-propriétaires). Il est sûr que ces personnes ne peuvent ainsi se retrouver dans un syndicat si elles n'y trouvent pas un intérêt commun. La lutte contre les tracasseries policières, par exemple, les intéresse toutes. En revanche, sur bien des points, les intérêts des chauffeurs-salariés s'opposent à ceux de leurs employeurs, propriétaires des voitures ; les chauffeurs-propriétaires sont indifférents à certaines questions, telles celles du salaire, puisqu'ils ne sont pas concernés. On arrive ainsi à avoir des syndicats bien curieux dans lesquels certains adhérents auraient pour contradicteurs d'autres adhérents. Cela ne transforme pas ces syndicats en instances de négociation sur les points où les intérêts s'opposent. En fait, ces groupements professionnels sont presque systématiquement contrôlés par les non-salariés, ce qui a pour conséquence l'étouffement de toutes les réclamations ou revendications relatives au salaire et à l'immatriculation à la sécurité sociale.

B - Les lacunes dans le champ couvert par le Code du travail

Les signes les plus visibles de l'existence du dialogue social au Cameroun sont, incontestablement, les conventions collectives dont le nombre n'a cessé d'augmenter ces derniers temps. Mais une répartition de ces conventions par champ géographique montre que celles-ci sont presque toutes des conventions nationales ; seules trois sont des conventions d'entreprise. Une analyse rapide y verrait une bonne chose, au moins en termes d'égalisation des conditions de travail. Il faudrait cependant signaler que les conventions collectives d'entreprise n'ont été conclues que dans les filiales camerounaises de multinationales. Sous cet angle, elles apparaissent davantage comme le résultat d'une politique managériale venue d'ailleurs que comme le fruit des luttes sociales au sein des entreprises concernées.

En vérité, le législateur n'a jamais envisagé sérieusement les luttes sociales au sein de l'entreprise. C'est pourquoi, alors qu'il définit bien l'objet et les moyens d'action des syndicats, il n'a pas organisé la présence de ceux-ci dans l'entreprise. Les acteurs dont il traite au sein de l'entreprise sont, en fonction des seuils d'effectifs, les délégués du personnel et le Comité d'hygiène et de sécurité au travail. Il règle jusqu'au détail les missions et les conditions d'exercice du mandat des délégués du personnel et fixe l'essentiel des règles de composition et de fonctionnement du Comité d'hygiène et de sécurité au travail. Dans l'arrêté fixant les modalités de l'élection et les conditions d'exercice du mandat des délégués du personnel, le législateur fait une brève allusion aux syndicats, notamment lorsqu'il prévoit que le chef d'établissement doit, dans la préparation du scrutin, communiquer aux organisations syndicales les plus représentatives la liste des travailleurs. On ne sait pas, cependant, comment les syndicats pourraient se retrouver dans les entreprises, notamment face à un employeur qui pourrait ne pas vouloir d'eux.

N'ayant pas organisé la présence syndicale dans les entreprises, le législateur n'a pas pu prévoir les règles de leur participation au dialogue à ce niveau. On comprend que lorsqu'il a institué une occasion de « dialogue obligatoire », en particulier en ce qui concerne la recherche des mesures alternatives au licenciement pour motif économique, il a chargé les délégués du personnel de négocier et de conclure les accords au nom des travailleurs.

De tout ce qui précède, il est aisé de déduire qu'au Cameroun n'existe pas de protection spéciale des représentants syndicaux. Les partenaires sociaux ont, dans quelques conventions collectives, tenté de pallier la carence du législateur. Mais l'efficacité de la solution est incertaine au regard de la répartition des champs entre l'ordre public absolu et l'ordre public social. L'initiative des partenaires sociaux a cependant, au moins, le mérite de monter qu'il y a une lacune qui mérite d'être comblée.

Il y a aussi à combler les lacunes en ce qui concerne le minimum nécessaire à la tenue d'un dialogue social authentique. Le contexte actuel est marqué par un déséquilibre des rapports de forces qui ne peut conduire qu'à des discussions trop imparfaites. L'une des questions préoccupantes est l'accès aux informations nécessaires à la négociation, individuelle ou collective[29]. L'entreprise reste perçue simplement comme un bien de l'employeur. Comme tel, elle est irradiée par la force du droit de propriété, notamment dans son caractère exclusif[30]. C'est qu'on pense que les informations sur l'entreprise appartiennent à l'employeur, lequel peut choisir de les communiquer ou non aux autres parties prenantes aux rapports de travail, en particulier les travailleurs et leurs organisations professionnelles.

---

[29] *Cf.* P. G. Pougoué et J.-M. Tchakoua, « Le difficile enracinement de la négociation en droit du travail camerounais, *Bulletin de droit comparé du travail et de la sécurité sociale* 1999, p. 198.

[30] *Cf.* J.-M. Tchakoua, « Le droit des travailleurs à l'information : le nécessaire infléchissement des droits du propriétaire-employeur, *RASJ* 2003, vol. 1, n° 3, p. 19.

LE DIALOGUE SOCIAL AU GABON ENTRE AFFIRMATIONS ET PERSPECTIVES

Augustin EMANE[1]

Le thème du dialogue social est omniprésent dans l'actualité gabonaise depuis de nombreuses années déjà, même s'il est difficile d'en saisir le sens véritable du fait de la pluralité et de la diversité d'exégèses dont il fait l'objet. Le suivi systématique durant quelques mois des informations de Gabon télévision, principal média audiovisuel du pays, nous a conduits à constater une évocation du « dialogue social » en moyenne trois fois par semaine. Toutefois, au terme de cette observation, le constat fut celui d'un sentiment contrasté. Certes, l'exercice confirmait ce que nous savions déjà à savoir la place prépondérante du « dialogue social » dans les débats au Gabon. Mais, pour autant, cette expression reprise par la télévision gabonaise renvoyait de fait à une diversité d'événements et de situations. Le « dialogue social » pouvait en effet être sollicité pour traiter des mouvements sociaux, de la réforme du droit du travail, d'une réunion entre les pouvoirs publics et les syndicats de travailleurs ou d'employeurs, voire même pour mettre en avant l'action du Chef de l'État[2].

Au-delà des médias, le « dialogue social » revient également dans les propos tenus par les différents acteurs de la vie politique et sociale gabonaise. Parmi ceux-ci, citons les responsables politiques ne manquent jamais une occasion de rappeler qu'il s'agit là d'une des

---

[1] Maître de conférences à l'UFR Droit de Nantes/UMR CNRS 6297/Point Sud Institute Bamako.

[2] Il a souvent été martelé à de multiples reprises durant les bulletins d'informations que « *le Chef de l'Etat avait fait du dialogue social une de ses priorités* », ou encore du « dialogue social qui correspondait à la vision du Chef de l'Etat (...) ». A la vérité, il faut reconnaître que les mêmes formules ont cours dans d'autres pays africains francophones.

« vertus cardinales prônées par les plus hautes autorités en tête desquelles le Chef de l'État »[3]. Pour leur part, les employeurs comme les salariés à travers leurs représentants insistent dans leurs différentes interventions, sur le fait qu'ils placent le « dialogue social » au cœur de leur action[4].

Toutefois, et de manière tout à fait paradoxale, le « dialogue social » est totalement absent de la législation gabonaise, ce qui ne facilite guère le travail du juriste. La consultation du Code du travail s'avère en effet décevante pour retrouver une définition du « dialogue social » ou tout simplement une référence en ce sens. Du fait des limites de la législation et de la réglementation nationales, il est apparu nécessaire de sortir du cadre national pour tenter de mieux appréhender cette expression dans un premier temps. C'est la doctrine d'un pays voisin, en l'occurrence le Cameroun, qui fournit une première indication. Dans « *Pratiques des relations du travail au Cameroun* », Léon Noah Manga présente le dialogue social « *comme un mécanisme essentiel qui vise à promouvoir et à permettre de trouver des solutions efficaces aux défis que représentent les relations professionnelles et sociales ainsi qu'aux problèmes complexes auxquels l'entreprise est confrontée et qui peuvent avoir des répercussions sur les travailleurs* »[5]. Dans un domaine où sa compétence et son influence sont reconnues, l'Organisation Internationale du Travail (OIT) ne peut être en reste. A cet égard, elle enseigne que « *Le dialogue social inclut tous types de négociation, de consultation ou simplement d'échange d'informations entre les représentants des gouvernements, des employeurs et des travailleurs selon des modalités diverses, sur des questions relatives à la politique économique et sociale présentant un intérêt commun. Il peut prendre la forme d'un processus tripartite auquel le gouvernement participe officiellement ou de relations bipartites entre les travailleurs et les*

---

[3] Propos du Premier ministre Ona Ondo le 16 janvier 2015 à la fin des travaux de la commission *ad hoc* sur le dialogue social.

[4] Propos d'un responsable syndical de la COSYGA lors d'un entretien le 28 octobre 2015 à Libreville.

[5] L. Noah Manga, *Pratiques des relations du travail au Cameroun*, L'Harmattan Paris 2010, p. 63.

chefs d'entreprise (ou les syndicats et les organisations d'employeurs), où le gouvernement peut éventuellement intervenir indirectement. Les processus de dialogue social peuvent être informels ou institutionnalisés ou associer – ce qui est souvent le cas – ces deux caractéristiques. Il peut se dérouler au niveau national, régional ou au niveau de l'entreprise. Il peut être interprofessionnel, sectoriel ou les deux à la fois »[6].

On peut donc, au regard de ce qui précède, dire que le « dialogue social » correspond à ce qui est couramment appelé la « négociation collective », même s'il va bien au-delà. Il renvoie d'une part à des acteurs et d'autre part à des mécanismes. Pour ce qui est des premiers cités, sont concernés pour participer à ce « dialogue social », les différents acteurs que l'on retrouve dans les relations de travail que ce soit pour produire les normes ou pour les appliquer. Au Gabon comme ailleurs, il s'agit de l'État, des employeurs et de leurs représentants, et également des salariés et de leurs représentants. Le « dialogue social » renvoie aussi à un ensemble des mécanismes de concertation, de consultation, de médiation et de gestion de conflits dans lesquels les intérêts de chaque partie sont préservés.

Dans le cas du Gabon, le dialogue social va épouser ces deux dimensions qui méritent toutefois d'être précisées. S'agissant d'abord des acteurs, il y a lieu de s'arrêter sur le plus important d'entre eux à savoir l'État. Celui-ci est d'abord le premier employeur du pays avec, notamment, près de 65 000 agents publics. L'État est également le principal producteur des normes régissant les relations de travail, dans un contexte où, historiquement les autres acteurs n'ont pas toujours disposé de moyens leur permettant de remplir cette tâche. En outre, en matière de « dialogue social », et en se situant parfois au-delà du cadre normatif, l'État est considéré par les autres acteurs comme un arbitre en mesure de résoudre toutes les difficultés qui peuvent surgir dans les relations de travail. De ce fait, le « dialogue social » ne peut pas se concevoir sans l'État au Gabon ; ceci réduit à néant les possibilités de le voir s'engager, de manière autonome, entre les autres acteurs que

---

[6] http://www.ilo.org/ifpdial/areas-of-work/social-dialogue/lang--fr/index.htm

sont les employeurs et les salariés. En se référant une fois de plus à l'actualité, et même si ces échanges existent bien entendu comme nous avons pu le vérifier en interrogeant les uns et les autres, il est rare qu'il soit fait état de négociations ou de concertations qui se dérouleraient en l'absence de l'État.

Au-delà de l'omniprésence de ce thème dans l'actualité et de la place d'acteur majeur de l'État, il est permis de s'interroger sur la réalité de ce « dialogue social » au Gabon sachant que la négociation collective elle-même n'est pas suffisamment développée. Lorsque l'on recueille le point de vue des différents acteurs, il y a unanimité à reconnaître le déficit du « dialogue social » dans le pays. La recrudescence des conflits sociaux semble en effet donner raison à cette option. La grève n'est-elle pas l'illustration parfaite de l'absence dudit « dialogue social » ? Toutefois, il convient d'être extrêmement prudent ici. Sans vouloir nier le recours quasi-systématique à la grève depuis 1990, il n'en demeure pas moins ce qui caractérise d'abord la situation gabonaise, c'est l'extrême faiblesse des corps intermédiaires et c'est elle qui explique avant tout le fait que le « dialogue social » soit souvent au point mort.

C'est à cette situation que nous allons nous intéresser dans les lignes qui vont suivre. Pour mener à bien cette entreprise, il est indispensable de s'arrêter sur le paysage social gabonais à partir des deux questions suivantes : Qui participe aux relations de travail dans ce pays ? Qui produit les normes régissant lesdites relations ? C'est à travers ces interrogations que l'on peut parfaitement cerner les maux dont souffre le « dialogue social » au Gabon. Même si beaucoup est à faire, à partir d'une telle analyse on peut relever quelques lueurs d'espoir. Dans cette optique, nous commencerons par expliquer la faiblesse du dialogue social ou plutôt de la négociation collective par la rigidité du droit du travail gabonais qui est avant tout un droit étatique. Néanmoins, dans ce droit et dans la pratique, des possibilités de développement existent pour un véritable dialogue social.

La situation que nous décrivons ici est appelé nécessairement à évoluer. Pour cela, il conviendra de sortir du magistère du verbe qui domine jusque-là pour se pencher sur quelques sentiers prioritaires et à la hauteur des modestes moyens dont disposent les acteurs sociaux pour l'instant, et sur lesquels le législateur se fait surtout remarquer par un silence étonnant. Dans cette optique, nous commencerons par expliquer la faiblesse du dialogue social par la rigidité du droit du travail gabonais qui est avant tout un droit étatique (I). Néanmoins, dans ce droit et dans la pratique, des possibilités de développement existent pour un véritable dialogue social (II).

I - LA PRIMAUTÉ DU DROIT D'ORIGINE ÉTATIQUE

Pour cerner la réalité du dialogue social au Gabon, il convient d'abord de s'arrêter sur le cadre légalement déterminé pour son déroulement (A). La situation gabonaise se caractérise dans cette optique par une réelle primauté du droit d'origine étatique avec la loi et le règlement comme instruments au service de cette mission (B). Toutefois, dans les faits, il n'en est pas toujours ainsi. Du fait d'une tentation de plus en plus grande des acteurs sociaux à agir en dehors du cadre légal qui est, au mieux méconnu, ou au pire ignoré, le dialogue social dont la fonction première est d'éviter la survenance des conflits, peut se développer dans un cadre que l'on peut se risquer à qualifier d'informel ou d'extra-légal. De manière paradoxale, l'État sera lui-même le principal instigateur de ce mouvement.

A - Le cadre légal

Au hasard de quelques échanges avec des responsables syndicaux ou des salariés gabonais, il est apparu une grande ignorance des principaux concepts en vogue dans les relations de travail ou même des instruments auxquels on a recours dans ce cadre. Si le terme « contrat de travail » ne soulève aucune difficulté, il n'en est pas de même pour les expressions comme « dialogue social » ou « négociation collective ». Des témoignages que nous avons pu recueillir[7], rares sont les salariés gabonais qui connaissent la convention collective qui les régit, ni même s'il en existe une. Malgré les revendications des partenaires sociaux, la négociation collective

[7] Nous avons, pour les besoins de cette contribution rencontré à Libreville et Port-Gentil une trentaine de salariés d'entreprises du secteur pétrolier (10), forestier (8), bancaire (5), et des services (11).

tient encore une place marginale dans la production des normes au Gabon. Certes, un tronc commun des conventions collectives a été élaboré en 1982 mais force est de constater que le nombre de conventions collectives signées chaque année reste modeste. De ce fait, il est permis de s'interroger sur la place de la convention collective comme source de droit. Cette question est d'autant plus pertinente que le Code du travail apparaît pour sa part connu par l'ensemble des salariés que nous avons pu rencontrer. L'ensemble de ces facteurs permet de comprendre pourquoi le droit étatique perdure, et pourquoi les salariés font davantage appel à l'État pour la production des normes.

Ce qui permet d'expliquer également la primauté du droit étatique, c'est le fait que la loi lui réserve une place bien plus importante comme nous allons le constater. A la lecture des dispositions du Code du travail, le principe qui est posée est celui de la supériorité de la loi ou du règlement sur la convention collective. Les dispositions d'ordre public s'imposant dans l'intérêt général, des intérêts particuliers ne peuvent pas y déroger. Des sanctions pénales sont même prévues dans certains cas pour sanctionner le non-respect de ces dispositions. Toutefois, il ne faut pas perdre de vue la distinction qui est faite par le législateur entre les lois d'ordre public et les lois supplétives. S'il est vrai que les conventions collectives ne peuvent pas déroger aux premières (par exemple l'interdiction de rémunérer un salarié en dessous du SMIG, l'entrave à la liberté syndicale, la protection des représentants du personnel contre un éventuel licenciement, la renonciation au droit de grève, etc.), il n'en va pas de même pour les secondes. Face à elles, les conventions peuvent prévoir des dispositions plus favorables aux salariés. De quelles dispositions peut-il s'agir alors et sur quoi vont-elles porter ?

L'article 119 du Code du travail répond en partie à ces questions. Il dispose en effet que : « *La convention collective du travail est un accord écrit, relatif aux conditions de travail et aux garanties sociales conclues entre, d'une part, les représentants d'un ou plusieurs syndicats ou groupements professionnels de travailleurs les plus représentatifs et, d'autre part, une ou plusieurs organisations syndicales d'employeurs et un ou plusieurs employeurs pris individuellement* ». En fait, on peut donc considérer que la négociation collective qui débouchera sur une convention collective ne peut avoir pour objets que les conditions de travail d'une part et les garanties sociales d'autre part. Les partenaires sociaux ne peuvent pas créer des normes en dehors du cadre prévu par la loi qui demeure au-dessus de tous. Cette limitation peut susciter des critiques chez ceux, de plus en plus nombreux, qui réclament une redéfinition des rapports entre les normes d'origine étatique et les normes conventionnelles d'une part, et un affranchissement de la tutelle exercée par l'État[8]. Toutefois, la faiblesse des ressources humaines dont souffre la plupart des syndicats gabonais ne permet pas, pour l'instant, de faire prospérer ce type de revendications[9]. Pour autant, il y a une question lancinante qui se pose de plus en plus et qui est qui est celle de savoir si on doit s'en tenir à une interprétation littérale de l'article 119 ou si, on doit, comme le faisaient déjà les exégètes de la loi de 1952, considérer que la liberté contractuelle doit pouvoir s'exercer ici.

Dès lors que l'on agit dans le cadre prévu par cet article 119, la négociation collective est tout à fait possible en respectant l'alinéa 2 du même article qui rappelle que : « *La convention collective peut mentionner des dispositions plus favorables aux travailleurs que celles des lois et règlements en vigueur. Elle ne peut déroger aux dispositions d'ordre public définies par ces lois et règlements* ». Il s'agira alors de l'application d'un principe général de droit du travail qui est le principe de faveur. Concrètement, le législateur reconnaît aux conventions collectives le pouvoir d'améliorer la situation des salariés. C'est ainsi que dans le Tronc commun des conventions collectives, des dispositions plus favorables pour le salarié régissent les absences. De même, une convention peut prévoir la réintégration de plein droit de tout salarié licencié pour activité syndicale, ou encore un mode de calcul de l'indemnité de licenciement plus favorable au salarié que ce qui est prévu par la loi[10].

---

[8] A. Supiot, « Un faux dilemme : la loi ou le contrat », *Droit social* 2003, pp. 59-71.

[9] A. Emane, « L'attractivité gabonaise viendra-t-elle de la mer ? L'exemple de la zone franche de l'île Mandji », *Annuaire de droit maritime et océanique (ADMO)*, Nantes, 2004, p. 291.

[10] Cour suprême, 8 mars 1982, n° 12 : « *Attendu qu'il convient en outre de préciser que l'indemnité de services rendus prévue par les articles 44 et 45 du Code du travail est la nouvelle appellation adoptée par le Code du travail de l'ancienne indemnité de licenciement prévue par les conventions collectives ; qu'il ne peut y avoir donc cumul entre ces deux indemnités mais que le salarié a le choix du mode de calcul de cette indemnité qui lui est le plus favorable ; qu'en l'espèce l'article 5*

Enfin, au regard des évolutions du droit du travail et de l'impératif de flexibiliser les rapports de travail ainsi que les normes qui les régissent, la question de la validité des accords dérogatoires face à la toute-puissance du droit étatique peut se poser. Elle se résume ainsi : les parties peuvent-elles conclure des accords prévoyant des dispositions moins favorables aux salariés ou qui remettent en cause des droits garantis par la loi ?[11] *A priori*, et dans la situation du Gabon, il n'est pas possible de conclure des accords remettant en cause des droits garantis par la loi. Pourtant, l'accord du 9 septembre 2003 portant trêve sociale dément cette analyse. Son article 1er dispose en effet que : « *(...) la Trêve sociale s'entend comme la suspension négociée pendant un délai déterminé d'accord Parties de tout conflit social* ». Pendant les trois ans de durée de cet accord les signataires (dont certains ne remplissaient pas les critères de représentativité prévus par la loi) s'engageaient à renoncer à tout conflit social. Dans l'entendement du plus grand nombre, il s'agissait de renoncer à exercer le droit de grève, ce qui ne manquait pas de soulever des interrogations. Certes, contrairement à ce que l'on observe dans plusieurs droits comparés, le droit de grève n'a pas une valeur constitutionnelle au Gabon. Néanmoins, l'article 10 du Code du travail a un caractère impératif, et c'est article qui prévoit la nullité de « *toute renonciation, limitation ou cession par voie d'accord ou autre des droits reconnus aux travailleurs* ».

---

de la Convention collective de commerce est plus avantageux que l'article 45 du Code du travail ».

[11] P.-H. Antonmattei, « Accord de méthode, génération 2005, la "positive attitude" », *Droit social*, 2005, p. 399 ; B. Teyssié, « L'aménagement conventionnel de la norme légale », *JCP*, éd. E, 2004, p. 1188 ; F. Boquillon, *La dérogation en droit du travail*, Thèse Université de Strasbourg, 1999 ; M.-L. Morin, « La loi et la négociation collective : concurrence ou complémentarité », *Droit social* 1998, p. 419 ; Th. Revet, « L'ordre public dans les relations de travail », in *L'ordre public à la fin du XXème siècle*, Dalloz, Paris, 1996, p. 43 à 63 ; S. Yannakourou, *L'Etat, l'autonomie collective et le travailleur*, Etude comparée du droit italien et du droit français de la représentativité syndicale, LGDJ. Paris, 1995, Préface A. Lyon-Caen ; M. Bonnechère, « Les tendances à la déréglementation et leur incidence sur la théorie des sources en droit du travail, *Droit social* 1990, p. 40.

B - L'instrumentalisation du dialogue social

Dans un pays où l'État est à la fois le premier employeur, le principal opérateur économique, le créateur des normes, il n'est pas surprenant que s'agissant du dialogue social, c'est d'abord vers lui que l'on se tourne pour trouver des solutions au déficit que l'on relève. On aurait pu penser qu'au vu de la primauté du droit d'origine étatique, les acteurs sociaux auraient simplement réclamé encore plus de lois ou de règlements. Pour prévenir d'éventuels conflits, l'État ne s'embarrasse nullement de considérations juridiques. On assiste plutôt à un curieux phénomène qui va jusqu'à remettre en cause le processus de production des normes. Jusque-là, le mode le plus courant d'élaboration des normes est la loi au sens général du terme. Celle-ci se situe en effet au sommet de la hiérarchie desdites normes. Depuis plus d'une dizaine d'années maintenant sous le prétexte du dialogue social, ce schéma est de plus en plus contesté. L'État se charge lui-même d'organiser cette mutation avec le concours d'acteurs dont la légitimité est parfois discutable[12]. De ce fait, il se pose alors la question du modèle selon lequel évolue le droit du travail gabonais s'agissant de la pratique du dialogue social. Comme l'a montré en effet notre collègue François Petit : « *Le droit du travail est une branche du droit bien concrète par certains aspects, car sous influence du fait social, qui s'élabore à partir de modèles sociaux* »[13].

Selon Alain Supiot : « *le droit du travail naît d'un processus de légalisation fondée sur une connaissance sociologique* »[14]. Dans le cas du Gabon, on est visiblement aux antipodes de cette démarche. L'évolution du droit du travail dans ce pays depuis son indépendance

---

[12] M. Biziou, « De la société civile à la société civile mondiale », *Cités*, n° 17, 2004/1, pp. 13-23 ; E. N. N'Goran, « Afrique, les trois piliers du développement : l'État, l'entreprise, la société civile », *Géoéconomie,* n° 65, 2013/2, pp. 31-42. ; M. E. O. Nguini, « Les rapports Etat-Société civile dans le processus politique en Afrique Centrale : Les montages civilisateurs et décivilisateurs du Pouvoir et du Droit », *African Journal of Political Science / Revue Africaine de Science Politique*, vol. 4, n° 2, Special Issue: Politics in Central Africa (December 1999), pp. 143-180 ; Y. C. Zarka, « Au nom de la société civile », *Cités*, n° 17, 2004/1, pp. 3-6.

[13] F. Petit, « Esprit du droit et modèles en droit du travail », *in De l'esprit du droit africain, Mélanges en l'honneur de Paul Gérard Pougoué*, Wolters Kluwer, 2014, p. 629.

[14] A. Supiot, Critique du droit du travail, *PUF* coll. « Quadrige », 2007.

montre au contraire que la voie choisie est celle de la reprise quasi-systématique de modèles importées. Il ne s'agit nullement de prendre en compte la réalité sociologique pour bâtir une législation, mais plutôt de reprendre ce qui se fait ailleurs. Dans cette optique ; c'est vers l'ancienne puissance coloniale que l'on se tourne[15]. Le droit du travail produit au Gabon n'est pas en effet une pâle copie du droit positif français, contrairement à ce que nous avons souvent entendu chez nombre d'acteurs sociaux gabonais. Il se situe plutôt dans une sorte de prolongement du Code du travail des territoires d'Outre-mer comme nous l'avons déjà montré par le passé[16]. Ce travers est particulièrement accentué s'agissant du dialogue social, ce qui conduit à une attitude que l'on peut qualifier de schizophrénique et dont Gabon Télévision fournit une parfaite illustration.

A priori, on pourrait en effet penser que la référence quasi-permanente au dialogue social participe de la promotion de celui-ci, et correspond à une « véritable préoccupation » des pouvoirs publics pour reprendre la rhétorique en vogue. Le Bureau international du Travail (BIT) adresse même un satisfecit en ce sens au Gabon, puisqu'on peut lire ce qui suit dans le *Rapport sur le dialogue social* de la CIT 2013 : « Dans d'autres régions du monde, plusieurs pays ont renforcé les mécanismes de consultation et de négociation. Depuis 2006, le Brésil, El Salvador, le Gabon, la Slovaquie et la Slovénie ont ratifié la convention n° 151 sur les relations de travail dans la fonction publique, 1978 ». Néanmoins, on peut s'interroger sur les résultats concrets de la ratification dont il est fait état. Dans les faits, il semblerait plutôt qu'avec le dialogue social, on soit davantage dans le registre de l'incantation[17] comme on peut le voir également avec d'autres concepts comme le travail décent ou l'émergence pour ne citer que les plus récents. On bascule même parfois dans l'improvisation avec des mesures parfois contradictoires qui ne correspondent à aucune ligne directrice.

---

[15] J. du Bois de Gaudusson, « Le mimétisme postcolonial, et après ? », *Pouvoirs*, n° 129, 2009/2, pp. 45-55 ; D. Trubek, M. Galanter, « Scholars in Self Estrangement: Some Reflections on the Crisis in Law and Development Studies in the United States », *Wisconsin Law Review*, 1974/4, pp. 1062-1103.

[16] A. Emane, « Droit du travail gabonais, modèles et transferts des normes », *Bulletin de droit comparé du travail et de la sécurité sociale*, 2005, pp. 199-226.

[17] A. Hazoume, T. Hazoume, *Afrique, un avenir en sursis*, L'Harmattan, Paris, 1988.

Deux exemples peuvent être cités ici. Le premier nous renvoie à 2003 avec l'Accord portant trêve sociale signé entre le gouvernement et des représentants de salariés ou d'employeurs organisés selon des formes qui n'avaient rien à voir avec ce que prévoie le Code du travail. L'objectif poursuivi était pour favoriser la signature d'un accord avec le FMI, de demander aux partenaires sociaux de s'abstenir de procéder à des licenciements d'une part, et de suspendre le recours au droit de grève pendant une durée de trois ans[18]. La question de la nature juridique de cet engagement s'est toujours posée d'autant plus qu'il n'a jamais été ratifié par la voie législative ou réglementaire. Il n'en demeure pas moins que pendant trois ans cet accord fut respecté…par les travailleurs. Le second exemple est la création du Conseil national du dialogue social annoncé en 2009. Selon un commissaire du Ministère du travail, il devait être chargé de « la promotion de la paix sociale, du développement durable et de la bonne gouvernance »[19]. Cette institution a finalement vu le jour en 2011 sans que l'on ait eu connaissance du texte l'instituant. Pourtant, en décembre de la même année, le Premier ministre et un certain nombre d'organisations syndicales signent une Charte nationale du dialogue social sans aucune référence au dit Conseil. Il en est de même trois ans plus tard lorsqu'en novembre 2014 le Premier ministre réunit une Commission *ad hoc* relative au dialogue social.

Le sentiment qui se dégage de ce paysage est que le thème du dialogue social joue le rôle d'extincteur face aux revendications sociales de plus en plus nombreuses. Les pouvoirs publics n'ont à cette occasion qu'une seule réponse : dialogue social. Une nouvelle illustration en a été donnée le 15 février 2015 lorsque le Premier ministre a demandé aux organisations syndicales de « privilégier l'intérêt supérieur de la nation et favoriser les conditions d'un dialogue social constructif et apaisé ». Il semble que l'on soit là en présence simplement d'un artifice qui pourrait ne plus surprendre si ceux devant lequel on l'agite décidait qu'il en soit ainsi. Or, ce n'est nullement le cas, et à chaque fois que l'on évoque le dialogue social, chacun se précipite à la grand-messe ainsi organisé par le

[18] A. Emane, *op. cit.*, p. 225.
[19] http://ogooueinfos.com/index.php?action=voirNews&id=275.

gouvernement avec le secret espoir de tirer son épingle d'un jeu, bien aux antipodes du cadre prévu par le Code du travail.

II - LA POSSIBILITÉ D'UN RÉEL DIALOGUE SOCIAL

La critique du droit du travail au Gabon se transforme toujours rapidement en un procès du Code du travail. Il y a une unanimité chez les différents acteurs sociaux pour le réformer sans que l'on sache d'ailleurs quelle est la méthode retenue. On ne compte plus les ministres qui, dès leur entrée en fonction se sont promis de mener à bien cette tâche. Il y a bien eu des modifications du Code en 2000 et en 2010, mais on n'est pas allé plus loin. Cette quasi-obsession de la réforme d'un code du travail chargé de tous les maux du monde ne manque pas de surprendre surtout eu égard aux échanges que l'on peut avoir avec les uns et les autres. Si l'on prend en compte l'opinion des employeurs, il en ressort que ce sont les lourdeurs et les rigidités du Code du travail qui constituent l'obstacle majeur pour le développement des affaires au Gabon. Du côté des salariés, ce qui domine, c'est la critique d'un Code du travail ne prenant pas en compte la réalité sociale. Malgré la virulence des critiques, les solutions sont plutôt rares ou alors quand elles existent, elles ont du mal à sortir des lieux communs. Pourtant, il nous semble que si on veut réellement susciter une véritable éclosion du dialogue social au Gabon, il faudra d'une part repenser la réalité syndicale au, en traitant les maux qui la minent (A), d'autre part, déterminer le cadre dans lequel ce dialogue social pourra s'exercer (B).

A - La nécessité de dépasser la faiblesse des partenaires sociaux

Plus de 60 ans après la promulgation du Code du travail des territoires d'outre-mer, lorsque l'on s'intéresse au paysage syndical au Gabon, il ne semble pas que la situation ait beaucoup changé. Les critiques que l'on adressait aux organisations de travailleurs comme à celles des employeurs peuvent se retrouver en effet : faiblesse de ces organisations, des revendications concentrées seulement sur une ou deux questions ou qui se situent en dehors du champ des relations de travail. Pour qu'un véritable dialogue social puisse se développer, il apparaît important d'identifier des acteurs qui y participent[20].

En ce qui concerne d'abord les organisations de travailleurs, la principale question qui se pose déjà est celle de leur détermination. Certes, depuis 1990 et la fin du monopole syndical qui avait cours sous le régime du parti unique, les syndicats se sont multipliés. Pour autant, cela ne s'est pas toujours fait dans les conditions les plus satisfaisantes sur le plan juridique. C'est ainsi que la question des acteurs participant au dialogue social se pose jusqu'à présent. Reprenant en cela les dispositions du Code de 1952, le législateur gabonais a prévu que seuls les syndicats et les groupements professionnels pouvaient conclure des conventions collectives. Toutefois, une incertitude pèse sur l'expression « groupement professionnel ». Le législateur étant muet sur ce sujet, on ne peut que raisonner par analogie avec le Code de 1952. Dans celui-ci, l'article 28 dispose expressément que les associations professionnelles coutumières ont le pouvoir de conclure des conventions, puisqu'elles sont à certains égards assimilées aux syndicats. Toutefois, par la suite, ces associations ont disparu de la législation gabonaise. Par conséquent, seuls les syndicats peuvent conclure des accords collectifs. De plus, et c'est ce qu'exige l'article 279 du Code du travail, il doit s'agir des organisations syndicales les plus représentatives, dont les critères sont énoncés à l'article 346 du même Code. Pour autant, la question de la représentativité syndicale n'a jamais été tranchée au Gabon. Les articles 119 et 279 ancien du Code du travail gabonais évoquaient bien « les syndicats représentatifs », l'article 346 donnant les critères de la représentativité. Toutefois, contrairement à ce qui est prévu au dernier alinéa de cet article, aucun arrêté ministériel n'est venu préciser les modalités de prise en compte des critères qu'évoque le législateur. Comment doit-on alors apprécier les conventions collectives qui ont été signées après la fin du monopole syndical dans les années 1990 ? Il est à relever qu'en 2003, au début de la négociation sur la « Trêve sociale », des divergences sont nées sur la participation de certains syndicats du fait de leur déficit supposé ou réel de représentativité[21]. Il en a été de même en

[20] B. Bossu, « À la recherche des acteurs du dialogue social », *Droit social*, 2015, p. 896.
[21] Journal l'Union Plus du 12 septembre 2003.

2011 lors de la signature de la Charte sociale. Certains syndicats ont en effet considéré que ce n'était pas au Gouvernement de décider des syndicats qui devaient ratifier ladite charte. Ces errements ne sont que la conséquence de l'incapacité des gouvernements successifs depuis la promulgation de l'actuel Code du travail en 1994 de ne pas avoir pu produire des textes d'application sur la représentativité.

Cette notion de représentativité syndicale est, à tout le moins, controversée. Elle est souvent confondue avec la reconnaissance syndicale qui est prévue à l'article 271 du Code du travail. Cette disposition énonce les conditions qu'un syndicat doit remplir pour être considéré comme tel et pouvoir défendre les intérêts des travailleurs. La représentativité se distingue également de la représentation qui découle de l'article 269 du même code. Les syndicats ont en effet le pouvoir d'agir collectivement à la place des salariés. C'est ce que résume parfaitement un auteur dans les termes suivants : *«(...) la représentation des salariés apparaît (...) comme le moyen d'organiser la démocratie dans la démocratie, et d'assurer la promotion collective du monde du travail,* en rompant avec la logique individualiste du contrat »[22]. La représentation renvoie dans cette acception au champ d'intervention des syndicats, alors que la représentativité correspond à ce qui fonde la légitimité des organisations syndicales à conclure des conventions collectives.

Dans l'absolu, il n'y a aucune obligation d'imposer le critère de la représentativité. Dès lors qu'une organisation remplit les conditions imposées par la loi pour jouir de la qualité de syndicat, elle peut avoir vocation à conclure des accords collectifs. Dans les codes de 1962 et de 1978, le législateur ne prévoyait aucune exigence de représentativité. Il se contentait d'indiquer que la convention collective était « *un accord écrit (...) conclu, entre d'une part, les représentants d'un ou plusieurs syndicats ou groupements professionnels de travailleurs et, d'autre part, une ou plusieurs organisations syndicales d'employeurs (...)* »[23].

---

[22] G. Borenfreund, « La représentation des salariés et l'idée de représentation », *Droit social* 1991, p. 686.

[23] Article 64 du Code du travail de 1978. Voir également l'article 66 al. 1 du Code du travail de 1962 et l'article 68 du Code du travail des territoires d'outre-mer.

Dans le prolongement de ce flou sur la détermination des acteurs, il y également une autre faiblesse que l'on peut pointer et qui concerne le fonctionnement même des organisations des travailleurs. La multiplication des syndicats depuis 1990 peut être envisagée comme le reflet d'un réel dynamisme syndical. Toutefois, cette appréciation se révèle plus que flatteuse à l'épreuve des faits. Les syndicats comme les partis politiques d'ailleurs sont des structures de pouvoir. La création d'un syndicat devient donc un moyen de se constituer une zone d'influence et un formidable moyen d'action. De ce fait, il ne cesse de se poser la question de savoir sur quelles bases vont se constituer des syndicats. Elle s'avère d'autant plus pertinente que les conditions prévues par le Code du travail ne sont pas toujours remplies et que le syndicat finit par s'imposer sur le terrain par sa capacité de mobilisation...ou de nuisance. C'est ce que l'on a vu se développer dans le secteur informel par exemple avec les différents syndicats d'employeurs ou de travailleurs.

Le fonctionnement des syndicats en interne suscite aussi de nombreuses critiques. Dans certains cas, la préoccupation première des dirigeants n'est pas forcément de participer au dialogue social mais de se maintenir en place le plus longtemps possible et recueillir les dividendes liés à cette position[24]. Comment peut-on concevoir par exemple que le même individu dirige une centrale syndicale depuis plus de quarante ans maintenant comme on peut encore le constater aujourd'hui ?

La dernière critique que l'on peut soulever, et qui découle directement des précédentes à notre avis, concerne le discours porté par les organisations des travailleurs. La fonction du dialogue social se résume dans la plupart des cas à mettre en avant des revendications d'ordre salarial ou à s'opposer aux licenciements de quelque nature que ce soit, sans oublier l'exigence de réserver des emplois aux Gabonais dans le cadre de la « gabonisation ». Depuis quelques années, on a vu apparaître le thème du pouvoir d'achat dans ces revendications. La Confédération syndicale gabonaise (COSYGA) exige en effet de l'État de prendre en compte la question du pouvoir d'achat en intervenant notamment sur le prix des denrées alimentaires.

[24] C'est le cas de la possibilité de siéger au Conseil économique et social.

Il s'agit là de l'autre versant de la revendication sur les salaires. Plutôt que de demander une augmentation des salaires aux employeurs, on exige de l'État qu'il puisse imposer une baisse des prix... alors que ceux-ci sont fixés librement par les commerçants. A la lumière de ce qui vient d'être montré, on note donc une restriction du fait des acteurs eux-mêmes du champ du dialogue social. Pourquoi ne pas aller plus loin pourrait-on se demander ? Il semble que nous soyons là confrontés à la faiblesse des ressources humaines de ces syndicats qui sont constitués la plupart du temps, si l'on fait exception de l'organisation nationale des employés du pétrole (ONEP), par les travailleurs les moins qualifiés.

A la monotonie du discours des travailleurs répond celui des employeurs qui s'alignent systématiquement sur les positions du MEDEF. Il est régulièrement question de flexibiliser le droit du travail, de réécrire le Code du travail pour l'alléger alors même qu'une grande partie de ce code n'est pas appliqué les textes d'application n'ayant jamais été pris. Ce qui paraît encore plus curieux que s'agissant de ces différentes revendications, nous n'avons pas découvert le moindre commencement d'une proposition concrète si l'on excepte un catalogue de thèmes devant être pris en compte par les pouvoirs publics pour réviser le Code du travail. Plus encore que les travailleurs, les organisations d'employeurs considèrent que l'État est l'acteur central, c'est vers lui que doivent converger toutes les demandes. On peut en déduire qu'il y a une croyance très forte dans le fait que la loi doit demeurer la principale sinon l'unique source des normes régissant les relations de travail. S'agissant du dialogue social, il ne paraît pas principalement au cœur des préoccupations et des discours des employeurs, ce qui ne peut manquer de surprendre. A lumière des entretiens que nous avons avec des responsables des deux grandes organisations patronales[25], il semble que le point de vue le plus largement partagé est qu'il ne faut pas attendre grand-chose des organisations des salariés, à cause des faiblesses que nous avons déjà évoquées.

---

[25] La Confédération patronale gabonaise et la Confédération nationale du patronat gabonais.

Comme les pouvoirs publics, les employeurs et les salariés sont tous dans la reproduction du modèle hérité de la France[26]. Celui-ci ne privilégie pas forcément le dialogue social mais privilégie et renforce le rôle de l'État. On le voit notamment à travers l'impossibilité de réviser les conventions de branche auxquels on n'a pas touché depuis 1987. La raison souvent mise en avant est que seule la COSYGA qui était le seul syndicat à l'époque peut dénoncer une convention qu'elle a signée. Cet argument paraît fallacieux quand on sait la facilité avec laquelle on peut prendre un texte au Gabon pour en abroger un autre.

B - Les champs possibles

Lorsque l'on évoque le dialogue social et les difficultés de sa mise en place au Gabon, plusieurs arguments sont mis en avant pour justifier cette situation. Pourtant, et de manière paradoxale en se livrant à une étude approfondie des textes gabonais, l'on s'aperçoit que le contexte se prête parfaitement à la pratique du dialogue social. Il conviendrait simplement d'appliquer les textes en vigueur. A cette exigence, il faudrait en rajouter une autre qui est d'encourager l'intervention du BIT auprès des partenaires sociaux afin d'améliorer leur expertise sur des questions que la plupart d'entre eux ne maîtrisent pas mais qui sont capitales dans les relations de travail.

Dans ces champs du possible, nous évoquerons uniquement des cadres qui ont été consacrés par des textes et non pas ceux sur lesquels pèsent des incertitudes comme c'est le cas du Conseil national du dialogue social. La structure la plus ancienne que l'on peut citer ici est le Conseil économique et social. Créée par l'ordonnance n° 12 du 20 février 1963, cette institution réunit en son sein les représentants de toutes les couches sociales du pays. Le Conseil Economique et Social est, auprès des pouvoirs publics, une assemblée consultative. Il a pour mission d'assurer la participation à la politique économique et sociale du Gouvernement. Divers secteurs professionnels et associatifs de la nation y sont représentés. Au

[26] Divers échanges informels avec des syndicalistes et des employeurs ne conduisent pas à penser à une particulière attirance pour le *Mitbestimmung* allemand et une gouvernance impliquant employeurs et salariés (*Cf.* not. G. Duval, *Made in Germany, Le modèle allemand au-delà des mythes*, Seuil, 2013, pp. 40-41).

regard de sa composition, cette institution peut être considérée comme étant l'émanation de la société civile gabonaise et se présente comme le lieu par excellence où se déroule le dialogue social au niveau national. Toutefois, du fait d'une absence de visibilité et de diffusion des travaux de cette institution, il est difficile de cerner réellement son apport en matière de dialogue social. Le rapport qu'elle adresse au Président de la République n'a pas toujours, au cours des dernières années, mis particulièrement l'accent sur ce qui devait relever du dialogue social.

L'autre structure dans laquelle peut se développer le dialogue social, et qui plus est, dans une matière à laquelle les syndicats de travailleurs sont très attachés, c'est la Commission nationale d'étude des salaires[27]. Placée sous la tutelle du Premier ministre, elle est chargée d'assurer le suivi de l'évolution des salaires aussi bien dans les secteurs privés que publics. Sa composition est tripartite : Responsables d'administration, représentants des organisations patronales et des syndicats de travailleurs. Cependant, on ne trouve aucune trace attestant du fonctionnement de cette structure.

Alors que la question de la formation professionnelle est souvent négligée par les partenaires sociaux, la loi a prévu que celle-ci puisse se retrouver au cœur du dialogue social dans le cadre du Fonds d'aide à l'insertion et à la réinsertion professionnelle. Créée en 1993 par la loi 40/93, cette structure a pour mission de contribuer à la lutte contre le chômage par la mise en place de stratégies spécifiques de formation en vue du perfectionnement ou de la reconversion des membres du public cible (jeunes diplômés et licenciés des entreprises publiques et privées) en fonction des opportunités d'emploi et de consentir des aides financières (stages de formation et formalités diverses). La composition du Conseil d'administration est tripartite (responsables du Ministère du travail, représentants des organisations patronales et des syndicats de travailleurs) et la Présidence du Conseil d'Administration revient de droit au représentant de I'APEC (Association des Personnels des Etablissements Commerciaux).

---

[27] *Cf.* Décret n° 642/PR du 23 juin 1997.

Au-delà de ces structures qui renvoient pour la plupart d'entre elles à la question de la réalité de leur fonctionnement, il y a de réelles opportunités que le Code du travail offre. L'article 119 du Code du travail prévoit que la convention collective porte sur les conditions de travail et les garanties sociales. Ces thèmes peuvent se décliner de manière extrêmement large le législateur ne les ayant pas précisés. De plus, dans le Tronc commun des conventions collectives, il est reconnu une autonomie aux partenaires sociaux tant de manière implicite qu'explicite à l'article A. 51 qui est intitulé « De la libre négociation ».

Dans les codes de 1952 et de 1962, la convention était un accord relatif aux seules conditions de travail. Depuis 1978, le législateur a étendu le domaine des conventions collectives aux garanties sociales. La convention collective est un outil permettant de mettre en place une protection sociale complémentaire : versement de salaire entier en cas de maladie, octroi de préretraites, indemnisation du chômage partiel, affiliation à un régime de prévoyance collective. Ce volet peut d'autant plus être développé que la couverture sociale de base des salariés gabonais est assez insatisfaisante.

Par ailleurs, on observe en effet que depuis plus de vingt ans maintenant, la plupart des textes d'application du Code du travail n'ont pas encore été pris. Cela est particulièrement vrai dans des domaines qui sont pourtant fondamentaux et auxquels les partenaires sociaux s'intéressent fort peu. Il suffit de prendre comme exemple le Titre IV « Sécurité et santé au travail ». Lorsque l'on s'intéresse à la situation des entreprises gabonaises, il y a une unanimité à reconnaître que beaucoup reste à faire en la matière. De plus, les employeurs comme les salariés estiment qu'ils auraient beaucoup à dire sur ces questions. On relève de plus en plus une prise en compte qui ne concerne pour l'instant que les grandes entreprises des thématiques liées à la santé et à la sécurité au travail. C'est ainsi qu'en interne certaines entreprises organisent même des formations en considérant que la prévention des risques liés au travail devient une exigence à laquelle personne ne peut se soustraire. Il semblerait que d'autres pourraient s'en inspirer et sans avoir besoin pour cela du concours de l'État. La même réflexion vaut pour la formation professionnelle sur laquelle la loi est particulièrement timide. Nombre d'entreprises sont déjà allées plus loin que ce que prévoit la loi. Pourquoi ne pas généraliser ces pratiques à l'échelle du pays par le canal des normes d'origine conventionnelles ?

L'avènement de multiples partenaires sociaux a en effet marqué au début des années 1990 un tournant pour la négociation collective. Alors que le Gabon connaissait jusque-là un monopole de la représentation syndicale par la COSYGA, de nouveaux acteurs sont apparus. Conscients de leur pouvoir et du rôle majeur qui est le leur, ces acteurs n'ont eu de cesse de demander à participer à la production des normes régissant les relations de travail. Leur revendication se fondait principalement sur la perte de confiance dans le droit étatique, qui est illustrée par le procès récurrent de l'ineffectivité de ce droit jugé trop abstrait, pas assez effectif et surtout inefficient. Ce procès n'est pas une exclusivité gabonaise puisqu'on le retrouve dans l'ensemble des pays africains, et même au-delà du continent. Il s'en est suivi un souci, même s'il se manifeste surtout pour l'exécutif et le législatif par des déclarations d'intention, d'associer les partenaires sociaux à la production des normes régissant les relations de travail. Parallèlement à cette dénonciation, on relève par ailleurs une ode à une plus grande flexibilité du droit du travail, par l'octroi d'une place plus importante au contrat dans la production des normes. Les États sont ainsi sommés de choisir entre la loi et le contrat qu'il soit individuel ou collectif.

Pourtant, pour que tout cela puisse se traduire dans les faits, il est indispensable qu'un autre acteur majeur soit plus présent. Le BIT a joué en effet un rôle de plus en plus important au cours des vingt dernières années au Gabon. De plus, dans les discours ou les références des acteurs sociaux, le BIT apparaît régulièrement. Cette structure pourrait permettre au dialogue social de mieux se développer en participant à la formation des acteurs sociaux. Des séminaires dans ce domaine bien précis seraient particulièrement bienvenus.

CONCLUSION

Au terme de cette réflexion sur le dialogue sociale au Gabon, il est une dimension qui s'avère être absente. Il n'a pas été en effet question en dépit de la présence au Gabon de nombreuses multinationales et de l'appartenance de ce pays à plusieurs ensembles régionaux et sous régionaux, de la dimension transnationale du dialogue social. La raison de ce silence tient à plusieurs facteurs. Le premier d'entre eux est que les multinationales installées au Gabon raisonnent avant tout dans un cadre national alors même que l'on observe de plus en plus une forte mobilité du moins pour les salariés les plus qualifiés. De ce fait, on aboutit à une atomisation des régimes juridiques dans la même entreprise, selon que l'on sera un cadre de haut niveau ou un simple employé. Les effets peuvent s'en faire sentir dans des domaines comme la protection sociale complémentaire qui comme nous le suggérions plus haut devrait être particulièrement au cœur du dialogue social.

L'autre raison de l'absence de la dimension internationale, est que contrairement à ce que l'on observe en Europe par exemple, il n'y a pas de tentative d'harmonisation ou de coordination des législations de droit du travail. Certes, l'Avant-projet OHADA en droit du travail tente bien de remédier à cet état, mais à l'heure actuelle, il n'est justement toujours qu'au stade de projet.

CADRE JURIDIQUE, INSTANCES ET ACTEURS DU DIALOGUE SOCIAL EN RÉPUBLIQUE DÉMOCRATIQUE DU CONGO

Joseph LOKO OMADIKUNDJU[1]

En République démocratique du Congo (RDC), depuis les premières années de l'indépendance, on parle de dialogue. Ne serait-ce que pour cela le terme pourrait mettre mal à l'aise s'il ne renvoyait ici non pas au débat politique mais au champ des relations professionnelles, plus précisément s'il en s'agissant d'envisager l'ensemble des mécanismes de médiation, de consultation, de concertation entre employeurs et travailleurs. A titre liminaire, il paraît nécessaire de rappeler qu'une analyse approfondie et une véritable évaluation critique du dialogue social en RDC imposerait une approche pluridimensionnelle incluant des aspects politiques, sociologiques, culturels et philosophiques. Une telle démarche apparaît tout particulièrement difficile en RDC ne serait-ce qu'au regard au regard de la dimension du pays, de la diversité des acteurs concernés et de l'imprévisibilité de leurs comportements. Plus modestement, après s'être interrogé sur l'existence d'un cadre juridique et institutionnel spécifique au dialogue social en RDC (I), on indiquera les principaux acteurs et instances du dialogue social dans le secteur privé (II) et dans le secteur public (III).

I - LE CADRE JURIDIQUE SPÉCIFIQUE DU DIALOGUE SOCIAL : UN MIRAGE ?

Formellement on se doit d'observer un engagement de l'État congolais dans la mise en place d'un dialogue social constructif. Il en

[1] Professeur à l'Université de Kinshasa.

va du devoir de l'État de prendre des mesures justes et salutaires pour la population. L'État ne devrait pas susciter des litiges entre ses sujets, ni les encourager, encore moins les tolérer. C'est probablement dans un tel objectif que le Gouvernement congolais a pris un décret en 2007 relatif à un cadre permanent du dialogue social (CPDS)[2]. Dans son exposé des motifs, le décret affirme que le CPDS est mis sur pied en raison de l'impératif de démocratie et de bonne gouvernance, que le dialogue concourt à la promotion des droits économiques et sociaux ainsi qu'à la participation des acteurs socio-économiques à la gestion du développement. Le décret souligne par ailleurs que le CPDS doit contribuer à promouvoir l'emploi, la croissance, la protection sociale et la solidarité entre les segments du monde du travail, y compris l'informel par le biais d'un instrument efficace de prévention et de règlement des différends de toute nature. D'évidence, le CPDS avait, pour le Gouvernement, pour mission de consolider la paix sociale par un dialogue responsable et efficace. Mais, il sera abrogé avec toutes ses dispositions subséquentes, dès 2012[3].

Bien que le texte d'abrogation ne donne aucune véritable motivation à la suppression du CPDS - si ce n'est la nécessité et l'urgence ! -, on pouvait estimer dès sa création que cette instance avait en germes sa propre destruction. Organe tripartite réunissant représentants du Gouvernement, des organisations d'employeurs et de travailleurs les plus représentatives, sa composition laissait la moitié des 56 sièges à la partie gouvernementale ; bien que ses décisions devaient faire l'objet d'un consensus, le quorum était fixé à la majorité simple. Le financement était assuré par le budget de l'État qui lui-même éprouve parfois de la peine à l'exécuter… A cela s'est ajouté le fait que le CPDS s'est mis à gérer le contentieux des anciens travailleurs de vingt-quatre entreprises réclamant la révision de leurs décomptes finaux perçus à la suite des pillages de 1990-1991 et de la liquidation de certaines banques. Dans un tel contexte, le CPDS était

[2] *Cf.* Décret n° 07/10 du 18 septembre 2007, portant création, organisation et fonctionnement d'un cadre permanent du dialogue social. Ce décret ne se substitue ni ne déroge aux dispositions légales, réglementaires ou constitutionnelles alors en vigueur.

[3] Cf. Décret n° 12/017 du 7 juin 2012. Voir notamment : Ch. Hemedi Bayolo, *Code du travail. Recueil des modalités d'application, textes officiels en vigueur au 30 septembre 2013*, Editions Concordia, Kinshasa, 2013, p.390.

voué à une disparition certaine. Depuis sa suppression officielle, il n'existe plus un cadre autonome pour le dialogue social en RDC. Il faut cependant indiquer l'instauration en 2013 d'un Conseil économique et social[4]

Le Conseil économique et social a pour mission de donner des avis consultatifs sur les questions économiques et sociales qui lui sont soumises par le Président de la République, l'Assemblée nationale, le Sénat ou le Gouvernement. Par ailleurs, il peut, de sa propre initiative, appeler l'attention du Gouvernement et des Provinces sur les réformes qui lui paraîtraient de nature à favoriser le développement économique et social du pays. Le Conseil est notamment chargé :

- d'analyser la conjoncture économique et sociale du pays,
- d'assurer le suivi des politiques économiques et sociales nationales, provinciales et internationales, ainsi que les répercussions sur la vie des congolais,
- de contribuer à l'information sur l'évolution de la situation économique et sociale, de donner son avis sur les orientations générales de l'économie nationale,
- de formuler des propositions dans les divers domaines économique et social,
- de favoriser la coopération entre les partenaires économiques et sociaux et contribuer à l'élaboration d'une charte sociale,
- de publier un rapport annuel sur la situation économique et sociale,
- de collecter et constituer une banque des données sur la situation économique et sociale
- de réaliser des études et recherches dans le domaine relevant de l'exercice de ses attributions.

Il faut aussi rappeler le cadre normatif relatif au dialogue social en RDC. Tout d'abord le pays a ratifié un certain nombre des conventions internationales en rapport avec le dialogue social. Il s'agit notamment des conventions de l'OIT n° 87 sur la liberté syndicale[5], n°

[4] Loi organique n° 13/027 du 30 octobre 2013, portant organisation et fonctionnement du conseil économique et social.
[5] Convention OIT n° 87 sur la liberté syndicale et la protection du droit syndical, adoptée en 1948, ratifiée en 1960.

98 sur le droit d'organisation et de négociation collective[6] et n° 135 concernant la représentation des travailleurs[7]. Par ailleurs, en droit interne, plusieurs dispositions sont relatives au dialogue social dans la Constitution de la RDC[8], dans la loi n° 15 du 16 octobre 2002 portant Code du travail[9] et dans diverses mesures d'exécution. Dans cette dernière rubrique, on peut notamment relever une note circulaire portant prohibition des actes de corruption et d'ingérence lors des élections syndicales[10]; un arrêté ministériel fixant les modalités de la représentation et de recours électoral des travailleurs dans les entreprises[11] et une note circulaire portant rappel de la compétence de la délégation syndicale dans les entreprises[12]. Enfin, en matière d'Administration publique, peut-on citer un arrêté du 1er juillet 2013 portant code électoral[13], un arrêté de la même date modifiant et complétant un arrêté du 19 avril 2013 relatif aux activités syndicales au sein de l'administration publique[14].

II - LES INSTANCES ET ACTEURS DU DIALOGUE SOCIAL DANS LE SECTEUR PRIVÉ

Le dialogue ne pouvant être mené dans les faits directement par l'ensemble de travailleurs et des employeurs, il suppose la mise en place de représentations. Son efficience tiendra en grande partie à la

---

[6] Convention OIT n° 98 concernant l'application des principes du droit d'organisation et de négociation collective, adoptée en 1949, ratifiée en 1969.

[7] Convention OIT n° 135 concernant la protection des représentants des travailleurs dans l'entreprise et les facilités à leur accorder, adoptée en 1971, ratifiée en 2001.

[8] Constitution de la RDC du 18 février 2006 telle que modifiée par la loi n° 11/002 du 20 janvier 2011 portant révision de certains articles de la Constitution, *Journal officiel de la RDC*, n° spéc., 5 février 2011.

[9] Loi n° 15/2002 du 16 octobre 2002, portant code du travail, *Journal officiel de la RDC*, n° spéc., 16 octobre 2002.

[10] Note circulaire n° 2 du 12 octobre 2004.

[11] Arrêté ministériel n° 12/CAB.MIN/TPS/ar/NK/054 du 12 octobre 2004.

[12] Note circulaire n° 12/CAB.MIN/TPS/05/2006 du 8 décembre 2006.

[13] Arrêté n° CAB/FP/J.CK/SGA/40/CE/03/SA/DM/019/2013 du 1er juillet 2013 portant Code électoral au sein de l'administration publique.

[14] Arrêté n° CAB.MN/FP/J-CK/SGA/KMI/MW/0535/LAW/008//2013 du 1er juillet 2013, modifiant et complétant l'arrêté n° CAB.MN/FP/J-CK/SGA/KMI/MW/008/LAW/016/2013 du 19 avril 2013, portant réglementation provisoire des activités syndicales au sein de l'administration publique.

qualité desdits représentants. Cela implique naturellement la régularité de leur désignation et l'absence de toute mesure pouvant avoir pour effet de compromettre l'exercice régulier de leur mission. Il n'est pas besoin de dire combien il serait souhaitable que les représentants des travailleurs et des employeurs maîtrisent les fondements juridiques du dialogue social, les droits et les devoirs des parties ainsi que les mécanismes et les techniques de négociation. Au nombre des instances et des acteurs principaux du dialogue social dans le secteur privé en RDC, on peut citer notamment le Conseil national du travail (A), le Comité d'hygiène et de sécurité (B) et les organisations professionnelles des employeurs et des travailleurs (C).

A - Le Conseil national du travail

Le Conseil national du travail (CNT) est un organe consultatif institué auprès du Ministère en charge du travail et de la prévoyance sociale. Il peut être associé ou intégré dans des organismes aux compétences plus larges appelées à étudier des problèmes d'ordre économique, financier et social. Le CNT est présidé par le Ministre et comprend un nombre égal de représentants de l'État, des travailleurs et des employeurs. Ces derniers sont désignés par les organisations professionnelles reconnues les plus représentatives au plan national par le ministère du Travail et de la Prévoyance sociale[15]. Les représentants de l'État issus des ministères ainsi que les représentants des travailleurs et des employeurs sont investis par un arrêté du Ministre ayant en charge le travail et la prévoyance sociale[16].

---

[15] Le caractère représentatif d'une organisation de travailleurs est déterminé sur la base des suffrages recueillis aux élections professionnelles dans l'entreprise. Le caractère représentatif d'une organisation patronale est déterminé par le nombre de travailleurs occupés dans les entreprises qui en sont membres. À défaut d'organisations de travailleurs ou d'employeurs pouvant être considérées comme représentatives, les sièges attribués aux travailleurs et aux employeurs sont désignés directement par le Ministre en charge du travail et de la prévoyance sociale (*Cf.* article 224 du Code du travail).

[16] Articles 223 et 224 de la loi n° 015/2002 du 16 octobre 2001 portant Code du travail, *Journal officiel de la RDC*, n° spéc., 16 octobre 2001.

Le CNT a pour attributions, outre les compétences prévues par le Code du travail[17], de donner son avis sur tous les projets de lois, décrets lois, décrets et arrêtés ministériels lorsqu'ils ont pour objet de modifier ou de créer des obligations ou des droits pour les travailleurs et les employeurs en matière de travail ou de sécurité sociale. De fait, il a pour mission générale d'étudier toutes les questions concernant le travail, la main-d'œuvre et la prévoyance sociale, de réunir les éléments pouvant servir de base à la détermination du salaire minimum interprofessionnel garanti et ses incidences économiques, d'émettre des avis et de formuler des propositions et résolutions sur la réglementation à intervenir en ces matières.

Bien que le CNT soit constitué d'un nombre égal des représentants de l'État, des employeurs et des travailleurs, l'on note que l'État exercice une main mise sur son fonctionnement dans la mesure où il y occupe la présidence et le secrétariat des sessions. De plus, l'influence prépondérante de l'État peut être encore accentuée en cas de recours à l'article 224 du Code du travail prévoyant qu'à « défaut d'organisations professionnelles de travailleurs ou d'employeurs pouvant être considérées comme les plus représentatives, les sièges attribués aux travailleurs et aux employeurs sont désignés directement par le ministre en charge du travail et de la prévoyance sociale ». L'on comprend aisément, dans cette hypothèse, que le dialogue social est loin de se réaliser commodément dans la mesure où la volonté de l'État prévaudra dans la prise des décisions.

B - Le comité de sécurité, d'hygiène et d'embellissement des lieux de travail

Toute entreprise ou tout établissement de quelque nature que ce soit occupant des travailleurs a l'obligation de constituer un Comité de

---

[17] Le Code du travail soumet l'application de certaines de ses dispositions à l'adoption de mesures d'exécution par le Ministre du travail qui est tenu de requérir l'avis préalable du CNT. Il en est ainsi des dispositions portant sur la sous-entreprise (articles 82 et 85 du Code du travail) ou encore sur les modalités de fixation du salaire minimum interprofessionnel garanti (article 96 du Code du travail).

sécurité, d'hygiène et d'embellissement des lieux de travail[18]. Sa mission consiste à concevoir, corriger et exécuter la politique de prévention des accidents du travail et des maladies professionnelles, stimuler et contrôler le bon fonctionnement des services de sécurité et de santé au travail. Ce comité a pour membre président le chef d'établissement ; il est par ailleurs composé du chef de service de la sécurité, assurant le secrétariat, du chef du service médical de l'établissement et de représentants des travailleurs en proportion de l'effectif de l'établissement.

Les représentants des travailleurs au Comité de sécurité, d'hygiène et d'embellissement des lieux de travail sont désignés par la délégation élue des travailleurs parmi les plus anciens et les plus qualifiés. Le législateur a veillé à ne pas permettre à l'employeur d'influer sur la désignation des représentants des travailleurs dans la composition du comité. Ce dernier peut ainsi être regardé comme un cadre réel de dialogue social dans la mesure où les représentants des travailleurs ont la possibilité de faire valoir librement, auprès de l'employeur, leurs points de vue sur les mesures à prendre afin de maintenir les lieux de travail dans un état permettant d'éviter la survenance d'accidents ou le développement de situations contraire à l'hygiène ou porteuses de maladies.

C – Les organisations d'employeurs et de travailleurs

Le syndicalisme dans le secteur privé a connu en RDC une évolution lente, mais progressive, émaillée parfois de revirements spectaculaires. Du pluralisme syndical avant 1960, la RDC est passée par « l'unitarisme syndical » jusqu'à la conférence nationale des années 1990-1991 ouvrant au retour à un pluralisme syndical passant par l'affirmation concrète de l'égalité et de la liberté de constitution et de fonctionnement des syndicats aussi bien de travailleurs (1) que d'employeurs (2).

---

[18] Articles 167 et 168 de la loi n° 015/2002 du 16 octobre 2002 portant Code du travail.

1 - Les syndicats des travailleurs

Historiquement, le premier syndicat dans le secteur privé fut créé le 30 mai 1920 à Lubumbashi sous la dénomination de l'Union Générale des Ouvriers du Congo (U.G.O.C.), à la suite d'agitations dans les industries minières et de transport, essentiellement à l'Union Minière et à la BCK (Chemin de fer du Bas-Congo). Si l'on sait qu'entre 1942 et 1944, 37 syndicats ont déposé leurs statuts[19]. A ce jour, on estime que le secteur privé congolais compte environ 500 syndicats. Par-delà l'affirmation de la liberté syndicale dans des textes, la promotion du dialogue social passe par l'existence de syndicats de travailleurs en capacité de participer effectivement et efficacement ; ceci est, dans une large mesure, tributaire de la régularité de l'élection des candidats présentés par un syndicat (a) ainsi que de la compétence et de la liberté d'action des délégués syndicaux (b).

a. La régularité de l'élection syndicale

Dans le but de remplir leur mission qui est l'étude, la défense et le développement des intérêts professionnels ainsi que le progrès social, économique et moral de leurs membres[20], les syndicats des travailleurs doivent être représentés par des membres triés sur le volet au regard de leur intégrité et de leur compétence. C'est assurément en vue de conjurer toute velléité de détourner un syndicat de son objet que l'État congolais a adopté une série de mesures prudentielles dont une note circulaire portant « prohibition des actes de corruption et d'ingérence lors des élections syndicales[21] ainsi qu'un arrêté portant « modalités

---

[19] F. Kikongi di Mwinsa Lekula, *Le syndicalisme congolais pendant la colonisation (1908-1960)*, CEDI, Kinshasa, 2004, p.13.

[20] Article 230 de la loi n° 015/2002 du 16 octobre 2002 portant Code du travail.

[21] La note circulaire n° 2 du 12 octobre 2004 visent des pratiques frisant la corruption et l'ingérence dans l'exercice des activités syndicales, notamment le fait de s'immiscer dans la conduite des affaires d'un syndicat en intervenant activement dans son organisation, en exerçant des pressions pour que les travailleurs adhèrent à un syndicat déterminé, en opérant des discriminations entre syndicats existants en accordant aux uns, aux détriment des autres, et ce de manière injuste et arbitraire, des facilités ou des avantages ne figurant pas au contrat ou dans la convention collective.

de représentation et de recours électoral des travailleurs dans les entreprises et établissements de toute nature »[22].

Sont éligibles tous les travailleurs sans distinction de sexe ou de nationalité à condition d'avoir vingt-et-un an accomplis et une ancienneté de six mois, sauf s'il s'agit d'entreprises nouvelles ou lorsque le personnel a augmenté de plus de 25% au cours des douze mois précédents ; le ou les candidats doivent être présentés par une organisation syndicale qui fonctionne légalement et dont le champ d'activité recouvre celle de l'entreprise. Sont exclus les candidats qui ont fait, dans les cinq dernières années, l'objet de condamnation à plus d'un an de servitude pénale pour une ou plusieurs infractions de droit commun, mais aussi ceux qui auraient participé à une grève illicite ou qui exerceraient des fonctions de direction dans l'entreprise.

Sont électeurs, tous les travailleurs de l'établissement et des établissements rattachés ayant au moins un mois d'emploi continu avant la date d'élection, pour autant qu'ils soient âgés de 16 ans révolus, qu'ils aient accompli au moins six mois de service dans l'entreprise et qu'ils ne soient pas dans la position d'une suspension légale ou disciplinaire du contrat de travail et n'exercent pas les fonctions statutaire de gérant ou de mandataire de l'État. Les personnes qui sont investies d'un pouvoir de direction ne peuvent pas être électeurs comme toute personne bénéficiant d'une délégation patronale lui permettant d'engager, de licencier, de prendre des sanctions disciplinaires.

De conditions d'éligibilité sus exposées, l'on note qu'en RDC, tous les travailleurs sont autorisés à participer à l'élection syndicale en qualité d'électeurs, sans distinction de sexe ni de nationalité. Une telle disposition légale illustre la volonté du gouvernement congolais d'élargir le dialogue social à tous les travailleurs (hommes et femmes, nationaux et étrangers). Ceci est conforme à la Constitution du 18 février 2006 ; celle-ci consacre l'obligation pour les pouvoirs publics

---

[22] Arrêté ministériel n° 12/CAB.MIN/TPS/AR/NK/054 du 12 octobre 2004 fixant les modalités de la représentation et de recours électoral des travailleurs dans les entreprises (*Cf.* not. *Code Larcier - République Démocratique du Congo*, tome IV, Droit du travail et de la sécurité sociale, Éd. Larcier et Afrique Editions, Bruxelles, 2010, pp. 119-122).

de veiller à l'élimination de toute forme de discrimination à l'égard des femmes, d'assurer la protection et la promotion de leurs droits et de prendre dans tous les domaines, notamment civil, politique, économique, social et culturel, toutes les mesures appropriées pour assurer le total épanouissement et la pleine participation des femmes au développement de la nation[23].

Les conditions d'éligibilité et d'électorat liées à l'âge et à l'ancienneté des candidats ou des électeurs ne paraissent pas poser problème en ce sens que, bien qu'en vertu de la convention internationale du travail relative à l'âge minimum au travail, la loi du 16 octobre 2002 portant Code du travail, fixe l'âge d'accès au travail à seize ans, un travailleur de seize ans, élu délégué syndical, éprouverait des difficultés à mener efficacement la défense des intérêts de ses pairs face à l'employeur.

En revanche, peuvent être regardées comme quelque peu inquiétantes l'interdiction de participer aux élections syndicales en qualité d'électeur ou de candidat, faite aux travailleurs exerçant les fonctions statutaires des gérants ou de mandataires de l'État ou investis du pouvoir de direction et l'interdiction faite aux étrangers d'administrer ou de diriger un syndicat[24]. En effet, dans le premier cas, on ne comprend pas que le législateur prive cette catégorie de travailleurs de la possibilité de défendre leurs intérêts spécifiques. En vue de contourner l'interdiction, l'Union nationale des travailleurs du Congo (UNTC) a mis sur pieds, en vertu de la convention OIT n° 135, la Fédération Nationale des Cadres qui comprend des comités syndicaux de cadres. Quelques entreprises dans le secteur brassicole et des télécommunications ont conclu des conventions collectives des cadres. Dans le second cas, interdire aux étrangers de diriger ou d'administrer un syndicat paraît contraire à la liberté reconnue par la loi à tous les travailleurs et à tous les employeurs de créer un syndicat, ainsi qu'au principe d'indépendance des syndicats qui ont droit de s'organiser et de fonctionner conformément aux statuts.

---

[23] Constitution du 18 février 2006, modifiée par la loi n° 11/002 du 20 janvier 2011 portant révision de certains articles, *Journal officiel de la RDC*, n° spéc., 5 février 2011.

[24] Article 241 de la loi n° 015/2002 portant code du travail.

b. La compétence de la délégation syndicale

Le Code du travail prévoit le droit de consultation de la délégation syndicale notamment sur les horaires de travail, les critères généraux en matière d'embauche, de licenciement et de transport des travailleurs, le système des rémunérations et des primes, l'élaboration et la modification du règlement d'entreprise et des conventions collectives (mécanismes de règlement des conflits collectifs de travail), les mesures à prendre en ce qui concerne la santé, la sécurité sur les lieux de travail, l'hygiène et la salubrité et le maintien de la discipline en vue de renforcer le pouvoir disciplinaire de l'employeur et de rendre ses mesures incontestables. Individuellement, les délégués syndicaux ont le pouvoir de présenter à l'employeur les réclamations individuelles des travailleurs, de veiller à l'application des règles d'hygiène et de sécurité ainsi que de saisir l'inspecteur du travail des réclamations des travailleurs. Par ailleurs, l'employeur est tenu d'informer la délégation syndicale du bilan économique, de la marche de l'entreprise et de ses perspectives, du chiffre d'affaires, de l'indice de productivité, du bénéfice global, etc.[25].

2 - Les syndicats d'employeurs

Il existe à ce jour en RDC, plusieurs syndicats d'employeurs. Les principales sont d'une part la Fédération des Entreprises du Congo, d'autre part l'Association Nationale des Entreprises Publiques. A sa création, la Fédération des Entreprise du Congo (FEC) était appelée l'Association nationale des Entreprises Zaïroises (ANEZA) ; sa création fut autorisée par une ordonnance-loi 72-028 du 27 juillet 1972[26]. L'article 6 de ladite ordonnance-loi dispose que l'association sera seule admise à représenter auprès des pouvoirs publics les activités commerciales, industrielles, artisanales et agricoles ainsi que les employeurs. A ce titre, la FEC demeure la partenaire obligée de l'État dans les négociations économiques et financières et dans la définition des modalités d'exécution des options socio-économiques définies par le Gouvernement dans ce champ d'activités. La FEC participe ainsi activement aux négociations sur la fixation des prix des

---

[25] *Ibidem*, articles 259 à 264.

[26] Ordonnance-loi n° 72-028 du 27 juillet 1972, *Journal officiel du Zaïre*, n° 15 du 1er aout 1972, p. 455.

produits stratégiques, sur la gestion monétaire et la protection du pouvoir d'achat de la monnaie[27].

De son côté, l'Association Nationale des Entreprises Publiques (ANEP) a obtenu la personnalité juridique en tant que syndicat d'employeurs, *via* un arrêté ministériel du 28 avril 2003[28]. L'article 3 des statuts de l'ANEP indique que son objet réside dans la défense et le développement des intérêts professionnels et économique de ses membres. L'ANEP entend notamment :

- soutenir tous les programmes visant l'amélioration des conditions économiques des entreprises membres et aider à la prise de conscience des dirigeants d'entreprises de la nécessaire contribution des entreprises au développement de la nation congolaise,
- servir d'organe représentatif et de liaison des membres auprès des pouvoirs publics, des autres organisations professionnelles nationales, africaines et internationales,
- représenter les intérêts des membres en toute circonstance, conformément aux dispositions des statuts,
- promouvoir la mise en place d'un cadre de concertation entre les membres en vue d'échange d'expériences en matière de gestion des entreprises,
- assumer les fonctions de Chambre de commerce, d'industrie et d'agriculture, dans le but d'y jouer un rôle consultatif quant aux projets *ad hoc* initiés ou à initier par l'État et ses partenaires.

La collection des mécanismes classiques du dialogue social dans le secteur privé conduit à la conclusion que dans une certaine mesure, l'État congolais s'efforce d'établir un dialogue avec le monde du travail dans le secteur privé. On peut estimer que c'est aussi le cas dans secteur public.

---

[27] J. Masanga Phoba Mvioki, *Droit congolais du travail*, L'Harmattan RDC, Kinshasa 2015, p. 232.

[28] Arrêté ministériel n° 372/CAB/MIN/J-GS/2003 du 28 avril 2003, *Journal officiel de la RDC* du 15 juin 2003, n°12, col. 12.

III - LES ACTEURS ET DIFFICULTÉS DU DIALOGUE SOCIAL DANS LE SECTEUR PUBLIC

Le syndicalisme dans le secteur public a évolué à l'image du syndicalisme dans le secteur privé du pluralisme à l'unitarisme, puis de nouveau au pluralisme. La seule différence est qu'il fut, à ses débuts, une forme d'organisation inconnue des congolais. De fait il a concerné au départ les fonctionnaires et les travailleurs blancs qui en avaient l'habitude, en connaissaient les mécanismes de fonctionnement et, surtout, jouissaient de la liberté d'association. Ainsi, très tôt, des conflits ont éclatés entre travailleurs blancs et tenants du pouvoir économique et politique. Conscients de leur force, les fonctionnaires décidèrent de former, le 23 janvier 1920, l'Association des Fonctionnaires et Agents de la Colonie (AFAC), le premier syndicat dans l'administration sur le sol congolais[29]. A ce jour, bien que le pluralisme syndical soit reconnu, l'exercice des activités syndicales n'est régi que par un arrêté ministériel dans l'attente de la loi portant Statut syndical[30]. Si cet arrêté comporte indéniablement des avancées pour l'exercice de l'activité syndicale dans l'administration publique (A), il n'en demeure pas moins que de sérieux écueils subsistent (B).

A – Des avancées concernant l'activité syndicale dans l'administration publique

La lecture de l'arrêté susvisé révèle qu'il comporte des acquis significatifs dans l'exercice de l'activité syndicale au sein de l'administration publique. Il reconnaît en effet à tous les agents soumis au Statut du personnel de carrière des Services publics de l'État, la liberté de créer des organisations syndicales, de s'y affilier ou d'adhérer à un syndicat de leur choix et de s'en retirer. L'arrêté reconnaît en outre aux agents concernés et aux organisations syndicales un certain nombre de droits dont celui de manifestation, l'indépendance et la protection contre les traitements discriminatoires et les sanctions arbitraires de toute sorte en raison d'activités

[29] F. Kikongi di Mwinsa Lekula, *op. cit.*, pp. 11-12.

[30] Arrêté ministériel n° CAB.MN/FP/J-CK/SGA/KMI/MW/0535/LAW/008//2013 du 1er juillet 2013 portant réglementation provisoire des activités syndicales.

syndicales et contre toute ingérence de l'autorité publique dans le fonctionnement et l'administration du syndicat. Les anciens délégués et dirigeants des syndicats bénéficient de la même protection dans les six mois suivant la fin de leurs mandats. Les candidats non élus ou non réélus sont aussi protégés dans les mêmes conditions. De plus, le délégué syndical ne peut être muté, encore moins détaché, contre son gré. La délégation syndicale assure la défense des intérêts des agents de l'État à propos de toutes questions touchant à la carrière des agents et fonctionnaires de l'État. Néanmoins, la constitution et l'enregistrement des syndicats des agents de l'État sont sujets à caution.

B - Des écueils à l'existence de syndicats dans l'administration publique

Les articles 4 et 9 de l'arrêté prévoient que les organisations syndicales au sein de l'administration publique sont constituées conformément à la loi portant dispositions générales applicables aux associations sans but lucratif avant leur enregistrement au ministère de la Fonction publique et que cet enregistrement n'est définitif qu'après la publication de l'arrêté accordant au syndicat requérant la personnalité juridique. De ces dispositions, il ressort que pour pouvoir fonctionner au sein de l'administration publique, le syndicat doit remplir deux conditions, d'une part être constitué, au préalable, en association sans but lucratif dotée de la personnalité juridique (1), d'autre part être enregistré en tant que tel (2).

1 - La constitution préalable du syndicat en association sans but lucratif

L'obtention de la personnalité civile par une association sans but lucratif est régie par une loi du 20 juillet 2001[31]. Les articles 3 et 4 de cette dernière disposent que la personnalité juridique est accordée par le Ministre de la Justice après avis favorable du ministre ayant dans ses attributions le secteur d'activités visé et que la requête en

[31] Loi n° 4-2001 du 20 juillet 2001 portant dispositions générales applicables aux associations sans but lucratif et aux établissements d'utilité publique, *Journal officiel de la RDC*, n° spéc., 15 août 2001, p. 7.

obtention de la personnalité juridique, dûment signée par les membres effectifs chargés de l'administration ou de la direction de l'association, est adressée, en double exemplaire, contre récépissé, au Ministre de la Justice sous couvert du ministre ayant dans ses attributions le secteur d'activités concerné. Elle doit être accompagnée de plusieurs documents dont les certificats de bonne conduite, vie et mœurs de tous les membres effectifs chargés de l'administration ou de la direction de l'association et une déclaration relative aux ressources prévues par l'association en vue de réaliser l'objectif qu'elle s'assigne. De ces dispositions, il ressort qu'un syndicat de l'administration publique ne peut obtenir la personnalité civile que par un arrêté du Ministre de la Justice, pris après avis favorable du ministre ayant dans ses attributions l'objet social du syndicat, pour autant que le syndicat dépose une déclaration de ressources et que ses dirigeants soient reconnus de bonne vie et mœurs.

Au regard de ce qui précède, l'arrêté portant réglementation provisoire des activités syndicales au sein de l'administration publique apparaît liberticide à plusieurs titres. L'exigence d'un accord préalable de la personnalité civile au syndicat s'analyse en une autorisation administrative. Elle est en totale contradiction avec le principe de la liberté syndicale, tel que consacré à l'article 2 de la convention OIT n° 87, qui veut que le syndicat existe sans autorisation administrative préalable. On sait également que l'article 8 de même convention stipule que « La législation nationale ne devra porter atteinte ni être appliquée de manière à porter atteinte aux garanties prévues par la présente convention ». Les conditions d'obtention de l'autorisation administrative préalable paraissent, pour le moins, dénuées de tout sens lorsque l'on sait que le ministre en charge des attributions dans lesquelles entre l'objet social d'un syndicat de la fonction publique, devra émettre un avis favorable sur la base duquel le Ministre de la Justice prendra un arrêté accordant la personnalité civile. Que se passe-t-il si ledit ministre refuse de donner un avis ou émet un avis défavorable ? Par ailleurs en ce qui concerne l'obligation de déclaration des ressources, est-il fondé de subordonner l'octroi de la personnalité civile à un syndicat qui vient d'être créé et qui n'a pas encore perçu de cotisations, ni de dons, legs ou subsides susceptibles de lui permettre de disposer des ressources nécessaires à la réalisation de son objet social ? Enfin, l'obligation pour le syndicat requérant de produire les certificats de nationalité des membres chargés de son administration ou de sa direction entre gravement en contraste avec la loi régissant les associations sans but lucratif, dans la mesure où celle-ci ne fait pas de la nationalité congolaise, la condition pour diriger ou administrer une telle association. En toute hypothèse, comment un arrête se référant à une loi pourrait-il se permettre d'y déroger ?

Il reste à relever la possibilité pour un syndicat de passer par les mailles du filet pour fonctionner en vertu de l'article 5 de loi régissant les associations sans but lucratif. En effet, celui-ci dispose que : « en attendant l'obtention de la personnalité juridique, l'avis favorable du ministre ayant dans ses attributions le secteur d'activité visé, vaut autorisation provisoire de fonctionnement. En ce qui concerne les associations sans but lucratif enregistrées en province, l'autorisation provisoire est accordée par le Gouverneur de province. L'autorisation provisoire a une validité de six mois ; passé ce délai, la personnalité juridique est censée être octroyée. Dans ce cas, le Ministre de la Justice est tenu de délivrer l'arrêté portant octroi de la personnalité juridique dans le mois qui suit ».

2 – Le nécessaire enregistrement du syndicat

Lorsqu'en vue de l'enregistrement, le Ministre de la Fonction publique constate que les statuts déposés par le syndicat requérant ne sont pas conformes aux dispositions de l'arrêté ministériel précité, il peut, si le syndicat ne se conforme pas à ses observations, refuser son enregistrement. La décision du refus est susceptible de recours en justice. Si cette dernière prévision apparaît fort louable sur le plan du principe, elle pose problème au regard de l'absence de neutralité des magistrats appelés à dire le droit en RDC. Ceux-ci sont souvent obligés de se plier aux injonctions de leur hiérarchie et/ou des politiciens.

A partir du moment où le Gouvernement, agissant *via* le ministre de tutelle, est à même de filtrer les requêtes d'enregistrement des syndicats par l'émission d'un avis préalable valant autorisation de fonctionnement, puis par l'octroi de la personnalité juridique par le Ministre de la Justice et enfin par l'enregistrement du syndicat par le Ministre de la Fonction publique, les chances d'aboutissement heureux d'une procédure judiciaire contre un acte du Gouvernement sont parfaitement illusoires.

CONCLUSION

En substance, la RDC dispose de mécanismes de dialogue social contenus non pas dans un seul texte juridique, mais dans plusieurs instruments légaux et réglementaires. Les dispositions des textes examinés démontrent qu'est possible en RDC un certain dialogue social, pour ne pas dire un dialogue social certain. L'État congolais s'est efforcé de promouvoir le dialogue social *via* la reconnaissance de la liberté d'association et d'expression et la protection des acteurs sociaux, spécialement des délégués syndicaux contre toute mesure vexatoire ou discriminatoire pour des faits accomplis dans l'exercice de leurs missions.

L'exercice des activités syndicales est reconnu à tous les travailleurs sans distinction de sexe ni de race, en dépit des reculs relevés concernant la condition de nationalité et l'exclusion de certaines catégories de travailleurs dans l'accès à l'administration et à la direction des syndicats. Outre la nécessité de modifier de telles prévisions, les pouvoirs publics devraient supprimer pour un syndicat de l'administration publique, la condition préalable d'obtention de la personnalité juridique avant son enregistrement. Par-delà les résistances juridiques, il faut relever les faiblesses d'investissements des acteurs, et notamment en RDC l'insuffisante participation des femmes dans l'activité syndicale. En définitive, le dialogue social est un idéal que chaque État s'efforce d'atteindre en fonction de son développement économique et social, mais aussi des réalités sociologiques et des attitudes culturelles de la population. En ce sens : à chaque État son dialogue social ! Mais, l'important, reste de parvenir à un dialogue minimum permettant un échange franc, libre et sincère d'opinions et d'avis dans l'intérêt de tous.

DIALOGUE SOCIAL EN CÔTE D'IVOIRE : DE L'ÉTOUFFEMENT Á LA LIBÉRATION PAR LE DROIT ?

Nanga SILUÉ[1]

Le dialogue social, qui est devenu une catégorie juridique avec la loi ivoirienne du 20 juillet 2015[2] portant Code du travail, n'est pas le dialogue tout court. En écoutant certains intervenants africains à ce colloque et surtout en parcourant certaines études africaines sur la question, le dialogue serait familier aux droits du travail africain d'expression française, en ce qu'il serait consubstantiel aux sociétés africaines[3]. Le propos est excessif. Une distinction doit être faite entre le dialogue social s'établissant dans le cadre spécifique du droit du travail et le dialogue, simple expression de relations humaines dans toute société de la même nature. Certes, les deux dialogues ont en commun l'échange verbal d'informations entre au moins deux personnes physiques. Mais, là s'arrêtent les similitudes. Ils s'en éloignent de par la dimension antidémocratique de la version africaine du dialogue. Cette dernière pèche de par l'absence d'un acteur important, notamment la femme qui ne participait pas au débat public. Dans l'approche africaine du dialogue, la femme joue un rôle invisible. Elle est tout au plus créancière d'informations sur les résultats du dialogue. C'est en vain que l'on invoquera la pratique ancestrale de l'arbre à palabres, lieu de débats publics et

---

[1] Agrégé de droit privé et de sciences criminelles, Université Alassane Ouattara, Côte d'Ivoire

[2] Loi n° 2015-532 du 20 juillet 2015 portant Code du travail, *JORCI* n°74, p. 1194 et s. Mais bien que devenue une catégorie juridique comme le contrat de travail (article 14. 1 du Code du travail), le dialogue social n'est pas défini en droit ivoirien. Le législateur a seulement jugé utile de décrire les instances dans les articles 71.1 à 7.6 du Code du travail.

[3] N. Zatou Koto Yerima, « La pratique du dialogue social au Bénin : Bilan et perspectives », Friedrich-Ebert-Stiftung, Le Cotonou Bulletin, p. 5 et s.

contradictoires, pour démontrer les liens séculiers qui régiraient les deux dialogues puisque là encore, c'est-à-dire sous l'arbre à palabres, la femme ne pouvait qu'être sujet passif. La méthode et le résultat du dialogue sont un autre point de discorde.

Alors que dans le dialogue social, le principe est l'égalité et la liberté des acteurs, qui permettent d'initier une discussion consensuelle et d'aboutir ou non à un accord de la même nature, le dialogue en Afrique n'en a cure. Un seul homme, le chef ou le roi, consulte ses notables ou conseillers pour décider. A bien réfléchir, l'on ne trouve guère trace d'une ambiance de dialogue au sens que l'on l'entend dans l'entreprise, puisqu'en réalité l'avis du chef n'est pas un avis conforme mais consultatif. Ce qui incline à penser que finalement le résultat du dialogue dans le contexte africain n'est pas consensuel ou mutuellement accepté comme l'on l'aurait souhaité en droit du travail discipline d'ailleurs inconnue des droits traditionnels africains.

Le dialogue social n'est pas la négociation collective[4] ; il n'est pas non plus un élément constitutif de celle-ci comme tente de le faire croire la réforme ivoirienne du 20 juillet 2015 qui loge les « Instances du dialogue social » dans le Titre VII réservée à la « négociation collective ». C'est au contraire l'inverse qu'il y a lieu d'observer. La négociation collective est contenue dans le dialogue social. Alors que la notion de dialogue social est extensible à souhait, pour peu qu'elle soit cantonnée à la sphère de l'entreprise, la négociation collective

---

[4] Une définition stipulative de la négociation collective apparaît dans ce que certains auteurs désignent par « représentation collective des travailleurs ». Celle-ci est « *tout dispositif à travers lequel ou toute pratique dans laquelle un organisme (doté ou de ce que nos ordres juridiques dénomment la personnalité juridique ou personnalité morale), un groupe d'individus (personnes physiques ou personnes naturelles dans le langage de nos droits nationaux) ou un ou plusieurs individus agissant individuellement ou de manière coordonnée, s'expriment ou accomplissent des actes matériels (démarches, organisations de réunions, actions de lutte de travail, etc.) ou juridiques (participation à une délibération, signature d'un accord, introduction d'une action en justice, etc.) pour le compte et/ou au nom de travailleurs formant une plus ample collectivité et dont ils sont censés exprimer ou incarner les intérêts ou les points de vue* » (*Cf.* A. Jeammaud et M. Le Friant, « Démocratie sociale et droit de la représentation collective : enjeux théoriques », *in* M.-A. Moreau (dir.), *La représentation collective des travailleurs. Ses transformations à la lumière du droit comparé*, Dalloz, Thèmes et commentaires, 2012, p. 17).

dont l'objectif est d'aboutir à la conclusion ou non d'une convention collective[5] ou d'un accord collectif[6] s'en trouve être bornée par son champ d'application matériel ou spatial.

Comme dans l'exemple précédent, le dialogue social ne doit pas s'apparenter uniquement aux modes alternatifs de règlements des différends que sont la conciliation, l'arbitrage ou la médiation. Au contraire, le dialogue social couvre aujourd'hui chacun de ces modes de règlements des conflits.

Que faut-il entendre par « responsabilité du droit » ? Là encore, mon apport sera modeste, peut-être décevant puisque le terme responsabilité peut avoir plusieurs sens. Mais quel que soit l'angle sous lequel l'on se place, la responsabilité est appréhendée sous un aspect accusateur dans lequel elle est à l'origine de situation dont elle doit répondre.

Ramené au sujet traité, le vocable responsabilité renverrait à la fonction du droit, au rôle joué par le droit dans le tracé du destin du dialogue social. Sauf à préciser que le terme droit utilisé ici ne s'épuise pas dans la loi. Il désigne également le règlement, la jurisprudence. Ce qui permet de suggérer que par « droit » il faut entendre, le droit étatique. En reformulant, il semble que la question posée est relative à la détermination de la fonction ou du rôle joué par le droit dans le tracé du destin du dialogue social dans les relations de travail en Côte d'Ivoire.

Pour répondre, il est possible d'adopter une démarche chronologique. Car récemment, depuis le 20 juillet 2015, le législateur a réformé en profondeur son droit du travail et surtout les règles

---

[5] L'article 72.1 du Code du travail ivoirien indique que la convention collective de travail « *est un accord relatif aux conditions d'emploi et de travail conclu entre, d'une part, les représentants d'un ou de plusieurs syndicats ou groupements professionnels de travailleurs et, d'autre part, une ou plusieurs organisations syndicales d'employeurs ou tout autre groupement d'employeurs ou un ou plusieurs employeurs pris individuellement* ».

[6] Contrairement à la convention collective, nous n'avons pas connaissance d'une définition légale de l'accord collectif. Ce vocable est employé comme synonyme de la convention collective. Or, dans la pratique, l'accord collectif à un champ beaucoup plus réduit que celui de la convention collective.

touchant au dialogue social. Pour la première fois, il reprend à son compte la notion de « dialogue social ». Il a créé tout un titre qu'il nomme « négociation collective », autre forme du dialogue social. En outre, le droit des syndicats a été amélioré. Par exemple la section syndicale a vu le jour en droit ivoirien. Il en est de même du comité d'entreprise. Parler de la part de responsabilité du droit dans la « réalité du dialogue social » invite à faire état de cette réforme d'envergure dans laquelle le législateur s'est engagé plus ou moins à promouvoir le dialogue social.

Cependant, se contenter de décrire la réforme ivoirienne du dialogue social intervenue seulement le 20 juillet 2015, c'est aborder partiellement le sujet. L'intitulé du sujet fait état de « réalité » dans « réalité du dialogue social ». La réforme n'a pas encore atteint sa phase de croisière, les décrets d'application n'ayant pas encore été pris. Traiter la totalité du sujet oblige donc à revenir sur l'état du droit avant la réforme que le juriste inscrit dans l'histoire du droit. Or, si l'on tient compte de cette histoire qui part de la réception du droit du travail, l'analyse donne à voir que le dialogue social a jusque-là été bridé sinon étouffé par le droit. Ce sont ces deux moments qui, dans l'ordre chronologique, vont retenir notre attention. Il paraît ainsi nécessaire de passer en revue les leçons de l'histoire selon lesquelles le droit a étouffé le dialogue social (I), avant de traiter des promesses de l'actualité juridique dans laquelle apparaît une promotion du dialogue social par le droit (II).

I - LES LEÇONS DE L'HISTOIRE : L'ÉTOUFFEMENT DU DIALOGUE SOCIAL PAR LE DROIT

Les leçons de l'histoire révèlent une relation conflictuelle entre le dialogue social et le droit. Elles démontrent que le droit a toujours empêché le dialogue social de s'épanouir. D'où tient-on une telle affirmation ? Comment le dialogue social a-t-il été bridé par le droit ? La première question invite à remonter à l'origine du problème qui fait dire que, parmi les sources du droit du travail, le législateur ivoirien a fait le choix d'ériger la loi en modèle (A). En revanche, la seconde question posée oblige à la restitution des différentes traductions de la réduction de l'espace du dialogue social (B).

A - L'imposition de la loi comme modèle

Dans les systèmes juridiques qui se côtoient, une opposition est faite entre les systèmes légalistes ou légicentriques d'inspiration romano germanique et les systèmes de la *common law* d'origine anglo-saxon. Alors que dans le premier groupe, la loi a une valeur symbolique, voir mythologique et constitue la source principale de la normativité, dans le second groupe, c'est à la jurisprudence que les honneurs ont été accordés.

Le système juridique ivoirien se réclame du premier groupe. Cette priorité accordée à la loi sur les autres sources de droit est consacrée au plus haut niveau par la Constitution. L'article 71 de la Constitution dispose qu'il revient à la loi et non à la convention (c'est-à-dire au dialogue social) de fixer les règles concernant le droit du travail, le droit syndical et les institutions sociales. La même attitude est observée en ce qui concerne les textes de portée législative[7].

Ce qui fait que dans le contexte ivoirien, la loi ne se contente pas de préciser les principes généraux du droit du travail. Elle donne dans le détail avec la prétention de trouver une solution à tout. Le propos n'insinue pas pour autant que la loi nie au dialogue social sa qualité de source du droit du travail. L'analyse défend la thèse selon laquelle lorsque la loi renvoie au dialogue social, c'est uniquement pour lui

[7] *Cf.* Article 8 du Code du travail. L'alinéa 1er de ce texte déclare que seul l'acte législatif (loi), à l'exclusion de toute autre source du droit travail, est d'ordre public : « *sous réserve de dérogations expresses, les dispositions du présent Code sont d'ordre public. En conséquence, toute règle résultant d'une décision unilatérale, d'un contrat ou d'une convention et qui ne respecte pas les dispositions dudit Code ou des textes pris pour son application est nulle de plein droit* ». Dans la même veine, l'alinéa 2 précise que la convention collective, fruit du dialogue social, ne peut que créer des droits supérieurs à ceux prévus par la loi (principe de faveur) : « *Toutefois, le caractère d'ordre public ne fait pas obstacle à ce que des garanties ou des droits supérieurs à ceux prévus par le présent Code soient accordés aux travailleurs par décision unilatérale d'un employeur ou d'un groupement patronal par un contrat de travail, une convention collective ou un usage* ». *A contrario*, seule la loi peut en créer de moindre importance. Le fait que la convention collective ne peut pas créer des droits inférieurs à ceux prévus par la loi (cas des accords dérogatoires en France), la place dans une situation d'infériorité par rapport à celle-ci.

rappeler la place résiduelle qu'il doit occuper dans l'ordonnancement juridique ivoirien. La taille de la loi qui réduit à peau de chagrin les capacités du dialogue social confirme cette allégation. Mais, c'est surtout la consécration de la règle du principe de faveur[8] appliqué à la convention collective qui exclut, *de jure,* l'hypothèse des accords dérogatoires que l'on retrouve en droit comparé qui constitue l'expression la plus visible du caractère supplétif (subsidiaire) du dialogue social. Au regard de ce principe, la convention collective ne peut déroger à l'ordre public. La question reste de savoir quels sont les espaces réservés à l'ordre public et ceux qui en sont exclus ? Cette interrogation n'est pas sans importante dans la mesure où toutes les dispositions du Code du travail sont d'ordre public[9] et la sanction qui en résulte en cas de violation est la plus grave qui soit, c'est à dire, la nullité.

Comment alors le système juridique ivoirien en est arrivé à cette surestimation de la loi qui scelle le sort du dialogue social ? Pour répondre à cette interrogation, il est nécessaire de remonter aux origines du droit ivoirien. En effet, le droit ivoirien est fils du droit français. Or en France, contrairement à la convention (fruit du dialogue), la loi est l'expression idéalisée de la volonté générale. Elle est parée des vertus que la Déclaration de 1789 lui confère en tant que pièce maîtresse de la hiérarchie des normes. Transféré en droit ivoirien par le biais de la technique de la continuité législative[10], cette déclaration a pendant longtemps continué de faire partie du patrimoine juridique ivoirien puisque référence en avait été faite par le préambule

---

[8] Article 71.2 du Code du travail : « *la convention collective peut contenir des dispositions plus favorables aux travailleurs que celles des lois et règlements en vigueur. Elle ne peut déroger aux dispositions d'ordre public définies par ces lois et règlements* ». Cette disposition a survécu à toutes les modifications du Code du travail et même à celle actuellement en vigueur du 20 juillet 2015. Sur la consécration du principe de faveur en droit ivoirien, voir l'article 8 alinéa 2 du Code du travail : « *toutefois, le caractère d'ordre public ne fait pas obstacle à ce que des garanties ou droits supérieurs à ceux prévus par le présent Code soit accordés aux travailleurs par décision unilatérale d'un employeur ou d'un groupement patronal par un contrat de travail, une convention collective ou un usage* ».

[9] Article 8 du Code du travail.

[10] *Cf.* Article 76 de la Constitution de 1960 devenu l'article 133 de la Constitution ivoirienne de 2000 : « *La législation actuellement en vigueur reste applicable, sauf l'intervention de textes nouveaux, en ce qu'elle n'a rien de contraire à la présente Constitution* ».

de la Constitution. Il a fallu attendre la Constitution de l'an 2000 pour que disparaisse la référence à la déclaration française considérée comme le fondement de la conception idéalisée de la loi aussi bien en droit français qu'en droit ivoirien. Cependant, en remontant jusqu'à la déclaration de 1789 pour expliquer les rapports qu'entretiennent le dialogue social et le droit, l'on est curieux de connaitre les différentes formes de cohabitations qui se sont succédées dans le temps.

B - Les formes d'expression de l'étouffement du dialogue

Pour comprendre les modalités (formes) d'expressions de l'étouffement du dialogue social, il est nécessaire de retracer l'histoire du couple étudié. Cependant, une précaution doit être observée. Pour être objective, la restitution de l'histoire des relations de la loi et du dialogue social ne doit pas se limiter à l'ère de la Côte d'Ivoire indépendante. Il est nécessaire de remonter à l'époque de la colonisation. Tout d'abord, parce que c'est pendant cette période que le salariat, terrain d'investigation du sujet, qui jusque-là, était une spécificité des droits occidentaux, notamment du droit français, a fait surface en droit ivoirien. Ensuite, c'est à cette même époque qu'ont été adopté les premières règles qui ont fait de la loi l'instrument de mesure de la normativité en droit du travail au détriment de la convention et/ou du dialogue social.

Si l'on observe cette précaution, au moins quatre formes de marginalisations du dialogue social par le droit ont été repérées. La première commence avec la colonisation officielle de la Côte d'Ivoire en 1893. Elle prend fin en 1937. Phase la plus radicale, elle peut être qualifiée de la négation pure et simple du dialogue social en ce que la loi ne laisse aucune place à ce dernier. Pendant cette période, les différentes libertés (d'expression du salarié, syndicale ou d'association), fondation du dialogue social ne sont pas pensables, puisqu'elles sont interdites par la loi. Mais cette affirmation appelle des précisions. Il ne faut pas confondre ici, l'histoire de la loi et du dialogue social français et l'histoire de la Côte d'Ivoire concernant le même sujet. Evoquant la question en droit ivoirien, il n'est pas rare de voir les auteurs remonter à la loi Le « chapelier » des 14-17 juin 1971 et aux débats sur la reconnaissance de la liberté syndicale par la loi française du 21 mars 1884 proclamée bien avant la consécration de la liberté d'association en 1901. A cause du principe de la spécialité législative[11] applicable à l'époque coloniale ainsi que le traitement discriminatoire[12] auquel étaient soumis les travailleurs africains, ce débat français n'a jamais concerné le droit positif ivoirien.

La seconde forme de marginalisation du dialogue social commence en 1937 et prend fin en 1960, date de l'indépendance de la Côte d'Ivoire. Comme la première forme, cette manifestation de la marginalisation du dialogue social a eu lieu pendant l'époque coloniale. Mais à la différence de celle-là, des signes avant-coureurs d'un dialogue social avaient été enregistrés. Ainsi, dès 1937, la liberté syndicale a été reconnue dans les colonies françaises d'Afrique noire. Cette initiative a été renforcée par la Conférence de Brazzaville qui s'est tenue du 30 janvier au 8 février 1944 et qui a préconisé le développement d'associations professionnelles comme moyen efficace d'améliorer la condition du travailleur indigène. Profitant de cette nouvelle ère introduite par les recommandations de la Conférence de Brazzaville favorables à la réception du dialogue social, le paysan Houphouët-Boigny créa le syndicat agricole africain dont le premier congrès a eu lieu en septembre 1944 à la maison du combattant à Abidjan. Grâce à son dynamisme, il obtient l'abolition du travail forcé dans les colonies française à travers la loi du 1er février 1944 qui porta son nom (Loi « Houphouët-Boigny »)[13]. En outre, pendant que certains africains luttaient pour la reconnaissance d'un droit du travail spécifique aux africains, Houphouët-Boigny militait au contraire pour une unification du droit applicable aux travailleurs blancs et noirs.

---

[11] Sur les manifestations du principe de spécialité législative en droit social : N. Silué, « Les risques professionnels en Côte d'Ivoire », *in* Ph. Auvergnon (dir.), *Droit de la santé et de la sécurité au travail en Afrique subsaharienne*, L'Harmattan, 2014, p. 23.

[12] L'on se trouve alors encore sous le règne du système de l'indigénat et du travail forcé ; le Code de l'indigénat a été adopté le 28 juin en 1881. Ce Code distinguait deux types de personnes : les sujets et les citoyens. La première catégorie, les travailleurs originaires des colonies et les travailleurs immigrés étaient assujettis au travail forcé. Or, cette forme de travail est incompatible avec la logique du dialogue social qui fait une part belle à l'autonomie de la volonté.

[13] Cette loi comportait quelques limites puisqu'elle ne prévoyait pas des sanctions contre les contrevenants.

L'engagement d'Houphouët-Boigny a permis d'ouvrir la porte à une série d'actions concrètes allant dans le sens de l'instauration du dialogue social comme source de normativité à côté de la loi. Sans prétendre à une exhaustivité, l'on peut citer par exemple le décret français du 11 avril 1946 relative à la consécration de la liberté de réunion dans les colonies d'Afrique, celui du 7 mai 1946 relatif à l'abolition du système de l'indigénat dans les colonies d'Afrique, la Constitution française du 27 octobre 1946 qui a reconnu le droit de former des syndicats dans les colonies françaises sans distinction de race, de langue ou de religion dans l'ensemble des territoires de la France d'outre-mer et enfin le code Moutet du 17 octobre 1947 qui a été une initiative éphémère puisqu'il a été abrogé un mois après son adoption suite à un changement de Ministre au département d'outre-mer (Coste Floret). Après ces différentes actions, il a fallu attendre quatre ans pour voir naitre le Code du travail des Territoires d'Outre-Mer de 1952. Ce code est considéré par les auteurs comme l'instrument le plus abouti qui a donné naissance à la conception moderne du droit du travail et partant du dialogue social en Afrique en général et en Côte d'Ivoire en particulier.

En application de tous ces instruments juridiques, plusieurs acteurs du dialogue social, notamment les syndicats ont vu le jour. Il s'agit de l'Union générale des Travailleurs d'Afrique Noire (UGTAN), (créé sous l'initiative de Monsieur Houphouët-Boigny ainsi que d'autres dirigeants d'Afrique noire de l'AOF) et de la Confédération africaine des Travailleurs Croyants (CATC).

Mais pendant cette période, une remarque concernant l'objet de ces différents syndicats pouvait être faite. Contrairement aux syndicats actuels qui ont pour objet exclusif « l'étude ou la défense des droits ainsi que les intérêts matériels et moraux, tant collectifs qu'individuels des personnes, professions ou entreprises visées par leurs statuts »[14], les syndicats de l'époque semblaient plus préoccupés par d'autres réalités. En effet, ils servaient surtout d'instrument de lutte politique, de lutte pour les indépendances. C'est pourquoi, le plus souvent les dirigeants syndicaux étaient également des représentants politiques.

---

[14] Article 51.2 du Code du travail.

La troisième forme de marginalisation du dialogue social par le droit commence avec l'indépendance de la Côte d'Ivoire en 1960 et prend fin en 1990. Elle peut être qualifiée de phase d'endoctrinement. Elle repose sur une philosophie ou un discours des dirigeants selon lequel, les ivoiriens sortis de la domination étrangère, il n'y avait plus de raisons de recourir aux luttes sociales comme moyen de revendication. Le plus important était de se consacrer au développement interne du pays incompatible avec un climat de tension. D'où l'institution d'un parti-État à savoir le Parti Démocratique de Côte d'Ivoire (PDCI) qui a organisé la mise sous tutelle des syndicats. Cette mise sous tutelle s'est manifestée par la création d'une centrale syndicale unique[15] qui était en réalité un appendice du parti unique au pouvoir, et dont les dirigeants eux-mêmes étaient des responsables politiques désignés comme tels par ledit parti. Il est vrai que pendant cette période, des tentatives d'émancipation de syndicats à travers la création de syndicats autonomes qui ont refusé de se fondre dans la centrale syndicale unique ont vu le jour. Il s'agit notamment du Syndicat National de la Recherche et de l'Enseignement Supérieur (SYNARES) et du Syndicat National de l'Enseignement Secondaire de Côte d'Ivoire (SYNESCI).Mais à bien observer, ces initiatives rebelles à l'endoctrinement des syndicats ont été circonscrites au dialogue social dans la fonction publique à l'exclusion du dialogue social dans le secteur privé domaine de prédilection de l'étude.

Il a fallu attendre l'année 1990 pour que ce mouvement d'autonomie des syndicats de la centrale syndicale unique, qu'était l'Union générale des travailleurs de Côte d'Ivoire (UGTCI), s'étende aux syndicats professionnels du secteur privé. Ce fut le début d'un processus de ré-articulation des sources de normativité que sont la loi et le dialogue social qui venait ainsi d'être annoncé. La loi du 20 juillet 2015 prolonge cette réflexion de la libération du dialogue social par le droit, même si le juriste peut faire le constat qu'il ne s'agit que de promesses qui attendent d'être réalisées.

---

[15] Il s'agit de l'Union Générale des Travailleurs de Côte d'Ivoire (UGTCI).

II - LES PROMESSES DE L'ACTUALITÉ : LA LIBÉRATION DU DIALOGUE SOCIAL PAR LE DROIT

En dépit de la publication au Journal officiel de la loi du 20 juillet 2015, qui en fait une loi de la République, le vocable de promesses utilisé ici ne doit pas surprendre. Son usage s'explique par la nouveauté de la loi dont les décrets d'application n'ont pas encore été adoptés. Faute d'application effective de la loi, l'on se contentera d'exposer ce qui apparaît aux yeux des observateurs comme une volonté du législateur de garantir un dialogue social de qualité (B). Mais, avant il n'est pas inutile de rappeler les précautions prises à travers la préparation des conditions de réalisation d'un tel dialogue social (A).

A - L'apprêtement du dialogue social

De la lecture de la loi du 20 juillet 2015, le législateur semble être résolu à combler le retard pris par le dialogue social parmi les sources du droit du travail. Pour atteindre cet objectif, il ne se contente pas de proposer des recettes toutes faites relatives au résultat du dialogue social. Il procède à la préparation du terrain qui permettra ensuite à la mise en place d'un cadre propice à l'épanouissement d'un dialogue social responsable. Cette vision le conduit à rechercher l'efficacité des acteurs et des instances du dialogue social.

Sur le premier aspect, la réforme de 2015 a procédé à une consolidation juridique des acteurs du dialogue social que sont les syndicats, les délégués du personnel, l'inspection du travail, le médiateur de la République... Quand l'on prend l'exemple des syndicats, acteurs indispensables dans la représentation des salariés, la loi de 2015 a apporté plusieurs éclaircissements destinées à asseoir les fondations d'un dialogue social responsable. Tout d'abord, pour la première fois, le syndicat a été défini[16]. Mais, il ne faut pas voir dans

---

[16] Article 51.2 du nouveau Code du travail : « *Les syndicats professionnels sont des associations de personnes exerçant une profession, des métiers similaires ou connexes ayant exclusivement pour objet l'étude et la défense des droits ainsi que des intérêts matériels et moraux, tant collectifs qu'individuels des personnes, professions ou entreprises visées par leurs statuts* ».

cette définition du syndicat, un acte anodin. Dans sa définition, le législateur précise que le syndicat professionnel est une association. Ce qui signifie que les syndicats professionnels ivoiriens sont régis par la loi n° 60-315 du 21 septembre 1960 relative aux associations. Or, l'article 2 de la ladite loi dispose que « les associations de personnes peuvent se former librement sans autorisation préalable ». Apparaît donc à travers cette définition, la consécration solennelle du principe de liberté (de création et d'exercice) qui caractérise le syndicat. Mieux, le législateur met en garde expressément l'autorité administrative contre ses tentations de s'octroyer des pouvoirs de limitation de création des syndicats qu'elle n'a pas. Ainsi, rappelle-t-il allègrement dans l'article 51.11 du nouveau Code du travail que les syndicats professionnels ne peuvent faire l'objet de suspension ou de dissolution administrative. Ce qui signifie que seul le juge est habilité à prononcer la suspension ou la dissolution d'un syndicat.

Dans le même ordre d'idées, certaines notions restées jusqu'ici imprécises ont été clarifiées. Ce sont les notions de syndicat de base, fédération syndicale, confédération ou centrale syndicale ainsi que les niveaux d'intervention dans le dialogue social. En plus de ces dispositions relatives à l'idée même de syndicat et au régime de liberté qui le caractérise, plusieurs mesures ont été prises allant dans le sens de la consolidation de la légitimité de l'action syndicale. Il s'agit notamment de la consécration de la section syndicale[17], la précision du critère déterminant de l'audience du syndicat, à savoir les résultats des élections professionnelles, la précision de la mission du délégué syndical qui n'est plus comme par le passé un simple représentant du syndicat, mais l'acteur principal du dialogue social dans l'entreprise dans la mesure où il lui revient de négocier les accords d'établissement[18].

Concernant le second aspect tenant aux instances du dialogue social, l'apport de la loi du 20 juillet 2015 s'observe à travers deux types de mesures. Les premières visent la création d'instances nouvelles de dialogue social. Les secondes se rattachent à la redynamisation de structures déjà existantes. Les instances qui ont vu

[17] Article 51.3.
[18] Article 62.2.

le jour avec la loi du 20 juillet 2015 sont au nombre de deux. Il s'agit de la Commission nationale du dialogue social (CNDS) qui a succédé à la défunte Commission nationale du travail (CNT)[19] et le Comité technique consultatif pour l'étude des questions intéressant la santé et la sécurité.

En ce qui concerne la première instance citée, c'est l'intitulé en soi reprenant le vocable « dialogue social » qui donne une idée de la place importante accordée dorénavant à cette source de normativité en droit du travail ivoirien. En effet, à travers cette dénomination, il apparaît clairement une volonté manifeste du législateur de favoriser une montée en puissance du dialogue social. Cet outil ne doit plus être considéré comme une source discrète ou résiduelle du droit du travail. D'ailleurs, la définition et la description des missions de la nouvelle instance créée confirment la détermination du législateur. A l'en croire, « *le CNDS est un organe tripartite de concertation et de réflexion permanente entre les partenaires sociaux et le gouvernement sur des questions de toute nature en rapport avec le monde du travail* »[20]. La permanence du cadre de réflexion ainsi crée subodore la fonction préventive des conflits de travail assignée au CNDS. Mais certaines dispositions de la loi nouvelle ainsi que la description des missions du CNDS résultant du Décret de 2015 indiquent que cette instance est également été dotée d'une fonction curative dans la mesure où la loi l'associe pleinement aux règlements des conflits lorsqu'ils se produisent[21]. Par exemple, le Comité national de dialogue social peut être saisi à des fins d'arbitrage ou de médiation[22]. Mieux, il est obligatoirement saisi en cas de licenciement pour motif

[19] Le Conseil National du Travail (CNT) a été créé par le décret n° 2007-608 du 8 novembre 2007. Par décret n° 2015-615 du 23 septembre 2015, le décret du 8 novembre instituant le CNT a été modifié pour instituer le Conseil National du Dialogue Social (CNDS). Ainsi, selon l'article 1er du décret du 23 septembre 2015, « *dans l'intitulé et dans les dispositions du décret n° 2007-608 du 8 novembre 2007 susvisé, la dénomination « Conseil National du Travail, en abrégé CNT* » est remplacée par « Conseil National du Dialogue Social », en abrégé « CNDS ».

[20] Article 71.4 du nouveau Code du travail.

[21] Voir sur ce point, l'article 3 nouveau du décret n° 2015-651 du 23 septembre 2015 portant modification du décret n° 2007-608 du 8 novembre 2007 instituant le Conseil national du travail (CNT).

[22] Article 82.9 du nouveau Code du travail.

économique de plus d'un salarié[23]. Si l'on peut être heureux de cette avancée des textes sur la place qui devra désormais être réservée au dialogue social, l'on peut légitimement se demander s'il ne s'agit pas en l'espèce d'un vœu pieux, car les décrets d'application de la loi de 2015 supposée garantir l'effectivité des promesses ainsi formulées n'ont pas encore été pris. Or, le législateur n'est pas à son premier coup d'essai. Il lui arrive régulièrement de procéder à des effets d'annonce sans jamais aller jusqu'au bout. La défunte CNT en est l'exemple topique[24].

La seconde instance qui a vu le jour à la faveur de la loi du 20 juillet 2015 est le Comité technique consultatif pour l'étude des questions intéressant la santé et la sécurité au travail. Il est vrai que la création du Comité technique au sein du Code du travail dans une section 3 qui elle-même est logée dans un chapitre intitulé « *Instances de dialogue social* » est un gage d'avancée certaine. Cependant, comme dans le cas du Comité national de dialogue social, les avancées sont plus formelles que réelles. Dans la loi du 20 juillet 2015, un seul article est consacré à ce Comité[25]. En outre, de la lecture de ce seul texte, il en résulte que le comité technique consultatif pour l'étude des questions intéressant la santé et la sécurité au travail est la

---

[23] Article 18. 11 du nouveau Code du travail : « *Le Chef d'entreprise adresse au conseil national du dialogue social, pour avis et propositions, aux délégués du personnel et à l'inspection du travail et des lois sociales du ressort, quinze jours ouvrables au moins avant la réunion prévue à l'article précédent, un dossier précisant les causes du licenciement projeté, les critères retenus par l'entreprise, la liste du personnel concerné et la date du licenciement ainsi que tout document nécessaire à l'appréciation de la situation* ».

[24] Créé par décret n° 2007-608 du 8 novembre 2007, le CNT n'a, en réalité, jamais fonctionné comme il se doit. Tout d'abord, il a toujours été perçu comme un instrument au service du secteur privé, d'où la réticence du secteur public. C'est pourquoi, afin de combler cette insuffisance, le décret de 2015 en son article 3 a étendu les missions du CNDS au secteur public et parapublic. Ensuite, la gratuité des fonctions des membres et du personnel du CNT était une cause de léthargie de cette instance. Il est vrai que le Décret de 2015, en son article 10, réaffirme la gratuité des fonctions du CNDS. Mais ce texte prévoit une compensation financière appelée « indemnité de défraiement » dont le montant est déterminé par arrêté conjoint du Ministre chargé du Travail, du Ministre chargé des Finances et du Ministre chargé du Budget.

[25] Il s'agit de l'article 71.6 du nouveau Code du travail : « *la définition, les missions et la composition du comité technique consultatif pour l'étude des questions intéressant la santé et la sécurité au travail sont déterminées par décret* ».

grande inconnue de toutes les instances de dialogue social créées. Ni la définition, ni les missions, encore moins la composition de ce comité n'ont été précisées par la loi qui renvoie également à un décret qui n'a pas encore été pris. Une fois le dialogue social apprêté, le législateur de 2015 s'est intéressé à la qualité du dialogue social à promouvoir.

B - La qualité du dialogue social

Le législateur ivoirien dans la loi du 20 juillet 2015 ne s'est pas contenté d'apprêter le dialogue social. Il s'est préoccupé des résultats attendus, notamment la qualité du dialogue social. Dans cette perspective, deux éléments ont retenu l'attention : la confiance qui doit exister entre les partenaires sociaux et la technique du dialogue social légiférant.

Le législateur ivoirien n'emploie pas le terme de confiance. Dans certains systèmes juridiques, notamment le droit français, depuis l'arrêt Fertray[26], l'absence de confiance est impuissante à remettre en cause la crédibilité de la relation de travail au point qu'elle a été retirée de la liste des motifs légitimes de licenciement. Ce n'est pas le cas en Côte d'Ivoire où le juge s'en sert toujours en considérant que son absence dans la relation de travail constitue une cause légitime de rupture du contrat[27]. Si l'on se réfère aux hypothèses retenues comme telles, la confiance est le sentiment de sécurité d'une personne qui se confie à une autre. Bien que difficile à appréhendée parce que donnant dans la psychologie et le subjectif, la confiance est un élément important, s'il n'est pas le plus important dans tout dialogue, à plus forte raison dans le dialogue dit social. L'analyse de la réforme de 2015 donne à voir que le législateur tente de restaurer la confiance entamée entre salariés et employeurs qui fait que le dialogue social se déroule le plus souvent dans un climat de tension. La question reste de

---

[26] Cour de cassation française, Chambre sociale 29 novembre 1990, n° 87-40.184, publié au bulletin.

[27] Sur l'état de la jurisprudence relative à la perte de confiance en droit ivoirien, N. Silué, « *La perte de confiance dans les relations de travail* », RISJPO, n°2, 2014, p. 219 et s.

savoir comment le législateur restaure-t-il cette confiance dans ces relations de travail ?

L'approche du législateur ivoirien a été de prendre des mesures tendant à améliorer la capacité et l'aptitude des partenaires sociaux à dialoguer. Cette précaution apparaît en premier à travers l'institution d'une obligation d'information annuelle des négociateurs sur les états financiers de l'entreprise. Jusque-là l'employeur n'était pas tenu d'une telle obligation. L'obligation d'information se traduit par une obligation de communication[28]. La précaution résulte en second lieu de l'obligation de formation à la compréhension des enjeux économiques de l'entreprise pesant sur chaque salarié en général et sur les acteurs du dialogue social en particulier[29].

Ensuite, la loi permet désormais au salarié de comprendre certaines décisions de l'employeur en tant qu'entrepreneur. Selon l'article 33.8 du nouveau Code du travail, « l'entreprise a la faculté d'ouvrir à ses travailleurs son capital ». Il est vrai que la première interprétation qui se dégage fait dire que l'objectif visé par le législateur est de permettre au salarié de tirer profit de l'exercice de l'activité professionnelle. Mais, il n'est pas incongru de penser que la prise d'action des salariés dans l'entreprise leur permettra de comprendre certaines réticences des employeurs à procéder à des augmentations de salaires qui seraient de nature à réduire les dividendes versées aux actionnaires. La difficulté en la matière reste que l'ouverture du capital de l'entreprise aux salariés est une « faculté », nous dit la loi, et non une obligation. L'encouragement au dialogue légiférant s'inscrit dans le même registre de la quête de la confiance nécessaire à la réalisation du dialogue social.

Par dialogue légiférant, il faut entendre, « négociations légiférantes » ou « pré-législatives », vocables empruntés au droit français qui inspirent le droit ivoirien. La technique normative qu'ils

---

[28] Article 61.13 du nouveau Code du travail : « *Chaque année, l'employeur a l'obligation d'informer les délégués du personnel de la situation de l'entreprise, notamment en leur communiquant les états financiers approuvés. En cas d'augmentation du capital ouvert au public, l'employeur est tenu d'informer les délégués du personnel (...)* ».

[29] Articles 13.26 et suivants, et surtout article 13.32 du nouveau Code du travail en ce qui concerne les acteurs du dialogue social.

suggèrent est fondée sur une inversion des logiques normatives appliquées jusque-là. De la loi qui fixe le cadre et le contenu du dialogue social, il est proposé de passer à la loi qui doit se contenter de formaliser (ou de traduire en acte) le fruit du dialogue social. Le droit négocié suppose que la règle est le résultat mutuellement accepté d'un accord négocié entre les parties intéressées. Trois exemples concrets donnent une idée de la proposition de méthodologie normative étudiée.

Le premier concerne la méthodologie utilisée pour l'adoption de la loi du 20 juillet 2015. Il n'est pas excessif de se demander si elle n'est pas le résultat d'un tel processus. En effet, pour la première fois dans l'histoire de la Côte d'Ivoire, le Code du travail n'a pas été un héritage direct du parlement français, comme ce fut le cas de la loi de 1952, et son succédané, le Code du travail de 1964 produit dans les ministères techniques animés à cette époque en réalité par des coopérants étrangers, ou de celui de 1995, produit d'expert de la même origine inspirée par l'OIT. A la différence de ces codes, la loi de 2015 est le résultat d'un travail de concertation de longue haleine entre les différents acteurs du monde du travail que sont les partenaires sociaux et le Ministère de l'emploi et de la protection sociale. Certes, l'expertise étrangère n'était pas totalement absente des discussions qui ont abouti à l'adoption du nouveau code du travail. Toutefois, elle a été perçue comme une force de proposition et non un moyen pour imposer un modèle normatif.

Le deuxième exemple qui renforce la conviction que le législateur propose une ré-articulation des sources à l'aune de la technique de la loi négociée est tiré de la teneur de certaines dispositions de la loi du 20 juillet 2015 qui institue dorénavant une obligation de négocier les salaires catégoriels. En lisant l'article 31.8 du Code du travail qui y fait allusion[30], le schéma est simple. Tous les trois ans, les partenaires sociaux s'accordent sur les montants des salaires minima. Une fois ce

[30] « *Un décret fixe les montants du salaire minimum interprofessionnel garanti, en abrégé SMIG, et du salaire minimum agricole garanti, en abrégé SMAG, après avis de la commission consultative du travail. Les partenaires sociaux négocient tous les trois ans, les montants du SMIG et du SMAG au sein de la Commission consultative du travail* ».

consensus obtenu, le pouvoir réglementaires intervient pour donner une forme à ce qui a été arrêté par les parties intéressées.

Le troisième exemple qui mérite d'être noté est décrit par deux situations concrètes dans lesquelles la loi a d'abord existée en tant qu'accord ou convention collective avant d'être ériger en dispositions législatives. Il s'agit d'abord des dispositions de la loi du 20 juillet 2015 sur le chômage technique qui ont repris le protocole d'accord conclu en 2007 entre les partenaires sociaux portant sur le même objet[31]. Il s'agit ensuite de l'article 87 de la convention collective interprofessionnelle de 1977 reprise par l'article 61.9 du présent Code du travail relatif à la nullité du licenciement du délégué du personnel non autorisé par l'inspecteur du travail.

CONCLUSION

La part de responsabilité du droit dans la réalité du dialogue social est inéluctable. Certes, il n'est pas contestable de nos jours que le dialogue social et le droit sont tous les deux des sources de

[31] Explication : le protocole d'accord de 2007 sur le chômage technique a été érigé en loi. De quoi s'agit-il ? En effet, avant la loi de 1995, la convention collective de 1977 règlementait le régime du chômage technique. Ainsi, l'article 24 de cette convention permettait au salarié de prendre acte de la rupture du contrat et de réclamer les différents droits y afférents en cas de mise en chômage technique par l'employeur et cela, sans délai. Mais avec l'avènement du Code du travail de 1995, l'article 15.11 de ce Code imposait au salarié le respect d'un délai de 2 mois avant de pouvoir réclamer le paiement des indemnités de licenciement. Cette disposition s'est avérée insuffisante, voire inadaptée, aux réalités des relations de travail suite à la crise qui a secoué le pays depuis 2002. C'est pourquoi les partenaires sociaux ont voulu aller plus loin dans le protocole d'accord de 2007 sur le chômage technique en réaménageant son contenu. Ainsi, l'Etat et les partenaires sociaux, regroupés au sein de la Commission Indépendante Permanente de Concertation (CIPC) ont convenu de la signature de ce protocole d'accord dont l'objectif était, selon son article 1er, de renforcer les mécanismes du dialogue social notamment en ce qui concerne les modalités d'application du chômage technique. Pour la mise en œuvre de ce protocole d'accord, plusieurs engagements ont été pris par les différents partenaires sociaux. Pour s'assurer de la mise en œuvre effective des dispositions de ce protocole d'accord, l'article 6 dudit protocole prévoit qu'il sera créé au sein des groupements patronaux et des centrales syndicales, des cellules de suivi qui auront pour attribution principale de recueillir toutes les difficultés d'application et de les faire connaitre à la CIPC.

normativité en droit du travail. Toutefois, il est toujours revenu à ce dernier de décider de la valeur normative de celui-là. En vertu de cette primauté accordée à la loi parmi les sources du droit du travail, le dialogue social a été successivement nié, élevé à la qualité de source subsidiaire du droit du travail et est en train d'être érigé de nos jours en véritable source de droit avec la réception par la loi du 20 juillet 2015 de la théorie du dialogue social légiférant. Mais, n'est-il pas trop tôt de crier victoire car les décrets d'application destinés à rendre effective la majorité des dispositions proposant la ré-articulation des sources du droit du droit du travail dans laquelle le dialogue social occupe une place importante n'ont pas encore été pris ?

ANCRAGE JURIDIQUE ET PERSPECTIVES DU DIALOGUE SOCIAL AU SÉNÉGAL

Mohamed Bachir NIANG[1]

Le dialogue, la concertation et la médiation sont présents au-delà du monde du travail. L'institution d'un Médiateur de la République dans la plupart de nos États en est une illustration au même titre que les concertations permanentes entre pouvoirs publics et acteurs économiques (agriculteurs, commerçants...). La réalité est que le dialogue entretient, de manière contemporaine, un lien avec les concepts de démocratie et de bonne gouvernance[2].

Le dialogue est donc une réalité qui se constate partout mais ces liens avec le droit social semblent être plus intrinsèques et historiques. Ce droit est né et s'est développé avec des phénomènes de contestation et de revendication qui étaient propices, par la suite, à l'installation et à la promotion du dialogue. La place prééminente qu'y occupent les sources professionnelles peut en servir d'illustration au même titre que l'importance accordée à la concertation dans le règlement des conflits collectifs. Le tripartisme, érigé en méthode de travail au sein même des organes internationaux de génération des normes du droit social, en atteste aussi. Le dialogue en droit social est donc un fait pertinent et historique.

Le dialogue social, comme catégorie du droit, n'a pas un contenu univoque. Tout le monde s'accorderait aujourd'hui à donner un contenu précis à la catégorie de promesse unilatérale de contrat mais tout le monde n'aurait pas la même approche du dialogue social. Les approches du concept sont plurielles. Certains auteurs mettent plus

---

[1] Agrégé des Facultés de droit, Maitre de conférences à l'Université Cheikh Anta Diop de Dakar

[2] En reprenant le préambule du Pacte national de stabilité sociale et d'émergence économique de 2014 et les dispositions de la Charte nationale sur le Dialogue social.

l'accent sur l'aspect théorique du concept et d'autres sur sa dimension pratique, le dialogue social serait alors plus une pratique qu'autre chose[3]. Pour d'autres auteurs encore, le concept est difficile à capturer car il n'existe pas un modèle standard de dialogue social. En tout état de cause, le lien qu'entretient le concept avec le travail décent est indéniable[4]. La définition qu'en donne le Bureau International du Travail sera celle retenue dans le cadre de notre réflexion : *« tous types de négociation, de consultations, d'échanges d'informations entre les représentants des gouvernements, des employeurs et des travailleurs sur des questions présentant un intérêt commun relatif à la politique économique et sociale »*. En synthétisant les diverses conceptions, le dialogue social correspond plus à une approche, une démarche axée sur une culture participative de tous les acteurs du monde du travail aussi bien à propos de l'échange d'informations, l'élaboration des normes, la prévention et la résolution des conflits.

Une réflexion sur la réalité et les manifestations du dialogue social au Sénégal devrait partir des canons traditionnels de la matière car le Sénégal, pour des raisons historiques (colonisation) et contemporaines (intégration économique et juridique) partage avec d'autres États, une certaine conception du droit du travail, du droit social et, partant, du dialogue social. Il n'en demeure pas moins que l'effectivité et la pertinence du dialogue social au Sénégal dépendent largement de réalités particulières à ce pays. La physionomie des organisations syndicales devant impulser le dialogue montre un particularisme de l'espace sénégalais. La présence d'un tissu économique constitué à majorité de petites et moyennes entreprises est aussi une réalité, comme le poids encore important du secteur informel[5] ainsi qu'une

---

[3] N. Maggi-Germain, Sur le dialogue social, *Droit social* 2007, p. 798 ; Ph. Martin, « Dialogue social et régulation juridique, une problématique européenne », in *Le dialogue social, modèles et modalités de la régulation juridique en Europe, Presses universitaires de Bordeaux*, 2007, p. 54

[4] A. Cissé Niang, A propos du dialogue social, *Revue sénégalaise de droit et de science politique*, n° 12, 2014, p. 273.

[5] 54% du PIB provient de ce secteur qui utilise, par ailleurs, près de la moitié (46,7%) des consommations intermédiaires locales. Ce secteur assure en outre près de 90% des créations d'emploi. Au Sénégal, 19 secteurs d'activité sont dits mixtes c'est-à-dire partagés entre le formel et l'informel (dont le secteur primaire avec 890% d'informel, les transports avec 50% d'informel…), d'autres secteurs sont exclusivement saisis par l'informel (forets et élevage) et d'autres exclusivement

politique publique de privatisation (dialogue social très dense dans les privatisations). La forte prégnance du politique apparaît comme une donnée supplémentaire aussi bien dans la mise en place des organes du dialogue que dans la conduite de ce dialogue. Enfin, il faut relever un environnement de crise économique et sociale profonde qui impacte le dynamisme et la sincérité du dialogue social en dévoilant les nouveaux visages du monde du travail sénégalais (externalisation, intérim, sous-traitance, émergence de nouvelles activités : télé travail, télé services, informatique, gardiennage, nettoiement…).

Le Sénégal partage d'ailleurs de telles considérations avec la plupart des pays africains et pays en voie de développement même si des différences de degré subsistent dans l'intensité de leurs manifestations. Il n'existe cependant pas une « situation du dialogue social » dans les États membres de l'OHADA car, à l'intérieur de cet espace, il n'existe pas un droit uniforme du travail et du dialogue social. Cette réalité persiste malgré le constat d'une prise en compte de certains aspects du droit du travail par l'OHADA ou l'UEMOA[6]. L'espace OHADA, au moment où nous rédigeons ces lignes, est caractérisé, en ce qui concerne le droit du travail, par une multitude de systèmes juridiques nationaux. La réalité et le contenu du dialogue social sont donc variables d'un État à un autre même si une synthèse, difficile certes à réaliser, n'est pas impossible.

---

formels (industries, sucres et confiseries, pétrole, imprimerie, postes et télécommunications…). Sur l'ensemble de la question : Banque Mondiale, *Sénégal : à la recherche de l'emploi, le chemin vers la prospérité*, Rapport n° 40 344-SN, 2007, 122 p. ; Documents de la Direction de la statistique, Ministère de l'économie et des finances, 2010, Y. Wade, *Initiatives permettant de promouvoir des emplois de qualité et la productivité dans le secteur informel : une étude de cas au Sénégal*, BIT, Genève, 2005 ; M. B. Niang, « Le règlement des litiges relatifs aux accidents du travail au Sénégal », in Ph. Auvergnon (dir.), *Du droit de la santé et de la sécurité au travail en Afrique subsaharienne*, L'Harmattan, Paris 2014, p. 143.

[6] Précisément, la situation des travailleurs dans les entreprises en difficultés est largement évoqué et réglementée dans l'acte uniforme sur les procédures collectives d'apurement du passif, de même que le sort de la créance salariale est largement dépendant de l'acte uniforme portant organisation des suretés ou de l'acte uniforme sur les procédures simplifiées de recouvrement du passif et des voies d'exécution. L'acte additionnel du 17 mars 2009 de l'UEMOA tente une organisation du dialogue social en même temps que la CEDEAO installe un Forum du dialogue social depuis 2011.

Jauger la responsabilité du droit, après un diagnostic des réussites et des lacunes du dialogue social au Sénégal, permet une analyse juridique de la part du droit dans l'état de ce dialogue. La formulation de l'exercice laisse pourtant rapidement supposer, et comprendre, que le droit n'est que l'une des réalités qui structurent et influencent le dialogue social. L'économie, la sociologie, l'anthropologie influencent aussi le niveau et la physionomie du dialogue social et, parfois, de manière plus importante que le droit. Il n'est pas étonnant de ce point de vue de constater, qu'au Sénégal, le niveau national et interprofessionnel, qui est le moins structuré en termes de législation, est cependant le plus dynamique en matière de concertation, de négociation et de participation. Des réalités qui sont étrangères au droit sont donc de nature à renforcer ou fragiliser le dialogue social.

Le droit sénégalais présente un vécu en matière de dialogue social. La ratification des conventions internationales fondamentales en la matière a permis, en amont, de formater les acteurs au dialogue[7]. En aval, l'installation d'organes divers de concertation, de négociation et d'information a permis un ancrage de ce dialogue[8].

En matière de dialogue social, le Sénégal ne part donc pas du néant car une très longue tradition de concertation et de participation a fini d'installer une culture de partage, de négociation dans cet espace. La situation du Sénégal nécessiterait alors un travail de diagnostic et de paramétrage des objectifs avec les moyens. La réalité ou le déficit du dialogue social varierait d'un niveau professionnel à un autre. L'effectivité de la négociation de la concertation ou de la médiation n'est pas le même selon qu'on l'envisage du point de vue de l'entreprise, de la branche d'activité ou au niveau interprofessionnel. Il existe des « espaces » privilégiés pour la restructuration du dialogue social, ce qui nécessite un paramétrage selon chaque niveau de la vie professionnelle et pour chaque typologie du dialogue (négociation

[7] Notamment : convention n° 87 sur la liberté syndicale et la protection du droit syndical (1948), convention n° 98 sur le droit d'organisation et de négociation collective (1949), convention n° 135 concernant les représentants des travailleurs (1971), convention n° 144 sur les consultations tripartites relatives aux normes internationales du travail (1976).

[8] P. M. COLY, *Code du travail annoté*, ENAS Dakar 1997, p. 7.

collective, prévention et résolution des conflits collectifs, participation…).

L'avenir doit désormais être pensé en termes de renforcement de l'existant mais aussi de restructuration. Cette initiative devra tendre à combler une insuffisance dans l'effectivité et l'efficience du droit social (organisation du monde du travail) et des relations entre ce monde du travail et la vie nationale (dialogue politique). Le droit sénégalais devra aller dans le sens d'identifier de telles faiblesses pour éviter les doublons et les lourdeurs. En synthétisant, on constate que les rapports que le droit entretient avec le dialogue social, au Sénégal, dévoilent un constat et un besoin : le constat d'un certain ancrage du dialogue social par le biais du droit (I) et le besoin d'un approfondissement de cette catégorie par une restructuration de son régime juridique (II).

I - L'ANCRAGE JURIDIQUE DU DIALOGUE SOCIAL

La catégorie « dialogue social » est révélée et aussi structurée par le droit. Pendant longtemps, les sources étatiques ont installé les conditions et organes pour son ancrage (A). Une nouvelle impulsion est donnée à cet élan par l'adoption d'un instrument conventionnel, la Charte nationale sur le dialogue social (B).

A - L'impulsion du dialogue social par les sources étatiques

Le concept de dialogue social est apparu récemment au Sénégal mais la pratique de ce dialogue ne date pas d'aujourd'hui. Les mécanismes du dialogue social, tels que définis par les BIT et l'UEMOA, sont présents dans le dispositif normatif sénégalais depuis le premier code du travail, après l'indépendance. Le dialogue social tel que conçu par le BIT connaît un certain ancrage au Sénégal par le biais de dispositions à la fois étatiques et conventionnelles. Des dispositions constitutionnelles consacrent la liberté d'association, donc la liberté syndicale[9]. L'article 25 de la Constitution reprécise le

[9] Articles 8 et 12 de la Constitution.

contenu de la liberté de créer des syndicats ou des associations professionnelles et constitutionalise le droit de grève[10]. Le dispositif législatif et réglementaire complète l'arsenal constitutionnel à travers les différends codes du travail qui se sont succédé depuis 1961[11]. Des organes de concertation et de consultation ont été installés et renforcés progressivement. Il en est ainsi du Conseil consultatif national du travail et de la sécurité sociale, actuellement régi par les articles L. 205 à L. 209 du Code du travail[12]. Il s'agit d'une structure tripartite[13] dont l'objet est l'étude des problèmes concernant le travail, la main d'œuvre et la sécurité sociale. Il émet un avis sur tous les projets et propositions de lois concernant ces questions, étudie l'évolution et la fixation du SMIG, intervient dans les différends et difficultés sur l'interprétation des conventions collectives et procède à des conciliations. Plus que toute autre structure, le Conseil est historiquement appelé à promouvoir une certaine consultation entre acteurs du travail même si des textes ponctuels ont institué d'autres organes, notamment dans le domaine de la concertation[14].

La Coordination nationale des comités d'hygiène et de sécurité est une structure qui collabore avec toutes les autres structures nationales, gouvernementales et non gouvernementales, intervenant dans le domaine de la prévention des risques professionnels. Le Comité de suivi de la politique de l'emploi[15] poursuit la coordination et le suivi des actions relatives à la politique de l'emploi et constitue des groupes de travail sur les différents aspects de la politique de l'emploi. Sa

---

[10] En y apportant des restrictions : « La liberté de créer des associations syndicales ou professionnelles est reconnue à tous les travailleurs », « Le droit de grève est reconnu. Il s'exerce dans le cadre des lois qui le régissent. Il ne peut en aucun cas ni porter atteinte à la liberté de travail ni mettre l'entrepris en péril ».

[11] Loi n° 61-34 du 13 juin 1961 portant Code du travail ; loi n° 97-17 du 1er décembre 1997 portant nouveau Code du travail.

[12] Décret du 29 novembre 1961.

[13] Quatre représentants de l'Assemblée nationale, des travailleurs et des employeurs sous la présidence du Ministre du travail.

[14] Arrêté n° 5695 PM/MTE du 20 juin 1995 portant création d'un Comité de suivi de la politique de l'emploi et fixant ses attributions et règles de fonctionnement ; arrêté ministériel n° 7070 MFPTE/DE du 5 juillet 2000 portant création d'un Comité de coordination et de suivi de la Convention Nationale État/employeurs privés pour la promotion de l'emploi des jeunes.

[15] Créé par l'arrêté ministériel PM/MTE n° 5695 du 20 juin 1995.

composition est tripartite (ministres, représentants des organisations du patronat et des travailleurs).

L'évolution du droit du travail sénégalais est allée, en outre, dans le sens du renforcement du droit des salariés à l'information. Ce droit est de plus en plus considéré comme un préalable à une négociation et à un dialogue effectifs et sincères. L'information du personnel et de ses représentants est ainsi renforcée par l'institution, dans les entreprises de plus de cinquante salariés, d'un bilan social venant se substituer à la déclaration annuelle de la situation de la main d'œuvre. Il permet de récapituler les principales données chiffrées de la situation de l'entreprise dans le domaine social, d'enregistrer ses réalisations et de mesurer les changements intervenus au cours de la période écoulée[16]. La diminution de l'asymétrie d'information entre l'employeur et les travailleurs salariés serait ainsi une porte d'entrée au dialogue sur les salaires et permet une négociation sincère et responsable en cas de projets de licenciements économiques par exemple.

Le dialogue social dans le secteur public n'est pas en reste. La loi du 15 juin 1961, plusieurs fois modifiée, portant Statut général des fonctionnaires, a installé plusieurs structures consultatives, tel Conseil supérieur de la fonction publique, dont l'avis est requis sur toutes les questions intéressant les fonctionnaires ou la fonction publique. Il n'en demeure pas moins que la limitation contemporaine constatée du droit syndical et du droit de grève dans la fonction publique, entrave de fait le développement d'un dialogue social constructif.

B - Le dialogue social saisi par une Charte nationale

Le dialogue social au Sénégal présente cette particularité d'être impulsée et structurée aussi par le biais d'un instrument négocié, la Charte nationale sur le dialogue social du 22 novembre 2002[17]. Paradoxalement, cette charte est l'aboutissement d'une initiative du

---

[16] Article L. 220 du Code du travail.

[17] En application des conclusions d'un Forum national tripartite sur le dialogue social (23 et 24 février 2001). La Charte a été signée par l'État du Sénégal, 14 centrales syndicales de travailleurs et 7 organisations syndicales d'employeurs, ce qui manifeste son rayonnement.

patronat et dont la négociation a pris près de vingt ans[18]. Les objectifs de la charte sont clairs : redynamiser et restructurer le dialogue social, renforcer les mécanismes de ce dialogue afin qu'il soit présent au niveau de l'entreprise, de la branche d'activité et au niveau national avec un cadre tantôt bipartite tantôt tripartite.

La Charte nationale sur le dialogue social inaugure une nouvelle impulsion. Elle entreprend une institutionnalisation du dialogue social en démultipliant ses points d'ancrage. Elle développe en outre une approche inclusive de l'informel[19] et s'applique pour les secteurs public, parapublic et privé. Son contenu est original à plusieurs points de vue. D'abord, elle présente une synthèse des causes d'ineffectivité du droit du travail au Sénégal. elle va plus loin en tentant un renforcement des obligations des employeurs[20] tenus désormais de promouvoir le partage de l'information économique, financière et sociale, négocier à des périodes préalablement définies les salaires effectifs, la durée effective du travail, l'aménagement du temps de travail et les classifications professionnelles, s'engager à ne pas prendre des décisions mettant en péril la stabilité de l'emploi. Des engagements spécifiques y sont pris par l'État pour remédier à des insuffisances antérieurement notées et relatives par exemple aux restrictions du droit de grève dans le secteur public[21]. Les attentes des employeurs trouvent solution dans la lettre de la Charte à travers l'engagement des travailleurs au respect de la liberté du travail ainsi que la sauvegarde de l'outil de travail, le respect des procédures de déclenchement de la grève, l'exclusion de la violence et des voies de fait...[22]. Dans un cadre plus général, la Charte instaure ce qui pourrait ressembler à un « Code de conduite du dialogue social » en obligeant les signataires à réaffirmer leur engagement pour le respect des

[18] La Charte est le fruit d'un long processus ayant débuté par l'organisation d'une réunion tripartite nationale le 23 octobre 1997 avec l'appui du BIT dans le cadre de son programme de Promotion du Dialogue social en Afrique Francophone (PRODIAF).

[19] Des syndicats de travailleurs et d'employeurs du secteur informel l'ont signé : UNACOIS (Union Nationale des Commerçants et Industriels du Sénégal) ; MDES (Mouvement des Entreprises du Sénégal)...

[20] Article 7 de la Charte.

[21] Article 8 de la Charte.

[22] Article 4 de la Charte.

valeurs de référence comme la qualité du travail, le sens du rendement et de la productivité, l'éthique et la justice sociale, le respect mutuel…

La Charte nationale sur le dialogue social installe par ailleurs de nouveaux organes : le Comité national du dialogue social (CNDS) est chargé de promouvoir la prévention des conflits par la négociation préventive, veiller à la mise en œuvre des procédures de négociation collective, de conciliation, de médiation et d'arbitrage[23]. Le Comité paritaire bipartite de dialogue social au niveau de la branche a comme mission de coordonner, d'impulser, d'observer les structures de dialogue social existantes dans les entreprises. Enfin, le Comité de dialogue social dans l'entreprise perpétue, au niveau local, le dialogue social impulsé dans les branches d'activité. De l'avis du vice-président du Comité National du Dialogue Social, « *le comité d'entreprise dresse chaque année un rapport sur l'état du dialogue social et de la paix sociale à transmettre au comité de branche. Ce dernier en fait de même à l'endroit du Comité national du dialogue Social qui assure la centralisation des informations sectorielles devant lui permettre de piloter le dialogue social dans son, intégralité* »[24]. L'évolution récente du Conseil national du dialogue social en Haut Conseil du Dialogue Social met déjà un terme à l'action de la première institution qui commençait pourtant à prendre ses marques dans un environnement complexe de relations professionnelles[25]. La composition très politisée du Haut Conseil du Dialogue Social fonde déjà des réserves quant à ses aptitudes à réguler le dialogue social[26].

---

[23] Sur le contenu et l'historique de ces notions : A. Cissé Niang, A propos du dialogue social, *op. cit.*

[24] C. Faye, La médiation sociale, *Revue Dialogue social*, n° 3, 2010, p. 27.

[25] Le Haut Conseil du Dialogue social a été institué par le biais du décret 2013-1225 du 4 décembre 2013 consécutif à la mise en place du nouveau gouvernement même si le décret fixant sa composition interviendra beaucoup plus tard.

[26] Même si les propos du Ministre de la fonction publique, du dialogue social et des organisations professionnelles tentent de donner une image positive de cet nouvel organe : « *Dans ce haut conseil du dialogue social, la base sera tripartite mais on verra, en fonction des enjeux qui se posent dans le cadre du milieu du travail, comment associer par exemple la société civile, les autres organismes de médiation voire les institutions qui interviennent dans le domaine de la médiation comme le médiateur de la république* » (*Cf.* Interview in *Revue Dialogue social*, n° 10, 2010, p. 21).

L'ancrage du dialogue social au Sénégal est une réalité. En partant des divers niveaux professionnels, l'effectivité de ce dialogue social connaît pourtant des fortunes diverses. La concertation et le dialogue semblent plus que jamais redynamisés au niveau national et interprofessionnel. La négociation d'un accord interprofessionnel national sur la retraite à soixante ans dans le secteur privé en atteste[27] comme, précédemment, celle de la Convention collective nationale et interprofessionnelle du 27 mai 1982[28]. L'inclusion des centrales syndicales de travailleurs et d'employeurs dans la négociation et la mise en œuvre des différends plans de développement économique en atteste aussi[29]. La négociation récente du Pacte de stabilité sociale et d'émergence économique montre le dynamisme de la concertation et de la négociation au niveau nationale même si certains engagements contractés par la partie salariée, et relative au droit de grève, suscite la réserve[30]. Le dynamisme du dialogue social au niveau interprofessionnel dévoile en même temps les nouvelles figures de ce dialogue. Ce dialogue se dilue de plus en plus dans une négociation et une concertation de nature politique qui déborde les frontières traditionnelles du droit social[31]. Les représentants des travailleurs et

[27] M. B. Niang, Commentaires sur l'accord interprofessionnel national sur la retraite à 60 ans dans le secteur privé, *Revue de droit comparé du travail et de la sécurité sociale*, 2012/2, p. 152.

[28] Venue combler les difficultés des conventions collectives de branches d'activité à s'adapter aux mutations du monde du travail.

[29] Dès 2001 avec l'inclusion des syndicats de travailleurs et d'employeurs dans la négociation du Document Stratégique de Réduction de la Pauvreté (DSRP) de la première génération (2003-2005) et celui de la seconde génération (2006-2008). Entre autres, le Protocole d'Accord des négociations tripartites de 2004 a montré un consensus sur la baisse des salaires, la baisse des denrées et services de première nécessité, la retraite à 60 ans dans le secteur privé, le renforcement de la mobilité urbaine, le réexamen de la réglementation du travail journalier et saisonnier.

[30] L'article 10-3° du Pacte cite parmi les engagements communs des parties signataires le respect d'une trêve de 3 ans encore que cet engagement n'est pas spécifiquement repris dans la section relatives aux obligations spécifiques des centrales syndicales de travailleurs.

[31] Selon un auteur, *dans le domaine qui nous intéresse, la participation est communément désignée comme le processus par lequel les acteurs et les bénéficiaires influencent et participent aux initiatives de développement, c'est-à-dire au contrôle de la définition des priorités, à l'élaboration des politiques, à l'allocation des ressources, à l'accès aux biens et aux services publics (...)* (M. Doumbouya, « Le dialogue social dans le document stratégique de réduction de la pauvreté », revue du *CNDS*, 2005, p. 66). Toujours selon cet auteur : « *dès lors, un*

des employeurs y sont par ailleurs intégrés dans une catégorie plus vaste, la société civile[32]. Le contenu de ces instruments illustre un consensus sur l'état actuel du droit du travail, permet une cristallisation des attentes des parties, des positionnements idéologiques des uns et des autres sur la question de l'emploi, le travail, la productivité même si un voile persiste encore sur le degré de contrainte qui caractérise ce type d'instrument. Le nouvel objectif semble être de trouver un équilibre entre les impératifs de compétitivité des entreprises et la protection des intérêts des travailleurs.

La réalité du dialogue au niveau national et interprofessionnel a permis une restructuration de l'environnement syndical sénégalais. La nécessité de résoudre la question préalable de la représentativité des centrales syndicales a conduit à des reformes du dispositif normatif et à des élections de représentativité. Le dialogue social au niveau national enregistre des réussites alors que celui de la branche d'activité s'essouffle[33]. La renégociation des instruments conventionnels des diverses branches d'activité, qui date de la période suivant les indépendances, tarde à être effective. Le dialogue social au niveau des entreprise est tributaire des caprices et intérêts de chaque employeur encore qu'une évaluation générale reste difficile à réaliser.

---

nouveau système de dialogue politique prenait forme puisque chacun des secteurs en toute liberté, argumentait son point de vue, se comportait en partenaire reconnu et se considérait comme un maillon de la chaine ».

[32] Le pôle des syndicats rejoint celui des ONG, le pôle des femmes, des communautés religieuses…. L'article 15 du Pacte national de stabilité sociale et d'émergence économique confie à la société civile le « rôle de veille et d'alerte de la mise en œuvre du Pacte ».

[33] De l'avis même du ministre de la Fonction publique, du Dialogue social et des organisations professionnelles : « *nous restons conscients que le dialogue social au niveau des secteurs d'activité n'a pas été bien développé. Je crois que c'est un objectif que nous avons dans le court terme* » (*Cf.* Interview dans revue *Dialogue social*, n° 10, 2013, p. 21). L'objectif de redynamisation de la négociation de branche fait d'ailleurs partie des engagements pris par les signataires du Pacte national de stabilité sociale et d'émergence économique.

II - PERSPECTIVES ET RESTRUCTURATION DU DIALOGUE SOCIAL

Le dialogue social, catégorie émergente du droit social, connaît un certain ancrage dans l'environnement sénégalais. Ce dialogue est pourtant loin d'avoir répondu à toutes les attentes du monde des relations professionnelles. Tantôt déficitaire tantôt inefficient, il mérite une restructuration dans laquelle le droit a un rôle à jouer (B) car, *in fine*, c'est le droit qui a beaucoup contribué à affaiblir son effectivité (A).

A - Une effectivité affaiblie par le droit

Les normes étatiques ont fini d'installer une somme d'organes sans les doter des moyens aptes à leur permettre d'accomplir leur mission. Il s'agit précisément des moyens financiers et matériels[34]. A titre d'exemple, le Comité consultatif national du travail et de la sécurité sociale, outil majeur de concertation au niveau interprofessionnel, est plongé dans une certaine léthargie, ne siégeant que de manière épisodique. Pendant très longtemps, son fonctionnement a été entravé par les insuffisances de la réglementation sur la représentativité des centrales syndicales de travailleurs devant y siéger. Cette réglementation prévoyait une sélection par voie d'enquête de représentativité et les dernières enquêtes réalisées par l'autorité administratives en 1998, au-delà d'avoir être critiquées pour leur irrégularité, ont été utilisées par l'autorité étatique bien au-delà de la période de référence. Il n'est donc pas étonnant qu'un auteur note que pendant de très longues années, une seule centrale syndicale, affiliée au parti socialiste, ait été reconnue représentative[35].

La même question de représentativité se posait aussi en ce qui concerne les représentants des travailleurs au sein du Conseil économique, social et environnemental, des Institutions de prévoyance sociale (IPRES et Caisse sécurité sociale) ou lors des négociations ponctuelles avec le patronat et le gouvernement. Ces insuffisances ont

---

[34] A. Dioh, M. Cissé, *Le dialogue social au Sénégal (Etude nationale)*, BIT-PRODIAF, 2004, p. 36.
[35] *Ibidem*, p. 34.

provoqué une évolution du droit. La loi 2000-23, et son arrêté d'application[36], en modifiant les articles L. 24 et L.25 du Code du travail et en ajoutant un article L.85 bis à ce même code, institue les élections au niveau national comme unique mode de mesure de la représentativité des confédérations syndicales de travailleurs[37]. La tenue des élections de représentativité en avril 2011 a contribué largement à dégager des pourcentages de représentativité pour les confédérations en cause encore que le dispositif réformé avait omis de déterminer le seuil de représentativité[38]. La difficulté semble résolue au niveau national et pour les confédérations de travailleurs alors que la même revendication commence à émerger du côté des syndicats d'employeurs. Une certaine frange du patronat critique l'ordre de représentativité établie par l'autorité publique sur la base d'enquêtes et de statistiques. Entre autres, les nouvelles centrales syndicales d'employeurs préconisent aussi bien la prise en compte de critères quantitatifs (nombre d'entreprises adhérentes, chiffre d'affaires, personnel occupé, masse salariale...) que de critères qualitatifs (expérience, indépendance, composition et origine du capital...)[39].

Ce préalable de l'identification des acteurs se pose en termes identiques au niveau des branches d'activités tant la technique, encore actuelle, de sélection des syndicats de branche représentatifs par voie administrative, est critiquée. Les critères quantitatifs et qualitatifs, instaurés par le Code du travail, laissent une marge d'appréciation importante à l'autorité administrative eu égard d'abord au fait qu'ils sont listés sans hiérarchie et, ensuite, leur évaluation appelle une

---

[36] Arrêté n° 2791/MFPTEOP/DTSS du 22 mars 2010 qui fixe les règles d'organisation des élections générales de représentativité des centrales syndicales de travailleurs.

[37] M. K. Diallo, Le cadre juridique de détermination de la représentativité des organisations professionnelles de travailleurs et d'employeurs au Sénégal, in revue *Dialogue social*, 2013 n° 10, p. 10.

[38] Le quotient électoral a été, par la suite, fixé comme seuil de représentativité par l'autorité administrative. Les élections ont par ailleurs enregistré un faible taux de participation. 9 des 18 centrales syndicales ayant participé aux élections ont obtenu chacune moins de 1% des suffrages alors que les 4 premières centrales totalisent 86% des suffrages. Sur l'ensemble de la question : revue *Dialogue social*, « Renforcer la dialogue social au Sénégal à travers la représentativité syndicale », 2013 n° 10, p. 6.

[39] *Cf.* Interview Mansour Cama, Président de la Confédération Nationale des Employeurs du Sénégal (CNES), in revue *Dialogue social*, 2013 n° 10, p. 28.

certaine discrétion de cette autorité[40]. En attendant une réforme globale du régime juridique de la représentativité syndicale au Sénégal, qui installera les élections comme mode unique de sélection dans tous les niveaux professionnels, il est possible de constater que la remise en cause permanente de la légitimité des acteurs à chaque niveau de négociation et de concertation finit par entacher la sincérité et la portée du dialogue social[41]. L'importance de la représentativité des syndicats, y compris celle des confédérations, est pourtant rapidement relativisée par la promptitude de l'État à négocier, à l'occasion, avec toutes les organisations syndicales[42], représentatives ou non, sans exclure même celles à qui le ministère de l'intérieur a refusé le récépissé.

Le dialogue social au Sénégal est aussi organisé par une charte et cette particularité suscite l'intérêt de l'analyste. La dénomination« Charte » recèle en elle-même une ambiguïté sur la portée des engagements qui y sont énoncés. S'agissant d'une catégorie émergente, au Sénégal comme ailleurs, il est possible de se demander si l'État n'aurait pas dû prendre ses responsabilités en intervenant par voie législative ou réglementaire. Le dialogue social recèle une part de régulation et nécessite donc un instrument de source étatique. L'aspect conventionnel de la charte risque de rejaillir d'abord sur son champ d'application. La question de son applicabilité dans les entreprises relevant de centrales syndicales n'ayant pas signé la charte se pose. Le dialogue social connaîtrait ainsi des fortunes diverses selon le secteur ou l'entreprise dont s'agit. Les dispositions qui organisent les modalités de dénonciation de la Charte par ses signataires illustrent une certaine précarité du dispositif de dialogue qu'elle installe et, par-

[40] L'article L. 85 cite sans ordre précis : les effectifs et les résultats des élections des délégués du personnel, l'indépendance, les cotisations, l'expérience du syndicat, l'étendue et la nature de son activité.

[41] Cette réforme devra installer un mode de scrutin clair permettant de déterminer un seuil de représentativité raisonnable et d'avoir un fichier électoral unique, fiable et sécurisé, l'inclusion de tous les travailleur dans le fichier, d'élargir les délais d'inscription et de recours (M. K. Diallo, Le cadre juridique de détermination de la représentativité des organisations professionnelles de travailleurs et d'employeurs au Sénégal, *op. cit.*).

[42] Pacte nationale de stabilité et d'émergence signé par 15 confédérations syndicales de travailleurs dont beaucoup ont obtenu des scores inférieurs à 1% lors des dernières élections de représentativité.

là, exclut le dialogue social de la catégorie du strict minimum interprofessionnel garanti.

Le contenu de la Charte nationale du dialogue social suscite la perplexité. Son contenu s'apparente un celui d'un Code du travail ou plutôt d'une reprise des dispositions de ce code. Le dialogue social n'est pas l'équivalent du droit du travail et il est étonnant que la Charte évoque plusieurs questions sans rapport avec le dialogue social à moins de penser que cette démarche tend à rappeler à l'informel ses obligations[43]. La Charte soumet en outre les employeurs à un certain nombre d'obligations afférentes à l'information économique et financière à destination des travailleurs. Les dispositions y relatives ne prennent pas cependant en compte la taille des entreprises en question ce qui montre un défaut de paramétrage des instruments du dialogue social avec la physionomie des entreprises. La composition des Comités de dialogue social dans les branches d'activité et dans les entreprises est évoquée sans précision. La Charte ne désigne pas les représentants des travailleurs et des employeurs devant y siéger à moins de penser que, pour la branche d'activité, il s'agit des personnes appelées à siéger dans la Commission mixte paritaire pour la négociation d'une convention collective de branche et, pour l'entreprise, des délégués du personnel. De telles imprécisions expliquent, en partie, les difficultés à installer les comités de branche et d'entreprise. La multiplication des organes du dialogue pose problème. En cas de conflits collectifs, l'intervention combinée de l'administration du travail, des délégués du personnel, des représentants syndicaux et des nouveaux organes installés par la charte n'est pas sérieusement coordonnée.

B - Les réformes souhaitables du dispositif de dialogue social

L'organisation du dialogue social au Sénégal mérite des reformes à plusieurs niveaux. Les sources de la matière devraient être revisitées.

---

[43] De l'avis même des partenaires sociaux réunis autour de la question de l'évaluation de la Charte nationale sur le dialogue social et le CNDS, « certaines dispositions de la Charte sont soit sans objet, soit doivent être redéfinies pour apporter plus de cohérence à la Charte » (Cf. Revue Dialogue social, n° 3, 2010, p. 23).

Le rayonnement du dialogue social entretient un lien avec l'installation et le fonctionnement des organes et institutions devant permettre l'échange d'informations, la négociation et la médiation dans le plus grand nombre d'entreprises. Cet objectif sera difficile à atteindre tant que la nouvelle impulsion du dialogue reste le fait d'un instrument conventionnel. L'exclusion d'un nombre important d'entreprises du champ d'application de la Charte Nationale sur le dialogue social, du fait de la non signature de certaines centrales de travailleurs ou d'employeurs, impacte l'effectivité de ce dialogue. L'État est ainsi appelé à prendre ses responsabilité en prenant le relais après qu'un consensus très fort se soit dégagé à travers la Charte nationale précitée. L'extension de cet instrument conventionnel ne trouvant pas de fondement textuel en droit sénégalais, la mesure attendue serait l'intervention d'une norme étatique (loi ou règlement) pour asseoir, dans toutes les entreprises du pays, les conditions minimales d'un dialogue fécond.

Le droit à l'information des travailleurs constitue sans doute l'aspect prédominant de ce qu'il est convenu d'appeler l'échange d'informations. Les dispositions du Code du travail recèlent, à ce jour, des progrès significatifs par l'obligation faite au chef d'entreprise d'établir un bilan social dans les entreprises de plus de cinquante salariés. La Charte nationale sur le dialogue social tente une généralisation de l'obligation d'information mais les dispositions y afférentes sont évasives et n'enferment l'employeur dans aucun format précis. Notre droit devrait aller dans le sens de spécifier la typologie des documents devant permettre à l'employeur de remplir cette obligation en faisant varier leur contenu en fonction de la taille des entreprises. Dans les très grandes entreprises, il ne serait pas malvenu que les représentants des travailleurs soient associés à sa production. De manière plus globale, un redimensionnement des instruments du dialogue social en fonction de la taille des entreprises devrait être mis en œuvre.

L'institutionnalisation du dialogue social s'est accompagnée d'une multiplication des organes devant mettre en œuvre ce dialogue. Ceux installés par la Charte nationale sur le dialogue social s'ajoutent à ceux anciennement prévus par les normes étatiques sans qu'un travail préalable de coordination de leurs actions respectives n'ait été mené. Il devient urgent de procéder à une délimitation des domaines de compétences de chaque acteur institutionnel d'une part, du CNDS et de l'administration du travail d'autre part. À chaque niveau de négociation, de concertation ou de médiation, les compétences se chevauchent sans une véritable hiérarchie. A défaut d'aller dans le sens d'une réduction de tels organes, la question de leur régulation appelle, encore une fois, la responsabilité de l'État. Cette régulation devrait d'ailleurs aller plus loin et, par l'adoption, de mesures spécifiées pour chaque niveau professionnel en fonction du degré d'effectivité ou d'ineffectivité du dialogue social qui y est constaté.

La négociation reste le nœud gordien du dialogue social. L'obligation d'information ne sert, in fine, qu'à la préparer et, la résolution des conflits comme la création de nouvelles normes, ne peuvent aboutir sans elle. Le dispositif normatif actuel, étatique comme conventionnel, n'en fait un véritable droit pour les travailleurs qu'au niveau des branches d'activités par la possibilité donnée à un syndicat majoritaire de demander la convocation d'une commission mixte paritaire en vue de la négociation d'une convention collective de branche. La prévision d'agendas de négociation par la Charte nationale est encore trop évasive et n'impose pas une véritable « séquentialisation » du dialogue qui, en définitive, est toujours laissée à la discrétion de l'employeur. Les obligations de l'employeur, de ce point de vue, sont encore trop lâches encore qu'il est possible de douter de la possibilité d'engager la responsabilité civile ou pénale de l'employeur sur le fondement de la violation d'une disposition de la Charte. L'efficience de la négociation requiert d'ailleurs une formation des acteurs en techniques de négociation et attitudes de dialogue c'est-à-dire une capacitation à la négociation. La légitimité des acteurs à la négociation devra être considérée avec plus de sérieux et mise en relation avec l'exigence de représentativité syndicale. A tous les niveaux, des dispositions claires et précises devront édifier les mécanismes de sélection des organes de représentation des travailleurs et employeurs en réduisant, à leur minimum, les espaces d'appréciation subjective de l'autorité administrative.

La prévention et la résolution des conflits sont appelées à être saisies par le dialogue. Une démarche cohérente dicterait de renforcer le dispositif de prévention. La prévention structurelle des conflits passe d'abord par la mise en place de systèmes d'alerte précoces et de chaînes de décisions administratives et politiques mais aussi par une lutte contre les causes profondes de l'émergence de ces conflits[44]. Ceci semble impossible à réaliser sans l'installation, à tous les niveaux professionnels, de cadres permanents d'échanges. Des réformes du dispositif étatique comme conventionnel devraient aller dans le sens de l'installation de procédures de négociation dès le préavis de grève. Le constat est en effet qu'aucun mécanisme formel de négociation ou de médiation n'a été prévu durant cette période comme si l'échec de la conciliation, tentée avant le dépôt du préavis, sonnait la perte de toute chance d'une nouvelle rencontre entre les parties au conflit[45]. La mise en place de canevas stabilisés de prévention des conflits collectifs devrait être étendue à l'étape de la résolution de tels conflits. L'efficacité d'un tel dispositif passera par une meilleure articulation de l'intervention des différentes institutions en fixant les limites de leur compétence. L'intervention des organes de médiation et de conciliation prévus par le Code du travail[46], celle des organes de la Charte Nationale du dialogue social (Comité national, Comité de branche et Comités d'entreprise) et celle d'autres institutions (Conseil économique, social et environnemental…) se télescopent souvent dans la pratique. La formation des acteurs en médiation de situations conflictuelles devrait être renforcée. Ce travail de capacitation devra aller dans le sens de situer le participant dans un contexte d'intervention, de comprendre la dynamique d'un conflit et de connaître les outils d'intervention pour pratiquer une médiation. L'institution de canevas de résolution des litiges n'est plausible que si partie travailleur respecte ses obligations de procédure en cas de conflit collectif (préavis…) mais la pratique montre le contraire. Le dialogue social ne peut donc prospérer sans une démarche citoyenne de chacune des parties prenantes à ce dialogue c'est-à-dire la foi que chacune aurait dans le respect de la loi. Lorsque la procédure de résolution instituée par la Charte nationale du dialogue sociale est mise en œuvre, les modes de saisine des organes de la charte restent à clarifier.

---

[44] M. Touré, La problématique des crises récurrentes dans les secteurs sensibles tels que l'éducation et la santé : diagnostic et solutions de sortie de crise, *Revue du Comité National du Dialogue Social*, 1ère session ordinaire, 2005, p. 40.

[45] Encore que l'article 272 du Code du travail évoque la saisine de l'autorité administrative par « la partie la plus diligente » sans vraiment spécifier cette partie dans chaque hypothèse.

[46] Article L 227 et suivants Code du travail.

MULTIPLICITÉ DES STRUCTURES ET DIFFICULTÉS DU DIALOGUE SOCIAL AU BURKINA FASO

Paul KIEMDE[1]

L'article 1er de l'acte additionnel n° 2/2009/CCEG/UEMOA du 17 mars 2009 définit le dialogue social comme « *Tous types de négociation, de consultation ou simplement d'échange d'informations entre les représentants des Gouvernements, des employeurs et des travailleurs selon des modalités diverses, sur des questions relatives à la politique économique et sociale présentant un intérêt commun* ». Cette définition part de celle de l'Organisation Internationale du Travail (OIT) incluant toutes les formes de négociation, de consultation ou simplement d'échange d'information[2].

On fait souvent remarquer que le dialogue est une tradition au Burkina Faso comme ailleurs en Afrique[3] en faisant référence à « l'arbre à palabre » qui est la pratique traditionnelle de prise de décision ou de règlement des différends par des réunions en plein air d'organes restreints ou larges pour en discuter. On pense que cette tradition communautariste devrait favoriser l'encrage du dialogue social. Mais le dialogue social tel que conceptualisé par l'OIT s'applique dans un contexte autre et exige des conditions autres que celles de la société traditionnelle. Les acteurs du dialogue ne sont plus les mêmes. Aujourd'hui il s'agit de l'État, des organisations d'employeurs et de travailleurs, auxquelles il faut ajouter les

---

[1] Enseignant-chercheur à l'Université de Ouagadougou II.

[2] *Cf.* not. J. Ishikawa, *Caractéristique du dialogue social national : document de référence sur le dialogue social*, BIT, 2004, p. 3.

[3] *Cf.* A. Zerbo, Le dialogue social au Burkina Faso, 2008 (wcms_160681 Prodiaf.pdf) ; voir également N. Zato Koto Yerima, *La pratique du dialogue social au Bénin : bilan et perspectives*, Friedrich Ebert Stiftung, Bulletin 1-9, p. 1 (http://library.fes.de/pdf-files/bueros/benin/10951.pdf).

organisations d'intégration qui se voient déléguer par les États certaines des prérogatives d'orientation et de régulation des activités économiques. Compte tenu de la nature ces acteurs, le déroulement efficace du dialogue social nécessite un contexte de pluralisme politique, de pluralisme syndical, de respect des droits et liberté individuelles et collectives afin que les expressions de volonté et les accords soient librement consentis.

Les domaines du dialogue social sont très divers et conditionnent les niveaux de déroulement de la négociation qui est la forme principale ou la plus haute de la pyramide du dialogue social. Les domaines d'exercice du dialogue social peuvent ainsi toucher :

- à la politique économique et sociale de l'État, qui se traduit par l'adoption de plans, programmes ou documents de politique nationale en matière d'emploi, de formation, de travail, d'industrie ou d'agriculture, etc.
- à la négociation de conditions de travail pouvant déboucher sur l'adoption d'accords collectifs ;
- aux négociations salariales ;
- à la protection sociale, incluant la santé et la sécurité au travail ainsi que les prestations de sécurité sociale.

Dans tous ces domaines, la mise en œuvre du dialogue social nécessite une certaine formalisation qui se fait à travers des structures permanentes ou *ad hoc* dont l'analyse donne une idée de l'effort fourni par l'État pour y parvenir (I). La réalité des performances du dialogue social est tributaire de divers facteurs qui peuvent être qualifiés de « goulots politiques » à surmonter (II).

I - LES STRUCTURES DU DIALOGUE SOCIAL AU BURKINA FASO

L'existence de structures est un signe d'effectivité du dialogue social même si cette existence n'en garantit pas l'efficacité. De manière classique on distingue, selon les domaines des concertations ou des négociations, trois niveaux d'exercice du dialogue social : les structures tripartites ou tripartites plus (A), les structures bipartites (B) et les structures de dialogue dans l'entreprise (C).

A - Les structures tripartites

Les structures tripartites expriment la concertation et les négociations au niveau national entre l'État, les employeurs et les travailleurs. Trois types de structures peuvent être relevés : la représentation conjointe dans des institutions de l'État (1), les instances tripartites prévues par le Code du travail (2) et les organes dits de « tripartisme plus » (3).

1 - Les cadres de représentation permanente conjointe dans des institutions de l'État

Le premier cadre illustrant cette représentation est le Conseil économique et social (CES). Il s'agit d'un organe constitutionnel dès qu'il est expressément institué par l'article 142 de la Constitution en tant qu'organe consultatif. Le CES « *est chargé de donner son avis sur les questions à caractère économique et social portée à son examen (...)* » par le pouvoir exécutif. Il constitue un cadre élargi de coopération entre les acteurs du dialogue social parce qu'y sont représentés les organisations d'employeurs et de travailleurs, des personnalités désignées ès qualités et des représentants de diverses institutions publiques. Le CES influence la politique économique et sociale dans la mesure où il consacre ses travaux et réflexions à certaines thèmes. Il peut s'autosaisir de questions, les étudier et faire des suggestions. Il en est allé ainsi par exemple des thèmes suivants : le chômage des jeunes (février 1994), la réforme du système de sécurité sociale (juin 1994), le rôle et la place des organes consultatifs dans le renforcement de la démocratie et du dialogue social (février 1999), la politique nationale de sécurité et de santé au travail (avril 2010).

Un second cadre de dialogue social est permis par la représentation des acteurs professionnels au côté de ceux de l'État dans les conseils d'administration d'entreprises ou d'établissements publics. C'est le cas des conseils d'administration de :

- la Caisse Nationale de Sécurité Sociale (CNSS) qui gère le régime unique de sécurité sociale des salariés du secteur privé et le régime d'assurance volontaire ouvert aux actifs de tous les secteurs, y compris le monde rural et le secteur informel. Le régime d'assurance volontaire vient d'être rendu opérationnel et ambitionne de réaliser l'assurance sociale universelle. Le Conseil d'administration de la CNSS est un organe au tripartisme parfait : cinq représentants pour chacune des trois composantes : État, employeurs, travailleurs ;

- la Caisse Autonome de Retraite des Fonctionnaires (CARFO) qui gère la branche des pensions de retraite et la branche des risques professionnels des salariés de l'État et des collectivités territoriales, en attendant la mise en place d'une assurance maladie ;
- l'Office de Santé des Travailleurs (OST) qui est censé offrir aux entreprises la possibilité de remplir leurs obligations prévues à l'article 255 du Code du travail, à savoir celles « d'assurer la couverture sanitaire de ses travailleurs conformément aux conditions définies par les textes portant organisation et fonctionnement de la sécurité et santé au travail » ;
- l'Agence Nationale Pour l'Emploi, organisme classique chargé de la gestion de la main-d'œuvre et d'études sur l'emploi ;
- le Conseil National de l'Emploi et la Formation Professionnelle, créé à la suite de l'adoption en 2008 d'un document de politique nationale de l'emploi et de la formation professionnelle.

2 - Les instances tripartites prévues par le Code du travail

Le Code du travail prévoit deux instances tripartites au niveau national : la Commission consultative du travail (CCT) et le Comité technique national consultatif de sécurité et santé au travail (CTNCSST).

La CCT, prévue à l'article 405 du Code du travail et organisée par le décret n° 97-101 du 12 mars 1997, comprend vingt-quatre membres, soit douze représentants des travailleurs et douze représentants des employeurs (dont quatre représentants de l'État en tant qu'employeur). La CCT est chargée d'émettre des avis motivés sur toute question relative à la législation en matière de travail, d'examiner à la demande du ministre chargé du Travail toute difficulté née à l'occasion de la négociation des conventions collectives, de se prononcer à la demande de son président sur toutes questions relatives à la conclusion et à l'application des conventions collectives, d'étudier les éléments pouvant servir de base à la détermination du salaire minimum. L'intervention de la CCT est indispensable à l'adoption de toute réglementation en matière sociale. Sa composition est quasi bipartite, l'État étant représenté parmi les employeurs. Ces derniers contestent toutefois cette répartition qui ne respecterait pas le principe d'égalité face aux représentants des travailleurs.

Le CTNCSST est prévu à l'article 410 du Code du travail. Il comprend cinq représentants des travailleurs, cinq représentants des employeurs et quatorze représentants de l'État. Il est chargé de l'étude des domaines de sécurité et santé des travailleurs, d'émettre des avis sur la réglementation en matière de sécurité et santé au travail et de se prononcer sur l'orientation et la mise en application de la politique nationale de prévention des risques professionnels[4].

3 - Les organes de « tripartisme plus »

Il existe, en plus du Conseil économique et social, d'autres organes pluripartites de réflexion ou de décision opérant au niveau national. Il en va ainsi de la Commission nationale du salaire minimum, du Conseil national de l'emploi et de la formation professionnelle et d'autres structures de concertation réunissant représentants du Gouvernement, des « partenaires sociaux » et d'organisations de la société civile.

La Commission nationale du salaire minimum[5] est chargée de la préparation, à l'attention du Gouvernement, d'un rapport technique portant révision du salaire minimum interprofessionnel garanti, de se prononcer sur toute question susceptible d'influer sur les salaires et de faire toutes suggestions susceptibles d'améliorer les conditions de vie et de travail des populations. Elle se réunit au moins une fois tous les deux ans. Elle est composée de six représentants de l'Administration, de six représentants du Conseil National du Patronat Burkinabè, de six représentants des centrales syndicales, de deux représentants des

---

[4] *Cf.* Décret n° 2011-715 du 7 octobre 2011 fixant la composition et le fonctionnement de la CTNCSST, *JOBF* n° 49 du 8 décembre 2011 ; P. Kiemde, *Cours de droit du travail et de la sécurité sociale*, UFR/SJP, Université Ouaga II, 2013 ; A. Zerbo, *op. cit.*

[5] *Cf.* Article 187 du Code du travail et décret n° 2010-809 du 31 décembre 2010 (http://www.legiburkina.bf/m/Sommaires_JO/Decret_2010_00809.htm), *JOBF* n° 4 du 27 janvier 2011 ; T. Soulama, Etude sur le dialogue social et la prévention des crises sociales au Burkina Faso, MFPTSS-OIT, 2014.

associations nationales des femmes, de deux représentants de l'association de consommateurs, et d'un représentant de la chambre de commerce et d'industrie.

Le Conseil national de l'emploi et de la formation professionnelle (CNEFP) a été créé par le décret n° 2009-661 du 21 septembre 2009 avec pour mission « d'instaurer et de développer de façon générale le dialogue social et la concertation sur les politiques nationales en matière d'emploi et de formation professionnelle »[6]. Elle comprend des représentants de l'État, des employeurs, des travailleurs, de la société civile et des membres observateurs.

On remarque qu'il n'y a pas au niveau national d'organe de coordination et de réflexion sur les questions sociales. En 1988, il avait été créé par *Zatu* (équivalent d'une ordonnance) un organe tripartite sous la dénomination de « Conseil national du travail » (CNT)[7] ; mais celui-ci n'a jamais été rendu effectif malgré l'adoption d'un décret d'application[8]. Il est actuellement proposé, dans le document de Politique Nationale du Travail (PNT), la mise en place d'un Conseil supérieur du travail (CST) qui aura une mission « *d'orientation et de pilotage en matière de travail » et qui sera « une structure tripartite élargie aux ministères techniques et aux organisations de la société civile intervenant dans les divers domaines du travail* ». Le CST est vu comme « un cadre de dialogue sectoriel national » qui devra assurer le lien entre le dispositif de mise en œuvre de la Politique nationale du travail et celui de la Stratégie Accélérée de Développement Durable[9].

---

[6] Article 19-3 du décret n° 2009-661, *JOBF* n° 42 du 15 octobre 2009 (http://www.legiburkina.bf/m/Sommaires_JO/Décret_2009_00661.htm).

[7] A ne pas confondre avec l'actuel « Conseil nationale de la transition » qui est le « parlement » créé après l'insurrection populaire des 29, 30, 31 octobre 2014.

[8] Zatu An VI-75 du 22 décembre 1988 portant création d'une convention nationale du travail, *JOBF* du 22 décembre 1988, p. 2152 ; Code social, p. 151 ; Kiti An VIII-228 FP/TRAV du 2 mai 1991 portant composition, attributions et fonctionnement de la CNT, *JOBF* du 2 mai 1991, pp. 61 à 614 ; Code social, p. 151.

[9] *Cf.* Ministère de la Fonction publique, du Travail et de la Sécurité sociale, Document « Politique Nationale du Travail », 2013, partie III-1-2, p. 71 ; Décret n° 2011-536/PRES/PM/MFPTSS du 9 août 2011 portant adoption de la politique nationale du travail et de son plan d'action *JOBF* n° 3 du 19 janvier 2011.

B - Les structures bipartites

Les structures bipartites sont très nombreuses et attestent du désir de l'État de promouvoir le dialogue social ou, du moins, l'obligation pour lui de trouver des cadres de règlement et de limitation des nombreux litiges que provoquent les politiques d'ajustement structurel, de libéralisation économique et de satisfaction des critères de gouvernance économique des organisations internationales. On peut toutefois distinguer les structures créées par le Gouvernement, intégrées ou non dans le Code du travail (1), et les structures qui sont issues de la Convention collective interprofessionnelle (2).

1 - Les structures créées par l'État

Des cadres de concertation ont été créés d'une part entre le Gouvernement et les organisations syndicales de travailleurs, d'autre part entre le patronat et les organisations de travailleurs.

Instauré en 2008[10], le premier « cadre de concertation » réunit annuellement six centrales syndicales (CGTB, CNTB, CSB, ONSL, UNSL/FO, USTB)[11], plus d'une vingtaine de syndicats autonomes et les autorités gouvernementales, notamment les ministres chargés de la Fonction publique et du Travail, des Finances, du Commerce et de la Justice. Cette instance a pour mission d'examiner les doléances et les préoccupations des organisations syndicales des travailleurs, de formuler des propositions et des recommandations pour la recherche de solutions aux préoccupations des travailleurs, de contrôler et suivre l'exécution des accords conclus précédemment entre le Gouvernement et les organisations syndicales, de formuler toutes suggestions permettant l'amélioration des conditions de vie et de travail des

---

[10] Arrêté interministériel n° 2008-010/ MTSS/ MCPEA /SG/DGT/DRPPDS du 1er avril 2008 portant création, attributions et fonctionnement d'un cadre de concertation gouvernement/organisations syndicales des travailleurs.

[11] CGTB : Confédération générale du travail du Burkina ; CNTB : Confédération nationale des travailleurs du Burkina ; CSB : Confédération syndicale burkinabè ; FO-UNSL : Force Ouvrière- Union nationale des syndicats libres ; ONSL : Organisation nationale des syndicats libres ; USTB : Union syndicale des travailleurs du Burkina.

travailleurs, de faire toutes propositions pour l'amélioration du climat social dans les entreprises.

Le second « cadre de concertation », créé également en 2008[12], réunit les centrales syndicales, le patronat et toutes autres personnes que les parties jugent utile de faire participer à leurs rencontres. Sa mission est de « *mener des réflexions sur l'amélioration de l'environnement des affaires et la préservation des emplois ; l'amélioration des conditions de vie et de travail ; la prévention des conflits du travail ; la protection sociale ; La formation professionnelle ; toutes autres questions touchant le monde du travail* », ainsi que d'émettre « *des avis et recommandations à l'intention des parties prenantes, des pouvoirs publics et des partenaires au développement* »[13]. Cette instance est censée se réunir annuellement sous la présidence du patronat, la vice-présidence revenant aux centrales syndicales.

En outre, il a été créé une commission mixte paritaire (patronat/centrales syndicales) chargée des négociations salariales et des conditions de travail dans le secteur privé[14]. Cette commission a été créée en application de l'article 190 du Code du travail mais aussi de l'article 41 de la convention collective interprofessionnelle qui dispose : « *les salaires minima de chaque catégorie sont fixés et modifiés par une commission mixte composée en nombre égal d'employeurs et de travailleurs relevant des organisations syndicales signataires et adhérentes de la présente convention* ». La commission paritaire est composée de vingt-et-un représentants des employeurs et de vingt-et-un représentants des organisations de travailleurs, désignés pour un mandat de trois ans renouvelable une fois. Cette commission a pour mission « *de fixer ou de modifier les salaires minima de chaque catégorie et échelon définis par les classifications professionnelles des conventions collectives sectorielles (...)* » et « *de mener toutes*

---

[12] Arrêté n° 13-2008 du 28 mai 2008 du ministre en charge du travail portant création d'un cadre permanent de concertation entre le patronat et les centrales syndicales.

[13] Article 3 de l'arrêté précité du 28 mai 2008.

[14] Arrêté n° 12-2008 du 28 mai 2008 du ministre chargé du Travail portant création d'une commission mixte paritaire en charge des négociations salariales et des conditions de travail dans le secteur privé.

réflexions et démarches afin d'aider les différents secteurs d'activités à se doter de convention ou de réviser celles existantes »[15].

On pourrait aussi citer, au titre des organes de concertation, les rencontres annuelles gouvernement/secteur privé. Mais, en réalité, ces rencontres relèvent de la phase minimale du dialogue qui est la communication sur la politique du gouvernement en matière économique. Il en est de même de la création d'un Cadre de concertation et de dialogue entre l'État et les organisations de la société civile du Burkina Faso[16]. Outre que le champ de compétence de cette instance va bien au-delà du droit et des relations de travail organe sort du cadre du droit social, cette prévision n'a pas été mise en œuvre le pouvoir ayant été renversé, le mois même de la parution de l'arrêté, par l'insurrection des 29, 30 et 31 octobre 2014[17].

2 - Les structures issues de la Convention collective interprofessionnelle

L'unique convention collective générale, la convention collective interprofessionnelle du 9 juillet 1974[18], conclue entre le patronat et les centrales syndicales de l'époque, étendue par arrêté de la même année, vieille de 40 ans sans jamais avoir été révisée, a prévu la création de deux commissions. La première dite « commission de reclassement »[19] est chargée de trancher en cas de contestation par le travailleur du classement de son emploi dans la hiérarchie professionnelle. Elle est composée de deux représentants des employeurs, de deux représentants des travailleurs de la branche professionnelle intéressée et est présidée par l'inspecteur du travail du ressort. La seconde « commission paritaire » dite d'interprétation et de

[15] Article 4 de l'arrêté du 28 mai 2008 précité.

[16] Arrêté n° 2014-592 du 9 octobre 2014 portant création d'un Cadre de concertation et de dialogue entre l'Etat et les organisations de la société civile du Burkina Faso (http://www.legiburkina.bf/m/Sommaires_JO/Decret_2014_00592.htm).

[17] *Cf.* not. A. Loada, La gouvernance des organisations de la société civile au Burkina Faso (http://www.spong.bf/wp-content/uploads/2014/07/la_gouvernance_des_OSC.pdf).

[18] *Cf.* Codes et lois du Burkina Faso, Tome IX, Code social, p.231 et s. https://www.ilo.org/dyn/natlex/docs/MONOGRAPH/33920/57513/F155487209/BFA-33920.pdf

[19] Article 42 de la convention collective interprofessionnelle.

conciliation a pour mission de « *rechercher une solution amiable aux différends pouvant naître de l'interprétation et de l'application de la présente convention* »[20]. Elle est composée de quatre membres représentants les organisations d'employeurs et de travailleurs signataires de la convention collective interprofessionnelle de 1974.

C - Les structures de dialogue au sein de l'entreprise

Dans l'entreprise, le dialogue social est recherché à travers les institutions représentatives du personnel (1), l'obligation de recourir aux procédures amiables (2) et les organismes consultatifs en matière de santé et sécurité au travail (3).

1 - Les institutions représentatives du personnel

En ce qui concerne la représentation du personnel dans les décisions concernant la vie de l'entreprise, des délégués du personnel et leurs suppléants doivent être désignés dès que l'entreprise compte plus de dix travailleurs[21]. Dans la mesure où les syndicats se créent librement, ils peuvent librement créer dans l'entreprise des sections ou sous-sections syndicales. Le représentant de chaque syndicat présent dans l'entreprise, appelé délégué syndical[22], bénéficie de la protection accordée au délégué du personnel[23]. L'aspect principal de la protection accordée au délégué du personnel est qu'il ne peut être licencié sans autorisation de l'inspecteur du travail[24].

2 - Le préalable des procédures amiables

Un autre mécanisme censé instaurer une tradition de dialogue social consiste à rendre obligatoire le recours aux procédures amiables de règlement des différends collectifs avant toute grève et toute

---

[20] Article 71.
[21] Article 1er de l'arrêté n° 94-007/ETSS/SG/DT relatif aux délégués du personnel (https://www.ilo.org/dyn/natlex/docs/SERIAL/46055/44824/F-429645945/BFA-46055.pdf).
[22] Article 289 du Code du travail.
[23] Article 291 du Code du travail.
[24] Article 314 du Code du travail.

décision de lock-out[25]. La procédure amiable de règlement comprend la conciliation devant l'inspecteur du travail et, en cas d'échec, le recours à l'arbitrage devant un conseil d'arbitrage composé du Président de la Cour d'appel et de deux assesseurs dont un assesseur employeur et un assesseur travailleur.

3 - La gestion concertée des risques professionnels

Au niveau de la gestion des questions de santé et sécurité au travail il doit être créé un Comité de Sécurité et de Santé au Travail (CSST) dans les entreprises comptant au moins 30 travailleurs[26] et tout chef d'établissement est tenu d'élaborer et mettre en œuvre un programme annuel d'amélioration des conditions d'hygiène et de sécurité[27].

Le CSST, qui est un organe consultatif comprenant des représentants des travailleurs et de l'employeur, seconde les deux partenaires ainsi que les services de santé et les services de sécurité qui sont créés selon la taille de l'entreprise. Les CSST ont été dotées d'une coordination nationale et de coordinations régionales par un décret n° 2013-1338 du 31 décembre 2013[28]. Les CSST sortent ainsi de l'entreprise pour devenir des cadres de concertation au niveau régional ou national. L'existence de ces différentes structures est appuyée par des obligations qui pèsent sur l'employeur et qui ont pour but de favoriser l'efficacité du dialogue social : information sur les risques, formation à la prévention, élaboration de programmes d'amélioration des conditions d'hygiène et de sécurité.

---

[25] Article 388 du Code du travail.
[26] Article 249 du Code du travail.
[27] Article 236 du Code du travail.
[28] Décret n° 2013-1338/PRES/PM/MFPTSS/MS du 31 décembre 2013 portant création, attributions et composition d'une Coordination Nationale (CN) et de coordinations régionales (CR) des Comités de santé et sécurité au travail, BFA-98070 coordination regionale.csst.pdf

II – LES GOULOTS DU DIALOGUE SOCIAL AU BURKINA FASO

Il existe beaucoup d'institutions de dialogue social mais celui-ci peine à entrer dans les mœurs et le subconscient des acteurs sociaux (gouvernement, syndicats de travailleurs et groupements professionnels d'employeurs). Il faut dire que le succès du dialogue social est tributaire des capacités de réponse de l'État c'est-à-dire de ses capacités économiques ainsi que de la pertinence de ses politiques économiques sociales. Il en va de même au niveau de l'entreprise. Malgré des exemples de succès des négociations et concertations pour mettre fin à des crises, le constat qui peut être fait est celui de la réalité d'une crise du dialogue social dont les manifestations doivent être relevées (A). Cette crise peut s'expliquer globalement par un déficit de conditions objectives et subjectives du dialogue social (B). Des perspectives d'amélioration peuvent néanmoins être explorées (C).

A - Les manifestations de la crise du dialogue social

Un certain nombre d'indices semblent attester d'une crise réelle du dialogue social au Burkina Faso. Le premier indice de cette crise est l'absence de révision de la convention collective générale de 1974. La durée de vie d'un texte resté d'application est une preuve qu'il a été bien conçu. Mais Il est tout de même anormal qu'une convention collective n'ait pas besoin d'un toilettage après quarante ans. La réalité est que les parties ne peuvent pas s'entendre pour entreprendre une révision de cet accord général : au niveau du patronat, dont l'organisation faîtière est le Conseil national du patronat burkinabé, l'on déclare mettre la priorité sur les négociations sectorielles ; au niveau des syndicats de travailleurs, le nombre de centrales syndicales a augmenté et la question de représentativité peut constituer un frein à des négociations générales. Ce facteur est tempéré par la création par les centrales syndicales d'une coordination dite d'Unité d'Action Syndicale.

Le deuxième indice est l'instabilité du Code du travail au Burkina Faso : le premier code a été adopté en 1962 et a été révisé en 1973 ; le second a été adopté en 1992 soit trente ans après ; puis est intervenu en 2004 un troisième code entièrement repris suivi d'un quatrième adopté en 2008. Cette valse des codes peut s'expliquer par des changements de facteurs nationaux et internationaux (conditionnalité du PAS en 1992, projet de l'OHADA en 2004 et 2008). Mais la raison la plus importante semble tenir au déficit d'esprit de négociation entre organisations d'employeurs et de travailleurs. Chacun compte sur les pressions exercées sur l'État pour obtenir des réformes en sa faveur au lieu de s'engager dans des négociations collectives. L'État a lui-même prêté le flanc, croyant bien faire en intégrant certaines jurisprudences ou dispositions de la convention collective interprofessionnelle dans le Code du travail.

Le troisième indice est que les procédures collectives de règlement des litiges et les procédures juridictionnelles n'arrivent pas à mettre fin à certaines récriminations concernant l'interprétation et l'application du Code du travail, ainsi en matière de licenciement de travailleur protégé ou d'indemnités en cas de licenciements collectifs.

B - Les raisons de la crise : le déficit des conditions objectives et subjectives

On peut de prime abord expliquer la crise du dialogue social par la crise économique et la situation de pauvreté ou de sous-développement qui ne permettent pas de répondre singulièrement aux nombreuses attentes des travailleurs. Mais le dialogue social a notamment pour objectif d'organiser des réponses à de telles attentes, en concordance avec les moyens matériels mobilisables et d'un commun accord. Les principaux facteurs de déficit de dialogue social sont d'ordre subjectif et tiennent au manque de consensus sur les valeurs et/ou à la faible lisibilité des politiques sociales et de celles des entreprises.

L'expression « manque de consensus sur les valeurs » peut paraître ambivalente ou vague. Le mot consensus est souvent utilisé par les organisations pour signifier que rien ne devrait se décider sans leur consentement. Utilisé dans ce sens, le consensus contient une exigence d'unanimité, de cogestion ou d'autogestion. Nous entendons pour notre part par « consensus sur les valeurs », l'acceptation tacite ou expresse de valeurs ou leur non remise cause. Pour qu'il y ait convergence sur les valeurs, les employeurs doivent développer la participation des salariés, leur information et leur consultation ; quant aux salariés, ils doivent reconnaître le fondement libéral du pouvoir de décision au sein de l'entreprise. Au niveau national, l'extrême émiettement des syndicats, à l'instar de l'émiettement des partis politiques, maintient un pluralisme vivant mais exprime aussi l'absence d'un minimum de consensus sur les grands choix politiques. Ceci s'exprime dans le secteur privé comme public. Par exemple, le débat sur un code du travail optant ou non pour le développement des contrats à durée déterminée correspond, dans le secteur public, à celui autour de la contractualisation de la Fonction publique. La loi n° 13 de 1998 portant régime juridique des emplois et des agents de la Fonction publique vient d'être abrogée par une loi du 24 novembre 2015 ; cela a ouvert une période d'agitations et de remous visant à revenir au système antérieur.

La deuxième raison alimentant le manque de consensus réside dans la faible lisibilité des politiques économiques et sociales. Ces dernières sont tributaires, dans leurs formulations et leurs mises en œuvre, des appuis et des procédures de partenaires extérieurs. Par ailleurs, les nombreux plans sectoriels et documents de politiques nationales rendent ardue une synthèse des lignes politiques et économiques de l'État en dehors de l'option globalement libérale. Encore faut-il admettre que cette option apparaît incontournable et doive servir de base à l'analyse des politiques publiques. D'autres exemples pourraient être pris, notamment, avec le Cadre stratégique de lutte contre la pauvreté ou encore à propos de la Stratégie de croissance accélérée et de développement durable, deux instruments ayant en commun de peiner à remplir leur rôle d'orientation.

Par ailleurs, les rencontres relevant de ce que l'on dénomme le « tripartisme plus » ou, plus exactement, le « bipartisme plus », lorsqu'elles associent des organisations aux objectifs très larges, tel le « Comité de lutte contre la vie chère, la corruption et l'impunité », semble relever plus d'un « tâtonnement politique » que d'un véritable dialogue social.

Sur un plan plus prosaïque, le déficit du dialogue social se traduit par un faible rendement des multiples structures censées l'incarner. Il en va en particulier des structures bipartites. Les syndicats reprochent le non-respect des rythmes de rencontres et l'inexécution des accords conclus. Le non-respect des engagements a amené à la création de comités de suivi de l'exécution, y compris par l'État, des promesses. Mais l'existence de ce type d'instance ne semble pas contribuer à faire disparaître la méfiance que les acteurs se portent.

La crise du dialogue social est aussi révélée par la multiplication des grèves « illisibles », c'est-à-dire de grèves dont les revendications sont peu compréhensibles. Il en est ainsi, par exemple, dans le jeune secteur minier. Si l'on comprend les grèves dénonçant la précarité des emplois et les licenciements brutaux, il paraît difficilement justifiable que des actions collectives recourent aux pressions sur les milieux sociaux locaux ou soient accompagnées d'actes de vandalismes. Enfin, en ce qui concerne les difficultés du dialogue social dans la fonction publique, Timotée Soulama constate avec raison que « *le dialogue social à la fonction publique est un sujet sensible et un enjeu important en raison de la position particulière de l'État qui est à la fois régulateur et employeur. De ce fait, les difficultés et le déficit du dialogue social à la fonction publique constituent, d'une part, un élément de perturbation pour l'ensemble des relations sociales dans le pays, comme en témoignent les conflits sociaux dans le secteur public, et d'autre part, un handicap majeur pour la promotion du dialogue social* »[29].

C - Les perspectives de relance du dialogue social

Si le dialogue social peine à remplacer le système que l'on pourrait dire d'inspiration française, de fonctionnement par des crises, il est tout de même en marche. Des perspectives de renforcement existent, pourvu que l'on s'y engage de manière conscience et délibérée. Une perspective concerne la Fonction publique où un certain nombre d'actions pourraient être entreprises. Par exemple, une ratification de la convention n° 151 sur les relations de travail dans la Fonction publique permettrait de se départir de l'illusion d'une Fonction publique reposant sur la théorie du service public et de se placer sur une ligne de négociation ouverte des relations de travail. En ce qui

[29] T. Soulama, Étude sur le dialogue social et la prévention des crises sociales au Burkina Faso, *op. cit.*

concerne le secteur privé, peut-être que la ratification de la convention n° 154 sur les négociations collectives pourrait avoir pour effet de voir les partenaires sociaux se mobiliser dans le cadre de la négociation collective, au lieu de tabler principalement sur la révision du Code du travail. De telles évolutions peuvent renforcer les assises juridiques du dialogue social. Cependant, il n'en reste pas moins que l'effort principal doit porter sur la réciprocité des engagements et le respect des accords conclus. Sans cela point de dialogue social véritable et constructif.

ÉTAT ET PERSPECTIVES DU DIALOGUE SOCIAL AU MALI

Dianguina TOUNKARA[1]

Depuis plusieurs années, le concept de « dialogue social » fait florès : on ne compte plus, en effet, le nombre de colloques, de thèses, d'articles qui y sont abondamment consacrés. Ainsi, l'expression « dialogue social » fait aujourd'hui partie des notions les plus usitées en droit social. C'est pourquoi on peut légitimement se demander si on n'est pas en présence d'un véritable paradigme, au sens d'un « ensemble de théories, de croyances et de valeurs constituant une grille de lecture commune de la science, partagée par une même communauté de chercheurs »[2]. En tout cas, le paradigme se traduit par le nombre d'occurrences, de références, de travaux consacrés à une question. Jugé à cette aune, le dialogue social constitue bel et bien un paradigme.

Le dialogue social constitue l'alpha et l'oméga de la démocratie sociale, caractérisée comme l'ensemble des « *formes de négociation, de consultation, ou d'échanges d'information, à tous les niveaux, entre les employeurs, les représentants des travailleurs et les pouvoirs publics sur des questions d'intérêt commun* »[3]. En effet, que serait une démocratie sociale sans dialogue social ? Un champ de batailles rangées où seul compterait le rapport de force.

Le dialogue social constitue de nos jours un indicateur de l'attractivité économique d'un pays donné. Pour se convaincre du bien-fondé de cette affirmation, il suffit de se référer au Rapport *Doing*

---

[1] Docteur en Droit privé, Assistant à la Faculté de Droit privé de l'Université des Sciences Juridiques et Politiques de Bamako.

[2] Sur la définition du paradigme : T. Kuhn, *La structure des révolutions scientifiques* Flammarion, coll. Champ Sciences, réédition 1970, 284 p.

[3] H. Rouilleaud, *Où va la démocratie sociale ? Diagnostic et propositions Editions de l'Atelier*, 2010, 238 p.

Business[4]. Elaboré chaque année par un groupe d'experts de la Banque mondiale, il classe les pays selon le caractère plus ou moins favorable aux affaires de leur cadre juridique et social. Ainsi, un pays dont la qualité du dialogue social est louée, appréciée est mieux classé qu'un pays où seul compte le rapport de forces. Ainsi, un pays comme la France[5] dont la qualité du dialogue social est très décriée est beaucoup moins bien évalué qu'un pays comme l'Allemagne dont le modèle de dialogue social est cité en exemple[6].

Le problème de la définition du dialogue social a, de tout temps, alimenté et continuera d'alimenter une littérature abondante qui ne semble pas prête de se tarir. Nous évoquons tous « le dialogue social », mais que renferme réellement la notion de dialogue social ? Nous n'en appréhendons souvent que les contours. Il serait sans doute prétentieux de vouloir maîtriser pleinement le concept[7]. De fait, plusieurs définitions du dialogue social cohabitent. Ainsi, pour l'Organisation Internationale du Travail (OIT), il s'agit de « *toutes les formes de négociations, de consultations et d'échanges d'informations entre les représentants des gouvernements, des employeurs et des travailleurs sur des sujets d'intérêts commun* ». Pour la Confédération Syndicale des Travailleurs du Mali (CSTM), le terme vise « *toutes les formes de dialogue bipartite ou tripartite, les négociations et les consultations sur les questions sociales qui ont lieu à n'importe niveau de la société (communautaire, nation, branche d'activité ou entreprise) et auxquelles participent les*

---

[4] A propos du Rapport *Doing Business* : B. Marais, *Des indicateurs pour mesurer le droit ? Les limites méthodologiques des rapports Doing business, LdF* Paris, 2006, 153 p. ; A. Lyon-Caen, « Rapports d'hiver », *RDT,* 2010, p. 1 ; A. Supiot, *L'esprit de Philadelphie La justice sociale face au marché total, Le Seuil, 2010, p. 66 et s.*

[5] *Cf.* Journal *Le Monde,* « Dialogue social ou dialogue de sourds ? », 25 octobre 2015.

[6] *Cf.* not. B. Nouel, « L'Allemagne est-elle un exemple pour la France ? *», Sociétés civiles* n° 98, 2010.

[7] P. Valéry se posait la même question à propos du droit : « *Nous parlons facilement du droit….Mais qu'est-ce que le droit… ? Nous savons et nous ne le savons pas* », in P. Valéry, *Regards sur le monde actuel, Librairie Stock*, 1931, p. 37. A mettre en parallèle avec Saint Augustin à propos du temps : « *Qu'est-ce donc le temps ? Si personne ne me le demande, je le sais ; mais si on me le demande et que je veuille l'expliquer, je ne le sais plus* », in *St Augustin, Confessions, XIV*, 17, cité par Fr. Ost et M. van de Kerchove, *Jalons pour une théorie critique du droit, Facultés universitaires Saint-Louis, Bruxelles,* 1987, p. 138.

gouvernements, les employeurs (ou leurs organisations) et les organisations de travailleurs ».

De toutes ces affirmations, un constat infère : il est, en effet, très difficile voire ardu de vouloir restreindre, ou à tout le moins circonscrire la notion de dialogue social dans les rets d'une définition précise, structurée et complète. Il y aura donc probablement toujours autant de définitions du dialogue social que d'auteurs ayant tenté de l'appréhender. Aux seules fins de la présente contribution[8], on acceptera que le dialogue social soit défini comme toute forme de concertation, de négociation, de consultation nouée, à quelque endroit que ce soit (entreprise, branche, nation), entre les partenaires sociaux (syndicats d'employés, d'employeurs et les pouvoirs publics) sur une question d'intérêt social voire économique.

La société malienne, à l'instar de toutes les sociétés africaines, a toujours accordé et continue toujours d'accorder une place prépondérante au dialogue comme mode privilégié de résolution des conflits sociaux ou sociétaux. Ainsi, les conflits se réglaient et continuent de se régler dans le « ventre » de la famille, du lignage, des mosquées, des églises, de l'arbre à palabre. C'est dans cette perspective qu'un auteur a pu affirmer : « *La plupart des conflits se réglaient sous l'arbre à palabre avec une forte implication des sages du village qui étaient les acteurs inclusifs d'un dialogue sincère et constructif. L'arbre à palabre était le lieu où se tenaient des débats contradictoires, s'exprimaient des avis motivés sur des problèmes de société de même que des conseils sur les mécanismes divers de dissuasion et d'arbitrage des conflits. Cette culture a impacté sur la vie et le comportement des peuples pendant des siècles et même jusqu'à nos jours, surtout dans les villages* »[9].

---

[8] Nous optons ici pour une définition stipulative « *qui ne sera ni vraie ni fausse, mais seulement opératoire pour un problème spécifique. Une définition stipulative est une décision, que l'on prend au commencement d'une recherche, de constituer une classe d'objets présentant tous un certain caractère. On va ainsi regrouper un certain nombre d'objets empiriques, par exemple des comportements humains ou quelques produits de ces comportements, et l'on appellera cet ensemble le droit (...)* » (M. Troper, « Pour une définition stipulative du droit », *in Droits,* n°10, 1989, p. 102).

[9] N.-Z. Koto-Yerima, *La pratique du dialogue social au Bénin : Bilan et perspectives, Friedrich Ebert Stiftung*, 2014, p. 4 et s.

Le dialogue social au Mali repose essentiellement sur le principe de participation. En effet, l'article 5 du Code du travail consacre un véritable « *droit à l'expression des travailleurs sur le contenu, les conditions d'exercice et l'organisation du travail à travers les institutions représentatives des travailleurs* »[10]. Outre le principe de participation, plusieurs instruments juridiques internationaux et internes consacrent, garantissent et promeuvent le dialogue social au Mali. Il en résulte donc que le dialogue social a une signification normative[11] dans l'ordonnancement juridique du Mali.

Pour salvatrice que soit l'œuvre du législateur à consacrer ou promouvoir un droit, il n'en demeure pas moins que cet exercice ne sera viable qu'à la condition expresse que la règle revête un caractère effectif[12] et efficace[13]. En effet, l'important, pour emprunter une formule fort heureuse de la Cour européenne des droits de l'homme, n'est pas de consacrer « des droits non pas théoriques ou illusoires mais des droits concrets et effectifs »[14]. Or, à l'examen du dialogue social, un certain nombre d'insuffisances, de limites, de carences, de

---

[10] L'article 8 du préambule de la Constitution française dispose que « *tout travailleur participe par l'intermédiaire de ses délégués à la détermination collective de ses conditions ainsi qu'à la gestion des entreprises* ».

[11] *Cf.* A. Jeammaud et A. Lyon-Caen, « Suprématie de la Constitution et droit social », *in* M. Troper et D. Chagnollaud (dir.), *Traité international de droit constitutionnel Théorie de la Constitution, Dalloz*, 2012, p. 665 (« *Il est remarquable que le juge constitutionnel ait reconnu signification normative (expression préférable à l'inconsistant « valeur juridique ») à la plupart des alinéas du préambule de la Constitution de 1946 formulant ces « principes politiques, économiques et sociaux* »).

[12] Pour une définition de l'effectivité en droit : V. Champeil-Desplats, « Effectivité et droits de l'homme : Approche théorique », *in* V. Champeil-Desplats et D. Lochak (dir.), *A la recherche de l'effectivité des droits de l'homme, Presses Universitaires de Paris Nanterre* 2008, p. 14. Pour l'auteur, « *l'effectivité d'une règle de droit est le passage du devoir-être, c'est-à-dire la formulation du droit, à l'être, c'est-à-dire la jouissance par les individus du droit* ».

[13] Pour une définition de l'efficacité en droit : A. Jeammaud, « Le concept d'effectivité du droit », in Ph. Auvergnon (dir.), *L'effectivité du droit du travail : à quelles conditions ?, Presses Universitaires de Bordeaux*, 2008, p. 35. Pour l'auteur, l'efficacité d'une règle « *résidera dans son aptitude à procurer le résultat recherché par son auteur (l'organe détenteur du pouvoir législatif, par exemple) ou que lui assignent des acteurs sociaux ou encore tel observateur s'interrogeant sur cette aptitude* ».

[14] CEDH, Airey c/Irlande du 29 octobre 1979.

manquements et d'aspects lacunaires se font jour. Ceux-ci appellent *de lege ferenda* des correctifs, d'où la question de la refondation du dialogue social qui se pose avec acuité. Cette question relève de la responsabilité du droit, à tout le moins de sa mobilisation, de son application, de son effectivité.

Ainsi exposée, cette étude s'articulera autour de deux axes : le premier temps consistera dans une analyse de type descriptif de ce qui s'avère actuellement un dialogue social dénaturé (I). Le second temps sera consacré à l'exposition de ce qui devrait être (ou à tout le moins advenir), c'est-à-dire aux conditions de refondation du dialogue social au Mali (II).

I - UN DIALOGUE SOCIAL DENATURÉ

L'examen empirique du dialogue social au Mali débouche sur un triple constat : d'abord, on se rend à l'évidence qu'on est en présence d'un dialogue social non pas inclusif mais exclusif (A). Ensuite, on peut relever, au passage, que le dialogue social est souvent confiné dans une fonction quasi-ornementale (B). Enfin, on assiste à une difficile mise en œuvre du dialogue social à l'échelon des entreprises, des branches (C).

A - Un dialogue social exclusif

L'examen fort minutieux des institutions, des instances ou organes chargés de promouvoir le dialogue social en République du Mali débouche inéluctablement sur un constat : la mise à l'écart de certaines confédérations syndicales de salariés. Après un exposé analytique de ces institutions ou organes (1), nous nous interrogerons ensuite sur les raisons qu'on pourrait avancer au soutien de ces exclusions (2) avant de finir par les soumettre à une appréciation critique (3).

1 - Les institutions et organes chargés de promouvoir le dialogue social au Mali

Au Mali, plusieurs institutions ou organes sont chargés de promouvoir le dialogue social. Parmi ceux-ci, on peut citer le Conseil Economique Social et Culturel (CESC)[15], le Conseil Supérieur du Travail (CST)[16], le Conseil Supérieur de la Fonction Publique[17], le Conseil d'Administration de l'Agence nationale pour l'Emploi (ANPE)[18], le Conseil d'Administration de l'Institut National de Prévoyance Sociale (INPS)[19], cette énumération succincte ne présentant guère un caractère exhaustif mais représentatif de ces institutions.

Hormis le Conseil Economique, Social et Culturel (CESC)[20], la plupart de ces institutions sont des institutions paritaires. Autrement

[15] Le Conseil Economique, Social et Culturel a compétence sur tous les aspects du développement économique, social et culturel de la nation. A ce titre, il est obligatoirement consulté sur tout projet de loi de finances, tout projet de plan ou de programme économique, social et culturel ainsi que sur toutes les dispositions législatives à caractère fiscal, économique, social et culturel.

[16] Institué par la loi n° 92-20 du 23 septembre 1992 portant Code du travail en République du Mali en ses articles L. 283 et suivants, le Conseil Supérieur du Travail peut : examiner toute difficulté née à l'occasion de la négociation des conventions collectives ; se prononcer sur toutes les questions relatives à la conclusion et à l'application des conventions collectives et spécialement sur leurs incidences économiques.

[17] Institué auprès du Ministre chargé de la Fonction publique, le Conseil Supérieur de la Fonction publique est obligatoirement saisi de tous les projets de règlements relatifs aux fonctionnaires de l'Etat. Il émet des avis sur tous projets de textes pris en application de la loi portant Statut général des fonctionnaires.

[18] L'Agence Nationale pour l'Emploi est chargée de la mise en œuvre de la politique nationale en matière d'emploi, de main d'œuvre et de perfectionnement professionnel.

[19] L'Institut National de Prévoyance Sociale (INPS) gère pour le compte des travailleurs conventionnaires aussi bien de l'Etat que du secteur privé les risques suivants : les prestations familiales ; la protection contre la maladie ; la prévention et la réparation des accidents du travail et des maladies professionnelles ; l'action sanitaire.

[20] Outre les représentants des travailleurs et des employeurs, cette institution comprend : dix représentants des professions commerciales, bancaires, artisanales, des transports, des services, des communications et de la culture ; quatre représentants des professions industrielles et minières ; neuf paysans représentant des coopératives et exploitants ruraux ; quatre représentants des ordres

dit, la gestion de ces institutions postule donc la représentation équilibrée des salariés et d'employeurs au sein de leurs instances de gestion. Ainsi, les salariés et les employeurs du Mali doivent-ils être représentés dans ces institutions par leurs mandants.

La représentation des employeurs ne soulève aucune difficulté particulière : ils sont, en effet, représentés par le Conseil National du Patronat du Mali (CNPM), unique confédération syndicale des employeurs du Mali[21]. En revanche, la représentation des salariés au sein de ces institutions ne résiste pas à la critique. En effet, nonobstant le pluralisme syndical, les salariés du Mali se trouvent représentés par une seule Confédération syndicale, l'Union Nationale des Travailleurs du Mali (UNTM). Or, le Mali compte à nos jours, outre l'UNTM, trois autres confédérations syndicales de salariés[22]. On en vient dès lors à s'interroger sur les raisons de l'exclusion des trois autres confédérations syndicales de salariés de la gestion des institutions paritaires.

2 - Les raisons de l'exclusion

Pionnière des centrales syndicales de salariés du Mali, l'Union Nationale des Travailleurs du Mali (UNTM) s'oppose, en effet, farouchement à la présence des trois autres confédérations syndicales de salariés au sein des institutions, des instances ou organismes chargés de promouvoir le dialogue social. On est alors fondés à sonder les raisons pour lesquelles l'UNTM s'oppose à cette présence. Elle dénie, en effet, toute légitimité aux trois autres confédérations à représenter les salariés du Mali. Cette situation s'explique par le fait que les confédérations « ostracisées » sont toutes sorties, à la suite de

---

professionnels ; neuf représentants des Conseils Régionaux et du District de Bamako dont un par conseil régional ; deux représentants des comités de coordination des organisations non gouvernementales ; quatre représentants des associations ; quatre représentants des maliens établis à l'extérieur.

[21] Créé le 25 Janvier 1980, le Conseil National du Patronat du Mali (CNPM) est « *une union des groupements d'employeurs chargée notamment de représenter les intérêts de l'ensemble des adhérents auprès des pouvoirs publics et organismes internationaux* ».

[22] Il s'agit de la Confédération syndicale des Travailleurs du Mali (CSTM), de la Centrale Démocratique des Travailleurs du Mali (CDTM) et de la Confédération Malienne du Travail (CMT).

scissions, des «entrailles » de l'UNTM. Celle-ci n'a, en effet, jamais toléré cet état de fait. Et les pouvoirs publics du Mali « s'accommodent de cette situation probablement en raison de la forte implantation de l'UNTM dans la fonction publique »[23]. Après avoir exposé et analysé les raisons de l'exclusion de certaines confédérations syndicales de salariés de la gestion des institutions, des organismes et instances chargés de promouvoir le dialogue social au Mali, il convient maintenant de les soumettre à une appréciation critique.

3 - Une appréciation critique

A l'analyse, l'exclusion des trois des quatre confédérations syndicales de salariés de la gestion des institutions, des organes ou instances chargés de promouvoir le dialogue social au Mali viole deux principes et règles de l'ordonnancement juridique du Mali : d'abord, elle rompt le principe d'égalité entre les syndicats (a) ; ensuite, elle constitue une entorse aux règles de la représentativité syndicale (b).

a. Rupture d'égalité entre les confédérations syndicales de salariés

En tant que « réquisit général »[24], le principe d'égalité impose de traiter de manière égale des situations équivalentes et, par conséquent, prohibe toutes distinctions arbitraires. Ce préalable noté, on peut se demander si le principe d'égalité bénéficie d'une positivité en droit malien.

Avant de trancher la question de la positivité du principe d'égalité en droit malien, il convient au préalable de s'attarder sur la question suivante : qu'est-ce que la positivité d'une norme juridique[25] ? Pour Hans Kelsen, pour que la positivité d'une norme se caractérise, il faut qu'elle « soit créée par un acte susceptible d'être constaté

---

[23] O. O. Sidibé, *Etude sur l'impact des actions du programme Prodiaf sur le dialogue social au Mali*, Bamako, 2002.

[24] J. Porta, « Egalité, discrimination et égalité de traitement A propos des sens de l'égalité dans le droit de la non-discrimination (1ère partie) », *RDT*, 2011, p. 290 et s.

[25] *Cf.* not. H. Battifol, « Sur la positivité du droit », *in Mélanges en l'honneur de J. Dabin*, Sirey, 1963, p. 11 ; C. Atias, « Quelle positivité ? Quelle notion de droit ? », *Arch. phil. dr.*, 1982, p. 309 et s.

empiriquement »[26]. Pour Paul Amselek, « les normes juridiques observables dans la réalité sociale » seraient positives[27]. A la lumière de ces définitions, nous pouvons dire que le principe d'égalité bénéficie d'une positivité en droit malien[28]. En effet, il se trouve d'abord inscrit au fronton de la Constitution malienne, le Mali suivant en cela la Déclaration des Droits de l'Homme et du Citoyen de 1789[29], de la Déclaration Universelle des Droits de l'Homme de 1948[30] de la Charte Africaine des Droits de l'Homme et des Peuples[31]. Le Mali a connu, en effet, au cours de plusieurs décennies de souveraineté plusieurs constitutions dont celles de 1960, 1974, 1992 desquelles s'est dégagée une constante, à savoir le principe « de l'égalité de tous devant la loi sans distinction d'origine, de race, de sexe ou de religion ». L'article 2 de la Constitution de 1992 s'inscrit dans cette perspective : « *Tous les Maliens naissent et demeurent libres et égaux en droits et en devoirs. Toute discrimination fondée sur l'origine sociale, la couleur, la langue, la race, le sexe, la religion et l'opinion politique est prohibée* ». La Cour constitutionnelle du Mali est intervenue plusieurs fois pour réaffirmer la portée de ce principe[32]. Elle a déclaré inconstitutionnelles plusieurs lois sur le fondement du principe d'égalité. Elle a notamment annulé, dans sa décision du 25 octobre 1996, un mode de scrutin qui instaurait suivant les régions des modes de scrutin différents : « *En prévoyant trois modes de scrutin (...) le principe constitutionnel de l'égalité des citoyens affirmé par l'article 2 de la constitution se trouve rompu* »[33]. Donc le principe

---

[26] H. Kelsen, *Théorie pure du droit*, trad. Ch. Eisenmann, L.G.D.J., 1999, p. 100.

[27] P. Amselek, « La phénomélogie et le droit », *Arch. phil. dr.*, 1972, p. 185 et s.

[28] Sur la positivité du principe d'égalité en droit malien : D. Tounkara, « L'article 31du projet de réforme constitutionnelle : la catégorisation des Maliens », 2011 (www.maliweb.net).

[29] L'article 1er de cette Déclaration proclame : « Les hommes naissent et demeurent libres et égaux en droits ».

[30] L'article 7 de cette Déclaration affirme : « Tous sont égaux devant la loi et ont droit sans distinction à une égale protection de la loi ».

[31] L'article 3 de cette Charte dispose que « Toutes les personnes bénéficient d'une totale égalité devant la loi ».

[32] Trois ans déjà après sa naissance intervenue en 1994, 35% de ses décisions étaient rendues en application du principe d'égalité : Déc. 96-003 du 25 octobre 1996 ; Déc. 96-004 du 11 novembre 1996 ; Déc. 97-007 du 17 janvier 1997 (Source : Rapport de la Cour constitutionnelle du Mali au 1er Congrès de l'ACCPUF tenu à Paris les 10 et 11 avril 1997).

[33] Déc. 96- 003 du 25 octobre 1996.

d'égalité bénéficie d'une positivité juridique au Mali et se trouve en principe diffus dans tout l'ordre juridique.

Armés de cette précision, nous sommes en mesure d'affirmer que l'exclusion des trois confédérations des instances du dialogue social constitue donc une rupture du principe d'égalité entre tous les syndicats dans la mesure où les pouvoirs publics maliens traitent de manière différente des confédérations syndicales de salariés qui se trouvent dans la même situation. En sus de la rupture du principe d'égalité entre les confédérations syndicales, l'exclusion de trois des quatre syndicats des instances du dialogue social constitue également une grave méconnaissance des règles de la représentativité syndicale.

b. Une *solution contraire aux règles de la représentativité syndicale*

Le pluralisme syndical postule l'existence de plusieurs syndicats dans un espace donné. Ainsi, plusieurs confédérations syndicales de salariés ou d'employeurs peuvent se créer pour défendre les intérêts matériels et moraux, tant collectifs qu'individuels, des personnes visées par leurs statuts. En pareille situation, on doit donc procéder à une sélection entre les syndicats aux fins de distinguer ceux qui sont représentatifs et ceux qui ne le sont pas[34]. Seuls les premiers ont vraiment vocation à négocier, conclure des accords et conventions collectifs de travail, à représenter les salariés ou les employeurs dans les institutions, instances ou organes bipartites ou tripartites. Dans cette lignée de pensée, on peut affirmer que l'exclusion de trois des quatre confédérations syndicales de salariés dans les instances chargées de promouvoir le dialogue social constitue une grave méconnaissance des règles de la représentativité syndicale en ce que les pouvoirs publics n'ont jamais procédé à une sélection entre les

---

[34] Sur la notion de représentativité syndicale : A. Arseguel, *La représentativité syndicale,* Thèse Toulouse, 1976 ; S. Yannakourou, *L'Etat, l'autonomie collective et le travailleur. Etude comparé du droit français et italien de la représentativité syndicale, LGDJ,* 1995 ; J.-M. Verdier, « Réalité, authenticité et représentativité syndicales », *Etudes offertes à A. Brun, Librairie économique et sociale*, Paris 1974, p. 571 ; G. Borenfreund, « Propos sur la représentativité syndicale », *Dr. soc.* 1988, p. 476 ; « La représentation des salariés et l'idée de représentation », *Dr. soc.* 1991, p. 685 ; « Le nouveau régime de la représentativité syndicale », *RTD*, 2008, p. 712 ; J. Savatier, « Les transformations de la fonction représentative des syndicats », *Etudes offertes à G. Lyon-Caen, Dalloz*, Paris 1989, p. 179.

quatre confédérations syndicales de salariés pour déterminer celles qui sont représentatives et celles qui n'en remplissent pas les critères. Ainsi, dans trois affaires CSTM c/ État du Mali[35], la plus haute juridiction administrative du Mali[36] a jugé illégale l'attribution à la seule UNTM des douze représentants des salariés devant siéger au Conseil Economique, Social et Culturel. Ces décisions méritent leur plein assentiment. Il ressort, en effet, des prescriptions de l'article 9 de la loi 3 juin 1994 que les « douze représentants des salariés du secteur public et du secteur privé (ouvriers, employés, fonctionnaires, techniciens et cadres) sont désignés sur proposition des organisations syndicales les plus représentatives ».

Malgré la force normative[37] des arrêts de la Cour suprême, le Gouvernement du Mali n'a pas daigné exécuter lesdites décisions. On doit prestement s'empresser de relever, au passage, que cette attitude gouvernementale est contraire à l'idée d'État de droit, encore moins d'État démocratique[38] ou post-démocratique[39]. Le respect des décisions de justice est un devoir voire une exigence morale qui s'impose à tous, y compris au gouvernement. En effet, tout système démocratique repose sur trois piliers, trois pouvoirs : le pouvoir

---

[35] Cour suprême du Mali, 22 septembre 2000 ; Cour suprême du Mali, 15 août 2002 ; Cour suprême du Mali, 16 août 2007.

[36] Au Mali, la plus haute juridiction administrative est la Section administrative de la Cour suprême. Celle-ci constitue avec la Section judiciaire et la Section des comptes, les trois sections de la Cour suprême. La Section administrative joue deux fonctions : une fonction contentieuse et une fonction consultative. Sous cet angle, la Section administrative de la Cour suprême du Mali joue les mêmes rôles que le Conseil d'Etat français.

[37] A force normative en effet, une norme, une décision qui oblige, contraint son ou ses destinataire(s) à donner, à faire ou à ne pas faire quelque chose. Sur la normativité d'une décision de justice : J.-P. Costa, « La normativité des arrêts rendus par la Cour européenne des droits de l'homme », *in* C. Thibierge *et alii*, (dir.), *La force normative. Naissance d'un concept, L.G.D.J Bruylant*, 2009, p. 30 et s.

[38] Sur la distinction entre l'Etat de droit et l'Etat démocratique : F. Ost et M. van de Kerchove, *Jalons pour une théorie critique du droit, Facultés universitaires Saint-Louis, Bruxelles*, 1987. Les deux éminents auteurs expliquent : « *En ce sens, on peut dire que l'Etat de droit se prolonge en Etat démocratique : si, dans le premier, la régulation des forces en présence s'opère sur base du droit écrit, des droits acquis, dans le second, la société fait l'épreuve de droits qui ne sont pas déjà entièrement incorporé dans le texte juridique* ».

[39] Sur l'emploi de cette expression : C. Crouch, *Post-démocratie, éd. Diaphane*, 2013, 128 p.

législatif, le pouvoir exécutif et le pouvoir juridictionnel[40]. Chacun des trois pouvoirs est indépendant des autres. C'est ce que l'on désigne sous le vocable de principe de « séparation des pouvoirs ». De ce principe, deux axiomes[41] infèrent : le premier postule qu'aucun pouvoir ne doit et ne saurait empiéter sur le pouvoir de l'autre. Quant au deuxième axiome, il fait peser aux pouvoirs législatif et exécutif une véritable obligation positive[42]: celle de respecter et de faire respecter les décisions de justice. Et il ne doit venir à l'esprit de personne de remettre en cause ces deux axiomes. Non seulement, le dialogue social n'est pas inclusif mais il possède une autre caractéristique : il est, en effet, confiné à une fonction quasi-ornementale.

B - Un dialogue social cantonné à une fonction quasi-ornementale

Si tant est qu'un ersatz soit un « succédané, un sous-équivalent, souvent considéré de moindre qualité, d'un système considéré, ou bien tout produit de substitution remplissant les mêmes fonctions que l'original. Il s'agit d'une pâle copie, d'un substitut parfois peu, voire pas du tout, efficace ou encore d'un sujet dénaturé peu convaincant »,

---

[40] Nous préférons cette expression à celle de « pouvoir judiciaire ». Le concept de pouvoir judiciaire apparaît trop restrictif voire exclusif. Il ne désigne en effet que les seules juridictions de l'ordre judiciaire. Or, les juridictions de l'ordre administratif et constitutionnel font partie intégrante du troisième pouvoir.

[41] Pour l'emploi de cette expression en droit : M. Fabre-Magnan, « La dignité en droit : un axiome », *in* A.-M. Dillens et B. Van Meenen (dir.), *La dignité aujourd'hui, perspectives philosophiques et théologiques, Publications des Facultés universitaires Saint Louis* 2007, pp. 53-84. Pour l'auteure, « *La notion d'axiome n'est pas en effet, ne fut-ce qu'historiquement, l'apanage des mathématiques. Elle est notamment, comme on le sait, très fréquemment utilisée en philosophie, et ce depuis Aristote. Il s'agit en effet plus profondément d'une notion qui rend compte d'une identité de structure propre à la constitution de l'esprit humain. Le dictionnaire Littré explique ainsi, au mot « axiome », que ce qui différencie cette notion des mots d'un sens analogue tels que maxime, sentence, apophtegme, ou encore aphorisme, « c'est que axiome exprime une proposition évidente de soi, échappant à toute démonstration, et s'imposant par un principe d'évidence ou autrement de certitude qui entre dans la constitution de l'esprit humain* ».

[42]Sur la théorie de l'obligation positive : F. Sudre, *Droit international et européen des droits de l'homme*, 9ème éd, PUF, 2006 n° 163 et s ; du même auteur, *Les grands arrêts de la Cour européenne des droits de l'homme*, PUF, 2009.

on pourrait bel et bien employer, à propos de dialogue social à l'échelle nationale au Mali, d'ersatz ou de simulacre de dialogue. En effet, les partenaires sociaux (Gouvernement, patronat et syndicats de salariés) se concertent pour des réunions purement formelles. Les exemples sont légion. L'accord tripartite signé le 28 octobre 2014 entre le Gouvernement du Mali, le Conseil National du Patronat du Mali (CNPM) et l'Union Nationale des Travailleurs du Mali (UNTM) a été peu ou prou appliqué. De même que l'accord tripartite signé le 13 Mars 2015 entre le Gouvernement du Mali, le Conseil National du Patronat du Mali (CNPM) et la Confédération syndicale des travailleurs du Mali (CSTS) n'a pas connu un meilleur sort que le premier. On serait donc tenté d'affirmer que le dialogue social ne serait qu'un simple rituel auquel les partenaires sociaux se plient : ils se drapent ainsi des oripeaux d'une bonne conscience totalement superfétatoire, car improductive et non suivie d'effets.

Cette situation n'est pas sans rappeler celle qui prévaut également en France en matière de dialogue social où il est également jugé tour à tour confus, artificiel et brutal. C'est dans cette perspective que François Hollande faisait non sans pertinence ce constat : « *A quoi bon convoquer des sommets sociaux à l'Elysée s'il s'agit, sous couvert de concertation, de faire avaliser des choix déjà pris comme sur le dossier des retraites ? A quoi bon inciter les partenaires sociaux à négocier sur le partage de la valeur ajoutée si c'est pour annoncer inopinément et contre l'avis de tous, une prime qui ne concernera qu'une minorité de salariés ? Cette gestion chaotique et désordonnée des relations sociales s'est traduite par une défiance accrue vis-à-vis du politique. Or, les relations entre démocratie politique et démocratie sociale sont dans notre pays le fruit d'une longue et tumultueuse histoire faite de séduction, d'hégémonie et finalement de distance* »[43]. Le dialogue social se singularise par un dernier trait : il a du mal à émerger à l'échelon des entreprises.

---

[43] F. Hollande, « Il faut avoir confiance en la démocratie sociale », *in* Journal *Le Monde* du 16 juin 2011.

C - Une difficile implémentation du dialogue social à l'échelle des entreprises

L'implémentation est synonyme de mise en œuvre. Elle est alors sollicitée pour traduire l'écart entre les attentes nées de l'énonciation d'une norme et les résultats atteints par sa réalisation[44]. Comme le remarque J. Porta, « *implémenter une norme désigne l'ensemble des opérations et des dispositions mis en place dans le système juridique, afin d'en préparer, faciliter la réalisation. L'implémentation renvoie aux dispositifs qui permettent ainsi de rapprocher le moment de l'énonciation de la norme de celui de ses applications particulières. Il s'agit là d'une signification plus proche de l'usage courant de ce terme, originellement emprunté à la cybernétique. La définition retenue par le Petit Robert donne ici une image significative : implémenter signifie alors installer un programme sur un ordinateur et vise les opérations et les dispositifs devant être mis en place pour que le programme soit, dans un environnement spécifique, apte à produire les effets en vue desquels il a été conçu* »[45]. Prise dans cette acception, l'implémentation est synonyme de réalisation. En effet, une « *règle se réalise lorsque et dans la mesure où le modèle normatif qu'elle énonce se réalise. La réalisation du droit désigne l'ensemble des phénomènes par lequel un contexte est transformé en fonction des expectatives normatives qu'énonce une règle. Cette concrétisation est souvent pensée comme permettant notamment le passage du droit au fait* »[46].

Fort de cette précision, on peut légitimement se demander si le dialogue social s'est enraciné à l'échelle des entreprises. A cette question, une réponse négative semble s'imposer. En effet, quand il s'agit de procéder à l'inventaire ou de faire le bilan du dialogue social à l'échelle des entreprises, force est de constater qu'un procès-verbal

---

[44] E. Blankenburg, « La recherche de l'efficacité de la loi. Réflexions sur l'étude de la mise en œuvre : le concept d'implémentation », *Droit et Société* 1986, p. 59.

[45] J. Porta, « Egalité, discrimination et égalité de traitement A propos des sens de l'égalité dans le droit de la non-discrimination », *Revue de droit du travail*, 2011, pp. 356-357.

[46] J. Porta, *La réalisation du droit communautaire Essai sur le gouvernement juridique de la diversité,* Préface d'Antoine Lyon-Caen *Fondation Varenne, LGDJ,* 2007, 964 p.

de carence sera constaté. L'implémentation, l'enracinement du dialogue social à un lieu ou échelon donné se mesure, en effet, à l'aune de deux indicateurs. Le premier se mesure par le nombre d'accords d'entreprise signés par les partenaires sociaux. Ainsi, plus le nombre d'accords d'entreprise signés est élevé, plus l'implémentation du dialogue social est une réalité mesurable, tangible et palpable. *A contrario*, si le nombre d'accords d'entreprise signés est faible, on pourrait difficilement faire cas d'implémentation du dialogue social. Or, à l'analyse, les organisations syndicales de travailleurs et d'employeurs du Mali signent très peu d'accords d'entreprise. Le second indicateur se mesure à l'aune du taux de conflictualité, c'est-à-dire le nombre de « journées individuelles non travaillées » pour cause de grève. Plus ce taux est élevé, plus la qualité du dialogue social s'étiole, s'effrite, voire s'érode. Or, le taux de conflictualité est très élevé dans les entreprises du Mali. En témoignent les trois jours de grève observés les 25, 26 et 27 novembre 2015 dans tous les établissements bancaires du Mali. Dans la même lignée, on relèvera que début d'année 2017 a été marqué par une forte contestation sociale : plus de 120 préavis de grèves étaient déjà déposés le 27 janvier 2017 sur la table du Ministère chargé du travail[47].

De ces développements, il résulte un constat mi-figue mi-raisin : malgré toutes les vertus dont est paré le dialogue social, il n'arrive pas à s'implémenter à l'échelon des entreprises où seul compte le rapport de force. Une fois recensées les insuffisances, les limites du dialogue social, il convient maintenant de s'appesantir sur la question de sa refondation.

II - LA REFONDATION DU DIALOGUE SOCIAL

La refondation du dialogue social au Mali passe par l'adoption d'une série de mesures. Il faut, d'abord, résoudre la question de l'implémentation du dialogue social dans les entreprises, établissements et branches. A cette fin, le législateur doit instaurer une obligation annuelle de négociation. Celle-ci portera sur un certain

---

[47] *Cf.* « Aujourd'hui Mali », Hebdomadaire d'informations générales du Mali, 27 janvier 2017.

nombre de sujets relatifs au salaire, aux conditions de travail, à l'hygiène et la sécurité au travail, à la formation continue, pour ne citer que ceux- ci. Par ailleurs, on doit impérativement promouvoir un changement de paradigme[48], de vulgate. En effet, pendant longtemps, les partenaires sociaux avaient exclusivement appréhendé les relations sociales à travers le prisme d'une logique purement conflictuelle où seul compte le rapport de force. Cette vision est devenue surannée. Elle ne rend plus, en effet, compte de l'évolution des relations sociales fondée sur le dialogue social, la concertation, la consultation, la négociation et la recherche du consensus. Enfin, les partenaires sociaux doivent comprendre que le substrat de tout dialogue social repose sur la bonne foi, la loyauté. Or, il a été démontré plus haut qu'au Mali le dialogue social n'a quasiment qu'une fonction ornementale. Pour pallier cette situation, le respect de la parole donnée[49] doit être l'axiome du dialogue social. Autrement dit, quand on signe un accord collectif de travail, son corollaire consiste en une exécution de l'obligation morale y afférente.

Outre ces mesures, la promotion du dialogue social au Mali nécessite d'une part les pouvoirs publics tranchent la question de la représentativité syndicale, clef de voûte du dialogue social (A), d'autre

[48] Catherine Thibierge donne un saisissant exemple de changement de paradigme « *à travers l'expérience de « circulation douce » initiée dans une ville des Pays-Bas : une expérience extrême, et extrêmement effective, d'un droit très souple et fort peu bavard. Qu'on en juge un peu : les pouvoirs publics y ont supprimé la signalisation routière, des panneaux aux feux tricolores en passant par les marquages au sol, autrement dit les expressions des règles du code de la route. N'en subsiste plus que deux, celle de rouler à droite et de respecter la priorité à droite. Le bilan de l'expérience a de quoi surprendre : non seulement le nombre d'accidents y a très nettement diminué et la fluidité du trafic s'en est trouvée améliorée, mais en outre les automobilistes se comportent de manière bien plus « civilisée » et responsabilisée et ont développé leurs propres signaux manuels pour communiquer entre eux. L'évaluation auprès des usagers, qu'ils soient piétons ou automobilistes, est si positive, que l'expérience a été étendue à une centaine d'autres villes du pays. Mais son succès ne s'arrête pas là : elle est devenue un programme, appelé Shared space, financé par l'Union européenne et auquel de nombreuses villes européennes participent notamment en Allemagne, en Belgique et en Grande-Bretagne. Cette expérience a supposé ce qu'on appelle un « changement de paradigme* » (C. Thibierge, « Rapport de synthèse » in Association Henri Capitant, *Le droit souple*, LGDJ 2009).

[49] Sur la force obligatoire de la parole : A. Supiot, *Homo juridicus. Essai sur la fonction anthropologique du Droit*, éd. du Seuil, 2005, p. 135 et s.

part que s'instaure un dialogue entre les différentes confédérations syndicales (B).

A - Apporter une solution à la sempiternelle question de la représentativité syndicale[50]

La représentativité syndicale[51] demeure et demeurera toujours la toile de fond du dialogue social. En effet, si on veut avoir un dialogue social à l'abri de toute critique, conforme aux standards communément admis en pareille matière, il faudra, au préalable, se résoudre à trancher définitivement la lancinante et sempiternelle question de la représentativité syndicale du Mali. On peut relever, au passage, que la presque totalité des pays de l'Afrique francophone se trouvent également confrontés à la même difficulté. L'exemple le plus topique est le Sénégal[52]. De l'analyse de l'exposé des motifs de la loi n° 2003-23 du 22 août 2003 en effet, il résulte que « *le Sénégal vit une ère de pluralisme sans précédent marquée par la co-existence de plusieurs centrales syndicales de travailleurs comme d'employeurs aux sensibilités variées. Au fur et à mesure de l'approfondissement de la démocratie sociale, l'on assiste à une recomposition et à un élargissement du paysage syndical avec notamment l'apparition de nouveaux acteurs. Dans ce contexte de changement et de mutation profonde, la nécessité de procéder à la détermination du poids relatif des différentes forces syndicales en présence se pose le double angle de la légalité et de la légitimité. [....] Pour toutes ces raisons la détermination du poids des centrales syndicales de travailleurs et d'employeurs a toujours constitué une préoccupation constante du Gouvernement et des partenaires sociaux qui, dans leur approche de la question, ont, jusqu'ici, privilégié l'enquête administrative comme principal outil de mesure de la représentativité* »[53]. Moyennant ces

---

[50] *Cf.* not. D. Tounkara, *La problématique de la représentativité syndicale au Mali, Mémoire, Faculté des Sciences Juridiques et Economiques de Bamako,* sous la direction du Professeur O.- O. Sidibé, 2001.

[51] *Cf.* not. L. Dauxerre, *La représentativité syndicale, instrument du dialogue social, PUAM* 2005, 588 p.

[52] *Cf.* not. I. Samb, *Partenariat social en droit du travail et enjeux du Pacte National de Stabilité Sociale et d'Emergence Economique, Préface* de I. Y. Ndiaye, à paraître.

[53] *JORS* du 20 septembre 2003, n° 61 24, pp. 1110-1111.

précisions, nous envisagerons la solution du problème de la représentativité sous deux prismes : d'abord, à l'aune du droit présent, c'est-à-dire de *lege lata* (2) ; ensuite, et surtout, à l'aune du droit à venir, c'est-à-dire de *lege ferenda* (3). Mais avant d'exposer les solutions du problème, il convient, *in limine,* de s'atteler à l'analyse des données dudit problème (1).

1 - Les données du problème

Avant 1998, le paysage syndical du Mali se singularisait par l'unicité syndicale (a). C'est à partir de cette date que le Mali est entré de plain-pied dans le pluralisme syndical (b). Cette situation emporta une conséquence : la remise en cause de la qualité de l'UNTM comme seule organisation syndicale la plus représentative (c).

a. Avant 1998 : l'unicité syndicale

Pendant plus d'un quart de siècle, l'Union Nationale des Travailleurs du Mali (U.N.T.M) était l'unique confédération syndicale des travailleurs du Mali. Ainsi au plan national, elle était, d'une part, le seul interlocuteur de l'État et du patronat et, d'autre part, elle était présente dans toutes les instances de dialogue tripartite, qu'elles soient générales ou sectorielles. Au plan international, elle était l'unique membre représentant l'ensemble des salariés du Mali au Conseil d'administration du BIT, de l'Organisation de l'unité syndicale africaine (OUSA), de la Confédération internationale des syndicats libres (CISL). Cette situation a perduré jusqu'en 1997.

b. Après 1998 : le pluralisme syndical

En 1998, l'UNTM a connu une crise aiguë de gouvernance, qui déboucha sur un bicéphalisme de mauvais aloi à la tête de l'UNTM. Ainsi, pour la première fois de son histoire, le mouvement syndical malien n'a pu été représenté ni à la Commission du travail de l'OUA, ni à la Conférence internationale du Travail de l'OIT. En dépit de toutes les médiations menées sous les auspices des chefferies coutumières, religieuses aux fins de réconcilier les deux bureaux, naquit une seconde centrale syndicale de salariés, la Confédération

Syndicale des Travailleurs du Mali (CSTM). On assista donc à l'avènement d'un pluralisme syndical[54]. Cette situation engendra une conséquence : la qualité de l'UNTM comme unique centrale syndicale la plus représentative des salariés est fortement remise en cause.

c. La conséquence du pluralisme syndical

La recomposition du paysage syndical malien devait se traduire par une redistribution des cartes entre les différentes centrales syndicales de salariés. Ainsi, chacune d'entre elles devait être représentée dans les institutions de dialogue social selon son poids, sa légitimité, son audience électorale. Malgré un paysage syndical marqué par le pluralisme, l'UNTM continue toujours à représenter l'ensemble des salariés dans les institutions chargées de promouvoir le dialogue social. On ne peut que regretter cette situation qui nuit considérablement à la qualité du dialogue social, d'où l'importance d'apporter un remède pérenne à une situation qui n'a que trop perduré.

2- De lege lata : les solutions offertes par le législateur

Au Mali, le caractère représentatif ou non d'un syndicat est déterminé par le Ministre chargé du Travail. Pour ce faire, il doit, en effet, s'appuyer sur les critères énumérés par l'article L. 78 du Code du Code du travail, au terme duquel : « […] *Les éléments d'appréciation comprendront notamment : 1. Le nombre de voix et sièges remportés par ses adhérents aux élections des délégués du personnel ; 2. L'expérience du syndicat, l'étendue et la nature de son activité* »[55]. On ne peut qu'être frappé par la grande similitude qui

---

[54] A la même période, le Sénégal a connu aussi un pluralisme syndical. On y a dénombré plus d'une quinzaine de centrales syndicales : la Confédération Nationale des Travailleurs du Sénégal (CNTS) ; l'Union Nationale des Syndicats Autonomes (UNSAS) ; la Fédération Générale des Travailleurs du Sénégal (FGTS) ; l'Union des Travailleurs Libres du Sénégal (UTLS) ; le Syndicat des Professionnels de l'Information et de la Communication du Sénégal (SYNPICS) ; la Confédération Démocratique des Techniciens du Sénégal (SDTS) ; la Confédération Nationale des Travailleurs du Sénégal/ Force du Changement (CNTS/FC).

[55] « *Le caractère représentatif d'un syndicat est déterminé par le Ministre chargé du Travail. Les éléments d'appréciation comprendront, notamment, le nombre de voix et sièges remportés par ses adhérents aux élections des délégués du personnel, l'expérience du syndicat, l'étendue et la nature de son activité* ».

existe entre l'article L. 78 du Code du travail du Mali et l'article L. 85 du Code du travail du Sénégal, au terme duquel « *Le caractère représentatif d'une organisation syndicale ou d'un groupement professionnel est déterminé par le Ministre chargé du Travail qui réunira tous les éléments d'appréciation après avis de l'inspection du Travail et la Sécurité sociale du ressort. Les éléments d'appréciation comprendront notamment : les effectifs et les résultats des élections des délégués du personnel ; l'indépendance ; les cotisations ; l'expérience du syndicat, l'étendue et la nature de son activité* ».

De la lecture de l'article L 78 du Code du travail du Mali, quatre constats infèrent : le premier, c'est qu'au Mali il s'agit non pas d'une présomption irréfragable de représentativité syndicale mais d'une représentativité prouvée. On doit vite s'empresser d'ajouter, au passage, que la présomption irréfragable de représentativité avait pignon sur rue jusqu'à l'intervention de la loi française du 20 août 2008[56]. Elle signifiait que toute organisation syndicale affiliée à l'une des cinq confédérations syndicales (CGT, CGT-FO, CFDT, CFTC et CFE-CGC), bénéficiait *ipso jure* d'une présomption de représentativité. Cette présomption de représentativité n'était pas susceptible de preuve contraire. La loi du 20 août 2008 a supprimé la présomption irréfragable de représentativité syndicale au profit de la présomption prouvée. Ainsi, tout syndicat doit désormais apporter la preuve de sa représentativité. En effet, la représentativité des organisations syndicales est déterminée d'après sept critères énumérés par l'article L. 2121-1 du Code du travail : le respect des valeurs républicaines[57] ; l'indépendance ; la transparence financière ; une ancienneté minimale de deux ans dans le champ professionnel et géographique couvrant le niveau de négociation ; l'audience établie à partir des résultats aux élections professionnelles ; l'influence, prioritairement caractérisée par l'activité et l'expérience ; les effectifs d'adhérents et les cotisations.

---

[56] Loi n° 2008-789 du 20 août 2008, *JORF* du 21 août 2008, p. 13064.

[57] Le respect des valeurs républicaines a remplacé le critère de l'attitude patriotique pendant l'occupation. Il implique « *le respect de la liberté d'opinion, politique, philosophique ou religieuse ainsi que le refus de toute discrimination, de tout intégrisme et de toute intolérance* ».

Le second constat, c'est qu'il y a lieu d'observer que les critères énumérés par le législateur ne sont pas exhaustifs en raison de l'emploi de l'adverbe notamment. Cette situation emporte une conséquence : aux critères énumérés par le législateur peuvent s'en agréger d'autres. Ainsi, on pourrait envisager d'autres critères tels l'indépendance, les cotisations et l'ancienneté du syndicat, etc. Le troisième constat que l'on pourrait poser est qu'il serait très difficile voire périlleux d'opérer une *summa divisio* voire une hiérarchie entre critères dits principaux et critères dits secondaires. Tous les critères ont, en effet, la même valeur. Ainsi, le Ministre chargé du Travail, autorité compétente pour déterminer le caractère représentatif d'un syndicat, ne doit privilégier un critère sur un autre. Il doit, en effet, les combiner. Le quatrième et dernier constat est que, quand bien même on ne peut et ne saurait établir une hiérarchie entre critères, il est possible d'opérer une dichotomie entre critères dits qualitatifs (a) et critères dits quantitatifs[58] (b).

a. Les critères dits qualitatifs

Au premier rang des critères dits qualitatifs doit impérativement figurer le critère relatif à l'indépendance. En effet, on peut légitimement soutenir avec le Professeur J.-M. Verdier que « *l'indépendance du syndicat à l'égard du ou des employeurs [....] constitue à la réflexion l'idée-maîtresse, le substrat implicite du système français de la représentativité et par conséquent la condition fondamentale d'aptitude à celle-ci. On pourrait presque dire que toute la philosophie du droit syndical, fondée sur le pluralisme, se concentre dans cette exigence* »[59]. Ainsi, le manque d'indépendance « *suffit à ôter toute représentativité à un syndicat, quelles que soient ses autres caractéristiques parce qu'il enlève tout support à l'authenticité du groupement* »[60].

Si tant est que l'indépendance soit l'un des critères, sinon le principal, de la représentativité syndicale, elle doit occuper une place centrale dans le droit de la représentativité syndicale au Mali. Or,

[58] Sur la dichotomie entre critères dits qualitatifs et critères dit quantitatifs : J.-M. Verdier, *Syndicats et droit syndical,* Vol. I, Dalloz Paris 1987, 2ème éd., p. 473 et s.
[59] *Ibidem*, p. 501.
[60] *Ibidem*, p. 503.

nulle trace, nulle évocation de ce critère dans le Code du travail. C'est pourquoi, le législateur doit lui accorder *de lege ferenda* une place centrale. En faisant référence à l'expérience, l'étendue et la nature de l'activité du syndicat, il vise un certain nombre de choses, au premier rang desquelles l'ancienneté du syndicat, son influence que l'on pourrait caractériser comme étant sa capacité à mobiliser les salariés. Dans cette dernière lignée de pensée, on peut se référer au succès des mots d'ordre d'action, de grève, etc. A côté des traditionnels et classiques critères dits qualitatifs, il y a aussi et surtout des critères dits quantitatifs.

b. Les critères dits quantitatifs

Les critères dits quantitatifs mettent fondamentalement l'accent sur l'audience du syndicat. Celle-ci se caractérise par le nombre de voix obtenues par un syndicat lors d'une élection professionnelle. Ainsi, une organisation syndicale qui remporte plus de voix lors d'une élection professionnelle se verra décerner le label de syndicat dit représentatif. En revanche, un syndicat qui remporte peu ou prou de voix se verra refouler à la table des syndicats représentatifs. C'est pourquoi au Mali un syndicat qui remportera plus de voix et de sièges remportés par ses adhérents aux élections des délégués du personnel se hissera à la dignité de syndicat représentatif. En effet, le législateur malien a érigé le critère de l'audience électorale comme l'un des principaux critères de représentativité. Mais force est cependant de relever que la mise en œuvre de ce critère n'est pas sans difficulté.

Programmée depuis 2005 en effet, l'organisation de ces élections se trouve prise en otage par une (fausse) question d'interprétation : pour les uns, on doit privilégier un scrutin majoritaire ; pour les autres, on doit plutôt opter pour un scrutin proportionnel. Nous allons donc d'abord procéder à l'exposé des thèses en présence avant de démontrer, ensuite, que ce débat est purement artificiel. En effet, il ressort de tous les textes que c'est le scrutin proportionnel qui a la faveur du législateur.

Le mouvement syndical malien reste divisé sur le mode de scrutin des élections professionnelles. Pour l'UNTM, le mode de scrutin qui doit être privilégié est le scrutin majoritaire. Ainsi, la confédération syndicale ayant la majorité des voix se verra accorder le ou les siège(s). Pour les autres confédérations syndicales, le mode de scrutin qui doit être, en revanche, privilégié est le scrutin proportionnel. Ainsi, les sièges seront attribués à chacune des listes en divisant le nombre de voix obtenues par le quotient électoral (nombre de voix nécessaires pour obtenir un siège).

La question du mode de scrutin des élections professionnelles nous paraît un débat artificiellement créé par l'UNTM. En effet, tant qu'on n'organise pas des élections professionnelles, elle continuera à siéger seule dans les institutions, instances ou organismes paritaires chargés de la promotion du dialogue social. C'est pourquoi elle met en œuvre des manœuvres dilatoires pour reporter *sine die* ces élections, quitte à recourir à des stratégies de diversion voire de chantage.

On peut affirmer que le mode de scrutin qui doit être privilégié est le scrutin proportionnel. Pour se convaincre du bien-fondé de cette affirmation, il suffit de se reporter aux règles qui gouvernent la représentativité syndicale du Mali. Les exemples sont légions. L'article 9 de la n° 94-024/du 3 juin 1994 fixant l'organisation, le fonctionnement et les modalités de désignation des membres du Conseil Economique, Social et Culturel précise que les douze représentants des salariés du secteur public et du secteur sont désignés sur proposition des organisations syndicales les plus représentatives. L'article L. 78 du Code du travail fait également référence aux organisations syndicales les plus représentatives d'employeurs ou de travailleurs. L'article L. 283 fixant la composition du Conseil Supérieur du Travail dispose que « les représentants des travailleurs et des employeurs sont désignés par les organisations syndicales les plus représentatives de la profession ». Il en résulte donc un constat : c'est le scrutin proportionnel qui a l'onction du législateur. Empressons-nous de relever, au passage, que c'est ce mode de scrutin qui a également pignon sur rue dans la plupart des pays du monde. A titre illustratif, le Bénin[61], la Côte d'Ivoire[62], le Sénégal[63] ont opté pour le scrutin proportionnel.

---

[61] *Cf.* I. Samb, *Partenariat social en droit du travail et enjeux du Pacte National de Stabilité Sociale et d'Emergence Economique, op. cit.*, p. 20 et s.

[62] *Cf. infra.*

[63] I. Samb, *op. cit.*, p. 18.

Si le débat sur le mode de scrutin nous paraît inopportun, celui sur le seuil de représentativité nous paraît, en revanche, beaucoup plus pertinent. En effet, on peut légitimement se demander combien de pourcent un syndicat devrait obtenir pour se voir décerner le label de syndicat dit représentatif. Ce seuil pourrait être fixé à 5, 10, 15, 20 % des suffrages. C'est à cette question que les partenaires sociaux doivent rapidement apporter une réponse définitive.

3 - De lege ferenda : les solutions envisagées par le projet de code du travail

Dans le projet de loi portant modification du Code du travail[64], les pouvoirs publics maliens ont décidé d'instaurer un nouveau régime de représentativité syndicale[65]. Pour la clarté de l'exposé, il convient, au préalable, de présenter le nouveau régime de la représentativité syndicale (a) avant de le soumettre à une appréciation critique (b).

a. Présentation du futur régime de la représentativité syndicale

Les principaux changements résident, en réalité, dans l'érection du critère de l'audience électorale comme seul et unique critère de la

---

[64] *Cf.* L'Essor du Mali, Quotidien national d'information générales, 8 septembre 2016 : « *Sur le rapport du Ministre du Travail et de la Fonction publique, chargé des Relations avec les Institutions, le Conseil des Ministres a adopté un projet de loi portant modification de la loi n° 92-020 du 23 septembre 1992 portant Code du travail en République du Mali. [....] Le projet de loi fixe des critères de la représentativité syndicale* ».

[65] Article L. 78 nouveau du Code du travail malien : « [....] Pour être représentative, une organisation syndicale doit avoir une audience suffisante dans la branche ou le secteur d'activité concerné. Le caractère représentatif d'un syndicat de travailleurs est déterminé par le Ministre en charge du Travail sur la base du nombre de voix et de sièges remportés par ses adhérents aux élections de délégué du personnel, lorsque la mesure de la représentativité est appréciée au niveau de l'entreprise, et sur la base des élections professionnelles, lorsque la représentativité est appréciée au niveau national, de la branche ou du secteur d'activité. [...] L'enquête de représentativité syndicale est organisée tous les quatre ans. [...] Le caractère représentatif d'une organisation d'employeurs est déterminé par arrêté du Ministre en charge du travail, sur la base d'une enquête de représentativité dont les critères sont fixés, en concertation avec les organisations syndicales d'employeurs les plus représentatives. L'enquête de représentativité est organisée tous les quatre ans ».

représentativité syndicale en République du Mali, la consécration de la règle dite du « cycle électoral ».

La principale innovation du futur droit de la représentativité syndicale réside en ce que le législateur malien érige l'audience électorale en critère unique de la représentativité syndicale. Ce faisant, les autres critères tels l'indépendance, les effectifs, les cotisations, l'influence, l'expérience passent à la trappe. Pour être déclarée représentative en effet, une organisation syndicale doit seulement remplir non pas les autres critères mais la seule et unique condition de l'audience électorale. Ainsi, au niveau de l'entreprise ou de l'établissement, une organisation syndicale ne peut être reconnue représentative que si elle remporte un certain nombre de voix et de sièges aux élections de délégués du personnel. Au niveau de la branche et au niveau national, un syndicat et une confédération syndicale ne peuvent à leur tour être reconnus représentatifs que s'ils remportent suffisamment de voix lors des élections professionnelles. En effet, qu'il s'agisse au niveau de l'entreprise, ou de la branche voire le niveau interprofessionnel, les rédacteurs du projet de loi portant modification du Code du travail n'ont guère précisé les seuils de représentativité. Cette tâche ingrate, ardue revient, en effet, au Ministre chargé du travail, « après concertation avec les organisations syndicales les plus représentatives d'employeurs et de travailleurs »[66]. Dans la même lignée de pensée, on peut faire remarquer que le Burkina Faso[67] et la Côte d'Ivoire[68] ont également érigé l'audience électorale en critère unique de la représentativité syndicale.

L'une des innovations majeures du futur régime de la représentativité syndicale réside dans l'instauration de la règle dite du « cycle électoral ». En effet, la représentativité des organisations

---

[66] *Idem.*

[67] L'article L. 302 du Code du travail du Burkina Faso précise que : « *Le Ministre chargé du Travail publie la liste des syndicats les plus représentatifs tous les quatre ans. Les éléments d'appréciation de la représentativité de l'organisation syndicale sont les résultats des élections professionnelles [....]* ».

[68] L'article L. 54. 1 de la loi n° 2015-532 du 20 juillet 2015 portant Code du travail en République de Côte d'Ivoire dispose que : « *Pour être représentative, une organisation syndicale doit avoir une audience suffisante dans le secteur d'activité et le secteur géographique qui est le sien. L'audience des organisations syndicales est déterminée par les résultats des élections professionnelles* ».

syndicales, quel que soit le niveau (entreprise, branche, national) est établie pour toute la durée du cycle électoral. Autrement dit, une organisation syndicale est seulement représentative pour une période bien déterminée. Cette période est, en effet, de quatre ans. Pour se convaincre du bien-fondé de cette affirmation, il suffit de se reporter à l'alinéa 12 de l'article L. 78 du Projet de Loi portant modification du Code du travail, au terme duquel « l'enquête de représentativité est organisée tous les quatre ans ». Le législateur Burkinabé a aussi fixé à quatre ans la durée du cycle électoral[69]. Celle-ci est de cinq ans au Sénégal, conformément à l'article 3 de l'arrêté n° 15237 du 14 octobre 2016, fixant les règles d'organisation des élections générales de représentativité des centrales syndicales des travailleurs[70].

De l'analyse de l'alinéa 12 de l'article L. 78 du projet de loi portant modification du Code du travail, deux observations d'inégale importance s'imposent : la première, c'est qu'on ne peut et ne saurait remettre en cause la représentativité d'un syndicat représentatif pendant quatre ans. La seconde observation, c'est qu'une organisation peut, à l'issue de l'enquête de représentativité, perdre sa représentativité au profit d'une autre. Une fois présenté le futur régime de la représentativité syndicale, il est nécessaire de le soumettre à une appréciation critique.

b. Appréciation critique du futur régime de la représentativité syndicale

Le nouveau régime de la représentativité syndicale encourt trois critiques majeures : en ce qu'il érige, d'abord, l'audience électorale en condition unique de la représentativité syndicale ; ensuite, et surtout, en ce qu'il entérine le *statu quo ante* ; enfin, en ce qu'il laisse le soin au Ministre du Travail de fixer par arrêté les seuils de représentativité.

En érigeant l'audience électorale en condition unique de la représentativité syndicale, les rédacteurs du Projet de Code du travail portent une grave entorse à la notion même de représentativité syndicale. Celle-ci suppose, en effet, une pluralité de critères. Ainsi,

[69] Article L. 302 : « *Le Ministre du travail publie la liste des syndicats les plus représentatifs tous les quatre ans* ».
[70] I. Samb, *op. cit.*, p. 20 et s.

pour être représentative une organisation syndicale doit non seulement remporter suffisamment de voix lors des élections professionnelles, mais surtout remplir les autres critères, tels l'indépendance, les effectifs, l'influence, etc. *A contrario*, l'absence d'un seul des critères ne doit être un obstacle à la représentativité syndicale. C'est pourquoi l'abandon de l'érection de l'audience électorale en condition unique de la représentativité syndicale s'impose. On doit, en effet, garder le caractère cumulatif des critères de représentativité, en privilégiant notamment le critère tiré de l'indépendance. Car, comme l'a relevé à juste titre le Professeur Jean-Maurice Verdier, « *Que signifie en effet des effectifs importants ou même un nombre élevé de voix obtenu aux élections périodiques si la pression ou même simplement la faveur patronale en sont la cause ou même l'occasion ? Allant plus loin, il n'est pas excessif de considérer que l'indépendance des syndicats de salariés à l'égard du ou des employeurs est plus qu'un critère de représentativité, un critère du syndicat, et que l'absence d'indépendance est une cause de disqualification du groupement ; en effet, dans la conception du droit syndical qui est celle du droit français, laquelle constitue une consécration presque extrême de la conception libérale du droit syndical, les syndicats représentent les intérêts opposés ou ayant vocation à l'être ; du côté des salariés, ils ne sauraient donc être dépendants des employeurs (ou de l'employeur au niveau de l'entreprise) sans perdre leur raison d'être* » [71].

Depuis 2005, les organisations syndicales de travailleurs du Mali n'arrivent pas à se mettre d'accord sur les seuils de représentativité. En effet, deux camps s'opposent. Pour le premier, dont l'UNTM est le chef de file, il est hors de question de fixer un quelconque seuil de représentativité. Le scrutin doit, en effet, être majoritaire. Le second, avec la CSTM à sa tête, estime que des seuils de représentativité doivent être fixés[72]. Et le Gouvernement du Mali n'a pas fait jusque-là preuve d'une grande audace, en apportant une solution définitive à ce débat. C'est pourquoi en associant les partenaires sociaux dans la fixation des seuils de représentativité, les rédacteurs du Projet de Code du travail semblent entériner le *statu quo*. En effet, on voit imagine mal le

---

[71] J.-M. Verdier, *Syndicats et droit syndical, op. cit.*, p. 501 et s.

[72] *Cf. supra.*

gouvernement entériner par voie réglementaire toute solution qui n'aurait pas l'assentiment de l'UNTM[73].

On peut légitimement se poser la question de savoir si la fixation des seuils de représentativité relève de la compétence de la loi ou du règlement. A l'analyse, tout laisse à penser que la fixation des seuils de représentativité relève de la compétence de la loi. Pour se convaincre du bien-fondé de cette affirmation, il suffit de se référer aux dispositions pertinentes de l'article 70 de la Constitution du 25 février 1992 du Mali, au terme duquel « *[....] la loi détermine également les principes fondamentaux du droit du droit du travail, de la sécurité sociale, du droit syndical [....]* ». Il en résulte que les règles gouvernant le droit syndical relèvent de la compétence du législateur. Dans cette lignée de pensée, on peut soutenir que la question de la représentativité relève non pas de la compétence du pouvoir réglementaire, mais du pouvoir législatif. En effet, la représentativité syndicale constitue l'une des matières, sinon la principale, du droit syndical.

Poussant plus loin la réflexion, on peut, à la lumière des droits ivoirien et français, soutenir le même raisonnement. Pour se voir décerné le label de la représentativité syndicale en droit ivoirien, le législateur ivoirien exige qu'un syndicat obtienne « *lors des dernières élections des délégués du personnel, au premier ou au second tour, au moins trente pour cent des suffrages valablement exprimés représentant au moins quinze pour cent des électeurs inscrits [....]* »[74]. En droit français, les seuils de représentativité, quel que soit le niveau (entreprise ou établissement[75], branche[76], national ou interprofessionnel[77]), sont, en effet, fixés par une

---

[73] *Idem.*

[74] Article L. 54-2 du Code du travail ivoirien.

[75] Article L. 2122-1 : « *Dans l'entreprise ou l'établissement, sont représentatives les organisations syndicales qui satisfont aux critères de l'article L.2121-1 et qui ont recueilli au moins 10% des suffrages exprimés au premier tour des dernières élections des titulaires au comité d'entreprise ou de la délégation unique du personnel ou, à défaut, des délégués du personnel, quel que soit le nombre de votants* ».

[76] Article L. 2122-5 : « *Dans les branches professionnelles, sont représentatives les organisations syndicales qui :1° Satisfont aux critères de l'article L. 2121-1 ; 2° Disposant d'une implantation territoriale équilibrée au sein de la branche ; 3° Ont recueilli au moins 8% des suffrages exprimés résultant de l'addition au niveau de la branche, d'une part, des suffrages exprimés au premier tour des dernières élections*

loi. La refondation du dialogue social au Mali passe nécessairement par le dialogue des syndicats.

B - Le dialogue des confédérations syndicales de salariés

Pour pasticher une formule de Bruno Genevois, Commissaire du Gouvernement[78] dans la célèbre affaire D. Cohn-Bendit[79], employée à propos du dialogue des juges[80], on peut affirmer qu'à l'échelon du Mali, il ne doit y avoir ni gouvernement des syndicats, ni guerre des syndicats. Il doit y avoir place pour le dialogue des syndicats.

---

des titulaires aux comités d'entreprise ou de la délégation unique du personnel ou, à défaut, des délégués du personnel, quel que soit le nombre de votants, et, d'autre part, des suffrages exprimés au scrutin concernant les entreprises de moins de onze salariés dans les conditions prévues aux articles L. 2122-10-1 et suivants. La mesure de l'audience s'effectue tous les quatre ans ».

[77] Article L. 2122-9 : « *Sont représentatives au niveau national et interprofessionnel les organisations syndicales qui : 1° Satisfont aux critères de l'article L. 2121-1 ; 2° Sont représentatives à la fois dans des branches de l'industrie, de la construction, du commerce et des services ; 3° Ont recueilli au moins 8% des suffrages résultant de l'addition au niveau national et interprofessionnel des suffrages exprimés au premier tour des dernières élections des titulaires aux comités d'entreprise ou de la délégation unique du personnel ou, à défaut, des délégués du personnel, quel que soit le nombre de votants, des suffrages exprimés concernant les entreprises de moins de onze salariés dans les conditions prévues aux articles L. 2122-10-1 et suivants ainsi que des suffrages exprimés aux élections des membres représentant les salariés aux chambres départementales d'agriculture dans les conditions prévues à l'article L.2122-6. La mesure de l'audience s'effectue tous les quatre ans* ». *L'article L. 2122-10 précise qu'une « confédération syndicale catégorielle interprofessionnelle nationale est représentative à l'égard des personnels relevant des collèges électoraux dans lesquels ses règles statutaires lui donnent vocation à présenter des candidats à condition : 1° De satisfaire aux critères de l'article L. 2121-1 et du 2° de l'article L. 2122-9 ; 2° D'avoir recueilli au moins 8% des suffrages exprimés au sein de ces collèges, à l'issue de l'addition des résultats mentionnés au 3° de l'article L. 2122-9* ».

[78] L'appellation Commissaire du Gouvernement a disparu, en droit français, au profit de celle de Rapporteur public.

[79] CE Ass., 22 décembre 1978, Ministre de l'Intérieur C/ D. Cohn-Bendit, D. 1979, p. 155.

[80] B. Genevois, Concl. sous CE Ass. 22 déc. 1978, Ministre de l'Intérieur c. D. Cohn-Bendit, D. 1979, 155-161, spéc. p. 161 : « *A l'échelon de la communauté européenne, il ne doit y avoir ni gouvernement des juges, ni guerre des juges. Il doit y avoir place pour le dialogue des juges* ».

Ce dialogue suppose une collaboration, une coopération, un échange entre syndicats. Ce qui signifie *a contrario* la fin du narcissisme syndical, de l'ignorance –mépris affiché à dessein ?- volontaire des autres syndicats, de l'ostracisme, le rejet systématique des autres, et moult motivations plus ou moins obscures. Dans cette lignée de pensée, les syndicats maliens doivent, dans l'intérêt supérieur des salariés, présenter des revendications communes, s'unir pour faire face au patronat, au gouvernement, nouer le fil du dialogue ; en bref se parler.

On ne peut donc que saluer la récente rencontre informelle entre les quatre confédérations syndicales de salariés du Mali. A la faveur de la cérémonie de clôture des travaux de la Conférence sous-régionale des centrales syndicales sur « *le Monde du travail face aux conflits sociaux et aux crises sécuritaires dans l'espace Union Economique Ouest-Africain (UEMOA) : quelle incidence de la bonne gouvernance, du dialogue social et de la culture de la paix dans la prévention, la gestion et la résolution des crises sécuritaires* » organisée à Bamako les 27-28-29 octobre 2015 par la Confédération syndicale, on a pu, en effet, réunir pour la première fois les secrétaires généraux des quatre confédérations syndicales. Pourrait-on parler d'amorce de dialogue des syndicats ? A cette question, il est très difficile d'apporter une réponse affirmative. On peut, en effet, objecter qu'une hirondelle ne fait pas le printemps. C'est pourquoi ce genre de réunions, de rencontres doivent se multiplier entre les syndicats avec à la clef la création d'un cadre permanent de discussion, de dialogue et de concertation. Il en va de l'intérêt des salariés et de la promotion du dialogue social. En définitive, la refondation du dialogue social au Mali repose en grande partie sur deux choses : le courage et la responsabilité.

Les pouvoirs publics doivent impérativement apporter une réponse ferme et définitive à la représentativité syndicale, clef de voûte du dialogue social. Pour ce faire, ils doivent faire montre de courage, d'audace en passant outre les réticences de l'UNTM, qui s'emploie à renvoyer l'organisation des élections professionnelles aux calendes grecques. En effet, le courage doit guider au quotidien l'action des hommes politiques. Car, pour reprendre une expression de

Cynthia Fleury, « une démocratie sans courage est une démocratie qui court à sa perte »[81]. Par conséquent, il ne doit y avoir ni renoncement, ni laxisme dans la mise en œuvre des critères de la représentativité syndicale. En effet, le coût du renoncement est bien supérieur à celui du courage.

Outre le courage, la refondation du dialogue social au Mali passe nécessairement par la responsabilité des syndicats. Ces derniers doivent, en effet, comprendre que l'ère de la guerre syndicale est révolue. Ils doivent s'approprier pleinement les valeurs qui fondent un dialogue fécond des syndicats. Dans cette perspective, l'UNTM doit impérativement s'extirper de sa logique de rejet systématique des autres, de son opposition farouche de voir les autres confédérations siéger dans les instances chargées de promouvoir le dialogue social. De façon plus générale, il est permis d'affirmer que les pouvoirs publics et les syndicats détiennent la clef de la refondation du dialogue social au Mali. Il leur suffit simplement de faire montre de courage et de responsabilité.

[81] C. Fleury, *La fin du courage : la reconquête d'une vertu démocratique,* Fayard, 2010, 203 p.

INCITATION DU DROIT ET FAIBLESSES DU DIALOGUE SOCIAL AU TOGO

Komi WOLOU[1]

Le dialogue social est aujourd'hui au centre des préoccupations aussi bien sur le plan international que dans chaque État parce qu'il est un vecteur d'harmonie et de paix sociale. Il valorise le travailleur qui ne se réduit plus à un simple locateur de la force de travail au profit du propriétaire des moyens de production, l'employeur, qui disposerait d'un pouvoir discrétionnaire dans la gestion de son entreprise.

Certes, le dialogue social ne fait pas du travailleur un décideur. Tout au moins, il permet aux partenaires sociaux d'être éclairés, chacun sur la position de l'autre, et au mieux, il conduit à des solutions consensuelles. Il fait de l'entreprise une affaire du salarié tout autant que celle de l'employeur, prévient les conflits sociaux ou permet d'y mettre fin à l'instar d'une transaction. Le dialogue ou la négociation accroissent la légitimité de la norme qu'il permet de secréter. Cet avantage justifie que le législateur se détache parfois du modèle étatiste fondé sur un droit émanant du gouvernement central pour s'ouvrir à une concertation avec les forces de la société civile[2]. Autant dire que le dialogue social, en, raison de ses vertus, est un instrument irremplaçable. On observera que la conscience de la pertinence de cet instrument ne suffit pas à réaliser son effectivité. Pourtant, c'est de cette effectivité que pourraient résulter les effets escomptés. Le dialogue social doit donc être promu ; il doit être entretenu. Il faut le rendre effectif. S'interroger sur « Réalités du dialogue social et responsabilité du droit » pose le problème de l'effectivité du dialogue social en positionnant le droit comme l'un des

[1] Agrégé des Facultés de Droit, Enseignant-chercheur à la Faculté de Droit de Lomé
[2] P. Birbaum, « La fin de l'Etat ? », RF sc. Pol. 1985, vol. 35, p. 981, cité par Brigitte Feuillet, « La place du juriste dans l'élaboration des lois bioéthiques », in *La place du juriste face à la norme*, D. 2012, p.59.

facteurs susceptibles de favoriser ou d'entraver sa réalisation. La doctrine relève que les juristes sont sensibles à la question de l'effectivité du droit du travail parce que ce droit « *(...) reste à la fois porteur de la protection et de justice sociale ainsi qu'instrument de police de la concurrence entre entrepreneurs comme entre travailleurs* »[3]. Il en est davantage ainsi s'agissant de la question du dialogue social puisqu'il a notamment pour vocation de permettre l'élaboration des normes devant elles-mêmes, *a priori*, présenter les vertus relevées. L'intérêt du sujet se trouve alors amplifié.

Le sujet peut aussi être rangé dans une problématique plus large du rapport entre le droit et les faits. S'il est admis que le droit est le reflet des réalités sociologiques dans une collectivité ou communauté donnée, il est aussi acquis que le droit a pour mission de faire évoluer, si nécessaire, les comportements[4]. Le droit, en effet, exprime des valeurs, suggère des comportements, dit ce qui doit être et au besoin sanctionne les comportements qui s'en éloignent. On comprend davantage ce que pourrait être la responsabilité du droit dans la réalité du dialogue social.

Quelques brefs rappels paraissent nécessaires. D'abord sur le contenu du dialogue social, il implique l'information, la consultation, la négociation qui pourrait prendre diverses formes. Ensuite, les conditions nécessaires au dialogue social à savoir l'exigence des organisations d'employeurs et de travailleurs fortes et autonomes et ayant des compétences techniques avérées, la volonté affirmée des parties, un soutien institutionnel appuyé, le respect de la liberté syndicale. Quelle est la position du législateur togolais au regard de ces paramètres du dialogue social. Quelle incidence concrète a-t-il sur le dialogue social au Togo ?

Le législateur togolais consacre explicitement des dispositions au dialogue social qu'il définit à l'article 209 du Code togolais du travail. Il prévoit notamment un organe chargé du dialogue social. L'incitation au dialogue social par le droit est alors une réalité dans le droit

---

[3] Ph. Auvergnon, « Une approche comparative de la question de l'effectivité du droit du travail », in « L'effectivité du droit du travail. A quelles conditions ? », *Presse universitaire de Bordeaux*, 2008, p. 34.
[4] R. Cabrillac, *Introduction général au droit,* Dalloz, 6ème éd. 2005, p. 10.

togolais. Cependant, le dialogue social est aussi tributaire de la volonté des acteurs, le droit ne pouvant que créer les conditions de sa réalisation. Cette observation est vérifiée même si elle doit être relativisée ; l'obligation au dialogue est, en effet, largement concevable. A défaut de la volonté des parties de pratiquer le dialogue social, il est possible de les y contraindre par l'institution d'une obligation au dialogue. Le droit ferait alors évoluer les comportements.

L'obligation de négocier n'est pas un phénomène nouveau ni spécifique au droit du travail. Elle est connue dans d'autres domaines du Droit. Ainsi en matière de contrats, il est acquis que lorsqu'un accord de principe est intervenu entre les parties, il en résulte à la charge de chacune d'elles une obligation de négocier de bonne foi[5] ; ce qui n'est pas une obligation de conclure impérativement. Le fait est que l'obligation de négocier est porteuse d'une espérance, celle de conclure. Dans tous les cas, elle permettra à chacun de mieux cerner la position de l'autre. L'obligation de négocier pourrait alors suppléer temporairement le déficit de volonté ou d'initiatives des acteurs sociaux. On peut observer, partant de ces constances, que si l'incitation au dialogue est une réalité significative en droit togolais (I), l'obligation au dialogue demeure encore un épiphénomène (II).

I - L'INCITATION AU DIALOGUE SOCIAL, UNE RÉALITÉ SIGNIFICATIVE

L'incitation au dialogue dans le droit positif togolais est perceptible tant au niveau législatif (A) que conventionnel (B).

A - Un cadre légal incitatif

L'article 209 du Code du travail définit le dialogue social. Il précise qu'il est un processus d'échange d'informations et de communication par lequel les acteurs du monde du travail s'entendent pour gérer au mieux leurs intérêts. Le second alinéa du même texte institue un cadre

[5] A. Bénabent, *Droit civil, Les obligations*, éd. Montchrestien, 12ème éd. 2010, p. 51.

national du dialogue social dénommé Conseil national du dialogue social (CNDS). Cet organe se compose de deux structures, l'une chargée du secteur privé, l'autre du secteur public. La loi assigne au CNDS la mission d'animer le dialogue social, de participer à la réflexion sur la législation sociale et d'émettre des avis sur les grandes orientations économiques à forte incidence sociale. Sur l'effectivité de ces structures, il faut constater qu'elles existent.

La liberté syndicale, autre levain du dialogue social, est pleinement affirmée. Elle s'appuie à la fois sur la Constitution, les conventions internationales ratifiées par le Togo et sur les dispositions du Code du travail national.

L'une des exigences pour une participation des syndicats au dialogue social est la détermination des critères de représentativité. En effet, la norme négociée ne sera légitime qu'autant que les parties impliquées le seront. La représentativité est donc une source de prérogatives. Sa reconnaissance doit dès lors reposer sur des critères bien définis à défaut desquels il pourrait y avoir un risque de discriminations entre les syndicats. Ces critères de légitimité ont été fixés par arrêté[6]. Les organisations représentatives, aux termes de l'article 3 dudit décret sont celles qui ont obtenu au moins 25% aux élections des délégués du personnel. La représentativité est établie pour une durée de quatre ans. Il importe de relever au regard de ce critère qu'il ne peut y avoir plus de quatre syndicats représentatifs à un niveau donné. C'est d'ailleurs une hypothèse optimiste puisque dès lors qu'un syndicat obtient plus de 25%, automatiquement le nombre de syndicats représentatifs ne peut excéder trois. Cette situation réduit sensiblement le nombre d'acteurs potentiels dans la négociation collective. Dans l'hypothèse d'une prolifération des syndicats, il existe un risque sérieux qu'il n'y est pas de syndicats représentatifs, ce qui en définitive pourrait se révéler un obstacle au dialogue social au niveau considéré.

La loi prévoit en outre les modalités de désignation des travailleurs habilités à conclure les accords au nom du syndicat. Aux termes de l'article 98 du Code du travail, la désignation peut résulter soit des

---

[6] *Cf.* Arrêté n° 019/MTESS /DGTLS du 10 décembre 2009.

stipulations statutaires de l'organisation, soit d'une délibération spéciale de l'organisation, soit enfin des mandats spéciaux donnés individuellement par tous les adhérents de l'organisation. A défaut, pour être valable, la convention collective doit être adoptée par une délibération spéciale de ce groupement.

En période ordinaire, la loi donne aux délégués du personnel le pouvoir de négocier au niveau de l'entreprise les accords d'entreprise. L'arrêté portant institution des délégués du personnel dans les entreprises du secteur privé et parapublic dispose qu'il « *s'impose aux employeurs et aux travailleurs qui ont l'obligation d'en observer les dispositions pour un développement harmonieux et fécond du dialogue social dans les entreprises privées et parapubliques* »[7]. Il s'agit manifestement d'un dessaisissement des syndicats au profit des délégués du personnel. Il y a là une atteinte à la liberté syndicale, le pouvoir de conclure les accords étant en principe et conformément aux conventions internationales, de la compétence des représentants syndicaux[8]. L'article 219 du Code du travail précise que les délégués syndicaux peuvent assister les délégués du personnel.

Les délégués du personnel doivent être consultés dans l'élaboration du règlement intérieur aux termes de l'article 88 du Code du travail. Les mêmes délégués ont pour attribution de communiquer à l'employeur toutes les suggestions utiles à l'amélioration de l'organisation et du rendement de l'entreprise. Ils sont obligatoirement consultés sur toute décision de réduction du personnel, de réorganisation de l'entreprise entraînant une diminution d'effectifs et de fermeture d'établissement, au moins un mois avant la décision.

En période de crise, l'inspecteur du travail et des lois sociales saisi, convoque les parties en vue de la conciliation conformément à l'article 257 du Code du travail. Les parties sont tenues de répondre aux convocations et de se rendre aux réunions de concertation et de conciliation. Il est fait obligation aux parties de se rencontrer et de poursuivre les négociations pendant le préavis de grève. La volonté du

---

[7] Article 2, alinéa 2 de l'arrêté n° 021 /MTESS/DGTLS du 10 décembre 2009.

[8] ISOLEX, Recueil des décisions sur la liberté syndicale, Négociation collective avec des représentants des travailleurs non organisés, Négociation collective, n° 944 à 947.

législateur est de maintenir les contacts entre les parties, d'éviter que le pont ne se rompt, même s'il n'est pas toujours acquis que ce contact aboutira à l'évitement de la grève, l'expression achevée des conflits collectifs. Cette volonté du législateur semble avoir été favorablement accueillie par les partenaires sociaux à travers les conventions collectives.

B - Un cadre conventionnel réceptif

La réceptivité du cadre conventionnel vis-à-vis du dialogue social se manifeste d'abord par l'existence des conventions collectives interprofessionnelle et sectorielles. La conclusion d'une convention collective, accord de volontés entre les partenaires sociaux, atteste qu'il y a eu en amont des négociations aboutissant à un accord, bref un dialogue social.

Par ailleurs, il est institué dans la Convention collective interprofessionnelle une commission d'interprétation et de conciliation qui a pour objet de rechercher une solution à l'amiable aux différends pouvant résulter de l'interprétation et de l'application de la convention collective interprofessionnelle. Cette institution traduit certainement la volonté de privilégier les solutions de type consensuel en amont, l'arbitrage et l'autorité qui en découle n'intervenant qu'en cas d'échec. La recherche du consensus par la négociation est davantage illustrée par le fait que lorsque la commission donne un avis à l'unanimité de ses membres, cet avis a les mêmes effets juridiques que les clauses de la convention collective. La commission est composée de douze membres représentant les employeurs et autant de représentants pour les travailleurs. Il est présidé par le directeur général du travail. Lorsqu'un membre signataire de la convention collective interprofessionnelle désire saisir la commission, il en informe le directeur général du travail qui est tenu de réunir la commission dans le plus bref délai. Le directeur ne dispose donc d'aucun pouvoir d'appréciation de l'opportunité de la réunion de la commission. Elle est de droit à la demande d'un membre. Ce qui constitue un facteur favorable au dialogue social.

Un protocole d'accord entre le Gouvernement, le Conseil national du patronat et les organisations syndicales des travailleurs a été signé le 30 janvier 2007. Ce protocole définit notamment la philosophie et le cadre du dialogue social. Il y est affirmé que le dialogue social sera désormais utilisé comme un outil de promotion sociale et économique. La conscience des vertus multiples du dialogue social est établi à la fois du fait de l'existence de cet accord que de son contenu. Il sera mis en place un mécanisme de dialogue social qui permette aux acteurs de façon périodique de se prononcer et d'échanger sur les grands enjeux les concernant et d'évaluer les actions qui ont été engagés. Au nombre des engagements pris par le Gouvernement dans le cadre de ce protocole, il a été prévu de compléter dans les délais raisonnables la législation afin de promouvoir le dialogue social sur les lieux de travail. S'agissant des employeurs, ils se sont engagés à mettre en place dans les entreprises un cadre institutionnel d'échanges et de concertation avec les travailleurs. En concertation avec les travailleurs, les employeurs se sont engagés à mettre en place une politique de prévention des conflits dans l'entreprise. S'agissant des travailleurs, ils se sont engagés dans le cadre de ce protocole à privilégier la voie du dialogue social et éviter la violence et les voies de fait en cas de grève. Enfin, il a été précisé que l'institution de suivi du dialogue social est le Conseil national du dialogue social (CNDS). Des engagements concrets ont été pris. Il s'est agi, notamment, de diligenter une enquête sur les discriminations en milieu de travail, de dépolitiser l'administration publique, de faire adopter un texte sur la représentativité et mettre en place un corps d'inspecteurs pour les agents publics. Aussi peut-on observer que l'arrêté de 2009 relatif aux critères de représentativité syndicale[9] est en partie le fruit du dialogue social, même si ce texte a emprunté la voie réglementaire. La même observation peut être faite à propos de l'« Etude sur la discrimination en matière d'emploi et de profession au Togo », validée en octobre 2013. Certes, des points essentiels restent encore à réaliser. Mais les résultats obtenus par le biais du dialogue social ne sont pas négligeables. Ces résultats seraient davantage élogieux si l'incitation au dialogue était mieux accompagnée de l'obligation au dialogue qui, à notre sens, demeure un phénomène périphérique.

[9] Arrêté n° 019/MTESS/DGTLS du 10 novembre 2009 fixant les critères de représentativité des organisations syndicales.

II - L'OBLIGATION AU DIALOGUE SOCIAL, UN ÉPIPHÉNOMÈNE

L'obligation au dialogue social existe mais elle est marginale (A). Elle mérite pour le moins d'être renforcée (B).

A - La marginalité de l'obligation au dialogue social

Le dialogue social, en ce qu'il comporte les échanges d'informations, les concertations, et les négociations ne pourra aller de soi tant que cette pratique ne sera pas ancrée dans les mœurs. Malgré l'idée répandue des vertus de l'arbre à palabres dans les sociétés africaines, la disponibilité psychologique des employeurs à favoriser les échanges avec les salariés n'est pas acquise. Le lien de subordination, la puissance économique et même technique de l'employeur conduisent ce dernier à rester dans une posture de supériorité qui ne rend pas évident le dialogue social. En d'autres termes, le dialogue social ne va pas de soi dans les rapports entre acteurs sociaux, surtout à l'échelle de l'entreprise. Les déclarations d'intention pourraient l'emporter sur les actions. Les employeurs, au sein de l'entreprise, sont peu enclins au dialogue social sans une obligation légale. Les cas dans lesquels l'employeur est obligé légalement d'ouvrir le dialogue social au sein de l'entreprise sont bien limités alors que ce dialogue social devrait être le principe et non l'exception. Ces cas se rapportent notamment à la consultation des délégués du personnel dans le cadre de l'élaboration du règlement intérieur, du licenciement pour motif économique et en cas de transformation de l'entreprise. Il est possible de relever que ces situations n'arrivent pas très souvent dans l'entreprise. On n'adopte pas le règlement intérieur chaque année. Il en est de même des transformations de l'entreprise ou encore du licenciement pour motif économique. D'ailleurs dans ce dernier cas, il y a déjà crise dans l'entreprise. Le dialogue social, permanent, devra participer à la prévention des crises.

En outre, en cas de conflits collectifs ouverts, les concertations deviennent obligatoires, l'inspecteur du travail et des lois sociales saisi du conflit étant tenu de prendre l'initiative du règlement[10]. La loi oblige en principe les parties à répondre à toutes les convocations de l'inspecteur du travail, cette obligation étant sanctionnée par une amende dont le montant n'a pas été précisé. Dans un contexte où les acteurs sociaux ont une faible connaissance des règles, l'absence de sanction décisive en cas de manquement dans l'organisation du dialogue social est de nature à entraver sérieusement son effectivité.

Il faut par ailleurs souligner que les mesures incitatives au dialogue national concernent davantage les acteurs sociaux à l'échelle nationale qu'au niveau des entreprises. Ce constat est attesté par l'article 95 du Code du travail qui dispose que « *Les accords d'établissement et d'entreprise ont pour objet d'adapter aux conditions particulières de l'établissement ou des établissements considérés, les clauses des conventions collectives nationales (...). A défaut de convention collectives nationales, régionales ou locales, les accords d'établissement ne peuvent porter que sur la fixation des salaires et des accessoires de salaires (...)* ». Ce texte limite manifestement l'objet des négociations au sein de l'entreprise, sans qu'on puisse clairement comprendre qu'elle est l'intérêt qui s'y attache. L'hypothèse de la faiblesse des organisations des travailleurs au sein de l'entreprise et la crainte qu'un dialogue social ne tourne en faveur de l'employeur est vite balayée par le fait qu'à la différence du droit français qui admet des accords dérogatoires, le droit togolais n'admet exclusivement que des conventions plus favorables aux salariés. Il s'agit de l'ordre public social. Aux termes de l'article 5 du Code du travail, en effet, « *Les dispositions du présent code priment sur les clauses des contrats et conventions collectives, sauf si celles-ci sont plus favorables au travailleur* ». Cette situation combinée avec le dessaisissement des syndicats de la négociation au sein de l'entreprise est sans doute préjudiciable au dialogue social. Au total, il faut craindre que laissé en l'état, le droit positif togolais ne puisse pas optimiser les effets escomptés du dialogue social. Un besoin de renforcement se fait sentir.

---

[10] Article 257 du Code du travail togolais.

B - Le besoin de renforcement de la législation

Un renforcement de la législation est indispensable en vue d'une plus grande pratique du dialogue social. Il faut le rappeler, le droit a aussi pour vocation de faire évoluer les comportements. La règle de droit est un modèle de conduite[11]. Ce renforcement devra passer par l'obligation d'une négociation périodique à intervalles définis, la détermination des matières devant obligatoirement faire l'objet de cette négociation en fonction des niveaux de négociation, l'institutionnalisation d'une obligation d'informations périodique et l'obligation de formation des représentants des salariés en vue de les rendre aptes à des échanges pertinents sur les sujets de négociation.

S'agissant des sujets objets de négociation, il y a lieu de relever qu'aujourd'hui, il n'est pas possible d'identifier des questions qui fassent impérativement l'objet de négociations périodique. Dans ces conditions, l'inaction ou la passivité des acteurs sociaux pourrait paralyser durablement le dialogue social. Ce risque est d'autant plus réel qu'on a relevé à juste titre que « *l'ineffectivité du droit du travail constitue un phénomène historique banal dans les pays du sud* »[12]. Pourtant, tant au niveau des branches qu'au sein des entreprises plusieurs questions méritent de faire l'objet de discussion. A titre indicatif, les classifications professionnelles, lorsqu'elles ne sont pas faites ou lorsqu'elles sont mal faites, peuvent facilement être sources de discriminations. Certes, la convention collective interprofession de 2011 a prévu une classification professionnelle. Cependant, non seulement le contrôle de sa mise en œuvre au sein de l'entreprise doit se faire périodiquement à travers des discussions internes mais aussi cette matière s'accommode mal de la stabilité de la convention collective interprofessionnelle au Togo[13]. On pourrait par exemple imposer une obligation de négociation quinquennale à l'échelle nationale et triennale au niveau de l'entreprise. L'employeur aurait

---

[11] A. Jeammeaud, « La règle de droit comme modèle », D. 1190, p. 199.

[12] R. Filali Meknassi, « L'ineffectivité : la revanche des faits sur les prétentions de la règle formelle », *in* Ph. Auvergnon (dir.), *L'effectivité du droit du travail. A quelles conditions ?*, *Presses universitaires de Bordeaux*, 2008, p.57.

[13] A la Convention collective du 20 décembre 2011 a succédé la Convention collective interprofessionnelle du Togo du 1er mai 1978.

alors l'obligation de l'initiative des négociations, cette obligation étant par ailleurs sanctionnée. L'efficacité de la règle de droit ne réside –t-elle pas dans la sanction dont elle est assortie ? L'injonction énergique de même que la sanction extérieure nécessaire au but à atteindre sont ces caractéristiques principales[14].

A l'obligation de négociation doit s'ajouter une obligation de communications périodiques d'informations. Elles pourraient concerner aussi bien la gestion prévisionnelle du personnelle que la situation économique de l'entreprise. C'est de la détention d'informations pertinentes par les salariés que dépendront l'objectivité et la crédibilité des échanges. A l'instar d'un défaut d'information ou d'une rétention d'informations qui vicie le consentement dans la formation du contrat, un dialogue sans informations périodiques manquerait de réalisme et s'apparenterait à un dialogue de sourds.

Enfin, l'analyse des informations obtenues dépend des compétences des représentants des salariés sur les plans économique et financier notamment. Comment un salarié pourrait-il apprécier la légitimité des licenciements pour motifs économiques destinés à sauvegarder la compétitivité de l'entreprise s'il ne peut lire le bilan d'une société ? En d'autres termes, l'effectivité des attributions économiques des délégués du personnel ou des délégués syndicaux est tributaire de leur compétence dans les différents domaines de leurs interventions. On reconnaîtra que la taille des entreprises, souvent très petites, peut être un obstacle à la formation des représentants des salariés à l'échelle de l'entreprise. Une meilleure organisation permettra une mise en commun des ressources en vue d'une gestion collective des formations au niveau locale, régionale ou de la branche.

La formation, l'information et l'action sont des exigences indissociables du dialogue social. La responsabilité du droit à ces différents niveaux est établie. Pouvait-il en être autrement ? Le droit supplée souvent la carence de nos volontés faillibles en nous incitant à agir, en déterminant le sens de nos actions et, au besoin, en nous y contraignant. L'essentiel, est de trouver la norme la mieux adaptée.

---

[14] G. Ripert, *La règle morale dans les obligations civiles*, 2ème éd. LGDJ Paris 1927.

ENCADREMENT DU DROIT ET RISQUE DE DÉVOIEMENT DU DIALOGUE SOCIAL AU BÉNIN

Roch David GNAHOUI[1]

Les défis auxquels les entreprises sont confrontées sont multiples. L'un d'entre aux réside dans la gestion des hommes, la gestion du personnel. Il faut pouvoir surmonter l'ensemble de ces défis pour assurer à l'entreprise une certaine pérennité. Aucune entreprise ne peut fonctionner et prospérer sans la présence d'un minimum de personnel. L'entreprise est une entité économique et sociale organisée par le droit[2] présentant huit caractéristiques fondamentales, à savoir : une activité économique (activité de production, de transformation, de distribution, de prestation de service etc.), un ensemble de moyens affectés à cette activité (moyens humains, moyens de production etc.), un centre de décision et de pouvoir, une organisation complexe, une communauté humaine organisée, un actionnariat, un centre d'intérêt et enfin, un objet d'organisation juridique.

Assurer une pérennité à l'entreprise, c'est mettre en œuvre un management efficace et efficient. Ainsi, différents modèles de management et de gouvernance sont déployés dans le monde avec comme objectif rendre les entreprises toujours plus performantes sur les plans économique et financier. De toute évidence, les entreprises ont un cruel besoin d'améliorer leurs performances. Or, le volet économique seul ne peut permettre de résoudre le problème. Toutes les composantes de l'entreprise doivent partager cette problématique. L'intérêt même de l'entreprise justifie une telle approche[3]. Salariés,

---

[1] Agrégé des Facultés de droit, Professeur à l'Université d'Abomey-Calavi

[2] Ph. Marini et Cl. Ducouloux-Favard, « Rapport sur la modernisation du droit des sociétés », *les Petites Affiches* 1996, II, p. 201.

[3] G. Couturier, « L'intérêt de l'entreprise », in *Les orientations sociales du droit contemporain. Ecrits en l'honneur de Jean Savatier*, PUF 1992, p. 143 et s.

managers, syndicats sont tous interpellés par cette recherche de performance et l'un des moyens pour l'atteindre est de dialoguer. C'est de faire du dialogue social un outil de gestion.

Il est donc essentiel pour notre société, que le dialogue social joue pleinement un rôle déterminant. Pour y parvenir, le préalable est que son appréhension soit plus tangible sur ce qu'il est et sur ce qu'il doit être. Contribuer à forger et développer une culture du dialogue social au Bénin est donc fondamental[4]. Plus qu'une simple option, il s'agit d'une obligation démocratique.

Le Bénin a connu et connaît encore une pratique du dialogue social aux résultats mitigés. Cela pose évidemment la question de la place du droit dans ce processus de discussion. Quelles sont les réalités du Bénin ? Henri Verneuil affirmait : *« Notre dialogue était toujours le même et manquait d'originalité mais dans la banalité de ces pauvres mots il y avait tout notre bonheur d'être ensemble »*[5]. Oui, le dialogue oblige à être ensemble. Mais il faut être au moins deux ou plusieurs pour dialoguer sinon cela devient un ensemble de monologues. René Clément déclarait à son tour : « *un dialogue ce n'est pas des mots ; c'est un sens. Un dialogue doit dire quelque chose qui est l'action, qui est la raison pour laquelle le dialogue est dit. On oublie trop cela* »[6].

Le dialogue est lié à l'existence humaine, à la vie en société parce que les conflits y sont toujours présents. Chaque fois que les hommes contractent, nouent des rapports, des difficultés apparaissent et à celles-ci, il faut trouver des mécanismes de prévention, des mécanismes de gestion ou du moins, rechercher des solutions idoines. De façon générale, il est certain qu'avec un consensus, un minimum de dialogue, on peut, trouver ou tout au moins tracer les voies du dénouement d'un conflit et prévenir par là, tout ce qui pourrait survenir plus tard, de fâcheux et surtout préserver les acquis.

---

[4] Le Bénin est un laboratoire démocratique exceptionnel, un laboratoire où tout s'expérimente, on consulte, on cherche, on recherche, on repart à zéro. On remonte, on évolue, on conteste, on ajuste et on réajuste.

[5] H. Verneuil, *Mayrig*, éd. Robert Laffont, 1985, 285 p.

[6] France Culture, « A voix nue » avec René Clément, 18 septembre 1997 (https://www.franceculture.fr/cinema/rene-clement-1).

La tradition en Afrique a toujours démontré que l'on passe par « l'arbre à palabres »[7]. Une émission est d'ailleurs ainsi dénommée. Une tribune permettant par exemple aux hommes politiques de discuter et d'évoquer leurs points de vue par rapport à certaines situations politiques. C'est également une forme de dialogue spécifique, une tradition que l'on doit préserver, une attitude qui s'écarte de la violence comme mode de gestion des conflits. Une illustration de ce dialogue, « l'arbre à palabres », est révélée par la conférence des forces vives de la nation de février 1990 au Bénin. Cette conférence a abouti à une transition pacifique, transition d'un régime autocratique à un régime démocratique. On a applaudi, on a estimé que c'était une très belle chose. Cette manière de faire peut être transposée dans d'autres domaines afin de mieux gérer les conflits.

Selon l'Organisation internationale du travail (OIT), « *le dialogue social inclut tous types de négociation, de consultation ou simplement d'échange d'informations entre les représentants des gouvernements, des employeurs et des travailleurs selon des modalités diverses, sur des questions relatives à la politique économique et sociale présentant un intérêt commun. Il peut prendre la forme d'un processus tripartite auquel le gouvernement participe officiellement ou de relations bipartites entre les travailleurs et les chefs d'entreprise (ou les syndicats et les organisations d'employeurs), où le gouvernement peut éventuellement intervenir indirectement. Les processus de dialogue social peuvent être informels ou institutionnalisés ou associer – ce qui est souvent le cas – ces deux caractéristiques. Il peut se dérouler au niveau national, régional ou au niveau de l'entreprise. Il peut être interprofessionnel, sectoriel ou les deux à la fois* »[8]. Toujours selon

---

[7] En Afrique, l'arbre à palabres est un lieu traditionnel de rassemblement, à l'ombre duquel l'on s'exprime sur la vie en société, les problèmes du village, la politique. C'est aussi un lieu où les enfants viennent écouter, conter des histoires par un ancien du village. Par extension, l'expression peut désigner l'endroit d'un village où se situe un arbre à palabres, généralement un baobab (https://fr.wikipedia.org/wiki/Arbre_%C3%A0_palabres).

[8] http://www.ilo.org/ifpdial/areas-of-work/social-dialogue/lang--fr/index.htm. Dans un rapport « Consolider le dialogue social », le Conseil économique et social en France affirme que : « *la notion de "dialogue social" est aujourd'hui couramment utilisée mais rarement définie avec précision, les différents acteurs pouvant dès lors lui donner des significations éminemment variables : dans la mesure où elle ne désigne, a priori, ni une forme identifiée, ni un niveau précis (information,*

l'OIT, « *l'objectif principal du dialogue social en tant que tel est d'encourager la formation d'un consensus entre les principaux acteurs du monde du travail ainsi que leur participation démocratique. Les structures et les processus d'un dialogue social fécond sont susceptibles de résoudre des questions économiques et sociales importantes, de promouvoir la bonne gouvernance, de favoriser la paix et la stabilité sociale et de stimuler l'économie* »[9].

Au regard de ce qui précède, le dialogue social correspond à toutes les formes de négociation de consultation et d'échanges d'informations entre des gouvernements, des employeurs et des travailleurs sur des sujets d'intérêts communs. Pris dans ce sens, le dialogue social est un instrument formidable de promotion de la bonne gouvernance, de promotion de paix et de la stabilité sociale. Il exprime certainement des valeurs inhérentes aux idéaux de démocratie et répond à certaines aspirations, à l'écoute et à l'efficacité. Quand on regarde de très près cette définition, tout ce qui peut, de façon positive, contribuer à l'amélioration de la situation sociale dans un État, fait progresser la démocratie.

Lors de la Conférence internationale du travail en 2002, une déclaration a affirmé que le tripartisme et le dialogue social sont des procédés modernes et dynamiques qui ont une capacité inégalée et de grandes possibilités de contribuer au progrès dans beaucoup de situations et sur beaucoup de points difficiles et stimulant y compris en ce qui concerne l'intégration régionale, la transition et la mondialisation. Des conditions, selon l'OIT, doivent être réunies pour permettre un dialogue social. Elles sont au nombre de quatre à savoir :

- l'existence d'organisations de travailleurs et d'employeurs fortes et indépendantes dotées des compétences techniques nécessaires

---

consultation, concertation, négociation), chacun peut y mettre le contenu qu'il souhaite, avec les questions de méthode et tous les risques de malentendus que cela induit quant au degré d'implication des interlocuteurs dans la décision » (*Cf.* P. Aurelli, J. Gautier, *Consolider le dialogue social,* CES 2006 (www.ladocumentationfrancaise.fr/dossiers/dialogue-social/question-dialogue-social.shtml).

[9] http://www.ilo.org/ifpdial/areas-of-work/social-dialogue/lang--fr/index.htm

et pouvant accéder aux informations utiles à leur participation au dialogue social ;

- la volonté politique affirmée d'engager le dialogue social de la part de toutes les parties ;
- le respect des droits fondamentaux que sont la liberté syndicale et la négociation collective ;
- un soutien institutionnel approprié[10].

Le dialogue social est à la mode. Il est évoqué et pratiqué de par le monde. Le Bénin s'y consacre aussi avec des réalités qui sont les siennes. Le dialogue fait partie de la tradition africaine, une tradition ancestrale aux résultats positifs. Le dialogue social a toujours prévalu au Bénin parce qu'il existe un cadre juridique et une pratique quoique insuffisante. On a l'art de contester, on discute même si on ne s'écoute pas assez ou on ne se comprend pas du tout. Mais on trouve ensemble des solutions de sortie de crise. Cela prouve à suffisance que le Bénin est un formidable laboratoire de dialogue, on expérimente tout et évidemment on parvient parfois à des résultats. Quel est l'état des lieux, comment appréhender le dialogue social dans la réalité et des relations professionnelles au Bénin ?

En dépit de l'existence d'un arsenal juridique et d'un cadre institutionnel du dialogue social au Bénin, il n'y a pas encore une avancée notable. Et pourtant il a des concertations, des réunions, des accords[11] partiels ou tronqués, des négociations formelles portées par des obligations périodiques de négocier. On assiste alors très souvent à la recrudescence, à la récurrence et à la répétitivité des grèves[12]. Le Bénin est devenu un laboratoire de grève en vue de l'amélioration des conditions des travailleurs[13]. Il y a forcément un déficit, il y a quelque chose qui ne marche pas bien, il y a des goulots d'étranglement qui empêchent le dialogue social d'émerger, de devenir un dialogue sincère, un dialogue profond et constructif. Quoi qu'il en soit, le dialogue social est une pratique encadrée au Bénin (I) mais c'est une

[10] *Idem.*

[11] Les accords sont bipartites ou tripartites.

[12] Dans le domaine de l'éducation et de la santé, les grèves sont récurrentes et démontrent l'échec des négociations.

[13] Il faut cependant avouer que sous le couvert de revendications professionnelles, il y a souvent des contestations d'ordre politique.

pratique de négociation et du compromis encore insuffisante donc une pratique souvent dévoyée (II).

I - LE DIALOGUE SOCIAL, UNE PRATIQUE ENCADRÉE

Bertrand Collomb affirmait : « plus on légifère moins il y a de dialogue social »[14]. Pareille affirmation est de nature à nier la place du droit dans le processus du dialogue. Le dialogue social a besoin d'être appuyé par le droit. La notion de dialogue social présuppose que les parties en présence aient une culture de compromis, ce qui eau Bénin n'est pas toujours le cas, du côté patronal comme du côté syndical. L'intervention de l'État par la loi et par des institutions apparaît utile. Il existe en effet, un cadre juridique d'un côté (A), un cadre institutionnel de l'autre côté (B).

A - Un cadre juridique évolutif

Plusieurs textes encadrent implicitement ou explicitement le dialogue social au Bénin. On cite à cet effet, la Constitution c'est-à-dire la loi n° 90-32 du 11 décembre 1990, la loi n° 98-004 du 27 janvier portant Code du travail en République du Bénin, la Convention collective générale du travail du 30 décembre 2005, la loi n° 2015-18 du 2 avril 2015 portant Statut général de la Fonction publique. Il faut saluer l'innovation que constitue dans ce dernier texte au sein du chapitre 2, la section 5 précisément intitulée « dialogue social ». Le législateur s'est certainement rendu compte qu'il faut désormais introduire l'expression directement dans les textes et en faire un bon usage. La Constitution, quant à elle, garantit le droit à la liberté d'expression, d'opinion, d'association, de réunion, le droit au travail à tous les citoyens, le droit de grève. C'est une manière plus ou moins indirecte d'évoquer la notion de dialogue social. Le Code du travail comporte aussi des dispositions qui militent en faveur de l'existence du dialogue social. Ces dispositions sont relatives aux syndicats[15] et à la liberté syndicale, la mission des délégués du

[14] Président d'honneur de Lafarge, Président de l'Institut des hautes études pour la science et la technologie (IHEST).
[15] Article 79 et s. de Code du travail.

personnel[16] et le rôle des comités d'hygiène et de sécurité[17]. La Convention collective générale également fournit une base juridique surtout par son objet principal qui est de fixer les divers éléments et modalités permettant d'améliorer les conditions de travail des employés. Ces conditions sont négociées au sein de certaines enceintes formant le cadre institutionnel du dialogue social.

B - Un cadre institutionnel foisonnant

Le dialogue social au Bénin se réalise à travers les instances consultatives et paritaires instituées par voie légale et réglementaire. Mais également, il se fait à l'initiative des partenaires sociaux. Ce cadre pluriel pose inévitablement des conflits d'attributions, de prérogatives et de délimitation de compétences. Au nombre de ces institutions, d'une manière générale ou spécifique, on peut citer :

- le Conseil économique et social (CES)
- le Médiateur de la République
- le Haut-Commissariat à la Gouvernance concertée (HCGC)
- le Conseil national du Travail (CNT)
- la Commission paritaire des Conventions collectives et des Salaires (CPCCS)
- le Conseil d'Arbitrage
- le Tribunal du Travail
- les services de la Direction générale du Travail et les directions départementales
- le Comité consultatif paritaire de la Fonction publique
- le Ministre du Travail et de la Fonction publique
- les Commissions administratives paritaires
- les Commissions mixtes paritaires de négociation collective
- les Comités de direction, etc.

On remarque ainsi, une multitude d'institutions appelées à gérer le dialogue social au Bénin. Mais, c'est sans compter avec l'adage « qui trop embrasse mal étreint ». En outre, ces différents organes ne sont

---

[16] Article 93 et s. du Code du travail.
[17] Article 187 et s. du Code du travail.

pas toujours perçus positivement par les syndicats, évidemment à cause surtout de la proximité de la plupart d'entre eux avec le Gouvernement. L'idée de politisation revient plus ou moins fréquemment dans les observations.

L'institution de ces différents organes atteste d'une volonté indéniable des parties prenantes et notamment des pouvoirs publics, de rechercher le consensus ou le compromis dans la gestion des conflits professionnels. Mais à l'analyse, ces organes ont peu d'impact sur l'efficacité du dialogue social parce qu'il y a eu souvent des conflits d'attributions, parce qu'il y a des incohérences et parce qu'ils sont trop nombreux. Le dialogue social ainsi encadré par un arsenal juridique et institutionnel n'est pas forcément une réussite dans la pratique. Peut-être, finira-t-on un jour à extirper la qualité du dialogue de la réforme des textes et de la redéfinition des attributions des institutions.

II - LE DIALOGUE SOCIAL, UNE PRATIQUE SOUVENT DEVOYÉE

Au Bénin, le dialogue social est qualifié différemment d'une structure à une autre, d'un protagoniste à l'autre, d'un partenaire à l'autre. Le Gouvernement, de son côté, reconnaît avoir mené un dialogue sain et enrichissant avec les syndicats, alors que ceux-ci de leur côté, qualifient ce dialogue, de dialogue non constructif, de dialogue non positif voire inutile parce qu'il y a toujours des revendications, des réclamations qui sont et qui restent non satisfaites ou qui sont reportées *sine die*. Le dilatoire est souvent utilisé pour faire traîner les négociations, pour faire de la surenchère. En conséquence, point de compromis, point d'accord et on s'habitue aux mouvements de grèves à répétition dans nombre de domaines. On peut relever qu'il y a sans doute une absence de confiance, un manque de culture de dialogue. Mais pour en évoquer les causes des échecs, il faut se placer tantôt du côté de l'État, tantôt du côté des syndicats (A). Il faut aussi, de façon générale, remettre tout le monde à la réflexion en constatant que l'échec du dialogue social s'explique par des raisons d'ordre général (B).

A - L'échec du dialogue social : la part des partenaires sociaux

L'État s'accommode parfois d'une léthargie, l'État n'est pas pressé. Il joue sur l'usure, sur le chantage ou sur la force. En tout cas, l'État se retrouve parfois juge et partie. Des commissions existent mais elles ne sont pas sollicitées tout au moins pour déclencher un minimum de dialogue. Il est vrai qu'en 2014, vue l'ampleur du conflit, on a réactivé en quelque sorte la commission de négociation gouvernement et syndicats.

A l'encontre des syndicats, on reproche surtout la politisation des revendications. En effet, on a un environnement syndical fragilisé par l'émiettement des forces sociales et le développement de stratégies de lutte politique. A l'heure actuelle, le paysage syndical béninois est constitué de sept confédérations syndicales, à côté desquelles existent également plusieurs syndicats de base[18] qu'on ne saurait dénombrer précisément. A titre indicatif, dans le domaine de l'enseignement primaire, il est rapporté qu'il y aurait environ 72 syndicats de base. On ne peut que s'interroger : pour quelle stratégie et pour quelle efficacité ? Dans de telles conditions, il en faut pas s'étonner d'observer, hors période de grève, un désintérêt manifeste des travailleurs pour l'engagement social. Il y a là des causes évidentes de dysfonctionnement du dialogue social ; mais, de façon générale, c'est une responsabilité collective qui doit être pointée.

B - L'échec du dialogue social : des causes d'ordre général

De façon générale, on retiendra un manque de confiance mis sur le compte de l'absence de transparence. Le gouvernement estime que les syndicats sont manipulés par des partis politiques. Les syndicats soutiennent que le gouvernement est de mauvaise foi. On entre dans un dialogue de sourd. Un dialogue social qui devait être un dialogue fécond se mue en un dialogue de sourd d'où on ne peut que s'extirper difficilement. A titre d'illustration, il faut relever qu'en 2012, il y a eu un accord entre gouvernement et syndicats des enseignants mais les clauses de cet accord n'ont pas été respectées. En dépit des relances

[18] Une atomisation du paysage syndical impacté par les expériences politiques.

des syndicats, aucune réponse positive quant à l'application dudit accord n'est intervenue. De guerre lasse, les enseignants ont déclenché une grève pour exiger la mise en œuvre de la revalorisation convenue dans l'accord et plus encore la consécration d'un statut particulier à leur profit. Cela a duré et finalement une signature a été apposée. Mais, là encore, il y a certains syndicats qui soutiennent qu'en dépit de ce statut particulier, il y a encore des laissés pour compte et que les revendications ne sont pas entièrement satisfaites.

Par ailleurs, s'agissant des causes d'ordre général, il convient de retenir le déficit de maîtrise de la législation sociale par les parties prenantes. Les interprétations divergent au sujet de la loi portant exercice du droit de grève. Chacun interprète le droit de grève comme il l'entend. Il y a des juristes proclamés dans tous les coins et qui ne ratent aucune occasion pour émettre et, le plus souvent, à tort des interprétations sur des questions juridiques. En outre, il y a des incohérences relevées dans le processus d'autorisation des marches des travailleurs, ce qui cause parfois d'énormes difficultés. Pour preuve, une marche réprimée par le gouvernement en décembre 2013 a exacerbé le conflit gouvernement-syndicats.

Le retard dans l'ouverture du dialogue social, l'absence d'une structure suprême de veille sont aussi des éléments qui participent du dysfonctionnement et l'échec du dialogue social. En définitive, il est à retenir que les conflits sociaux mal maîtrisés conduisent toujours à des crises civiles et politiques, à des révolutions et parfois à un départ, celui d'un Gouvernement devenu impopulaire. C'est pourquoi, il faut penser autrement le dialogue social. Au Bénin, les réflexions doivent tendre vers la mise en place d'un organe de prévention et de gestion des conflits sociaux multi-acteurs. Il est prévu une charte du dialogue social au Bénin[19]. Il faut de la volonté politique de la part des pouvoirs publics pour le respect de l'obligation du dialogue social imposé par le Statut général de la fonction publique en son article 42. Il faut de la transparence dans les concessions. Les syndicats se doivent de se former et de s'informer. Les syndicats doivent mieux affiner leurs stratégies de négociation. Ce qui est certain, une pratique saine du

---

[19] Un séminaire s'est tenu en juillet 2015 et a recommandé la mise en place d'une charte.

dialogue social est bien souhaitée, un dialogue large et efficace avec des acteurs légitimes. Le droit a alors une place, celle d'accompagner les acteurs et de poser clairement les niveaux de responsabilités. « *Le dialogue social est avant tout un exercice de responsabilité qui engage tous les acteurs en tant que coparticipants au même progrès économique et au même progrès social, l'un et l'autre, indissociablement liés, constituant le moteur même de la dynamique du dialogue social* »[20].

Former au dialogue social les futurs responsables et dirigeants serait un programme très apprécié. L'utilité du dialogue social réside même à ce stade dans la possibilité pour les organisations représentatives de salariés et d'employeurs de se concerter en amont de la loi ou de négocier un accord préalable à la loi, sachant que « *La participation, la consultation ou la négociation relèvent de l'effort de prévenir et mieux gérer les conflits dans le but d'améliorer la coexistence citoyenne* »[21]. Au total au Bénin, il va falloir relancer le dialogue social mais encore faut-il que les différents acteurs acceptent de s'asseoir autour d'une même table pour restaurer la confiance dans un nouveau pacte. Le dialogue social renvoie aux règles qui le régissent et à ses pratiques, le tout enraciné dans une histoire sociale. Mais, en toute hypothèse, il parait en lui-même constituer une renonciation à l'agressivité. Il faut dialoguer, il faut toujours dialoguer. Pour paraphraser Jean de la Fontaine, qu'il soit permis d'affirmer : « *Dialoguez, prenez de la peine, c'est le conflit qui manque le moins* ».

---

[20] Le développement de la culture du dialogue social en France ; Avis du CESE du 24 mai 2016. (www.lecese.fr/travaux-publies/le-developpement-de-la-culture-du-dialogue-social-en-france).

[21] http://www.cndsci.org/docs/dialogue-social/afrique/roles-des-pouvoirs-publics.pdf

AILLEURS QU'EN AFRIQUE : QUEL DIALOGUE SOCIAL ?

DIALOGUE SOCIAL ET DROIT : L'EXPERIENCE CANADIENNE

Gilles TRUDEAU[1]

Discuter la part du droit quant au dialogue social requiert tout d'abord de préciser ce dont il s'agit. Selon l'Organisation internationale du travail, « le dialogue social inclut tous types de négociation, de consultation ou simplement d'échange d'informations entre les représentants des gouvernements, des employeurs et des travailleurs selon des modalités diverses, sur des questions relatives à la politique économique et sociale présentant un intérêt commun »[2]. Le concept renvoie à différentes pratiques, plus ou moins institutionnalisées, qui favorisent la rencontre des acteurs des relations de travail, dont le gouvernement ou l'État le cas échéant, dans le but de contribuer à la régulation sociale[3].

Ce chapitre s'intéresse au dialogue social tel qu'il se pratique au Canada, et plus particulièrement au Québec. L'expression y a traditionnellement été fort peu utilisée, alors que sa réalité se concrétise dans la négociation collective des conditions de travail, telle qu'aménagée par la législation dans chaque province canadienne. Quant à la concertation sociale tripartite, au niveau sectoriel ou national, elle ne fait généralement pas partie de la réalité canadienne sauf, mais dans une certaine mesure seulement, au Québec.

---

[1] Professeur à la Faculté de droit, Université de Montréal.

[2] Définition reproduite au site de l'OIT : www.ilo.org.

[3] *Cf.* not. P. Martin, « Dialogue social et régulation juridique. Une problématique européenne », in *Le dialogue social, modèles et modalités de la régulation juridique en Europe*, Presses universitaires de Bordeaux 2007, p. 21 et 22 ; voir également dans le contexte canadien : C. Tremblay Potvin et C. Brunelle, « La liberté constitutionnelle d'association au Canada : dialogue social ou monologue judiciaire ? », *Revue juridique Thémis de l'Université de Montréal*, 2015, vol. 49, n° 1, p. 271 ; dans le présent ouvrage : la contribution de la professeure Aminata Cissé-Niang.

Quel intérêt peut revêtir l'étude du droit applicable à la négociation collective au Canada dans le cadre de cet ouvrage, dont l'objet est le rôle du droit dans l'aménagement du dialogue social au sein de l'espace OHADA ? Celui-ci réside avant tout dans les particularités du dialogue social qui prévaut au Canada et du droit qui l'encadre et le promeut. Ces particularités permettent de constater à quel point la réalité du dialogue social est conditionnée et déterminée par le contexte socio-économique dans lequel il s'est développé[4]. C'est d'ailleurs pourquoi l'utilité de la comparaison s'avère limitée si elle vise à transplanter des pratiques sociales à l'extérieur de leur contexte socio-économique d'origine, une telle transplantation présentant des risques importants de rejet.

L'utilité de la comparaison avec un modèle étranger réside plutôt ailleurs, soit dans la perspective qu'il donne à l'analyse et à la compréhension du système sous étude. Ainsi, la négociation collective pratiquée au Canada, d'inspiration britannique et américaine, apparaîtra bien singulière à l'observateur d'Afrique subsaharienne ou d'Europe continentale. Elle représente avant tout un phénomène social lié à la classe ouvrière produite par l'industrialisation du début du siècle dernier et du syndicalisme qui lui est propre. Le phénomène s'est inscrit en marge du droit, et s'est développé malgré celui-ci. En fait, le syndicalisme et la négociation collective se sont imposés au droit, dans ces pays de *common law*[5] qui entretiennent une profonde méfiance à l'égard de l'État. Le Canada propose une approche du droit qui est avant tout inductive, bien différente de la démarche déductive propre au système de droit civil qui prévaut dans une grande partie de l'Europe et de l'Afrique. On y est bien loin du dialogue social, organisé et structuré par l'État, à partir d'un modèle qui n'est pas

---

[4] Ainsi, Alain Supiot écrit : « *le droit du travail est apparu et s'est développé dans un cadre purement national, et c'est sans doute avec le droit public celui qui est le plus révélateur des différences de culture juridique entre pays* ». A. Supiot, *Le droit du travail*, Collection Que sais-Je ?, PUF, Paris, 2004, aux p. 22 et 23. Voir aussi, P. Verge et G. Vallée, *Un droit du travail ? Essai sur la spécificité du droit du travail*, Les Éditions Yvon Blais inc., Cowansville, 1997, p. 30.

[5] Étant d'anciennes colonies britanniques, les États-Unis et le Canada ont hérité du système juridique de *common law* qui prévalait dans la métropole.
Pour un aperçu du modèle britannique de relations industrielles et de l'attitude du droit à l'égard de celles-ci, voir : A. Supiot, *op. cit.*, p. 24 à 26 ; O. Kahn-Freund, *Labour and the Law*, 2d ed., Stevens & sons, London, 1977, pp. 39-40.

toujours en adéquation avec les caractéristiques du contexte dans lequel on cherche à l'implanter.

La présentation qui suit aborde le droit canadien et québécois de la négociation collective selon les différents rôles qu'il a été appelé à jouer au cours de son développement. Celui-ci a réagi à un phénomène social spontané qu'il a tout d'abord condamné et tenté d'éradiquer. Cette première réaction n'est pas propre au Canada, plusieurs autres pays industrialisés ayant appliqué la même doctrine de la conspiration criminelle aux premiers regroupements ouvriers[6]. Rapidement toutefois, le droit canadien en vint à décriminaliser l'action ouvrière et à la tolérer. Il la réglementa aussi dans un souci de préserver la paix industrielle et de stabiliser les rapports sociaux. Ce fut sa première préoccupation dans la régulation des relations industrielles qui émergèrent de l'industrialisation qu'a connue le Canada il y a plus d'un siècle (I). L'évolution de l'organisation du travail industriel dans le cadre d'un contexte socio-économique fortement perturbé par la crise économique des années trente et le second conflit mondial a toutefois amené le législateur canadien à intervenir davantage dans la régulation des pratiques syndicales et de la négociation collective. C'est ainsi qu'à partir de 1944, le droit positif ne se limita plus à tolérer la négociation collective, mais la reconnut et en encouragea le développement (II). Le droit québécois, quant à lui, tout en promouvant la pratique de la négociation collective, créa aussi des structures de participation des travailleurs au sein de l'entreprise, mais également de concertation des acteurs sociaux aux niveaux sectoriel et national. Il devint ainsi un véritable promoteur du dialogue social tripartite, une pratique relativement ignorée ailleurs au Canada et aux États-Unis (III). Enfin, beaucoup plus récemment, le droit canadien a élevé la liberté d'association et la négociation collective au rang de libertés fondamentales. Il leur a ainsi accordé une protection constitutionnelle qui empêche l'État de les limiter sans motif raisonnable (IV).

[6] En plus du Canada et des États-Unis, tel fut notamment le cas de la France, de la Suède, de l'Allemagne et de la Grande-Bretagne (*Cf.* not. D. C. Bok, « Reflections on the Distinctive Character of American Labor Laws », *Harvard Law Review*, 1971, vol. 84, p. 1394 et s.).

I - LE DROIT, STABILISATEUR DES RAPPORTS SOCIAUX ET PROMOTEUR DE LA PAIX INDUSTRIELLE[7]

C'est dans la foulée de la première révolution industrielle, à la seconde moitié du XIXème siècle, que les premières manifestations du droit relativement au mouvement ouvrier apparaissent. L'industrialisation transforme fondamentalement l'organisation de la production et du travail humain, et entraîne la généralisation du salariat. En Amérique du Nord, ce phénomène s'inscrit dans un système économique et social capitaliste et libéral, à l'intérieur duquel la liberté et l'autonomie individuelles figurent comme valeurs dominantes. Outre l'exercice de certaines fonctions régaliennes, comme la police, l'armée et la justice, l'État se limite à protéger la suprématie du marché et son libre fonctionnement.

Avec le développement d'une véritable classe ouvrière apparaît le syndicalisme qui, au Canada comme aux États-Unis, se manifeste tout d'abord dans les métiers traditionnels. En se regroupant, les travailleurs cherchent à améliorer leurs conditions de travail et d'existence en faisant pression auprès des employeurs et du gouvernement. La grève et le boycott des employeurs réfractaires à reconnaître l'existence de leurs associations ou à agréer à leurs demandes sont les seuls moyens d'action pour faire valoir leurs prétentions. Le droit de l'époque, partout en Amérique du Nord, s'oppose à ces regroupements syndicaux et à leurs activités, les considérants comme des coalitions illégales et criminelles entravant indûment le libre fonctionnement du marché et du commerce[8]. La reconnaissance de la liberté d'association et du droit à la grève emprunte toutefois des chemins différents aux États-Unis et au

---

[7] Cette section s'inspire d'un texte antérieur de l'auteur : G. Trudeau, « La grève au Canada et aux États-Unis : d'un passé glorieux à un avenir incertain », *Revue juridique Thémis*, 2004, vol. 38, n° 1, p. 13 à 17.

[8] M.-L. Beaulieu, *Les Conflits de Droit dans les Rapports Collectifs du Travail*, Les Presses de l'Université Laval, Québec, 1955, p. 45 à 46 ; J. M. Weiler, « Le rôle du droit dans les relations du travail », dans I. Bernier et A Lajoie (dir.), *Le droit du travail et le droit urbain au Canada*, Les Études/Commission royale sur l'union économique et les perspectives de développement du Canada, Ministère des Approvisionnements et Services Canada , Ottawa, 1986, pp. 1-23; W. B. Gould IV, *A Primer on American Labor Law*, The MIT Press, Cambridge, Massachusetts, et Londres, 1993, p. 9 et s.

Canada. Si le droit américain évolue très lentement à la faveur de quelques timides changements jurisprudentiels, l'intervention du législateur provoque des changements significatifs beaucoup plus tôt au Canada.

Malgré l'illégalité dont il est encore frappé, le mouvement syndical canadien réussit à s'implanter davantage dans les années qui suivent la formation de la fédération canadienne en 1867. Les pressions qu'il exerce auprès des gouvernements tant locaux que fédéral pour l'adoption d'une législation plus favorable amènent le législateur fédéral à écarter graduellement l'application de la théorie de la conspiration criminelle à la grève et au piquetage pacifique[9]. Par ailleurs, le droit privé en vigueur dans les différentes provinces demeure un outil de répression syndicale redoutable. Les employeurs peuvent sans difficulté obtenir des injonctions judiciaires pour mater les manifestations ouvrières en invoquant leur droit de propriété ou la responsabilité civile des syndicats, et les ententes collectives que certains d'entre eux réussissent à conclure ne bénéficient d'aucun statut juridique clair[10].

Dans les dernières décennies du XIXème siècle, des conditions de travail particulièrement déplorables, mises en évidence par une commission royale d'enquête en 1889, contribuent à relancer un mouvement syndical affaibli par une longue dépression économique. Par ailleurs, même s'il ne présente pas une image homogène, particulièrement dans la province de Québec où apparaît un mouvement syndical catholique qui deviendra très significatif, le

---

[9] En vertu de la constitution canadienne, seul le législateur fédéral peut légiférer en matière criminelle. Il adopte en 1872 les deux lois suivantes : *Acte concernant les associations ouvrières*, S.C. 1872, c. 30 et *Acte pour amender la loi criminelle relative à la violence, aux menaces et à la molestation*, S.C. 1872, c. 31. Ces lois sont très semblables à celles adoptées l'année précédente en Grande-Bretagne : H. D. Woods, *Labour Policy in Canada*, Macmillan of Canada, Toronto, 1973, p. 40.

[10] J. Fudge et E. Tucker, « Pluralism or Fragmentation ? The Twenthieth-Century Employment Law Regime in Canada », *Labour/Le Travail*, 2000, vol. 46, p. 251; D. D. Carter, G. England, B. Etherington et G. Trudeau, *Labour Law in Canada*, 5ème éd., Kluwer Law International, The Hague, 2002, p. 49.

syndicalisme canadien dominant s'aligne clairement sur le syndicalisme d'affaires américain[11].

Au début du XXème siècle, on observe une certaine effervescence législative en matière de relations du travail pour la première fois au Canada. Des conflits ouvriers importants surviennent dans des secteurs névralgiques de l'économie, notamment dans les industries du charbon et du transport ferroviaire. Plusieurs gouvernements provinciaux, dont celui du Québec, inspirés en cela par des initiatives législatives observées ailleurs dans le Commonwealth britannique, réagissent en adoptant des lois qui permettent l'intervention d'une tierce partie neutre pour aider à régler pacifiquement les différends ouvriers, particulièrement ceux qui menacent des secteurs économiques jugés sensibles. Ainsi émerge une approche typiquement canadienne, qui prévaut toujours aujourd'hui, par laquelle l'État intervient dans les négociations collectives et les conflits ouvriers, non pas pour définir d'autorité les conditions de travail, mais plutôt pour suggérer ou imposer des mécanismes de conciliation et d'arbitrage dont les décisions ou recommandations sont tantôt volontaires, tantôt obligatoires[12].

Cette politique, qualifiée de « volontarisme industriel »[13], répond au souci de protéger l'intérêt public et de favoriser la croissance économique. Elle se concrétise notamment dans l'*Industrial Disputes Investigation Act*[14] que le Parlement fédéral adopte en 1907, et rend

---

[11] Ce type de syndicalisme cherche à obtenir les meilleurs avantages possibles pour ses membres, notamment au plan économique, sans remettre en cause les fondements idéologiques du système capitaliste prévalant (G. Dion, *Dictionnaire canadien des relations du travail*, Les Presses de l'Université Laval, Québec, 1976, p. 342).
Il ne faut toutefois pas minimiser la présence d'un syndicalisme plus radical, souvent soutenu par des travailleurs d'Europe continentale récemment immigrés, qui fut impitoyablement réprimé, notamment par le gouvernement fédéral canadien (*Cf.* J. Fudge et E. Tucker, *op. cit.*, p. 265 et s.).

[12] H. D. Woods, *op.cit.*, p. 48 et s.

[13] Il s'agit d'une politique dérivée du libéralisme économique selon laquelle les conditions de travail sont déterminées par les règles du marché, l'État se limitant à favoriser le règlement des différends industriels par des mécanismes de conciliation généralement volontaires et à imposer des normes minimales de protection pour les travailleurs les plus vulnérables (J. Fudge et E. Tucker, *op. cit.*, p. 254).

[14] S.C. 1907, c. 20.

obligatoire une étape de conciliation avant le déclenchement de toute grève ou lock-out. Cette obligation ne s'applique qu'aux entreprises dont la continuité de la production représente un enjeu important pour l'intérêt public. La loi spécifie que l'une ou l'autre des parties à un différend de travail peut demander au ministre fédéral du Travail de former un conseil de conciliation et d'enquête auquel sera référé le conflit. Toute grève (ou lock-out) sera déclarée illégale si elle est déclenchée avant que la conciliation ne soit terminée. Le conseil de conciliation doit remettre ses recommandations au ministre sans toutefois qu'elles ne lient les parties. Quant aux entreprises n'opérant pas un service public, la conciliation demeure volontaire. Dans ce cas, un conseil de conciliation ne sera nommé que lorsque les deux parties au différend en feront conjointement la demande[15].

Cette loi représente un choix politique clair de la part du législateur fédéral. D'une part, l'arbitrage avec décision exécutoire, revendiqué par certaines organisations syndicales, est écarté comme mode obligatoire de résolution des conflits ouvriers. L'État n'entend pas intervenir dans le contenu de la négociation collective et imposer les conditions de travail. D'autre part, la loi introduit une restriction importante dans le recours à la grève ou au lock-out. Sans le prohiber, elle le suspend pendant une période au cours de laquelle un tiers neutre intervient pour favoriser un règlement à l'amiable du différend. Avant l'adoption de la loi de 1907, les parties à un différend industriel devaient recourir à la grève ou au lock-out si elles ne parvenaient pas à le régler à l'amiable. La loi modifie cet ordre des choses dans les services publics : le recours aux moyens de pression économique est refusé aux parties tant qu'elles n'auront pas tenté de résoudre leur différend par la conciliation. Ce faisant, la loi favorise implicitement la reconnaissance syndicale, du moins dans l'esprit de ses concepteurs. En effet, à l'époque, l'employeur n'a aucune obligation légale de reconnaître un syndicat comme représentant ses salariés, et il peut toujours refuser de négocier. La conciliation, devenue obligatoire à la requête d'une seule partie, implique nécessairement que l'employeur transige, par l'intermédiaire d'un tiers il est vrai, avec le syndicat. A l'extérieur des services publics toutefois, rien n'est changé, et souvent seul le recours à la grève permet d'espérer la

[15] H. D. Woods, *op. cit.*, p. 56 et s.

reconnaissance syndicale, une stratégie aux résultats aléatoires, compte tenu de la faiblesse de la plupart des syndicats[16].

La constitutionalité de la loi de 1907 est contestée devant les tribunaux, car on doute de la compétence fédérale de légiférer en matière de relations du travail, un domaine que la *Loi constitutionnelle de 1867* n'aborde pas explicitement. La question est tranchée en 1925 : les relations du travail relèvent de la compétence exclusive que les provinces canadiennes détiennent en matière de droit civil[17]. Le législateur fédéral ne peut intervenir en la matière qu'à l'égard des entreprises dont les activités relèvent de sa propre compétence, comme le transport aérien, maritime et ferroviaire, la radio et la télévision ou les banques, ce qui ne concerne aujourd'hui qu'environ 8,5% de la main-d'œuvre canadienne. Il y a depuis lors un droit du travail dans chacune des 10 provinces et un autre au niveau fédéral. Bien que chaque province soit complètement autonome dans la façon dont elle entend définir les règles applicables aux relations du travail, celles-ci se ressemblent grandement partout au Canada. C'est ce cadre général que reflète l'approche du législateur québécois en matière de rapports collectifs du travail à laquelle ce texte s'intéresse particulièrement. Celle-ci se distingue toutefois aussi, notamment à cause de l'influence que le syndicalisme catholique naissant et le clergé exercent au Québec.

Le législateur québécois adopte une première loi en matière de relations du travail dès 1901. Comme ailleurs au Canada, cette loi ne vise pas à favoriser le droit d'association ou la négociation collective, mais s'adresse plutôt directement aux nombreux conflits ouvriers qui surgissent à cette époque, notamment à Montréal. La loi des différends ouvriers de Québec[18] propose un service facultatif de conciliation et d'arbitrage aux parties à tout conflit de travail impliquant 10 travailleurs salariés ou plus. Dans la même perspective, le Québec adopte la loi concernant les différends entre employeurs et employés des services publics municipaux[19] en 1921, et rend illégal le recours à

[16] *Ibidem*, p. 62.
[17] *Toronto Electric Commissioners* c. *Snyder*, [1925] A.C. 396.
[18] S.Q. 1901, c. 31. Pour une analyse du contenu et de l'application de cette loi : M.-L. Beaulieu, *op.cit.*, p. 95.
[19] S.Q. 1921, c. 46.

la grève dans certains services municipaux essentiels, comme les services de police et de pompiers, avant que le différend ne soit soumis à un conseil d'arbitrage. Là où le Québec se démarque de l'ensemble canadien, c'est en 1924 par l'adoption de la loi des syndicats professionnels[20]. Cette loi, d'inspiration française, permet aux associations d'ouvriers ou d'employeurs qui veulent s'en prévaloir, d'obtenir la personnalité juridique en se constituant en personne morale. La mesure, qui répond à une revendication des syndicats catholiques implantés dans la province, permet aux associations ouvrières qui s'en prévalent d'ester en justice et de faire respecter les conventions collectives conclues avec les employeurs. Autrement, celles-ci demeurent des *gentlemen agreements* que le droit ignore, et que les syndicats ne peuvent imposer aux employeurs que par le recours aux moyens de pression économique. L'utilité de la constitution en syndicat professionnel demeure toutefois bien limitée, puisqu'elle ne peut servir à forcer un employeur à négocier une convention collective de travail avec l'association incorporée. La constitution en personne morale permet par ailleurs au gouvernement d'exercer un certain contrôle sur l'association qui s'en prévaut, ce qui expliquent pourquoi les syndicats américains présents au Canada et au Québec se sont opposés à cette mesure, et l'ont boudée[21].

Dans les années suivant l'invalidation de la loi fédérale de 1907, les provinces coopèrent avec le gouvernement central pour étendre l'application des principes qu'elle contenait dans leur propre champ de compétence[22]. La politique générale à l'endroit du mouvement ouvrier demeure toutefois inchangée au Canada. L'État ne favorise ni la syndicalisation, ni la négociation collective. Il se limite à réglementer l'exercice de la grève afin de favoriser la paix industrielle et de protéger l'intérêt public.

Ce survol des premières interventions législatives canadiennes et québécoises démontre comment celles-ci constituent essentiellement une réaction à un phénomène social spontané, qui s'est d'abord manifesté à l'extérieur du droit existant, sinon à son encontre. Le

---

[20] S.Q.1924, c. 112. Le contenu et l'application de cette loi sont aussi traités par M.-L. Beaulieu (*op.cit.*, p. 114).

[21] M.-H. Beaulieu, *op. cit*, p. 115 et 116.

[22] J. M. Weiler, *op. cit.*, p. 7.

mouvement ouvrier et les premières formes de dialogue social qu'il promouvait ont amené le droit à évoluer dans le but avéré de protéger l'intérêt public. Il l'a fait en proposant, et parfois en imposant, des mécanismes de résolution à l'amiable des différends industriels susceptibles de favoriser la paix sociale. Ces interventions législatives représentent aussi les balbutiements d'un droit qui, en canalisant les manifestations du conflit social inhérent au capitalisme, s'avèrera nécessaire à sa pérennité[23].

II - LE DROIT, PROMOTEUR DE LA NEGOCIATION COLLECTIVE

Deux événements majeurs remettront en cause le « volontarisme industriel » et la politique canadienne de laissez-faire à l'égard à la négociation collective. La Grande Dépression qui, dans la décennie suivant le krach boursier de 1929, ébranla les fondements même du capitalisme de l'époque, constitue le premier. Le chômage toucha près du quart de la main-d'œuvre, et les conditions de travail de ceux demeurant en emploi se dégradèrent sérieusement. Il s'ensuivit une importante fronde populaire et l'émergence d'un syndicalisme plus radical, surtout chez les travailleurs non spécialisés. Si la réponse fédérale fut relativement silencieuse, les gouvernements de plusieurs provinces, pressés par une mouvance politique de gauche, adoptèrent des mesures plus concrètes qui résultèrent en une protection accrue de la liberté syndicale et une extension des normes minimales du travail[24]. C'est dans cette perspective que le Québec adopta, en 1934, la loi relative à l'extension juridique des conventions collectives de travail[25]. Celle-ci donne le pouvoir au gouvernement d'étendre par décret certaines dispositions d'une convention collective négociée, dont les salaires et les heures de travail, à tout un secteur industriel ou commercial dans une région donnée. Les conditions de travail ainsi étendues s'imposent à tous les employeurs et les salariés du secteur visé, que ces derniers soient ou non représentés par un syndicat. La loi de 1934 protège la convention collective en la soustrayant à la concurrence que se livrent entre eux les employeurs d'un même

---

[23] J. Fudge et E. Tucker, *op. cit.*, p. 259.
[24] Ibidem, pp. 269-273.
[25] S.Q. 1934, c. 56.

secteur industriel, et favorise la justice sociale en améliorant les conditions de travail de tous les salariés du secteur visé[26].

Plusieurs syndicats canadiens, surtout ceux affiliés au mouvement américain, militèrent toutefois pour que les provinces adoptent un régime de négociation collective inspiré du *Wagner Act* américain de 1935. Cette loi, qui prévaut encore aujourd'hui, s'inscrivait dans les mesures du *New Deal* proposées par le président Roosevelt afin de stimuler la consommation et relancer l'économie. Adoptée dans un contexte d'effervescence et de contestation sociale sans précédent[27], elle représentait un changement total de paradigme quant au rôle conféré à l'État en matière de relations du travail[28]. La loi déclare d'entrée de jeu que la promotion de la négociation collective des conditions de travail, par l'entremise de représentants librement choisis par les travailleurs, fait partie de la politique générale des États-Unis. La liberté d'association des travailleurs salariés est explicitement reconnue et protégée à l'encontre des pratiques déloyales patronales. Le *Wagner Act* met aussi en place une procédure de reconnaissance du syndicat majoritaire au sein d'un groupe de salariés qui forme une unité de négociation[29]. Après vérification de son caractère représentatif parmi les salariés concernés, le syndicat majoritaire est accrédité par l'agence gouvernementale compétente, le *National Labor Relations Board* (N.L.R.B.), pour représenter la totalité des salariés inclus dans l'unité de négociation auprès de l'employeur, qu'ils soient membres ou pas du syndicat.

La clé de voûte de la loi réside dans l'obligation faite à l'employeur de négocier de bonne foi les conditions de travail avec le syndicat

---

[26] M.-H. Beaulieu, *op. cit*, p. 139.

[27] C. Collomb, « Précoce hégémonie du syndicalisme de métier en Amérique du Nord » et « En Amérique du Nord : émergence du syndicalisme de masse », *in* J. Sagnes (dir.), *Histoire du syndicalisme dans le monde des origines à nos jours*, Éd. Privat, Toulouse, 1994, p. 61 à 78 et p. 165 et s.

[28] *Cf.* K. E. Klare, « Judicial Deradicalization of the Wagner Act and the Origins of Modern Legal Consciousness, 1937-1941 », 1977-1978, *Minnesota Law Review*, vol. 62, p. 265.

[29] L'unité de négociation peut être formée de la totalité des salariés d'un employeur donné ou d'un groupe de ceux-ci, dans la mesure où les salariés de ce groupe partagent une communauté d'intérêts dans la détermination de leurs conditions de travail.

accrédité représentant ses salariés. La loi prend donc le relais de l'action syndicale directe, des pressions économiques et de la grève comme mécanisme de reconnaissance syndicale. Ce faisant, le législateur américain entendait éliminer une source majeure de conflits ouvriers qui, trop fréquemment, s'éternisaient et dégénéraient dans la violence[30]. Ces conflits opposaient syndicat et employeur, travailleurs syndiqués et non-syndiqués, ainsi que syndicats rivaux. Souvent, en effet, un syndicat de métier disputait la reconnaissance d'un même employeur à un syndicat industriel, regroupant sans distinction tous les travailleurs d'une industrie donnée.

Le *Wagner Ac*t se limite toutefois à mettre en place une structure de négociation collective ; au-delà de l'obligation de négocier de bonne foi, il n'intervient pas dans le contenu même de la négociation collective. Les parties demeurent libres de négocier l'entente qui leur convient, et leur pouvoir respectif de négociation continue de prévaloir à ce niveau[31]. Les moyens de pression économique, notamment la grève et le lock-out, s'avèrent indispensables dans un tel cadre de négociation. Il est présumé qu'une partie n'accepte de faire des concessions à la table de négociation, que dans la mesure où elle perçoit que l'autre partie pourrait recourir à une sanction économique plus dommageable pour elle que les concessions. Le *Wagner Act* reconnaît d'ailleurs explicitement le droit de grève et en protège l'exercice, dans le cadre de la négociation collective ou comme moyen de protection ou d'entraide. Par contre, exercée dans un tel cadre, la grève demeure peu réglementée et le principe du laissez-faire vaut toujours.

Le régime de négociation collective que consacre le *Wagner Act* et la réglementation qu'il met en place se distinguent des politiques portant sur le même objet adoptées ailleurs dans le monde industrialisé. Nulle part ne retrouve-t-on une législation du travail qui exclut autant de travailleurs de son champ d'application, qui accorde le monopole de représentation au syndicat majoritaire au sein d'une unité donnée et qui fixe une structure de négociation aussi

---

[30] La recherche de la paix industrielle apparaît comme un des principaux objectifs derrière l'adoption du *Wagner Act* (K. E. Klare, *op. cit.*, p. 281 et 282).

[31] Le *Wagner Act* était présumé redresser le déséquilibre entre le pouvoir de négociation des employeurs et celui des salariés (K. E. Klare, *op. cit.*, p. 282).

décentralisée qu'aux États-Unis. Aucun mécanisme de représentation des travailleurs dans l'entreprise autre que le syndicalisme n'y est prévu ou reconnu, ni comité d'entreprise comme c'est le cas en Europe continentale, ni *shop steward* comme en Grande-Bretagne. De plus, la négociation collective envisagée se limite aux conditions immédiates de travail, soit les termes de l'échange salarial. Le droit de gestion de l'employeur et sa faculté de déterminer unilatéralement les stratégies de l'entreprise demeurent inaltérés. Ces particularités ne peuvent s'expliquer que par la pratique des relations industrielles qui prévalaient aux États-Unis à l'époque de l'adoption du *Wagner Act* et par les caractéristiques des acteurs qui y participaient[32]. Ainsi, le mouvement syndical est lui-même très décentralisé, structuré pour s'imposer auprès de chaque employeur, un à un, et négocier les conditions de travail avec lui. C'est à ce niveau local que réside sa force d'intervention et que son action se pratique, qui en demeure essentiellement une de revendication professionnelle. Il n'investit que très peu dans l'action politique, et il n'a de lien organique avec aucun parti politique. Les employeurs, pour leur part, évoluent dans un monde individualiste et hautement concurrentiel, sans regroupement sectoriel ou géographique permettant une pratique concertée des relations de travail. Chacun combat fortement, et par tous les moyens possibles, la syndicalisation de ses employés et la négociation collective, perçues comme nuisibles à la compétitivité de l'entreprise. Le *Wagner Act* porte aussi l'empreinte d'un contexte économique et industriel particulier qui correspond à une production manufacturière de masse par de grandes entreprises verticalement intégrées et fortement hiérarchisées. La production et l'organisation du travail y sont conçues « scientifiquement », selon les principes du taylorisme. Les salariés exécutent le travail alors que le management en détermine le contenu et en surveille l'exécution.

On voit aussi, dans ce régime de négociation collective, une forme de démocratie industrielle au profit des salariés qui réussissent à s'en prévaloir. D'un point de vue théorique, le régime du *Wagner Act* est comparé à la démocratie gouvernementale dont il constitue en quelque sorte la réplique dans les milieux de travail. Le syndicat accrédité, élu

---

[32] C'est la thèse soutenue, notamment, par D. C. Bok, *op. cit.* ; Voir aussi : R. J. Adams, *Industrial Relations Under Liberal Democracy*, University of South Carolina Press, Columbia, 1995, p. 34 à 62.

par le vote majoritaire des salariés de l'unité de négociation, et l'employeur négocient la convention collective, celle-ci étant assimilée à la loi des parties. Son application, en cas de litige, relève de l'arbitrage des griefs, un système judiciaire privé, issu de la convention collective et contrôlé par les parties elles-mêmes. Cette théorie, connue comme le pluralisme industriel, conçoit ainsi les milieux de travail syndiqués comme des enclaves autorégulées, où prévaut un ensemble de règles de droit privé, relevant entièrement de l'autonomie des parties et du libre marché, et à l'égard desquelles l'État est tenu à l'écart[33].

Malgré la forte intégration économique et sociale des deux pays et le lobbyisme syndical en ce sens, le régime américain du *Wagner Act* n'est pas immédiatement adopté au Canada. L'avènement de la Seconde guerre provoque toutefois la mise au rancart du volontarisme industriel et l'adoption d'une nouvelle politique unifiée à l'échelle canadienne à l'égard de la négociation[34].

Prenant appui sur les larges pouvoirs que lui confère la loi sur les mesures de guerre, le gouvernement fédéral, confronté à d'importantes manifestations ouvrières et à plusieurs grèves, adopte l'arrêté en conseil 1003 en 1944 afin de rétablir la paix industrielle et d'assurer la continuité de la production industrielle. Ce décret étend un modèle de relations de travail qui incorpore à la fois les caractéristiques du *Wagner Act* et celles de la loi fédérale canadienne de 1907 à toute l'industrie impliquée dans l'effort de guerre. Le modèle est repris à la fin de la guerre par toutes les provinces et le Parlement fédéral pour devenir celui qui s'applique encore aujourd'hui partout au Canada. Correspond aux canons du pluralisme industriel, libre négociation collective des conditions de travail, conciliation et arbitrage obligatoire des griefs en constituent les trois éléments centraux[35].

---

[33] Pour une description et une critique de cette allégorie développée par les « pluralistes industriels » américains de l'après-guerre : K. Van Wesel Stone, « The Post-War Paradigm in American Labor Law », 1981, *The Yale Law Journal*, vol. 90, p. 1509.

[34] J. Fudge et E. Tucker, *loc.cit.*, aux p. 273 à 276 ; J. Fudge et H. Glasbeek, « The Legacy of PC 1003 », 1995, *Canadian Labour and Employment Law Journal*, vol. 3, p. 366 à 371.

[35] Les caractéristiques essentielles du régime canadien de la négociation collective peuvent se décliner ainsi : 1) le droit d'association reconnu aux travailleurs ; 2) la

La législation applicable à la négociation collective dans la province du Québec s'inscrit dans la même dynamique. Le Code du travail[36], comme les lois équivalentes dans les autres provinces canadiennes, y établit le régime général de négociation collective. Tous les salariés d'un employeur donné, ou un groupe de ceux-ci, peuvent s'en prévaloir en formant un syndicat, ou en adhérant à un syndicat déjà existant, qui recherchera l'accréditation afin de les représenter aux fins de la négociation collective de leurs conditions de travail. Il demeure que plusieurs catégories d'employés sont exclues de la loi, dont au premier chef tous ceux exerçant une fonction hiérarchique au sein de l'entreprise[37], et ne peuvent par conséquent bénéficier de la représentation syndicale et de la négociation collective telles qu'encadrées et protégées par la loi. Par ailleurs, le législateur a reconnu des régimes particuliers de représentation syndicale et de négociation collective dans certains secteurs d'activités où, compte tenu de la pratique des relations du travail et des caractéristiques des acteurs y intervenant, le régime général ne convient pas. C'est le cas notamment de l'industrie de la construction et du secteur de la production artistique[38].

---

protection à l'encontre des pratiques déloyales qui en inhibent l'exercice ; 3) un système administré par une agence gouvernementale – généralement appelée la commission des relations du travail ou *labour board* – pour définir les unités de négociation, accréditer les syndicats représentatifs et décider de tous les litiges découlant de l'application de la loi sur les relations du travail ; 4) le monopole de représentation accordé au syndicat majoritaire au sein de l'unité de négociation ; 5) l'obligation de négocier de bonne foi les conditions de travail imposée à l'employeur et au syndicat accrédité ; 6) le droit de recourir à la grève ou au lock-out uniquement après avoir franchi une procédure obligatoire de conciliation ; 7) l'application obligatoire de la convention collective à tous les salariés inclus dans l'unité de négociation, qu'ils soient ou non membres du syndicat accrédité ; (8) l'arbitrage obligatoire de tout litige découlant de l'application et de l'interprétation de la convention collective (litige communément appelé le grief), et interdiction de recourir à la grève ou au lock-out pour toute la durée de la convention collective.

[36] RLRQ, c. C-27.

[37] Alinéa 1 (l) du Code du travail. Sont aussi exclus, notamment, les membres de la Sûreté du Québec, plusieurs catégories spécifiques de fonctionnaires et les travailleurs embauchés dans des exploitations agricoles de petite taille. En vertu des articles 111.27 à 111.32 du Code du travail, ces derniers bénéficient toutefois d'un régime de négociation particulier qui exclut le droit de grève.

[38] Pour une analyse juridique de ces différents régimes : M. Coutu, L. L. Fontaine, G. Marceau et U. Coiquaud, *Droit des rapports collectifs du travail au Québec*, 2ème éd., Vol. 2, Éditions Yvon Blais, Cowansville, 2014, 598 p.

Il importe de souligner qu'une telle approche juridique de la représentation syndicale et de la négociation collective conduit à l'existence de deux classes ou catégories de travailleurs salariés[39]. D'un côté, il y a ceux qui bénéficient des rapports collectifs du travail parce qu'ils ont pu ou su avoir accès au régime que la législation établit. Grâce à la négociation collective et à la protection sociale assurée par l'État-providence, ces travailleurs jouissent d'une certaine forme de citoyenneté industrielle leur permettant de faire valoir leur point de vue quant à leur milieu de travail et à leurs conditions de travail[40]. De l'autre, et il s'agit d'une large majorité de la main-d'œuvre, il y a les travailleurs non syndiqués dont les intérêts professionnels ne sont aucunement soutenus et promus par des mécanismes de représentation collective encadrés par la loi. Leurs conditions de travail dépendent alors de leur contrat individuel de travail, conclu sous l'égide du droit commun, et des lois générales du travail qui fixent un certain nombre de conditions minimales de travail et de règles d'ordre public en matière d'emploi.

Voilà maintenant plus de 70 ans que ce régime de négociation collective, qui représente la seule forme de dialogue social reconnue et soutenue par la législation, prévaut au Canada. S'il a permis une progression importante de la syndicalisation et de la négociation collective dans les décennies qui ont suivi son implantation, il n'a jamais bénéficié à une majorité de la main-d'œuvre. Mal adapté au contexte de la nouvelle économie, son influence n'a cessé de décroître au cours des trente dernières années, surtout dans le secteur privé de l'économie[41]. De plus, ayant notamment contribué à une forte

[39] R. J. Adams, *op. cit.*, p. 97 à 100.

[40] *Cf.* M. Coutu et G. Murray, « Travail et citoyenneté : rétrospective et perspectives », dans M. Coutu et G. Murray (dir.), *Travail et citoyenneté : quel avenir ?*, Les Presses de l'Université Laval, Québec, 2010, p. 5 à 17. C'est dans un article publié en 1967 qu'Harry Arthurs avait décrit comment le modèle canadien de négociation collective était susceptible d'assurer cette citoyenneté industrielle (H. W. Arthurs, « Developing Industrial Citizenship : A Challenge for Canada's Second Century », 1967, *Canadian Bar Review*, vol. XLV, p. 786).

[41] En 2014, la présence syndicale dans le secteur privé de l'économie n'était plus que de 25,3% au Québec, 14,5% en Ontario et 14,4% dans le reste du Canada. La situation est encore plus dramatique aux États-Unis avec un taux de présence syndicale de 7,4% dans le secteur privé (*Cf.* A. Labrosse, « La présence syndicale au

institutionnalisation du mouvement syndical, il aura été incapable de se renouveler et de conduire à l'émergence d'autres formes de dialogue social[42].

III - LE DROIT, PROMOTEUR DE LA CONCERTATION DES ACTEURS SOCIAUX ET DE LA PARTICIPATION DES TRAVAILLEURS

Malgré une législation du travail ne les favorisant guère, certaines formes de participation des travailleurs salariés dans la gestion de l'entreprise sont apparues au cours des dernières décennies. Réagissant notamment aux impératifs de la mondialisation économique et commerciale, certaines entreprises ont vu dans la consultation ou la participation de leurs salariés une alternative prometteuse au modèle autocratique et hiérarchique issu du taylorisme. Des comités d'entreprise, des comités conjoints, des cercles de qualité et autres modalités du genre ont été implantés dans plusieurs milieux de travail. Ces initiatives résultent parfois de la négociation directe entre l'employeur et le syndicat accrédité représentant ses travailleurs et font l'objet de clauses précises dans la convention collective. D'autres fois, surtout dans les milieux de travail non syndiqués, elles représentent davantage des initiatives patronales unilatérales.

Le droit canadien est demeuré généralement passif quant aux modes de participation des travailleurs dans la gestion de l'entreprise[43]. Les initiatives patronales en ce sens, lorsqu'elles

---

Québec en 2014 », document publié par le Ministère du travail du Québec en 2015 (http://www.travail.gouv.qc.ca). Pour une description des causes et de l'ampleur du déclin du régime légiféré de la négociation collective et de la citoyenneté industrielle qu'il contribue à promouvoir au Canada : H. W. Arthurs, « La nouvelle économie et le déclin de la citoyenneté au travail », in M. Coutu et G. Murray (dir.), *op. cit.*, p. 43 à 70.

[42] R. J. Adam, *op. cit.*, p. 167 à 172.

[43] De façon générale sur cette question, voir : G. Trudeau et D. Veilleux, « Le monopole nord-américain de représentation syndicale à la croisée des chemins », *Relations industrielles/Industrial Relations*, 1995, vol. 50, n° 1, 9 ; A. Verma et D. Gottlieb Taras, « Employee Involvement in the Workplace », dans M. Gunderson,

surviennent dans le secteur non syndiqué, ne sont pas illégales dans la mesure où il ne s'agit pas de stratégies visant à contrer la liberté d'association et la syndicalisation des salariés. Dans une entreprise syndiquée, la participation des travailleurs ne peut toutefois s'envisager que dans le contexte de la négociation collective, le syndicat accrédité détenant le monopole de représentation des salariés face à l'employeur.

Certains gouvernements provinciaux, de même que le gouvernement fédéral, dans le but de promouvoir des relations du travail moins conflictuelles et des pratiques managériales plus participatives, ont tout de même créé ou favorisé l'émergence de mécanismes de concertation sociale à différents niveaux. Ainsi, on a parfois amendé la législation en matière de relations collectives de travail pour inciter les parties patronale et syndicale à créer un comité de concertation au sein de l'établissement[44]. Des programmes gouvernementaux offrent aussi différents services aux parties désireuses de s'engager dans des pratiques de prévention des conflits, comme la négociation raisonnée ou la médiation préventive[45]. Ces mécanismes, qui s'inscrivent dans la dynamique des relations du travail traditionnelles en vertu desquelles le syndicat accrédité demeure le seul interlocuteur des salariés, ne sont cependant pas conçus pour promouvoir la participation des salariés dans les milieux du travail non syndiqués.

Au Québec toutefois, à la faveur d'un contexte socio-économique particulier, d'autres formes de dialogue social, orientées véritablement vers la concertation des acteurs sociaux, y compris le gouvernement, et la participation directe des travailleurs dans leur milieu de travail

---

A. Ponak et D. Gottlieb Taras, *Union-Management Relations in Canada*, 4ème éd., Addison Wesley Longman, Toronto, 2001, p. 447 à 485.

[44] Par exemple, l'article 53 du *Labour Relations Code* de la Colombie-Britannique ([RSBC 1996] chapter 244) indique que toute convention collective est présumée établir un comité consultatif dont l'objectif « [...] *is to promote the cooperative resolution of workplace issues, to respond and adapt to changes in the economy, to foster the development of work related skills and to promote workplace productivity* ».

[45] Le programme de développement relationnel du service fédéral de médiation et de conciliation est typique à cet égard. Il peut être consulté à l'adresse suivante : www.travail.gc.ca.

ont émergé au cours des dernières décennies[46]. Le droit a joué un rôle majeur dans le développement du phénomène qui s'inscrit largement à l'extérieur du régime de la négociation collective et des relations du travail décrit plus haut.

Trois caractéristiques particulières y teintent le contexte des relations du travail, et expliquent l'existence d'un dialogue social plus large et plus élaboré qu'ailleurs au Canada[47]. Un fort courant nationaliste a toujours été préoccupé par la reconnaissance et la protection des intérêts distincts des Québécois, dont une très large majorité sont francophones, que ce soit en matière de langue, de culture ou de droit, au sein de l'espace canadien et nord-américain. L'interventionnisme de l'État, notamment au plan économique, y a aussi été plus marqué qu'ailleurs aux États-Unis et au Canada. Ce phénomène est devenu encore plus important à compter de la Révolution tranquille, cette grande entreprise de modernisation de la société québécoise qui est survenue dans les années 60 et 70. Enfin, le mouvement ouvrier, à la fois plus diversifié et plus centralisé qu'ailleurs en Amérique du Nord, joue un rôle politique de premier plan au Québec et représente un interlocuteur incontournable pour le gouvernement. De la même façon d'ailleurs, le patronat est davantage organisé au Québec, étant regroupé, depuis 1969, en un organisme central unique aux fins du lobbying et de la représentation politique. Grâce à sa représentativité et à sa philosophie axée sur la concertation, le Conseil du patronat s'est imposé auprès du gouvernement québécois comme le porte-parole autorisé du milieu patronal[48].

Dans ce contexte socio-économique particulier, le gouvernement québécois a pris l'initiative de développer des instances formelles de concertation sociale au niveau tant national que sectoriel et local. Ce développement, qui s'est concrétisé dans plusieurs textes législatifs,

---

[46] Pour une description générale du phénomène : F. Hanin et K Béji, « Les politiques publiques de l'emploi » in P.-L. Bilodeau et M. D'Amours (dir.), *Fondements des relations industrielles*, Chenelière Éducation, Montréal, 2015, p. 138 à 165.

[47] *Cf.* not. E. Déom et J. Boivin, « Union-Management Relations in Quebec » dans M. Gunderson, A. Ponak et D. Gottlieb Taras, *op.cit.*, p. 486 à 520.

[48] F. Delorme, R. Fortin et L. Gosselin, « L'organisation du monde patronal au Québec, un portrait diversifié », *Relations industrielles/Industrial Relations*, 1994, vol. 49, n° 1, p. 9.

relève à la fois d'une volonté généralement forte de la part des différents partis politiques au pouvoir et de la présence, à ces différents niveaux, d'acteurs sociaux bien constitués partageant la même attitude favorable à l'égard de la concertation sociale.

Au plan national, le Comité consultatif du travail et de la main-d'œuvre représente l'instance permanente de consultation et de concertation sociale au Québec. Créé en 1968[49] et composé des dirigeants des associations patronales et syndicales les plus représentatives au Québec, le Comité a pour mission d'orienter et de soutenir l'action gouvernementale en matière de travail et de main-d'œuvre. Depuis près de 50 ans, le Comité consultatif donne son avis au ministre sur les projets de loi proposés de même que sur les grands enjeux auxquels le monde du travail est confronté. Certains projets de loi y ont fait l'objet d'un consensus et d'autres, de profondes divergences, avant d'être adoptés par l'Assemblée nationale[50]. Son bilan est mitigé, mais les opinions sont unanimes sur un point : si le Comité représente une instance de concertation intéressante, ce ne sont pas tous les ministres du Travail qui l'ont utilisé. Certains ont travaillé étroitement avec lui, alors que d'autres l'ont boudé. Son utilité et son efficacité dépendent avant tout de la volonté politique de le considérer[51]. Plus largement, on peut douter que la concertation sociale conserve encore le même éclat auprès de gouvernements dont l'agenda politique semble davantage sensible aux volontés des marchés mondialisés qu'aux considérations des partenaires sociaux locaux[52].

---

[49] Loi sur le conseil consultatif du travail et de la main-d'œuvre, RLRQ, c. C-55. Cette loi a été abrogée en 2011 ; le Conseil a alors été intégré au sein du ministère du Travail pour devenir le Comité consultatif.

[50] R. Dufour, « Le Conseil consultatif du travail et de la main-d'œuvre », in R. Blouin (dir.), *Vingt-cinq ans de pratique en relations industrielles au Québec*, Les Éditions Yvon Blais inc., Cowansville, 1990, p. 235 à 252.

[51] *Ibidem*, p. 252 ; G. Dufour, *Tour d'horizon – Cinquante grands dossiers en relations du travail et en ressources humaines au Québec 1965-2015*, Éditions Yvon Blais, Montréal, 2016, p. 14 à 18.

[52] En fait foi cette décision gouvernementale d'intégrer, en 2011, le Conseil consultatif, jusqu'alors un organisme autonome relevant du Ministère du Travail, au sein du ministère. Cette décision, qui s'inscrivait dans une opération de rationalisation du fonctionnement gouvernemental, ne touche pas, en principe, à la mission de ce qui est devenu un comité. Il demeure qu'elle soulève des questions quant à la volonté politique à l'endroit de la concertation sociale.

Depuis la fin des années '70, on observe, notamment au Québec, le développement d'une réglementation du travail qui est le fruit d'une intervention directe de l'État dans la détermination des conditions du travail. Contrairement à la politique poursuivie antérieurement, l'État ne considère plus la négociation collective comme le mode privilégié de régulation du travail. Cette nouvelle législation ne vise pas seulement à définir des normes minimales du travail mais surtout à établir et à concrétiser des politiques gouvernementales dans les milieux de travail. C'est particulièrement le cas dans les domaines de la prévention des risques professionnels, de l'équité salariale et de la formation professionnelle. Toutes ces lois ont comme caractéristique de mettre en place des mécanismes de concertation des acteurs sociaux qui les amènent à participer à la définition des règles détaillées orientées vers l'atteinte et la mise en œuvre des objectifs définis par la loi[53]. En fait, en ces domaines, on écarte la négociation collective traditionnelle pour favoriser plutôt une concertation impliquant l'ensemble des travailleurs, qu'ils soient syndiqués ou non.

Une brève présentation de cette législation permet de prendre la mesure de l'importance de cette concertation initiée par l'État lui-même. Ces lois sont d'application générale. Dans le secteur syndiqué, les associations de salariés représentatives doivent pourvoir à la représentation des travailleurs au sein des instances de concertation. Chaque loi prévoit le mécanisme de désignation de la représentation des travailleurs lorsque ceux-ci ne sont pas déjà regroupés au sein d'un syndicat représentatif.

La loi adoptée en 1979 en matière de santé et de sécurité au travail[54] a marqué une cassure complète avec l'approche centralisée et autocratique qui caractérisait antérieurement l'action gouvernementale en ce domaine. La concertation et la participation des acteurs sociaux sont inscrites dans l'ADN de la loi, celle-ci les associant à la réalisation de son objectif d'éliminer à la source les risques pour la santé et la sécurité des travailleurs. Des mécanismes de concertation

---

[53] L'auteur a déjà présenté cette évolution des lois du travail québécoises : G. Trudeau, « La contractualisation du droit des relations professionnelles : une illustration des tendances nord-américaines », *in* Ph. Auvergnon (dir.), *La contractualisation du droit social*, Comptrasec, Bordeaux, 2003, pp. 55-83.

[54] Loi sur la santé et la sécurité du travail, RLRQ, c. S-2.1.

sont établis à tous les niveaux : comité d'établissement, association sectorielle et au sein de l'agence qui administre la loi. Ces instances, dont la composition est paritaire, exercent des fonctions consultatives, décisionnelles et même juridictionnelles, selon les cas.

La même approche a été retenue quant à l'équité salariale. La loi en la matière[55], adoptée en 1996, institue un mécanisme proactif de mise en œuvre du principe de l'équité salariale entre travailleurs masculins et féminins. Tout employeur visé doit réaliser l'équité salariale au sein de son entreprise au moyen d'un programme qu'il élabore. Dans les entreprises de 100 salariés et plus, l'employeur est tenu d'instituer un comité d'équité salariale pour permettre la participation des salariés à l'établissement du programme d'équité salariale. Au moins les deux tiers des membres du comité représentent les salariés. On voit ici un autre exemple de la démarche étatique qui prévaut dorénavant. Le législateur énonce les grands objectifs et les principes fondamentaux, et laisse le soin d'établir les modalités pour les atteindre et les mettre en œuvre aux acteurs sociaux.

C'est certainement en matière de développement et de formation de la main-d'œuvre que la concertation sociale est la plus développée au Québec. Dès le début des années '90, le gouvernement a établi un énoncé de politique concernant l'amélioration de la compétence et de l'employabilité de la main-d'œuvre, dont un élément central était de favoriser la prise en charge de cet objectif par les acteurs sociaux eux-mêmes. L'État se constituait le maître d'œuvre et le facilitateur d'une politique qui considérait les acteurs du marché du travail les mieux placés pour identifier leurs besoins en matière de qualification et de formation de la main-d'œuvre et les moyens pour s'y adresser. La législation qui met en œuvre la politique[56] crée les structures nationales et régionales de concertation et de partenariat permettant aux acteurs sociaux de participer à l'élaboration des politiques et mesures gouvernementales dans les domaines de la main-d'œuvre et de l'emploi. En cette matière, toutes les initiatives gouvernementales

---

[55] Loi sur l'équité salariale, RLRQ, c. E-12.001.

[56] Il s'agit de la loi favorisant le développement et la reconnaissance des compétences de la main-d'œuvre, RLRQ, c. D-8.3 et de la loi sur le ministère de l'Emploi et de la Solidarité sociale et sur la Commission des partenaires du marché du travail, RLRQ, c. M-15.001.

et étatiques sont aujourd'hui négociées avec les acteurs sociaux avant d'être adoptées de même que les stratégies et mécanismes de leur mise en œuvre.

L'émergence d'un processus concertation et de participation des acteurs sociaux, constatée particulièrement au Québec, participe d'un mouvement de procéduralisation et de contractualisation du droit largement observé dans le domaine du travail[57]. Le rôle de l'État se transforme pour transférer aux acteurs sociaux le soin d'élaborer les façons d'atteindre les grands objectifs qu'il a préalablement définis. Il y aussi, dans ce mouvement, la recherche d'un consensus social quant à l'opportunité et au contenu de la loi à adopter. L'État, garant de l'intérêt public et du bien commun, s'avère souvent incapable d'agir seul. Outre le monopole de la régulation qu'il a perdu dans le contexte de la nouvelle économie, la complexité des matières à réglementer et les nuances à apporter dans le contenu de la norme amènent l'État à rechercher la légitimité de son intervention dans des formes de dialogue social jusque-là inédites au Canada.

Ces expériences, principalement québécoises, mettent en exergue une forme de dialogue social bien différente de la négociation collective bipartite des conditions de travail qui a prévalu jusqu'ici au Canada et aux États-Unis. Ce dialogue social représente avant tout une forme de consultation et même de participation des acteurs sociaux au processus de régulation étatique. Il est initié par l'État, et son efficacité, comme sa pérennité d'ailleurs, dépend largement de la volonté politique du gouvernement au pouvoir. L'expérience québécoise suggère aussi qu'un tel dialogue social suppose des acteurs sociaux représentatifs sur lesquels il puisse s'appuyer.

---

[57] Le phénomène est bien décrit par Alain Supiot dans « La contractualisation des relations de travail en droit français », *in* Ph. Auvergnon, *op. cit.*, pp. 23-53.

IV - LE DROIT, PROTECTEUR DE LA LIBERTÉ D'ASSOCIATION , DE LA NÉGOCIATION COLLECTIE ET DE LA GRÈVE

Cette présentation ne serait pas complète sans faire état d'une avancée récente, aussi significative qu'inattendue, du droit canadien relatif au dialogue social. Il s'agit d'un développement jurisprudentiel fondé sur la Charte canadienne des droits et libertés[58] par lequel la négociation collective des conditions de travail est devenue une liberté fondamentale garantie par la constitution canadienne. Les prochains paragraphes en esquissent les grands traits[59].

Le droit relativement à la négociation collective et au dialogue social a, au Canada, relevé traditionnellement de la plus complète souveraineté parlementaire. Le législateur compétent, qu'il soit fédéral ou provincial, pouvait en définir les conditions et modalités comme il l'entendait, sans aucune interférence externe, notamment de la part des tribunaux. Cet ordre des choses a été profondément modifié par l'insertion, en 1982, de la Charte canadienne des droits et libertés dans la constitution du pays. S'inspirant des grands instruments internationaux ratifiés par le Canada[60], la Charte garantit à chaque citoyen plusieurs droits et libertés fondamentaux qui ne peuvent être restreints que par une règle de droit « [...] dans des limites qui soient raisonnables et dont la justification puisse se démontrer dans le cadre d'une société libre et démocratique »[61]. Il revient aux tribunaux de juger de la constitutionnalité de toute loi ou autre décision gouvernementale qu'un citoyen pourrait contester.

---

[58] Loi constitutionnelle de 1982 (R-U), constituant l'annexe B de la *Loi de 1982 sur le Canada* R-U, 1982, c. 11.

[59] L'auteur reprend ici des éléments d'une analyse qu'il a davantage élaborée dans : G. Trudeau, « La constitutionnalisation du droit de grève au Canada », *Revue de droit du travail*, 2015, n° 7-8, p. 479 et G. Trudeau, « La dimension internationale des litiges sociaux à la Cour suprême du Canada », *Droit social*, 2016, n° 3, p. 237.
Sur la même question, voir aussi : C. Tremblay Potvin et C. Brunelle, *op. cit.*

[60] Dont le Pacte international relatif aux droits économiques, sociaux et culturels du 16 décembre 1966 et le Pacte international relatif aux droits civils et politiques adopté par l'Assemblée générale des Nations Unies le 16 décembre 1966.

[61] Charte canadienne, *op. cit.*, art. 1.

Le mouvement syndical mobilisa rapidement la Charte canadienne pour contester certaines interventions législatives restrictives quant à la négociation collective et au droit de grève. On invoquait que ces lois entravaient indûment la liberté d'association qu'elle garantit[62]. Les espoirs syndicaux furent toutefois déçus car, dans une décision rendue en 1987, la Cour suprême du Canada[63] retint une définition restrictive de la liberté d'association qui n'incluait ni la négociation collective ni la grève[64].

Après avoir réitéré son précédent dans quelques décisions subséquentes[65], la Cour suprême effectua une surprenante volte-face en 2007 pour inclure le droit à la négociation collective dans la liberté d'association[66]. Elle décréta cette fois que le droit à la négociation collective représente un droit fondamental au Canada, et que lui porter atteinte de façon substantielle et injustifiée viole la liberté d'association garantie par la *Charte*. La conception de la négociation collective adoptée par la Cour est toutefois limitée, s'agissant simplement du droit général des salariés « de s'unir, de présenter collectivement des demandes à leur employeur [...] et de participer à des discussions en vue d'atteindre des objectifs liés au milieu de travail »[67]. Pour la Cour, c'est le processus de la négociation qui est

---

[62] La *Charte* indique à l'article 2 que « Chacun a les libertés fondamentales suivantes : […] d) liberté d'association ». Elle n'en donne toutefois aucune définition.

[63] La Cour suprême constitue la cour générale d'appel de dernier ressort pour le Canada, étant habile à disposer des appels relatifs à toutes lois fédérales ou provinciales, y compris la Constitution. On ne retrouve pas au Canada, comme c'est le cas dans plusieurs autres pays, une cour générale d'appel qui coexiste avec une instance de dernier ressort distincte pour les causes de droit constitutionnel et de droit administratif. La Cour se compose de neuf juges, dont un juge en chef, tous nommés par le gouvernement du Canada à titre inamovible (*Cf.* Loi sur la Cour Suprême, L.R.C. 1985, c. S-26).

[64] *Re Public Service Employee Relations Act (Alberta)*, [1987] 1 R.C.S. 313. Cet arrêt fut rendu le même jour que les deux suivants qui portaient sur la même question : *AFPC* c. *Canada*, [1987] 1 R.C.S. 424 ; *SDGMR* c. *Saskatchewan*, [1987] 1 R.C.S. 460.

[65] Voir : *Institut professionnel de la fonction publique du Canada* c. *Territoires du Nord-Ouest (Commissaire)*, [1990] 2 R.C.S. 367 ; *Delisle* c. *Canada (Sous-procureur général)*, [1999] 2 R.C.S. 989.

[66] *Health Services and Support – Facilities Subsector Bargaining Assn.* c. *Colombie-Britannique*, [2007] 2 R.C.S. 391.

[67] *Idem*, § 89.

protégé, et non les résultats ou les effets économiques que recherchent les salariés en s'y engageant. De plus, aucun régime particulier de relations du travail n'est protégé, et il n'est pas question de donner une portée constitutionnelle au modèle inspiré du *Wagner Act* américain que la législation canadienne a consacré partout au pays.

Avec cette décision, la Cour suprême entreprit, au gré des dossiers qui lui furent soumis subséquemment, de définir les éléments constitutifs de ce qu'elle a nommé un véritable processus de négociation collective[68]. Elle le fit particulièrement par le truchement de deux décisions rendues en janvier 2015. Dans la première, faisant échec à une interprétation fort restrictive du droit constitutionnel à la négociation collective qu'avaient développée certaines cours d'appel du pays, la Cour rappela que celui-ci n'est pas simplement un droit accessoire ou dérivé mais qu'il fait plutôt partie intégrante de la liberté d'association[69]. Ce droit à un véritable processus de négociation collective inclut notamment celui, pour les salariés, de former des associations indépendantes, sans ingérence de la part de l'employeur. La Cour invalida en conséquence le régime de relations de travail que la réglementation gouvernementale avait institué à l'intention des membres de la Gendarmerie royale du Canada, car il leur imposait d'être représentés par un organisme qu'ils n'avaient pas choisi, qu'ils ne contrôlaient pas et qui n'était pas indépendant de la direction de la Gendarmerie.

La seconde décision modifie substantiellement le paysage juridique de la négociation collective au Canada en ce qu'elle confirme le caractère constitutionnel du droit de grève[70]. La Cour suprême y déclare que le droit de grève constitue un élément essentiel d'un véritable processus de négociation collective et qu'à ce titre, il doit être consacré constitutionnellement. Représente donc une violation de la liberté d'association reconnue par la *Charte*, toute limite législative au droit de grève qui s'avère être une entrave substantielle à la négociation collective. La Cour ne considère toutefois, dans cette décision, que le droit de grève qui s'inscrit dans le processus de la

---

[68] *Cf.* not. *Ontario (Procureur général)* c. *Fraser*, [2011] 2 R.C.S. 3.

[69] *Association de la police montée de l'Ontario* c. *Canada (Procureur général)*, [2015] 1 R.C.S. 3.

[70] *Saskatchewan Federation of Labour* c. *Saskatchewan*, [2015] 1 R.C.S. 245.

négociation collective, et ne se prononce pas sur la protection que la *Charte* pourrait accorder à d'autres formes d'arrêt collectif de travail.

Ce développement jurisprudentiel est très significatif. Il définit, au-delà de tout régime établi par la législation, que la négociation collective protégée par la Constitution canadienne comprend les trois éléments essentiels suivants :

- le droit pour les salariés de former des associations de leur choix, indépendantes de l'employeur, d'y adhérer et de poursuivre collectivement des objectifs relatifs à leurs conditions de travail ;
- le droit pour les salariés de présenter collectivement des demandes et observations relatives à leurs conditions de travail que l'employeur doit considérer et discuter de bonne foi ;
- le droit pour les salariés de recourir à la grève aux fins de la détermination de leurs conditions de travail par voie de négociation collective.

Les tribunaux risquent de déclarer inconstitutionnelle et d'invalider toute loi ou décision gouvernementale qui représente une entrave substantielle à l'un ou l'autre de ces éléments, à moins d'être justifiée par l'article 1 de la Charte. L'impact de cette jurisprudence demeure encore incertain. Ainsi, la Cour suprême a clairement indiqué que le législateur demeure libre de modifier la législation portant sur la négociation collective comme il l'entend pour l'adapter à l'évolution du contexte économique et social contemporain[71]. La Constitution ne protège aucun modèle législatif en particulier ni aucune condition de travail. Il reste que toute intervention législative ne saurait priver les travailleurs de leur droit à la négociation collective tel que caractérisé par les trois éléments essentiels ci-haut mentionnés. Par ailleurs, on peut se demander si cette nouvelle garantie constitutionnelle n'a pas

---

[71] *Cf.* not. *Meredith* c. *Canada (Procureur général)*, [2015] 1 R.C.S. 125. Un auteur canadien souligne d'ailleurs que, de l'entrée en vigueur de la Charte jusqu'en 2014, pas moins de 212 amendements furent apportés à diverses lois du travail au Canada en vue de restreindre les droits syndicaux et de diminuer le pouvoir du mouvement syndical (H. Arthurs, *Social Rights, Labour Rights and the Constitution : A Cautionary Tale From Canada*, conférence prononcée le 5 novembre 2014, Canadian Studies Program/School of Law, University of California, Los Angeles (www.labourlawresearch.net/papers/social-rights-labour-rights-and-constitution-cautionary-tale-Canada).

imposé au législateur une obligation d'agir à l'égard des travailleurs qui, actuellement, n'ont pas accès à un régime de négociation collective encadré par la loi. Aucune réponse définitive à cette question n'est disponible pour l'instant.

L'intérêt de ce développement constitutionnel est d'avoir affranchi la négociation collective du cadre législatif dominant dans lequel elle est enfermée au Canada depuis plus de 70 ans. Celle-ci peut dorénavant être envisagée sous d'autres formes que celles issues du *Wagner Act* américain de 1935. Par contre, les éléments constitutifs de la négociation collective, au plan constitutionnel, renvoient encore à une forme de dialogue social bipartite, par lequel un regroupement de travailleurs revendique de meilleures conditions de travail auprès de l'employeur. Il ne touche pas, pour l'instant, au dialogue social qui s'apparente davantage à la concertation sociale, et ne crée aucune obligation en ce sens au législateur ou au gouvernement.

CONCLUSION

Cette présentation, nécessairement sommaire, de la part du droit dans la pratique du dialogue social au Canada permet quelques constations. La principale tient au caractère polysémique du terme dialogue social lui-même, qui renvoie à plusieurs réalités différentes. Or, le rôle du droit a été fort différent, du moins dans le cas canadien, selon qu'il s'agisse d'une réalité plutôt qu'une autre.

Le dialogue social, au Canada comme aux États-Unis, s'est manifesté essentiellement, sinon uniquement, sous la forme de la négociation collective. Celle-ci a été historiquement le fruit de l'action syndicale ouvrière qui s'est développée dans la foulée de la révolution industrielle du XIXème siècle et du salariat de masse qu'elle a favorisé. Le droit n'a joué qu'un rôle secondaire dans le développement de la négociation collective. Il n'a en fait que réagi à un phénomène social qu'il n'avait ni induit, ni même anticipé. Le syndicalisme et la négociation collective tels que pratiqués en Amérique du Nord sont le fruit d'un contexte social et économique particulier. Ils se sont imposés au droit, et celui-ci a été impuissant à les empêcher. Il a plutôt dû composer avec leurs manifestations et tenter de les contenir dans des limites qui demeuraient acceptables pour la société libérale et capitaliste dans laquelle ils survenaient. Ce faisant, l'intervention juridique a été fortement déterminée par la nature et la forme des pratiques sociales auxquelles elle s'adressait.

Le droit a toutefois eu un impact majeur sur le développement ultérieur du phénomène social qu'il a réglementé. Au Canada, le droit relatif à la négociation collective a atteint sa maturité au milieu du XXème siècle, alors qu'il a transposé les éléments essentiels du *Wagner Act* américain dans le contexte des relations industrielles canadiennes. Ce faisant, il consacrait un modèle de négociation collective bien spécifique, en adéquation avec le contexte économique et social de l'époque. Dorénavant, les acteurs sociaux, et particulièrement le mouvement ouvrier, pouvaient compter sur la force du droit, et non seulement sur leurs propres moyens d'action et de pouvoir, pour induire les comportements recherchés. Ceci a provoqué, à terme, une forte institutionnalisation du mouvement ouvrier et de la négociation collective. Plutôt que de prendre appui sur la solidarité et l'action sociale, le mouvement ouvrier a interpellé le droit, comme il était invité à le faire, pour asseoir ses démarches et ses revendications. Il est évident, aujourd'hui, que cette institutionnalisation menace la pérennité même du syndicalisme ouvrier et de la négociation collective qui lui est associée.

Le cadre juridique qu'on a donné, au Canada, à la négociation collective il y a plus de 70 ans a engendré un autre phénomène. À l'époque, ce cadre juridique aurait pu être fort différent de celui qui fut adopté. Ainsi, le monopole de représentation syndicale au sein d'une unité de négociation décentralisée n'était certes par la seule option possible. Le Québec n'avait-il pas établi, dès 1934, un système d'extension de la convention collective qui envisageait une négociation sectorielle qui fut marginalisée par la législation dont l'ensemble du Canada s'est doté une dizaine d'années plus tard ? Toutefois, aujourd'hui, le modèle retenu de négociation collective par la législation est devenu le seul modèle de référence, celui à l'intérieur duquel les acteurs sociaux évoluent depuis fort longtemps. Leur action est conditionnée par le modèle, et on n'envisage plus d'agir à l'extérieur de celui-ci. De la même façon, malgré qu'il s'avère inadéquat à bien des égards, la présence du modèle empêche toute réflexion à l'extérieur de ses frontières. Confrontés à ses limites évidentes, les acteurs cherchent à le réformer plutôt que d'explorer des avenues alternatives.

L'omniprésence de la négociation collective et de l'encadrement légal qui lui est appliqué au Canada a inhibé l'apparition d'autres formes de dialogue social, davantage orientées vers la participation des travailleurs dans l'entreprise et la concertation des acteurs sociaux. En fait, ces pratiques se sont largement avérées incompatibles avec le modèle dominant de relations industrielles orienté vers la négociation collective et la confrontation des intérêts patronaux et syndicaux. Il demeure qu'au Québec, davantage qu'ailleurs au Canada et aux États-Unis, sont apparues plus récemment de telles formes de participation et de concertation sociale. On peut observer que le droit a joué, dans l'apparition de ce phénomène, un rôle fort différent qu'en ce qui concerne la négociation collective.

La participation et la concertation sociale, au Québec, n'ont pas été induites, du moins directement, par l'action ouvrière, mais résultent plutôt d'une volonté politique gouvernementale. Le droit a été utilisé pour concrétiser ces pratiques que le gouvernement souhaitait établir. Il n'a pas réagi à un phénomène social, mais l'a provoqué. L'effectivité de telles mesures juridiques dépendra alors davantage de la volonté politique du gouvernement que d'une action sociale qui l'aurait précédée. Toutefois, si ces formes de dialogue social sont apparues surtout au Québec, c'est que le contexte s'y prêtait et les favorisait. Le dialogue social que cherchait à établir l'acteur politique pouvait s'appuyer sur des acteurs sociaux bien établis et eux-mêmes ouverts au phénomène. Sans ceux-ci, on peut douter que le droit et la volonté politique seuls auraient suffi à établir durablement cette pratique sociale. En somme, ce que l'expérience canadienne illustre peut-être le plus évidemment, c'est qu'en matière de dialogue social, comme en bien d'autres, le droit n'est qu'un instrument au service de la société dans laquelle il est appelé à s'appliquer. Il s'agit d'un construit social dont la nature et l'action ne peuvent se concevoir en n'en faisant abstraction.

LE DIALOGUE SOCIAL EN DROIT BELGE

Pierre-Paul Van GEHUCHTEN[1]

Ce que l'on appelle en droit du travail le « dialogue social » recouvre une réalité économique, sociale et politique complexe avant d'être un objet d'ajustements juridiques et institutionnels, voire une source de droit. Dès lors, avant de donner une synthèse qui en présentera les rouages principaux en droit belge, il n'est pas inutile de revenir brièvement sur les conditions dans lesquelles, presque par nécessité, il a émergé. Dialogue social, négociation collective, action collective, liberté d'association : en énumérant ces notions largement enchevêtrées, on mesure la présence fondatrice d'un antagonisme des intérêts, mais aussi de forces sociales à l'œuvre, incarnant ce choc des intérêts. Forces, sociales : les deux termes sont importants.

Pas de dialogue social sans forces sociales. Force, puissance, mouvement, lutte : on trouve ici l'écho de von Jhering : « *La paix est le but que poursuit le droit, la lutte est le moyen de l'atteindre. Aussi longtemps que le droit devra s'attendre aux attaques de l'injustice – et cela durera tant que le monde existera – il ne sera pas à l'abri de la lutte. La vie du droit est une lutte (...) des classes, des individus* »[2]. Encore faut-il que survienne le sentiment de la lésion d'un droit, et la violence avec laquelle le sentiment juridique, alors, réagit[3]. Encore faut-il que la blessure qui résulte de l'atteinte à un droit, soit expérimentée comme blessure commune au sein d'un groupe, partagée, pour que la violence qui pourrait n'être qu'un effondrement narcissique ou une décompensation personnelle, se transforme en une force collective apte à vouloir un changement.

---

[1] Professeur à l'Université catholique de Louvain et à l'Université Saint Louis, Avocat au Barreau de Bruxelles

[2] R. von Jhering, *La lutte pour le droit*, Paris, réédition Dalloz, 2006, p. 1.

[3] *Ibidem*, p. 49.

Pas de dialogue social sans forces sociales. Les sociologues usent parfois d'un substantif, comme lorsqu'ils évoquent « l'invention du social »[4], ou alors ils accolent l'adjectif « social » à un substantif, tel « dimension », ou « sphère ». Evoquer la sphère sociale, ou la dimension sociale, c'est mettre en évidence l'un des processus qui, à leurs yeux, caractérise le mouvement de la modernité : celui de l'autonomisation des sphères d'activité. Par-là, ils désignent l'ensemble complexe des processus qui ont conduit à séparer les sphères politiques et économiques, puis à consacrer, comme en intermédiation entre celles-ci, une sphère sociale[5].

Ni l'invention d'une force collective, ni le travail sociétal qui permet d'identifier comme sensée une « sphère d'activité » sociale ne sont aptes à s'inventer d'un coup de baguette magique. Que l'on ne puisse pas en décider la création – comme on peut le faire d'une règle de droit, croit-on – ne conduit cependant pas à un diagnostic d'impuissance. Le fait indique plutôt une « voie longue », celle par laquelle, comme citoyens et/ou comme universitaires, nous pouvons préférer des stratégies d'*empowerment*, nous pouvons cultiver des dispositifs d'information, de réflexion, de formation, de formation continue, aptes à développer des capabilités[6], c'est-à-dire des

---

[4] J. Donzelot, *L'invention du social, essai sur le déclin des passions politiques,* Paris, Fayard, 1994.

[5] N. Elias, *La dynamique de l'occident – socio-genèse de l'Etat,* Paris, Calmann-Lévy, 1975 ; M. Weber, *Economie et société,* Paris, Plon, 1971 ; J. Donzelot, *op. cit.* Ces processus sont indissociables de la montée en puissance d'une forme de rationalité instrumentale propre à tout assujettir à son projet c'est-à-dire en définitive l'avènement d'un « marché auto-régulateur » (L'expression est de Karl Polanyi, *La grande transformation,* Paris, Gallimard, 1983), jusqu'à y asservir les ressources symboliques et humaines. Dans une telle logique, l'avènement du modèle de marché rend largement inutiles ou à tout le moins subsidiaires les sphères politiques et sociales, l'expérience proprement humaine se trouvant alors dans les rets de ressources régulatoires qui sont autant de mécanismes de « colonisation du monde vécu » (L'expression est de Jürgen Habermas); sur cette problématique et dans une perspective de théorie du droit : B. Frydman (dir), *La société civile et ses droits,* Bruxelles, Bruylant, 2004, plus particulièrement le chapitre VI « Habermas et la société civile contemporaine », pp. 123-144.

[6] Le terme est bien évidemment repris d'Amartya Sen (*Commodities and Capabilities*, Oxford, Elsevier, 1985 ; du même auteur : *Un nouveau modèle économique ; Développement, justice, liberté,* Paris, Odile Jacob, 2000; *Ethique et économies et autres essais*, Paris, PUF, Quadrige, 2002 ; *L'économie est une science morale*, Paris, La Découverte, 2003).

capacités de faire des choix effectifs en vue d'atteindre des objectifs estimables.

Eclairé de la sorte, on comprend que l'avènement d'un dialogue social n'a rien d'évident. On comprend aussi que, là où il est advenu, le maintenir comme instance vivante et signifiante d'une lutte pour un droit attaché à un objectif de justice sociale n'a rien d'évident non plus. La présente contribution entend rappeler, de façon évidemment trop brève[7], comment le dialogue social a pris forme en Belgique (I), qui en sont les acteurs (II), quelles sont les instances au sein desquelles il prend place (III), et quels en sont les produits (IV).

I - L'IMPOSSIBLE INVENTION DU DROIT SOCIAL ET DU DIALOGUE SOCIAL

Au cours de la deuxième moitié du XIXème siècle, ce que l'on n'appelle pas encore « la question sociale » a mis le feu à la maison Belgique[8]. Des grèves insurrectionnelles, au nord comme au sud du pays, paralysent celui-ci, il n'y va pas seulement d'une rupture de ce que l'on n'appelle pas encore la paix sociale, mais bel et bien d'une crise majeure du pacte politique : au-delà des intérêts professionnels, c'est la paix civile toute entière qui est en jeu. Les grèves de 1886 sont souvent assignées comme fait déclencheur de l'émergence du droit social belge au sens large. Le discours du trône de Léopold II, le 9 novembre 1886 en tire les conséquences et esquisse le programme de travail : « *Peut-être a-t-on trop compté sur le seul effet des principes, si féconds, de liberté. Il est juste que la loi entoure d'une protection plus spéciale les faibles et les malheureux* »[9].

Or des questions aussi cruciales ne peuvent être réglées avec les outils juridiques existants. Cette impossibilité a déjà été prouvée par A

---

[7] Pour en savoir plus, consulter notamment : E. Arcq, M. Capron, E. Léonard, P. Reman (dir.), *Dynamiques de la concertation sociale*, Bruxelles, CRISP, 2010, 612 p.

[8] Les développements de cette section intègrent certains aspects du cours de *Droit du travail*, Université Saint Louis (Bruxelles) 2015.

[9] Le texte de ce discours est repris dans le *Journal des Tribunaux du Travail* (plus avant *J.T.T.*), 1986, p. 421.

de Tocqueville dans son discours sur le droit au travail de 1848[10]. Il y mettait en évidence le double péril inévitable : pas de reconnaissance d'un droit au travail sans revenir sur les acquis de la révolution française ou sans faire le lit du programme du parti communiste[11] (que l'on n'appelait pas encore comme cela). Aucun des termes de cette alternative ne sourit au bourgeois titulaire d'un droit de vote censitaire ou plural à l'époque.

Ce sera donc, dans chaque nation industrielle, une invention « sociale historique »[12] qui permettra de surmonter ce double écueil. Selon un calendrier spécifique, des formes institutionnelles, des législations, des structures sociales nouvelles, propres, s'inventeront et mettront progressivement en place les contours de ce que l'on a pu appeler le « *welfare state* » ou encore le « compromis social-démocrate ». Ces processus de transformations qui trouvent leur principe dans l'aventure technologique, économique et sociale du XIXème siècle produiront au moins deux types de conséquences. D'une part, les intérêts privés ne seront plus laissés à leur pure autorégulation, à la seule appréciation par chacun de son intérêt propre. La régulation ou la réglementation de l'activité des opérateurs économiques par l'émergence d'un droit de la concurrence en est une première illustration. Le rééquilibrage du rapport salarial par l'apparition d'un droit du travail, puis, plus largement, du « droit social » en est une autre illustration. D'autre part, ce droit nouveau revêt un caractère lui aussi nouveau. Plus question ici de déduire les règles juridiques à édicter des principes dégagés par les *Lumières*. Le travail est largement inductif. A chaque fois, il s'agira de répondre à des questions inédites, d'avancer par essais et erreurs. Le droit du travail est une maison qui se construit sans architecte.

---

[10] A. de Tocqueville, « Discours sur la question du droit au travail », 12 septembre 1848, in A. de Tocqueville, *Egalité sociale et liberté politique*, Paris, Aubier Montaigne 1977, p. 194.

[11] Une thématique actualisée des enjeux liés au droit au travail constitue le cœur de la thèse magistrale de E. Dermine, *Le droit au travail et les politiques d'activation des personnes sans emploi. Une étude critique de l'action du droit international des droits humains dans la recomposition des politiques sociales nationales.* Université catholique de Louvain, Faculté de droit et de criminologie, Louvain-la-Neuve, 2015.

[12] L'expression est de C. Castoriadis, *L'institution imaginaire de la société*, Paris, 1975

Peut-on caractériser les principaux traits techniques d'un droit ainsi « méthodologiquement » nouveau, destiné à répondre, comme expérimentalement, à des questions inédites – et en principe sans issues ? François Ewald développe une réponse convaincante à cette question sur base de l'analyse des législations relatives à la réparation des conséquences dommageables des accidents du travail[13]. La norme juridique nouvelle n'est plus le *sollen* au sens fort (un discours « véritatif » des conduites). Elle est davantage le fruit d'enseignements sociologiques que de vérités philosophiques : en somme, une norme moyenne, issue de données statistiques, qui procède de manière incrémentale. Un peu comme si le législateur, acculé, décidait de « légiférer sans légiférer tout en légiférant ».

Légiférer tout d'abord : il s'agit bien de produire des lois, au sens formel du terme. Sans légiférer ensuite : loin de l'héritage des Lumières cette loi ne s'inscrira pas dans le rêve philosophique du *veritas facit legem* : pas de prétention, ici, à une Vérité du travail de l'homme. A sa manière, l'invention du droit social signe le deuil d'une configuration unifiée du lien social ; elle prend acte de la disparité des projets politiques, voire éthiques, qui marquent l'avènement du mouvement démocratique. La loi ne consacrera rien d'autre qu'un point d'équilibre, fonction du *momentum* des rapports sociaux et des forces productives ; indexée sur l'état de ces forces et rapports, elle sera toujours à reprendre, à actualiser, à renégocier. Tout en légiférant, enfin : aussi conjoncturelle soit-elle, cette loi sera bel et bien un instrument normatif, assorti de sanctions : une loi au sens matériel du terme. Cette dernière remarque n'est pas triviale. Au contraire, elle appelle deux remarques complémentaires qui signent l'originalité de ce qui s'invente là. Premièrement l'invention du droit social, tout comme l'invention du droit de la concurrence quasi contemporain, crée ce que l'on a appelé, bien plus tard, un « droit matériel ». On entend par là des dispositifs normatifs qui, loin de se satisfaire des proclamations formelles d'égalité devant la loi, prennent acte des disparités réelles des conditions entre parties et donnent les moyens d'une stratégie de protection (la lutte contre le cartel, antonyme de la concurrence, en droit économique ; la protection d'une partie réputée faible à raison de sa subordination juridique, en droit du

[13] F. Ewald, *L'Etat providence*, Paris, Grasset, 1985.

travail). Deuxièmement, ce « droit matériel » caractérise au plus haut point le passage d'un État de droit, compatible avec l'épure libérale d'un État minimal, abstentionniste dans les rapports sociaux, vers un État social ou un État entrepreneur, assumant un projet social de cohésion ou de développement et, par-là, interventionniste. Nous restons les héritiers de ce geste fondateur, non seulement en termes de « modèle social », mais aussi, plus généralement, parce que l'abstentionnisme nous semblerait inconcevable (un monde sans autorité de concurrence, sans régulation du commerce, sans OIT, sans régulation du travail est domination sauvage) même si, sans surprise, le débat sur les limites et les méthodes de l'interventionnisme est toujours brûlant – et parfois violent.

L'invention du droit social va se mettre en œuvre selon trois modalités distinctes, qui se juxtaposeront et seront amenées à interagir. Il s'agit tout d'abord, souvent au terme d'enquêtes et grâce au traitement quantitatif des données ainsi collectées, de l'enregistrement d'une norme moyenne de comportement, laquelle se limite à sanctionner les abus. Ce qui s'esquisse dans cette norme d'un type nouveau, c'est un régime de protection soutenable à l'égard d'une partie réputée faible. Ainsi, tout le volet de ce que l'on nomme aujourd'hui le droit de la protection/réglementation du travail (conditions de travail, bien-être au travail, protection de la rémunération) s'inscrit-il dans cet héritage qui doit beaucoup aux enseignements de la sociologie quantitative[14]. Par ailleurs, le contrat de travail fera, lui aussi, l'objet d'aménagements législatifs spécifiques, des lois ad hoc sortant le contrat de travail des quelques dispositions que le code civil consacrait au louage d'ouvrage. Enfin, un dernier trait remarquable de ce droit nouveau nous retient ici, même s'il ne prend sa pleine portée que dans la longue durée. Il s'agit de la montée en puissance, par le vœu même du législateur, d'acteurs collectifs. De la reconnaissance prudente des sociétés de secours mutuel au rôle clef reconnu dès l'entre-deux guerres puis l'après deuxième guerre mondiale aux interlocuteurs sociaux, c'est-à-dire aux organisations représentatives d'employeurs et de travailleurs, la volonté est affirmée de doter des instances de concertation et de dialogue social de compétences qui leur permettent de formaliser sous

[14] F. Ewald, *op. cit.*

la forme de règles juridiques contraignantes pour autrui (les conventions collectives) les accords qui y seront conclus. Le volet de ce que l'on nomme aujourd'hui le droit collectif ou le droit négocié s'inscrit dans cette dernière filiation qui doit beaucoup aux enseignements de la sociologie qualitative, dans l'héritage de Durkheim, par exemple[15].

Apparaissent ainsi les trois piliers qui constituent l'armature du droit des relations de travail : protection du travail, droit collectif, droit des relations individuelles de travail. Trois piliers, non pas comme des fondations séparées les unes des autres, mais constituant autant de techniques propres s'entrelaçant et interagissant. Cette présentation en tryptique[16] permet de distinguer les unes des autres les stratégies législatives utilisées. Micheline Jamoulle parlait des « lois contractuelles[17] » pour identifier les législations en matière de contrat de travail, relevant qu'elles se distinguaient des autres législations du droit du travail par l'absence de recours à la sanction pénale[18], au contrôle externe. Mais elles se distinguent aussi des législations qui habilitent les interlocuteurs sociaux à jouer le jeu du droit, elles aussi marquées, dans leur principe, par une dimension d'ordre public.

Resserrons la focale : comment les principes de la négociation collective vont-ils être reçus par le droit étatique, et quels acteurs seront-ils habilités à cet effet ? Au départ, apparaît le fait du « contrat collectif »[19] et Planiol, cité par Velge, en écrit qu'il ne sera jamais « *autre chose qu'une déclaration faite par les patrons, destinée à fixer*

---

[15] D'Emile Durkheim, voir, par exemple, la préface à la deuxième édition (Paris, 1897) de *De la division du travail social*, intitulée « Préface - Quelques remarques sur les groupements professionnels », réédition Paris, PUF, 1980.

[16] Nous reprenons dans ces deux paragraphes quelques développements formulés dans l'introduction rédigée en vue d'un colloque consacré au droit de la santé-sécurité au travail : D. Dumont et P.-P. Van Gehuchten, « Introduction. Sortir le droit du bien-être au travail de l'oubli », in *Actualités en matière de bien-être au travail*, D. Dumont et P.-P. Van Gehuchten (dir.), Bruxelles, Bruylant, 2014

[17] M. Jamoulle, *Seize leçons sur le droit du travail,* Liège 1994, p. 76.

[18] Ou le recours rare, exceptionnel, presque anormal, à la sanction pénale : M. Jamoulle, « Préface » in *Le « portage salarial », mise à disposition, sous-traitance ou intérim*, Kluwer, Etudes pratiques de droit social, 2005.

[19] Sur cette terminologie : H. Velge, *Profession et législation sociale*, Casterman, Tournai, 1943 ; *id.*, « Comment codifier la législation sociale », *Rev. trav.*, novembre 1938.

les conditions dans lesquelles il leur sera possible d'embaucher des ouvriers ; elles remplacent le règlement d'atelier que le patron aurait pu, en d'autres temps, élaborer à lui seul, mais il n'en saurait sortir aucune obligation civile de nature contractuelle. Ce n'est pas un contrat de droit commun, c'est une sorte de traité de paix qui n'a d'autre sanction que la grève, quand le patron refuse de s'y conformer, ou le renvoi des ouvriers qui n'accepteraient pas les conditions établies »[20].

Dans ce fait du contrat collectif, deux dynamiques peuvent être mises en évidence : celle des employeurs qui trouvent « dans ce mode collectif d'établissement des conditions de travail une protection contre certaines formes de concurrence ainsi que la paix sociale »[21], et celle des travailleurs pour lesquels la « convention collective apparaît à l'évidence comme résultat final d'une action collective entreprise par des travailleurs »[22]. Le contrat collectif, la future convention collective, n'a pas seulement en son sein une complexité qui touche à l'ambivalence ou l'hybridation de sa nature juridique, il représente en tant que fait économique, social et juridique, la concrétisation temporaire d'un équilibre apaisant une lutte d'intérêts. Son histoire peut être écrite et décrite à partir des perspectives divergentes, voire antagoniques, des acteurs impliqués.

La convention collective émerge de la sorte comme fait économique, social et juridique dans le dernier quart du XIXème siècle en France – plus de cinquante ans après son apparition en Grande-Bretagne. Elle apparaît en Belgique à l'issue d'un conflit social particulièrement brutal dans les entreprises textiles de Verviers au début du XXème siècle. À défaut de toute consécration explicite dans les textes de droit étatique, il n'en demeure pas moins que les tribunaux de l'époque, en l'espèce les conseils de prud'homme, ne peuvent simplement l'ignorer. Au départ, ils se borneront à reconnaître dans la convention collective « *l'expression écrite de la*

---

20 Planiol, *Droit civil*, 9e éd., tome II, n° 1838, cité par H. Velge, *Profession et législation sociale*, *op. cit.*, p. 29.
21 W. Van Eeckhoutte et V. Neuprez, *Compendium – droit du travail 2011-2012*, tome I, Waterloo, Kluwer, p. 7.
22 L. François, *Théorie des relations collectives du travail en droit belge*, Bruxelles, Bruylant 1980, p. 281.

coutume, élément d'importance dans un domaine où les conditions de l'engagement sont souvent purement verbales »[23].

Notre regard contemporain peut manifester quelque surprise à l'idée de voir la convention collective saisie juridiquement comme coutume. Que l'on se rappelle alors la pénétrante analyse de Lucien François : le traité et la coutume peuvent avoir en commun de constater un équilibre de droits et obligations. La coutume le fera sous la forme tranquille de représentations juridiques consensuelles dont chacun peut penser qu'elles correspondent à une « nature des choses » juridiques quand le traité, pareil à une cicatrice[24], témoigne que l'équilibre acquis n'a pu l'être qu'au terme d'âpres négociations.

À l'issue de la Première Guerre mondiale, celle-là même qui verra lors de la négociation du Traité de Versailles émerger la création de l'Organisation Internationale du Travail[25], apparaissent des commissions paritaires sans autre forme de reconnaissance légale. De la sorte, les discussions et les échanges qui jusque-là s'étaient cantonnés au sein du Conseil supérieur du travail, se déploient plus près des questions de terrain, attachées aux spécificités professionnelles ou sectorielles. Ces discussions touchent aux conditions de rémunération et de travail. Les discussions se multiplient : les acteurs se consolident et apprennent à se connaître.

Dès 1935, le Conseil supérieur du travail est remplacé par le Conseil supérieur du travail et de la prévoyance sociale. C'est cependant en dehors de ce cénacle formel[26] que, dans le fil des crises économiques et politiques, le gouvernement décide d'entamer à partir de 1936 avec ceux que l'on n'appelle pas encore les interlocuteurs sociaux, des discussions en matière économique et sociale. Ce forum, hors cadre, sera intitulé dès 1939 « Conférence nationale du travail ».

---

[23] H. Velge, *op.cit.*

[24] L. François, *op.cit.*, p. 294.

[25] Sur l'OIT, ses conventions et recommandations : H. Bartolomei de la Cruz et A. Euzeby, *L'organisation internationale du travail*, Paris, PUF, 1997 ; J.-M. SERVAIS, *Normes internationales du travail*, Paris, L.G.D.J., 2004 ; F. Vandamme, « Les normes internationales du travail, de l'organisation internationale du travail : Musée ou phare de la politique sociale internationale ? », *J.T.T.*, 1995, p. 329.

[26] P. Horion, « Belgique », *Rev. int. dr. comp.*, vol. 19, n° 1, janvier-mars 1967, pp. 27-42.

Dès les années 36 et suivantes, ces discussions portent leurs fruits, le gouvernement s'engageant à mettre à exécution les décisions de ces réunions sans en demander l'autorisation préalable au Parlement[27].

L'évolution des idées et des représentations est considérable dans le cours de la Seconde Guerre mondiale[28]. Si, dans la philosophie esquissée par le projet d'accord de solidarité sociale, la convention collective devait devenir une source juridique obligatoire dans toutes les entreprises, il faudra encore quelques étapes avant une telle consécration. La première réception de la convention collective et des commissions paritaires par le droit étatique se fait dans les termes de l'arrêté-loi du 9 juin 1945. Dans ce cadre, seule l'intervention royale donnait « un effet impératif aux conventions collectives conclues dans certaines conditions par l'ensemble des organisations patronales et syndicales considérées comme représentatives dans une branche de l'activité économique »[29]. Dans ce premier régime, c'est donc l'arrêté royal qui rend obligatoire le contenu normatif des décisions de commissions paritaires. À défaut d'arrêté royal, pas d'effet en droit étatique ou, plus précisément, pas d'effet normatif, même s'il n'est pas exclu de voir de telles décisions emporter le cas échéant quelques effets juridiques en application du droit commun des obligations[30]. Un effet supplétif généralisé sera reconnu par les lois des 4 et 11 mars 1954 ; la consolidation de l'édifice est pour la session 1966-1967, avec le projet de loi sur les conventions collectives et les commissions paritaires. La loi du 5 décembre 1968 donnera à la convention collective ses traits caractéristiques en droit belge.

Nul doute qu'il s'agisse d'une réception formelle en droit étatique. Le législateur assigne aux conventions collectives les conditions de

---

[27] W. Van Eeckhoutte et V. Neuprez, *Compendium – droit du travail 2011-2012*, *op. cit.*, p. 7.

[28] *Cf.* le « projet d'accord de solidarité sociale » ; sur le mouvement des idées à cette époque et les faits historiques déterminants, M.-Th. Coenen, « Les fondements historiques des relations collectives », in *Dynamiques de la concertation sociale*, *op. cit.* pp. 13-42 ; G. Ripert, *Aspects juridiques du capitalisme moderne*, Paris, L.G.D.J., 1946.

[29] L. François, *Théorie des relations collectives du travail en droit belge*, *op. cit.*, p. 300.

[30] *Ibidem*, p. 341 et s.

validité qui en commandent la qualification[31]. Il les consacre formellement parmi les sources du droit. Mais il exclut du champ d'application de cette législation les employeurs relevant du secteur public.

II - LES ACTEURS DU DIALOGUE SOCIAL

En outre, la convention collective n'est pas un outil que le législateur confie à tous. Seuls les organisations représentatives de travailleurs ou d'employeurs, ou, le cas échéant, un ou plusieurs employeurs sont habilités à les conclure. Par excellence, la convention collective est le vecteur de droit qui consacre ce que le Doyen Velge appelait une législation professionnelle : elle est le fait d'acteurs collectifs structurant le monde du travail, ou d'un ou plusieurs employeurs.

Le droit étatique détermine donc des tests de représentativité à l'issue desquels on identifie tantôt les organisations les plus représentatives[32], tantôt les organisations représentatives[33] aptes à conclure. Les plus représentatives seront représentées au sein du Conseil national du travail (CNT). Représentatives, elles s'inscriront dans le dialogue sectoriel régi par la loi du 5 décembre 1968. Mais les deux tests sont en poupée russe, s'agissant des organisations représentatives des travailleurs : pour être simplement représentatives, elles doivent être, par elles-mêmes ou par affiliation, représentées au sein du CNT, c'est-à-dire encloses dans les plus représentatives. Ces tests, de nature juridique, déterminent un dedans et un dehors : on en est, ou non. L'outil convention collective est à disposition, ou non. Du côté des organisations de travailleurs, la question de la représentativité sociologique n'est pas centrale, elle est transmuée en question de

[31] Et les normes négociées qui n'y répondent pas ne seront donc pas des conventions collectives au sens de la loi – ce qui ne préjuge pas de leur utilité, mais indique qu'on ne leur attachera pas les effets de droit découlant de la loi.
[32] L'expression est celle de la loi du 29 mai 1952, organique du Conseil national du travail.
[33] Selon l'article 3 de la loi du 5 décembre 1968 sur les conventions collectives de travail et les commissions paritaires.

droit. Pour les organisations représentatives d'employeurs, en revanche, le test de simple représentativité est plus pragmatique[34].

Nous devons revenir sur les limites du champ d'application *ratione personae* de la loi elle-même : le secteur public en est exclu[35]. La question de savoir si et comment le dialogue social pouvait trouver une place dans le secteur public a été marquée d'une grande incertitude : après plusieurs tâtonnements (1937, 1955), le législateur a décidé de clarifier la situation. C'est le fait de la loi du 19 décembre 1974 « organisant les relations entre les autorités publiques et les syndicats des agents relevant de ces autorités »; avec ses arrêtés d'exécution, essentiellement l'arrêté royal du 28 septembre 1984 ; cette loi constitue ce qu'on appelle couramment le « statut syndical »[36]. L'originalité de ce dernier conduit à considérer que les acteurs structurant le dialogue social du secteur public ne sont pas identifiés par des tests de même nature que ceux qui viennent d'être évoqués pour le secteur privé. Les compétences qui leur sont reconnues ne sont pas non plus de même nature.

Si les principales organisations représentatives ou les plus représentatives sont, du côté syndical, les mêmes dans les secteurs privé et public, le statut syndical connaît aussi la notion d'organisation (simplement) agréée. Par ailleurs, du côté patronal, c'est l'autorité qui siège – et l'on ne connait pas, bien entendu, d'organisations représentatives de/des autorité(s).

Pas de symétrie non plus entre secteur privé et secteur public en ce qui concerne les produits du dialogue social. Rien d'approchant à la notion de convention collective en matière publique (sauf exceptions

---

[34] Article 3, 3, de la loi du 5 décembre 1968 : peuvent être considérées comme représentatives les organisations professionnelles d'employeurs qui sont, dans une branche d'activité déterminée, déclarées représentatives par le Roi, sur avis du Conseil national du travail. On est, dans cette hypothèse en dehors du cadre des organisations « les plus » représentatives, mais aussi, le cas échéant, en dehors du cadre de représentativité déterminant l'agréation dans le cadre des lois relatives à l'organisation des classes moyennes.

[35] La phrase est un peu abrupte. Cette exclusion connait des exceptions, sur cette question : J. Jacqmain, *Droit social de la fonction publique,* Bruxelles, Presses de l'ULB, 2013.

[36] *Ibidem*, p. 119.

locales, pour certaines entreprises publiques ou secteurs d'activité publics, mais alors avec des caractéristiques et une portée propre). Deux modes de dialogue sont connus par le statut syndical : la négociation et la concertation. Ni l'un ni l'autre ne conduisent à une norme créatrice de droits au profit de destinataires. Même si la négociation peut conduire, par exemple, à un « accord de programmation sociale » celui-ci n'est rien d'autre qu'un accord politique de l'autorité s'engageant à la traduire en droits via les sources classiques de droit étatique.

La dualité[37] des mécanismes de dialogue social (secteur privé ; secteur public) devrait aller de pair avec le principe de l'unicité du régime applicable à chaque employeur. Ce principe d'unicité n'est pas parfaitement vérifié dans les faits[38] : des incohérences subsistent. Enfin, cette dualité, et les mécanismes originaux qui caractérisent le statut syndical, pouvaient se revendiquer d'une forme de logique tant que l'on pouvait considérer que le mode ordinaire de l'emploi public était le statut administratif d'agent (de l'État, d'une entité fédérée, d'un pouvoir local ou d'un établissement public). A partir du moment où, comme on le voit de plus en plus depuis trente ans, les autorités publiques recrutent plus volontiers sous contrat de travail, de sérieux problèmes de disparités, voire de discriminations ont vu le jour. Il est en effet dans l'ordre des choses de voir les interlocuteurs sociaux (du secteur privé) ajuster et adapter les législations contractuelles par la voie de conventions collectives de travail. Souvent, ils n'ont pas pris la mesure, et les autorités publiques non plus, du fait que l'ensemble des travailleurs sous contrat de travail avec un employeur public ne bénéficiaient pas de ces aménagements. La convention collective, même élaborée au sein d'organes paritaires, n'est pas une norme de droit social qui vient compléter tout contrat de travail quel qu'en soit l'employeur : c'est une règle professionnelle ou interprofessionnelle dont le champ d'application est circonscrit au domaine de compétence des interlocuteurs sociaux[39] du secteur privé.

[37] Mais il n'y a pas accord, en doctrine sur cette dualité – par trop schématique. Il faut encore intégrer au panorama les régimes spécifiques de dialogue social qui peuvent caractériser certains corps administratifs

[38] J. Jacqmain, *op.cit.*

[39] S'agissant du secteur public, le mécanisme est en tous points différent (*Cf.* la loi du 19 décembre 1974 organisant les relations entre les autorités publiques et les

Dans la suite de la présente contribution, nous n'aurons plus l'occasion de revenir sur les spécificités du dialogue social propre au secteur public. Ceci étant, test de représentativité, inclusion du dialogue social dans des mécanismes juridiquement organisés,... les forces sociales sont-elles colonisées par le droit ? Nul ne doute qu'au travers de certaines des réceptions par le droit étatique des interlocuteurs sociaux, le risque ne puisse exister. Mais il est aussi l'autre face d'un processus d'habilitation à agir, de capacitation. Décrirait-on la gestion paritaire des organismes de sécurité sociale comme une instrumentation des interlocuteurs sociaux ? Surtout, il convient de rappeler que, par-delà les garanties de liberté résultant des conventions OIT ou du droit étatique lui-même, les organisations syndicales continuent de résister : en tant que telles, c'est à dire comme organisations représentatives des travailleurs, elles demeurent des associations de fait dépourvues de la personnalité juridique[40], et donc déliées au moins en partie des sujétions et contrôles attachés au privilège de la personnalité morale.

III - LES INSTANCES DU DIALOGUE SOCIAL

En droit belge[41], les relations collectives entre employeurs et travailleurs se déploient à chaque niveau de l'économie, par le truchement d'organes de négociation et de concertation entre interlocuteurs sociaux. Au niveau interprofessionnel, on retiendra le Conseil national du travail dont les attributions recouvrent l'ensemble des problèmes sociaux qui intéressent en principe toutes les entreprises du pays (A). On mentionnera toutefois son équivalent pour les problèmes économiques, le Conseil central de l'économie. Au niveau des diverses branches d'activité peuvent être instituées des

syndicats des agents relevant de ces autorités, *Moniteur belge* (plus avant *M.B.*), 24 décembre 1974, et l'arrêté royal du 28 septembre 1984, *M.B.*, 20 octobre 1984. Conscient de la difficulté, le législateur a prévu la faculté, pour le Roi, d'étendre aux travailleurs contractuels du secteur public le régime des procédures de négociation et de concertation propres au secteur public).

[40] F. Dorssemont, *Rechtpositie en syndicale actievrijheid van representatieve werknemersorganisatie*, Bruges, Die Keure, 2002.

[41] Les développements de ce point doivent beaucoup au « Cours de droit du travail » de P. Denis, puis F. Dorssemont et P.-P. Van Gehuchten, Université catholique de Louvain, 2015.

Commissions paritaires, voire des sous-commissions paritaires (B). Ces deux organes (CNT et CP) ont en commun d'être paritaires. Enfin, au niveau de l'entreprise d'une certaine taille, des élections sociales sont organisées tous les quatre ans en vue de la constitution de Conseils d'entreprise (CE) et des comités pour la prévention et la protection du travail (CPPT). Au niveau de l'entreprise encore, est éventuellement instituée une délégation syndicale (DS), dont le statut est défini par voie de conventions collectives (C).

Bien entendu, l'une des questions les plus intéressantes est de savoir si ce cadre institutionnel englobe réellement toutes les dimensions pertinentes des relations entre forces sociales, susceptibles de produire des effets en matière sociale. Nous avons évoqué, déjà, la réception par le droit étatique… Cela signifie-t-il, reposons la question, que le droit étatique aurait colonisé le monde des forces sociales en les cadenassant dans des institutions juridiques ? Sans doute y a-t-il quelque chose de cet ordre dans la réception et donc la cristallisation par le droit des dynamiques sociales. Cependant un double tempérament doit être mis en évidence. D'une part, cette réception offre aussi aux forces sociales, singulièrement aux organisations (les plus) représentatives des capacités d'agir : des moyens de faire entendre leur voix, de peser sur des processus de décisions politiques, de contribuer à l'édification du droit. D'autre part, rétives par expérience et par principe à ce que la réception par le droit pourrait produire d'effets colonisateurs, les forces sociales elles-mêmes ne se laissent pas réduire au seul exercice des compétences qui leur sont assignées par le dispositif de droit objectif.

Au-delà, ou en dehors du cadre juridiquement organisé, les représentants des organisations vont cultiver une culture de la rencontre, de l'échange, parfois de la négociation (une sorte de festival « *off* », en quelque sorte) mais ceci va permettre aussi des accords programmatiques, des programmes de travail…Certes, élaborés en « *off* », de tels outils sont dépourvus par eux-mêmes d'effets juridiquement contraignant. Nul ne doute cependant qu'ils représentent bien plutôt le sommet de l'édifice, et non une curiosité collatérale. Les réunions du « groupe des dix », et les « accords interprofessionnels »[42] qui le cas échéant peuvent en découler, donnent la mesure d'un dispositif de négociation à la fois vivant et difficile[43]. Ceci étant, le droit étatique ayant horreur du vide (juridique), la tentation est alors de rattraper la pratique sociale et de lui assigner de nouvelles missions[44].

A – Le Conseil national du dialogue social

Le Conseil national du travail a été créé par la loi du 29 mai 1952 sous la forme d'un établissement public[45]. Il est un organe paritaire et comprend, en nombre égal, des représentants des organisations les plus représentatives des employeurs et des représentants des organisations les plus représentatives des travailleurs.

Les choses ayant évolué depuis sa loi organique, on retient, aujourd'hui, deux missions principales. Il a, en premier lieu, une mission consultative. Il lui appartient de formuler « tous avis ou propositions concernant les problèmes généraux d'ordre social intéressant les employeurs et les travailleurs ». Ces avis et propositions sont adressés à un ministre ou aux Chambres législatives, soit d'initiative, soit à la demande de ces autorités. Dans la pratique, ils sont adressés au ministre de l'Emploi et du Travail ou au ministre des Affaires sociales. Ces avis et propositions sont présentés sous la forme de rapports exprimant les différents points de vue exprimés au sein du Conseil. L'importance de ces avis et propositions comme facteur de progrès social doit être soulignée. Leur rôle dans

---

[42] Le groupe des dix n'est pas une organisation reconnue : il réunit les dirigeants des organisations représentatives de travailleurs et d'employeurs, hors cadre. L'accord interprofessionnel n'est pas répertorié dans la hiérarchie des sources de droit du travail que récapitule l'article 51 de la loi du 5 décembre 1968.

[43] Vivant : les « accords interprofessionnels » peuvent être consultés aussi sur le site du Conseil national du travail (www.cnt-nar.be). Difficile : de tels accords ne sont pas toujours possibles, on constate de longues périodes « sans ».

[44] Sur la question de savoir si l'accord interprofessionnel a acquis, ou non, la qualité d'être source de droit, notamment au fil des réformes législatives de 1989 et 1996 : I. Ficher, « L'accord interprofessionnel a-t-il une place parmi les sources de droit du travail », in I. Hachez (dir.), *Les sources du droit revisitées,* Louvain-la-Neuve, Anthemis, 2013, vol.2, pp. 405-440.

[45] M. de Vos, *Nationale Arbeidsreaad,* Brugge, Die Keure, 2003, 260 p.

l'élaboration et l'évolution de la législation sociale est considérable, dans la mesure où ils inspirent les dispositions légales et réglementaires adoptées par le Parlement et le gouvernement. Ainsi de nombreuses lois prévoient que certaines mesures d'exécution ne peuvent être prises qu'après avis du CNT, du moins lorsque ces mesures concernent plus d'une branche d'activité ou l'ensemble des branches d'activités[46]. Certaines dispositions légales (exceptionnelles, il est vrai) prévoient que la mesure d'exécution ne peut être prise que sur avis conforme[47], voire sur avis conforme et unanime du Conseil[48]. Dans certaines matières enfin, le pouvoir exécutif ne peut intervenir que sur la proposition du Conseil[49].

Depuis l'entrée en vigueur de la loi du 5 décembre 1968, des conventions collectives peuvent être conclues au sein du CNT, par les organisations patronales et syndicales qui y sont représentées. L'objet de ces conventions collectives concerne diverses branches d'activité, voire l'ensemble des branches d'activité[50]. C'est ainsi que plus de 100 conventions ont été conclues au sein du Conseil. Ces conventions concernent le plus souvent l'ensemble des branches d'activité et elles ont, à de rares exceptions près, été rendues obligatoires par arrêté royal. De telles conventions ont, en pratique, les mêmes effets qu'une loi et c'est ce qui explique que le CNT est souvent qualifié de « parlement social ».

B - Les commissions paritaires et sous-commissions paritaires

Les commissions paritaires sont des organes institués par l'exécutif, après consultation des interlocuteurs sociaux, là où l'on éprouve le besoin de constater et formaliser l'existence d'une branche

---

([46]) *Exemples :* loi du 16 mars 1971 sur le travail, art. 4 et 47 ; loi du 4 janvier 1974 sur les jours fériés, art. 2 et 17 ; loi du 8 avril 1965 sur les règlements de travail, art. 3 et 7 ; loi du 12 avril 1965 sur la protection de la rémunération, art. 15 ; loi du 3 juillet 1978 sur les contrats de travail, art. 30, 31, 51, § 3 et 56.

[47] Article 46, 2° de la loi du 16 mars 1971 sur le travail.

[48] Article 27 de la loi du 3 juillet 1978 sur les contrats de travail.

[49] Exemples : loi du 12 avril 1965 sur la protection de la rémunération, art. 2 et 6, § 4 ; loi du 3 juillet 1978 sur les contrats de travail, art. 61.

[50] *Cf.* not. B. Paternostre et F. Verbrugge, « Panorama des C.C.T. conclues au sein du C.N.T. : 30 ans d'activités », *Orientations*, 1998, p. 205 et s.

d'activité. Pour une branche d'activité déterminée, peuvent en outre être instituées une ou plusieurs sous-commissions paritaires. Le statut de ces commissions et sous-commissions est défini pour l'essentiel, par les articles 35 et suivants de la loi du 5 décembre 1968 sur les conventions collectives. L'arrêté instituant la commission paritaire définira le champ d'application du secteur d'activité dont elle a la charge. En principe[51], chaque commission paritaire étend sa compétence à tous les travailleurs occupés pour le compte d'un même employeur dont l'entreprise ressortit à la branche d'activité pour laquelle la commission a été instituée, quelle que soit la profession exercée par ces travailleurs.

Il est important, tant pour l'employeur que pour ses travailleurs, de pouvoir identifier la commission paritaire (ou la sous-commission) dont relève l'entreprise[52]. Les conditions de travail sont, dans une large mesure, déterminées par des conventions collectives conclues au sein de ces organes (taux des rémunérations, durée du travail, octroi de primes, etc.). Elles peuvent sensiblement différer d'un secteur à l'autre. La détermination de la commission paritaire compétente est fonction de la nature de l'activité principale de l'entreprise et non du métier exercé par les travailleurs qui y sont occupés. C'est ainsi, par exemple, qu'un ouvrier menuisier peut fort bien dépendre de la commission paritaire du textile, si l'activité exercée par l'employeur relève de ce secteur. De plus, une entreprise ne relève en principe que d'une seule commission paritaire, même si elle exerce des activités relevant chacune d'un secteur différent. Dans ce cas, le rattachement de l'entreprise s'effectue normalement en fonction de la nature de l'activité principale[53].

---

[51] Mais l'arrêté royal qui institue la commission paritaire peut cependant préciser qu'elle n'est compétente que pour certaines catégories de travailleurs occupés dans les entreprises du secteur (par exemple, les ouvriers ou les employés). De même, la compétence territoriale d'une commission paritaire peut s'étendre à l'ensemble du territoire national ou être limitée à une partie de celui-ci.

[52] Sur cette problématique : N. Lepoivre, « Du ressort des commissions paritaires », *Chr. D.S.,* 1989, p. 161.

[53] Il en va autrement, si l'arrêté royal instituant une commission paritaire fixe un autre critère de rattachement, tel que l'activité habituelle ou normale de l'entreprise (Cass., 9 septembre 1991, *J.T.T.,* 398).

Organes paritaires elles aussi, les commissions et sous-commissions paritaires sont composées : d'un nombre égal de représentants d'organisations d'employeurs et d'organisations de travailleurs également nommés par le Roi. Elles se voient reconnaître quatre missions. Leur principale attribution est de servir de cadre institutionnel à la conclusion de conventions collectives sectorielles. Elles ont aussi pour mission de prévenir et de concilier les conflits collectifs entre employeurs et travailleurs. A cette fin, les commissions peuvent créer en leur sein un bureau de conciliation dont la composition et les modalités de fonctionnement sont réglées par les articles 19 à 24 de l'arrêté royal du 6 novembre 1969. Les commissions ont également pour mission de donner au gouvernement, au CNT et au Conseil central de l'économie, à leur demande ou d'initiative, des avis sur les matières qui relèvent de leur compétence. Pour l'importance de ces avis, nous renvoyons à ce qui a été dit ci-dessus à propos du CNT.

Enfin, les commissions paritaires sont chargées de remplir toute autre mission qui leur est dévolue par la loi ou en vertu de celle-ci. C'est ainsi que plusieurs dispositions légales chargent les commissions paritaires de prendre des « décisions », c'est-à-dire des mesures d'exécution desdites dispositions. Les décisions des organes paritaires sont prises, en règle, à l'unanimité. Il n'en va autrement que lorsqu'une loi particulière en dispose autrement.

C - Au sein des entreprises

Les instances mises en œuvre au sein des entreprises ne relèvent pas du paritarisme ; leur composition n'est jamais égale entre représentants patronaux et représentants des travailleurs. Nous verrons que les trois instances susceptibles d'être présentes en entreprise, délégation syndicale (1), conseils d'entreprise et comités pour la prévention et la protection au travail (2), jouissent, chacune, de compétences propres. Cependant, à raison des effets de seuil (nombre de travailleurs occupés) qui déterminent leur instauration, et des risques afférents au fait que les plus petites entreprises soient alors privées d'une opportunité de dialogue ou de négociation, un mécanisme de subsidiarité tantôt d'origine légale, tantôt d'origine conventionnelle, peut étendre les compétences exclusives.

1 - *Délégation syndicale*

Premier organe de relations sociales dans l'entreprise, dont l'origine remonte à la fin du XIXème siècle, les délégations syndicales ont vu leur statut fixé par un accord national conclu les 16-17 juin 1947. Cet accord a été remplacé par la convention collective n° 5 conclue au sein du Conseil national du travail le 24 mai 1971[54]. Il s'agit d'une convention-cadre dont les modalités d'application doivent être précisées par des conventions collectives conclues en commissions paritaires, voire parfois par des conventions collectives d'entreprise. Etant donné la diversité du contenu de ces conventions, on s'en tiendra ici aux principes généraux formulés par la convention-cadre.

La délégation syndicale constitue la représentation auprès de l'employeur du personnel syndiqué (lire : pas du syndicat) de l'entreprise et plus précisément du personnel affilié à l'une des organisations signataires de la convention. Dans de nombreux secteurs, cette représentation des travailleurs par la délégation syndicale a été étendue à l'ensemble des travailleurs, syndiqués ou non[55]. La délégation syndicale ne s'identifie pas juridiquement au syndicat lui-même, dont elle est par ailleurs le prolongement dans l'entreprise. On verra plus avant qu'elle constitue l'organe le plus « agressif » parmi les instances de négociation collective. Il faut souligner que c'est aussi le seul dont la création résulte du consensus des interlocuteurs sociaux eux-mêmes : il est le fruit du paritarisme. Il y a là à méditer.

Une délégation syndicale doit être instituée, selon les règles précisées au niveau des secteurs et des entreprises, lorsqu'une ou plusieurs organisations de travailleurs signataires de la convention n° 5 en font la demande à l'employeur. Les conventions collectives

---

[54] C.C.T. n° 5 du 24 mai 1971 concernant le statut des délégations syndicales du personnel des entreprises. L'ensemble des conventions collectives interprofessionnelles peut être consulté sur le site du Conseil National du travail, www.cnt-nar.be. Si la délégation syndicale est, dans l'histoire sociale, le premier et plus ancien organe connu, il est donc aussi le plus récent, ou le dernier à avoir été reconnu en droit étatique – si l'on s'en tient à la date de la C.C.T. n°5.

[55] Article 6 de la convention collective de travail n° 5.

conclues en application de la convention-cadre précisent l'effectif minimum de personnel occupé qui est requis pour que doive être instituée une délégation syndicale et, éventuellement, le nombre minimum de demandes exprimées par les travailleurs visant à instituer une telle délégation[56].

A la différence du conseil d'entreprise et du comité pour la prévention et la protection au travail, la délégation syndicale n'est composée que de représentants des travailleurs. Le nombre de travailleurs qui composent la délégation est défini par les conventions sectorielles, en fonction de l'effectif du personnel occupé dans l'entreprise[57]. Il appartient également à ces conventions de préciser le mode de nomination des délégués syndicaux[58]. Le plus souvent, les membres de la délégation syndicale sont désignés par l'organisation syndicale. Le recours à l'élection n'est souvent prévu qu'en l'absence d'accord entre les organisations syndicales sur la répartition des mandats.

Plusieurs missions leur sont attribuées. Elle est tout d'abord un organe de revendication, de contrôle et de conciliation[59]. Elle a aussi compétence pour participer aux *négociations en vue de* la conclusion de conventions collectives au sein de l'entreprise. Elle ne peut cependant conclure elle-même de telles conventions; la conclusion proprement dite d'une convention collective doit être le fait de l'organisation syndicale elle-même, agissant par l'intermédiaire de ses représentants permanents. La délégation syndicale a également une compétence de contrôle concernant l'application dans l'entreprise de la législation sociale, des conventions collectives, du règlement de travail et des contrats individuels de travail, ainsi que le respect des droits syndicaux. Enfin, en relation avec ces diverses attributions, la délégation syndicale peut intervenir dans le règlement et la prévention des différends, qu'ils soient d'ordre collectif ou individuel.

Conventionnellement, la C.C.T. n°5 prévoit que, lorsqu'il n'existe pas de conseil d'entreprise, la délégation syndicale assume les

[56] Article 8, 1° de la convention collective n° 5.
[57] Article 8, 2°.
[58] Article 8, 4 et 5.
[59] Article 11 et s.

missions prévues par la convention collective n° 9 du 9 mars 1972, en tant que celle-ci concerne l'information et la consultation des conseils d'entreprise sur les perspectives générales de l'entreprise et les questions de l'emploi[60]. En bref, il s'agit de l'information et de la consultation dans le champ « social ».

Par ailleurs, plusieurs dispositions légales ou règlementaires chargent la délégation syndicale d'exercer certaines attributions particulières du conseil d'entreprise, dans les entreprises où un tel conseil n'existe pas[61]. Légalement, encore, dans les entreprises où n'a pas été institué un comité pour la prévention et la protection au travail, la délégation syndicale est chargée d'exercer les missions de celui-ci[62]. Les délégués syndicaux bénéficient, dans ce cas, de la même protection contre le licenciement que les délégués du personnel au comité pour la prévention et la protection au travail[63].

Enfin, pour assurer la transposition de la directive 2002/14[64], en cas d'absence du conseil d'entreprise, l'information et la consultation dans le champ économique seront garanties par le comité pour la prévention et la protection au travail[65]. Pour les entreprises de moins

---

[60] Article 24.

[61] *Cf.* not. L'élaboration du règlement de travail (article 12 de la loi du 8 avril 1965), la détermination du jour de remplacement d'un jour férié coïncidant avec un dimanche ou un jour habituel d'inactivité (article 8 de la loi du 4 janvier 1974), la fixation de la date des vacances annuelles collectives (article 63 de l'arrêté royal du 30 mars 1967).

[62] Article 52 de la loi du 4 août 1996.

[63] Comp. sur ce point : C. Wantiez, « Un statut méconnu : les membres de la délégation syndicale chargés des missions des comités de sécurité et d'hygiène », *J.T.T.*, 1988, p. 277 et V. Vannes, « La protection contre le licenciement du délégué syndical exerçant les missions des membres du comité de sécurité et d'hygiène », *J.T.T.*, 1992, p. 2.

[64] Directive 2002/14/CE du Parlement européen et du Conseil, du 11 mars 2002, établissant un cadre général relatif à l'information et la consultation des travailleurs dans la Communauté européenne, *JOCE* L.80 du 23 mars 2002, p.29 ; sur les difficultés de transposition de ce cadre général minimum en droit belge, P.-P. Van Gehuchten et P. Reyniers, « Information et consultation des travailleurs - De quelques paradoxes de droit du travail à la lumière de la directive 2002/14/CE », *Revue du droit de l'Union européenne*, 2007/1, pp. 15-40 et *Revue de droit social*, 2007/1, pp. 89-119.

[65] Loi du 4 août 1996, relative au bien-être des travailleurs lors de l'exécution de leur travail, *M.B.* du 19 septembre 1996 ; voir les articles 65 bis à un decies

de 50 travailleurs, qui ne comportent pas de CPPT, l'article 19 bis de la convention collective n° 9 prévoit que le chef d'entreprise ou son délégué fournira à la délégation syndicale une information économique « de base » ou « minimale », dont il indique le contenu.

2 - Les conseils d'entreprise et les comités pour la prévention et la protection au travail

Un conseil d'entreprise doit être institué dans les entreprises qui occupent habituellement en moyenne au moins 100 travailleurs[66]. Un comité pour la prévention et la protection au travail doit être institué dans les entreprises qui occupent habituellement en moyenne au moins 50 travailleurs[67]. L'obligation d'instituer un conseil d'entreprise et un comité pour la prévention et la protection au travail s'applique à toutes les entreprises qui occupent l'effectif requis, qu'elles aient ou non une finalité industrielle ou commerciale[68].

Les dispositions légales en cause définissent l'entreprise comme étant l'unité technique d'exploitation[69]. Le législateur entend signifier de la sorte que l'entreprise ne coïncide pas nécessairement avec une entité juridique. Une société anonyme, entité juridique, peut éventuellement être composée de plusieurs unités techniques d'exploitation. A l'inverse, la notion d'unité technique peut aussi regrouper en son sein plusieurs entités juridiquement indépendantes. La notion ne se réduit donc ni à l'entreprise personne morale, ni à l'établissement. Elle s'appréhende à partir de critères économiques et sociaux. L'autonomie économique suppose une relative indépendance de direction du siège ou de la division par rapport à l'ensemble de l'entité juridique. Cette relative indépendance peut être renforcée par

---

introduits par la loi du 23 avril 2008 complétant la transposition de la directive 2002/14, *M. B.* du 16 mai 2008.

[66] Articles 14 et 28 de la loi du 20 septembre 1948 ; loi du 28 juillet 2011 déterminant le seuil applicable pour l'institution des conseils d'entreprise.

[67] Article 49 de la loi du 4 août 1996, *op. cit.*; article 6 de la loi du 4 décembre 2007 relative aux élections sociales de l'année 2008, modifiée par la loi du 28 juillet 2011 modifiant la loi du 4 décembre 2007 relative aux élections sociales de l'année 2008.

[68] Article 6 de la loi du 4 décembre 2007 relative aux élections sociales de l'année 2008 modifiée, *op. cit.*

[69] Article 14 de la loi du 20 septembre 1948, *op. cit.*; article 49 de la loi du 4 août 1996, *op. cit.*

les faits, notamment lorsque les activités de production ou de distribution présentent des caractères techniques distincts, pour chaque unité. L'autonomie sociale peut résulter d'éléments tels que la diversité des milieux humains, l'éloignement des centres et la différence de langues, l'autonomie au niveau de la politique du personnel, le niveau auquel la négociation des questions sociales est pratiquée. Le texte légal précise qu'en cas de doute, ce sont les critères sociaux qui prévalent. A titre subsidiaire, dans certains cas, le conseil ou le comité devront être institués à un niveau autre que celui de l'unité technique d'exploitation : le niveau de l'entité juridique sera retenu lorsqu'aucune des unités techniques d'exploitation dont elle est composée n'atteint l'effectif requis, alors que celui-ci est atteint au niveau de l'entité juridique[70]. Le périmètre des unités techniques est actualisé par le mécanisme d'une procédure concertée, placée en dernier ressort sous le contrôle du juge, avant la tenue des élections sociales organisées tous les quatre ans.

En créant le Conseil central de l'économie et en prévoyant l'institution des conseils d'entreprise, les auteurs de la loi du 20 septembre 1948 entendaient compléter la démocratie politique (suffrage universel, 1921) et la démocratie sociale acquise avant la deuxième guerre mondiale au niveau des branches d'activité (commissions paritaires) par une certaine démocratie économique, notamment au niveau de l'entreprise. La réforme réalisée est cependant très éloignée d'une idée de cogestion de l'entreprise. Les attributions du conseil d'entreprise sont essentiellement consultatives, l'employeur conservant en droit le pouvoir de décision et la responsabilité de la gestion de l'entreprise. Ce n'est que de manière limitée, et pour certaines questions d'ordre social, que le conseil dispose d'un pouvoir de décision et de gestion.

Pour permettre au conseil d'entreprise d'exprimer ses avis en connaissance de cause, le chef d'entreprise doit lui fournir certaines informations. Les unes concernent les questions d'ordre économique et financier[71]; les autres concernent les questions d'ordre social et

[70] Article 14, § 2 de la loi du 20 septembre 1948; article 50, § 1er de la loi du 4 août 1996.
[71] Loi du 20 septembre 1948, art. 15, *b* ; arrêté royal du 27 novembre 1973

relatives à l'emploi[72]. Sur certains points, le conseil d'entreprise dispose d'un pouvoir de décision. Mais on rappelle que le chef d'entreprise et ses délégués font partie du conseil et que de telles décisions ne peuvent être prises qu'à l'unanimité, à moins que le règlement d'ordre intérieur du conseil n'en dispose autrement. Ainsi en va-t-il en matière de Règlement de travail. Enfin, le conseil a pour mission de gérer les œuvres sociales instituées par l'entreprise pour le bien-être du personnel, à moins que celles-ci ne soient laissées à la gestion autonome des travailleurs.

Le comité pour la prévention et la protection au travail est quant à lui essentiellement un organe consultatif, dont les attributions touchent au bien-être au travail, sous la forme tantôt d'avis préalables, mais aussi par le biais de missions de promotion et de contrôle[73]. On a déjà évoqué la compétence subsidiaire d'une toute autre nature que le CPPT exerce, le cas échéant, dans le cadre de la transposition en droit belge de la directive 2002/14[74].

IV - LES PRODUITS DU DIALOGUE SOCIAL

Nous avons voulu mettre en garde, au début de cette contribution, contre un biais strictement positiviste qui ne ferait du dialogue social qu'une source de droit. C'est un fait que l'approche juridique et institutionnelle conduit à décrire les instances du dialogue social ou de la négociation collective en fonction des compétences qui leur sont attribuées. On pense alors uniment que ces compétences sont exercées. On ne s'interroge plus sur ce qui s'y produit effectivement (toutes les compétences sont-elles effectivement mises en œuvre ? Ne s'y passe-t-il rien d'autre ?).

Avant de synthétiser cet exercice, un autre rappel de prudence : dialogue social, négociation collective, partenaires sociaux, interlocuteurs sociaux ? Les mots ne sont pas rien. Il y a quelque chose d'irénique dans l'expression « dialogue social » que l'on ne

[72] Convention collective n° 9 conclue au sein du Conseil national du travail le 9 mars 1972.
[73] Article 65 de la loi du 4 août 1996 sur le bien-être au travail.
[74] Ci-dessus, à propos de la délégation syndicale.

retrouve le plus souvent ni dans la réalité, ni dans les autres termes : ainsi, « négociation collective » laisse entendra la dimension agonique (au sens de lutte, de combat, d'opposition) qui caractérise les positions des forces sociales en présence. Dans le même sens, la déclaration d'un leader syndical belge : « « partenaire » ? Mais je danse avec une partenaire ! Non, ici, je négocie face à un interlocuteur »[75]. Ne jamais perdre de vue la dimension constitutive de la dynamique des forces sociales en présence. Le dialogue social passe sans doute par des consécrations institutionnelles ; il reste avant tout une guerre de mouvement. Comme juriste, le produit le plus évident du dialogue social résulte de la mise en œuvre de sa compétence normative : il est en mesure de fabriquer du droit, en l'espèce des conventions collectives[76].

Nous avons évoqué ci-dessus deux tests de représentativité : c'est qu'il y a deux niveaux dans l'architecture de la négociation collective paritaire. Au Conseil national du travail, le niveau interprofessionnel ; aux commissions paritaires (CP) et sous-commissions paritaires (SCP), les différents secteurs d'activité. Par l'effet de la loi du 5 décembre 1968, la convention collective peut être utilisée à l'un et/ou l'autre niveau. Conclue au sein du CNT, elle sera interprofessionnelle et s'étendra « à diverses branches d'activité et à l'ensemble du pays »[77] ; conclue au sein d'une C.P. ou d'une SCP, la convention collective régira les relations individuelles et collectives entre employeurs et travailleurs au sein d'une branche d'activité[78]. Même, la convention collective pourra être conclue au sein d'une entreprise.

Le pluriel s'impose donc, tant les conventions collectives peuvent intervenir à des niveaux différents, et valoir comme « sources du droit » selon des modalités différentes. Une abondante littérature rend compte du phénomène : on y renvoie[79]. Premier enseignement : la

---

[75] Attribué à G. Debunne.

[76] Les développements qui suivent empruntent à notre contribution *Les conventions collectives, sources de droit, op. cit.*

[77] Ainsi en dispose l'article 7, alinéa. 1er de la loi, sous réserve des précisions de l'alinéa 2.

[78] Selon la définition de l'article 5.

[79] P. Horion, *Syndicats, conventions collectives de travail, ordre public*, Martinus Nijhoff, Liège et La Haye, 1969 ; J. Petit , *De collectieve arbeidsovereenkomsten en de paritar comités*, Reinaert Uitgaven, Bruxelles, 1969 ; G. Magrez-Song, « Le rôle

convention collective se décline comme un outil juridique apte à être mobilisé à différents niveaux[80]. *Multilevel*, dit-on dans la novlangue de la gouvernance. De surcroît, la convention collective n'est pas un outil homogène. Ses effets juridiques se déploient sur deux périmètres distincts ; leur ampleur varie, s'agissant du périmètre le plus élargi.

Si la CCT se déploie sur des périmètres distincts, c'est qu'elle a une double nature. Tout d'abord, la convention collective est une convention. Elle règle, comme le dit la loi, les droits et obligations des parties contractantes. Nous voici en terrain connu : celui du droit des obligations. Oui, mais le poète ajoute : « quoique ? » En effet : quoique le statut de ces parties contractantes puisse réserver quelques surprises[81]. Ce n'est pas le lieu d'en traiter ici.

Mais au-delà de cet apparent confort du terrain connu, la convention collective détermine les relations individuelles et collectives entre employeurs et travailleurs. Mettant de côté le principe de la relativité des effets internes des contrats, la convention collective a pour raison d'être de créer des droits et des obligations au profit ou à charge d'un ensemble élargi de destinataires, travailleurs et employeurs entrant dans son champ d'application. Précisons

des conventions collectives de travail ou l'élaboration parallèle », in *À l'enseigne du droit social belge*, numéro spécial, *Revue de l'U.L.B.*, n° 1-3, 1978, p. 103 et s. ; E. Vogel-Polski, « Réflexions critiques sur les sources du droit du travail », *Chron. D.S.*, 1981, p. 3 et s. ; R. Blanpain, *De collectieve arbeidsovereenkomsten naar internationaal, Europees en Belgische recht*, die Keure, Bruges, 2011 ; J. Clesse, « Les dispositions de la convention collective de travail : obligatoires ou normatives ? », in *Les 40 ans de la loi du 5 décembre 1968 sur les conventions collectives de travail*, *op. cit.* ; M. Magrez, « La nature juridique des conventions collectives de travail », in *Rapports belges au XIIème congrès de l'Académie internationale de droit comparé*, Kluwer, 1986, I, pp. 269-288.

[80] L'on retrouve au demeurant cette déclinaison des niveaux dans la hiérarchie des sources qu'indique l'article 51 de la loi, ainsi aux points 51.2 et 51.3, la déclinaison décroissante des *littera* a) à c), ou a) à d). Sur cette hiérarchie : S. du Bled, « La hiérarchie des normes en droit du travail », *Orientations*, 1993, pp. 265-272.

[81] F. Dorssemont, *Rechtpositie en syndicale actievrijheid van representatieve werknemersorganisatie*, die Keure, Bruges, 2002 ; on se réfère, bien entendu, aux prérogatives ponctuelles dont le législateur a doté les organisations représentatives de travailleurs. Il n'en demeure pas moins qu'en tant que telles, ces dernières ne disposent pas de la personnalité juridique. Rechercher la responsabilité d'associations de fait peut se révéler complexe.

immédiatement que le droit du travail belge a pris le parti de consacrer ces droits et obligations au profit et/ou à charge de tous, sans égard à la qualité de travailleur syndiqué ou non. On a forgé, à cet égard, le terme de « nature réglementaire » de la convention collective : celle-ci, à l'image d'un règlement, emporte des droits et obligations vers des destinataires de la règle qui ne l'auront ni négociée, ni signée.

En regard de ce périmètre élargi, celui des destinataires, les effets créateurs de droits de la CCT se déclinent tantôt sous forme impérative, tantôt sous forme supplétive, mais toujours dans le respect de la hiérarchie des sources. D'une part, une convention conclue au sein d'un organe paritaire peut bénéficier d'une extension de sa force obligatoire, par arrêté royal. L'extension de la force obligatoire peut être demandée par l'organe paritaire ou une organisation siégeant en son sein. L'effet impératif jouera alors à l'égard de tous ceux qui sont inclus dans le champ d'application de la convention, sans exception, et il sera renforcé par l'existence d'une sanction[82]. D'autre part, la convention simplement conclue au niveau de l'entreprise « peut être armée des effets définis par la loi de 1968 »[83] : subordonnée à la loi dans ses dispositions impératives – bien sûr ! – elle sera subordonnée aux conventions conclues au sein d'un organe paritaire, mais elle primera toujours sur le contrat de travail individuel écrit. Par hypothèse, l'accord de l'employeur avec une[84] organisation

[82] Ainsi en allait-il dans les termes de l'article 56.1 de la loi. Mais les travaux de la Commission de réforme du droit pénal social sont passés par là, et les dispositions du nouveau Code pénal social (lois des 2 et 6 juin 2010) consacrent aujourd'hui (article 189) une infraction de niveau 1, c'est-à-dire seulement passible d'amendes administratives à l'exclusion de toute sanction pénale *stricto sensu*. L'article 109, 20° de la loi du 6 juin 2010 introduisant le Code pénal social a abrogé l'article 56 précité. Oui, en droit belge, nous avons un Code pénal social qui comprend des sanctions non pénales.

[83] L. François, *Théorie des relations collectives du travail en droit belge*, *op. cit.*, p. 324 ; pour une réflexion relative au lien entre « employeur » et impérativité de la convention, cf. les développements qui suivent cette citation, n° 210 et s. ; sur l'opportunité actuelle du processus, N. Meunier, « Au sujet des conventions collectives d'entreprises », *Ann. dr. Liège*, 1986 : F. Robert, « La convention collective de travail d'entreprise : intérêt et aspects juridiques », *Orientations*, 2006, liv. 2, p. 1-9.

[84] L'article a son importance. Lucien François le précise (*Théorie des relations collectives du travail en droit belge*, *op. cit.*, p. 324) : contrairement au règlement de travail, une telle convention peut être adoptée sans le concours du personnel de

représentative emporte, pour les travailleurs de son entreprise, l'impérativité des dispositions normatives de la convention.

On comprend donc que la convention conclue au sein d'un organe paritaire mais dépourvue de toute extension de sa force obligatoire sera, conformément aux dispositions de l'article 51.3 ou 51.5, impérative ou supplétive selon la posture de l'employeur au sein de la firme dans laquelle la question se pose. L'application de la convention collective conclue au sein d'un organe paritaire à une relation de travail n'est en effet pas déterminée, en règle, par la situation du travailleur mais bien par celle de son employeur. Ce dernier a-t-il fait positivement usage de sa liberté d'association ? Telle est la question de principe. Est-il affilié à une organisation signataire, ou l'a-t-il été ? A-t-il ratifié la convention ou y a-t-il adhéré ? Si oui, la convention aura des effets impératifs. Si, en revanche, l'employeur n'a pas fait un usage positif de sa liberté d'association, s'il s'est cantonné dans le versant de sa liberté négative, de ne pas adhérer, la convention n'aura qu'un effet supplétif. Elle palliera le silence du contrat sans pouvoir y déroger, ni s'y substituer. Encore cet effet supplétif ne joue-t-il qu'à l'égard des dispositions normatives individuelles[85].

La convention collective réunit donc en elle des facettes diverses : outil simplement contractuel dans le commerce juridique entre parties contractantes[86] ; règlement interprofessionnel ou professionnel impératif, le cas échéant sous la protection du Code pénal social,

---

l'entreprise. À ce jour, il n'en va autrement que dans quelques hypothèses de semi-impérativité où, par hypothèse, la négociation se déploie *in pejus*).

[85] La seule exception à ce principe gît dans la garantie des droits des travailleurs en cas de cession : l'entreprise cessionnaire recueille les contrats de travail noués par le cédant et les conditions de travail qui y sont incluses par convention collective antérieure à la cession, et « le cessionnaire doit respecter la convention qui liait le cédant jusqu'à ce que cette convention cesse de produire ses effets » (*Cf.* L. François, *Théorie des relations collectives du travail en droit belge*, *op. cit.*, p. 328 ; A. Lamine, « Le transfert d'entreprise et le changement de commission paritaire : les vertus de la négociation collective » in F. Dorssemont (dir.), *Les restructurations en droit social – capita selecta*, Waterloo, Kluwer, 2014).

[86] Mais on sait, pour paraphraser Xavier Dieux, que le contrat peut être un outil de dirigisme, et rien ne fait obstacle à ce qu'une convention collective constate à ce titre des engagements qui valent programme de travail pour les interlocuteurs sociaux qui l'ont conclue.

norme simplement supplétive[87] : un couteau suisse autant ou plutôt qu'une source du droit, voire (retour aux chantres de la gouvernance) une source *multitools*, profondément empreinte de son caractère hybride[88].

Pourquoi faut-il alors que les constitutionnalistes viennent poser les questions qui fâchent en envisageant que cette réception dans l'ordre étatique soit, en réalité, la consécration d'une subdélégation illicite[89] ? Cette question est classique, même si les réponses possibles se déclinent différemment avant et après la consécration des droits économiques et sociaux par l'article 23 de la Constitution[90]. Elle vient

---

[87] Il faut bien les trois occurrences de l'article 51 (51.2, 51.3 et 51.5) pour la situer, selon sa configuration propre, au titre des sources – sans rien dire encore, bien entendu, de sa nature contractuelle.

[88] Les institutions juridiques hybrides sont-elles des « institutions de temps de crise » ? Si la convention collective donne le la, on connaît, depuis, le « contrat de gestion » en droit administratif, qui n'est ni un acte unilatéral (article 3, § 5, de la loi du 21 mars 1991 portant réforme de certaines entreprises publiques économiques), ni vraiment un contrat dès lors qu'un pan entier du dispositif sanctionnateur propre au droit des obligations ne lui est pas applicable (article 3, § 4 : toute clause résolutoire expresse est réputée non écrite, et l'article 1184 du Code civil n'est pas applicable). Plus près de nous, que penser, à nouveau en droit social, de l'action civile de l'auditorat par laquelle un ministère public spécialisé se voit offrir d'abandonner ses prérogatives propres – la conduite de l'action publique – pour y préférer descendre dans l'arène en simple partie demanderesse d'une action strictement constatative ? Depuis le 1er juillet 2011, l'entrée en vigueur du nouveau Code pénal social (lois des 2 et 6 juin 2010) nous offre la figure inédite d'un Code pénal identifiant quatre niveaux d'« infractions », et quatre niveaux associés de « peine », le premier niveau de ces dernières étant… strictement administratif, et non pénal. Pour une réflexion élargie sur cette question de l'hybridation en matière européenne cette fois (*Cf.* not. B. Vanhercke, G. Verschraegen, P.-P. Van Gehuchten et Y. Vanderborght (éds.), *L'Europe en Belgique, la Belgique dans l'Europe. Configuration et appropriation des politiques sociales*, Academia, Bruxelles, 2011).

[89] *Cf.* not. H. Dumont, « Droit public, droit négocié et para-légalité », in Ph. Gérard, F. Ost et M. van de Kerchove (dir.), *Droit négocié, droit imposé ?*, Publications des F.U.S.L., Bruxelles, 1996, spéc. p. 473 à 481.

[90] Plus précisément, l'article 23, alinéa 3, 1°, de la Constitution consacre « le droit au travail et au libre choix d'une activité professionnelle dans le cadre d'une politique générale de l'emploi, visant entre autres à assurer un niveau d'emploi aussi stable et élevé que possible, le droit à des conditions de travail et à une rémunération équitables, ainsi que *le droit* d'information, de consultation et *de négociation collective* » (souligné par nous).

d'être actualisée de manière magistrale : on y renvoie[91]. D'autant que l'on n'aura guère de difficulté à faire sienne l'analyse des savants auteurs selon lesquels « le monde du travail tire de la Constitution même, son habilitation à adopter une partie des règles qui le régissent »[92].

À moins qu'il ne faille encore faire appel au poète : quoique ? Quoique le monde du travail, bien entendu, n'a pas attendu l'habilitation pour créer l'outil et le faire fonctionner. La formidable économie en termes de coûts de transaction, et les garanties en termes de concurrence sur les coûts salariaux en faisaient un outil bienvenu du côté patronal, tandis que la force de parler en grand nombre d'une seule voix et, par-là, d'obtenir des conditions de travail plus favorables en commandait l'usage du côté des organisations représentatives des travailleurs. De la sorte, l'habilitation constitutionnelle tardive est – à nouveau – davantage une forme de réception dans le droit étatique que la création *ab ovo* d'une source ; par cette réception, on réduit les aspérités et les conflits qui caractériseraient un régime de pluralisme juridique radical. Mais la convention collective, qui n'avait pas attendu d'être une source étatique pour fonctionner comme source du droit[93], n'a pas attendu non plus sa réception constitutionnelle, au demeurant indirecte[94]. À vrai dire, il est difficile pour un travailliste de saisir l'utilité et la pertinence de ce débat – sauf comme question dogmatique et exercice de virtuosité.

---

[91] Th. Bombois, P. Joassart et Fl. Piret, « Constitution et conventions collectives », in R. Andersen (dir.), *Mélanges en hommage à Francis Delpérinée : itinéraire d'un constitutionnaliste*, Bruylant, Bruxelles, 2008, pp. 159-173.

[92] Ibidem, p. 165.

[93] De ce point de vue, il y a une riche continuité dans le traitement de cette question par LUCIEN FRANÇOIS. Il traduit, avec Pierre Gothot, *L'ordre juridique* de Santi Romano ; l'ouvrage est publié en 1975 (nouvelle édition, Dalloz, Paris, 2002) ; il publie en 1980 la *Théorie des relations collectives du travail en droit belge* et poursuivra la recherche sur les sources, ou plutôt le critère de juridicité, en publiant *Le cap des tempêtes – Essai de microscopie juridique*, Bruxelles, Bruylant, 2001. Dans les limites du présent exercice, les considérations relative à la « pluralité de nature juridique d'un même type de disposition » contenue dans une C.C.T. (L. François, *Théorie des relations collectives du travail en droit belge*, *op. cit.*, p. 357) restent lumineuses.

[94] *Via* le « droit de négociation collective » consacré par l'article 23, alinéa 3, 1°, de la Constitution.

On connaît, depuis Duguit au moins, les deux acceptions de la notion même de constitution (et de « source »), et le péril qu'il y a à ne vouloir considérer que la constitution (ou la « source ») entendue au sens formel. La constitution matérielle de nos sociétés issues des révolutions démocratique et industrielle, quant à elle, reconnaît le rôle décisif de l'action collective, de la négociation collective et, en aval, des accords collectifs : nous n'en avons qu'ébauché le rappel[95]. C'est ce creuset qui a donné, depuis un siècle, un contenu normatif concret aux deux dimensions constitutives de la justice sociale, celle de la reconnaissance mutuelle et celle de la redistribution. Parfois nous l'oublions et sommes tentés de penser qu'il n'y a que le droit formel qui vaille. C'est par exemple dans cette tentation du formalisme que l'on développe toute une ingénierie procédurale pour discipliner les faits sociaux, notamment la grève en ses modalités diverses qualifiées alors de voies de fait, et les mettre sous la tutelle du juge[96]. Depuis la décision du Comité européen des droits sociaux[97], force est aujourd'hui de constater que ce sont des instances de contrôle du droit international qui nous disent que c'est ce surcroît de formalisme qui porte atteinte aux droits fondamentaux.

Ceci dit, les questions dogmatiques sont d'excellents révélateurs de cohérence ou d'incohérence : ainsi, la question de savoir si la nature réglementaire de la C.C.T. l'apparente à un acte d'une autorité administrative, appelant par-là les contrôles de légalité, interne et externe, applicables à celui-ci est évidemment une question d'importance. Mais, le plus souvent, le biais d'une question dogmatique n'est pas à même de prendre en compte l'ensemble des données normatives d'une institution complexe. Deux exemples.

---

[95] *Cf. supra* I.

[96] J. Gillardin et P. Van der Vorst, *Les conflits collectifs en droit du travail*, Publications des F.U.S.L., Bruxelles, 1989.

[97] Décision du 13 septembre 2011, portant sur la réclamation 59/2009 (*Cf.* not. P. Lyon-Caen, « La décision du 13 septembre 2011 du Comité européen des droits sociaux à la lumière de la jurisprudence des organes de contrôle de l'OIT », et F. Dorssemont, « Libres propos sur la légitimité des requêtes unilatérales *contre* l'exercice du droit à l'action collective à la lumière de la Décision du Comité européen des droits sociaux (Réclamation collective n° 59/2009) », in P. Jadoul, J.F. Germain, P.-P. Van Gehuchten et I. Ficher (dir.), *Actions orphelines et voies de recours en droit social*, Limal, Anthémis, 2012.

Dans leur belle étude à laquelle nous nous référons, Thomas Bombois, Pierre Joassart et Florence Piret plaident en faveur du critère fonctionnel qui « *permet d'uniformiser la nature des conventions collectives, qu'elles soient ou non adoptées au sein d'un organe paritaire, et de les soumettre toutes au régime juridique des actes administratifs, ainsi qu'aux garanties qui en découlent pour les citoyens* »[98]. On voit le gain de cohérence formelle du point de vue du droit étatique. Mais quel est le prix à payer pour la convention d'entreprise, négociée comme un traité (une cicatrice !) sur le terrain socio-économique, et plus proche, à tout prendre, du contrat ou de la volonté unilatérale (parfois, à vrai dire, deux volontés unilatérales qui se rencontrent mal, mais un mauvais traité vaut mieux que la guerre, toujours à coût prohibitif et parfois irréversible) que de l'acte administratif ? Le gain de cohérence formelle du point de vue du droit étatique se fait au prix du déni de toutes les épreuves qui émaillent le parcours de la négociation[99]. Pour le dire avec d'autres termes, la double nature cède devant l'une de ses faces[100].

Dans cet exemple, construit en droit positif, le biais dogmatique vient de l'équation selon laquelle la compétence d'édicter une règle qui s'impose au-delà du cercle restreint des contractants signe une prérogative de puissance publique et fait de la règle un acte administratif. Il est utile de rappeler que le législateur n'a pas voulu valider l'équation, en précisant l'incompétence de la haute juridiction administrative à l'égard de la convention collective conclue au sein d'un organe paritaire[101]. Que l'on se rappelle la saga des saisines du

---

[98] Th. Bombois, P. Joassart et Fl. Piret, « Constitution et conventions collectives », *op. cit.*, p. 169.

[99] Il est d'ailleurs intéressant de rappeler que la section de législation du Conseil d'État, dans son avis sur le projet de loi devenu aujourd'hui la loi du 5 décembre 1968 (*Doc. parl.*, Sénat, sess. ord. 1966-1967, n° 148, spéc. p. 88-93) concluait à la « nature contractuelle » de la partie normative de la convention collective. C'est encore ce que retient la Cour de cassation, pour laquelle la C.C.T. non rendue obligatoire n'est pas une loi au sens de l'article 608 C. jud. (*Cf.* Cass., 5 septembre 1994, *J.T.T.*, 1995, p. 7).

[100] Et, par-là, on perd aussi la compréhension d'un besoin de sources « informelles » en droit du travail : W. van Eeckhoutte, « Informele rechtsbronnen in het arbeidsrecht », in *Actuele problemen van het arbeidsrecht*, vol. 5, Gent, Mys & Breesch, 1997, pp. 543-608.

[101] Article 26, al. 3 de la loi du 5 décembre 1968 (« Le Conseil d'État, section d'administration, ne peut prononcer l'annulation au sens de l'article 14, al. 1er, des

Conseil d'État et des questions préjudicielles posées à la Cour d'arbitrage (actuelle Cour constitutionnelle)[102]. Qu'en reste-t-il aujourd'hui après l'intervention du législateur ? La validation, par la Cour d'arbitrage, de la compétence des juridictions sociales en la matière[103] ; l'incertitude quant à la portée de l'exclusion de compétence du Conseil d'État[104] ; une appréciation peu unifiée de la qualification des C.C.T. selon la jurisprudence de la Cour de cassation, d'une part, et de la Cour constitutionnelle, de l'autre…

Ne mesure-t-on pas alors l'artifice qu'il peut y avoir à vouloir ramener à l'unité formelle un outil multiple ? Trois facteurs au moins commandent sa portée : i) la question du lieu de négociation (au sein, ou non, d'un organe paritaire) ; ii) la question de l'extension, ou non, de la force obligatoire (pour les conventions conclues au sein d'organes paritaires) ; iii) la question de la posture de l'employeur. Ces facteurs divers commandent le pluriel. Il n'y a pas une mais des conventions collectives. L'éclatement des qualifications retenues en jurisprudence, entre les diverses juridictions, en donne en partie l'écho. Si l'on décide d'appeler un couteau suisse un « couteau », voit-on mieux de quoi l'on parle ?

L'autre exemple est non construit en droit positif. Il jette le doute sur la pertinence du biais dogmatique structurant les débats auxquels on vient de se référer. Empruntons à l'étude d'Emmanuel Gaillard son

---

lois sur le Conseil d'État, coordonnées le 12 janvier 1973, de la convention conclue dans un organe paritaire »), ainsi modifié par la loi du 20 juillet 1991, *M.B.* du 1er août 1991.

[102] Elle est rapportée, avec toutes les références requises, dans la contribution de Thomas Bombois *et alii*, « Constitution et conventions collectives », *op. cit.* (*Cf.* les développements p. 165 et s. et les références aux contributions essentielles de l'époque : M. Leroy, « Un revirement attendu : la nature des conventions collectives de travail », *R.C.J.B.*, 1991, p. 673 ; B. Haubert, « La nature des conventions collectives et des commissions paritaires », *J.T.T.*, 1992, p. 88 ; F. Dorssemont, « De "natuur" van collectieve arbeidsovereekomsten : een poging tot juridisch-pluralistische herbronning », *T.v.W.*, 2001/4, p. 119.

[103] C.A., 19 mai 1993, n° 37/93.

[104] Th. Bombois *et alii*, « Constitution et conventions collectives », *op. cit.*, p. 171 ; de manière générale, quant aux diverses facettes du contrôle de légalité des C.C.T. : J.-F. Neven et P. Joassart, « Le contrôle de légalité des C.C.T. », in *Les 40 ans de la loi du 5 décembre 1968 sur les C.C.T.*, *op. cit.*, pp. 63-106.

concept de « pouvoir en droit privé »[105]. La thèse démontre l'existence, en droit privé, aux côtés des droits subjectifs et des intérêts protégés, de véritables « pouvoirs » définis comme des prérogatives par lesquelles un sujet de droit est en mesure de prendre des décisions déterminant, de manière contraignante, les droits et/ou les intérêts d'autrui. Si la chose est vraie, elle révoque en doute l'équation ci-dessus et rien ne fait obstacle à ce que l'on admette la double nature conventionnelle et réglementaire comme caractérisant la mise en œuvre d'un pouvoir de droit privé. Plus aucune référence aux actes administratifs, mais une question ouverte : quels mécanismes de contrôle en droit privé ? Et une tout autre réponse : ceux du droit privé et des techniques par lesquelles le juge, *ex post*, annule ou sanctionne des comportements ou des clauses abusifs. On le voit : nous retrouvons ici l'une des difficultés pointées par Isabelle Hachez à propos du rôle de la doctrine[106].

Hybrides, *Multilevel* et *multitools*, de quelle manière les C.C.T. agissent-elles comme sources du droit ? Sont-elles toujours sources de droit ? Si le législateur qui en a conçu la réception en droit étatique accentue la nature conventionnelle de cette source, sa dimension réglementaire relevant davantage des effets juridiques propres à la réception, force est de constater que la C.C.T. n'est pas cantonnée à une fonction de source autonome, relevant de la seule autonomie conventionnelle des interlocuteurs sociaux. La C.C.T. est mobilisée aujourd'hui aussi bien comme source autonome que comme mesure d'exécution ; nous le verrons, la ligne de partage est parfois difficile à tracer entre ces deux fonctions, jusqu'aux liaisons les plus intimes.

Envisagée comme source autonome, la C.C.T. ne peut se déployer – on retient bien entendu l'hypothèse selon laquelle la convention collective satisfait l'ensemble des conditions qui déterminent sa

---

[105] E. Gaillard, *Le pouvoir en droit privé*, Paris, Economica, 1985.

[106] I. Hachez, « Balises conceptuelles… », *op. cit.*, spéc. p. 5 : si la doctrine ne reçoit en effet aucun pouvoir d'édicter des règles contraignantes en droit, l'élaboration d'un paradigme doctrinal dominant conduit, (presque) aussi sûrement que l'édiction d'une règle, à des conséquences dogmatiques qui vont s'imposer comme d'elles-mêmes – de sorte qu'à défaut d'être formellement bien fondée, l'intuition de François Gény pourrait demeurer descriptivement vraie lorsqu'il faisait de la doctrine une source.

validité – que dans les limites qui découlent de ses places au titre de source formelle. Conclue au sein d'un organe paritaire et bénéficiant de l'extension de sa force obligatoire[107], elle n'est astreinte qu'au respect de la loi dans ses dispositions impératives, et à celui de sa hiérarchie propre en fonction de la place de l'organe paritaire au sein duquel elle a été négociée (CNT, CP, sous-C.P.). Dépourvue de cette extension, et l'on y ajoute alors la convention d'entreprise ou celle qui bénéficiera de l'impérativité liée à la liberté positive dont l'employeur a fait usage[108], elle ne se déploie que dans le respect des normes déposées dans les précédentes. Simplement supplétive[109], il lui incombe de respecter les dispositions des précédentes, et elle ne se déploie, dans la limite de ses seules dispositions normatives individuelles, que dans le silence du contrat.

Avant d'entrer dans l'examen de l'impact des modalités d'impérativité propres au droit social, voyons quelques hypothèses d'autonomie collective ; simples en apparence, elles nous familiariseront avec l'enchevêtrement des sources. Il existe tout d'abord des domaines de droit du travail dans lesquels le législateur pratique le *self-restraint*. Aucun doute, dans une telle hypothèse, la convention collective se déploie comme source autonome. De même, s'il élabore un cadre légal de la protection de la rémunération, visant à la libre disposition de celle-ci, le législateur n'entre en rien dans la détermination des niveaux de rémunération[110]. C'est par voie de conventions collectives[111] que des planchers sont établis : sous les formes (interprofessionnelle) de la garantie d'un revenu minimum mensuel moyen[112], puis (sectorielle) de « barèmes » de rémunération déterminant, en fonction des caractéristiques des emplois dans le secteur, des salaires mensuels planchers. L'autonomie conventionnelle est certaine ; ne reste que le respect des rapports hiérarchiques entre conventions collectives elles-mêmes. Encore : certaines dimensions

---

[107] Article 51.2 de la loi du 5 décembre 1968.
[108] Article 51.3.
[109] Article 51.5.
[110] Sous la réserve, bien entendu, du dispositif de sauvegarde préventive de la compétitivité.
[111] S. du Bled, « Négociation collective et rémunération dans le secteur privé », *Rev. trav.*, liv. 21, 1996, pp. 11-21.
[112] C.C.T. n° 43 du 2 mai 1988, dernière actualisation par la C.C.T. n° 43, *Decies* du 20 décembre 2007.

des relations industrielles ne sont pas évoquées par le législateur. S'il crée le conseil d'entreprise (dès 1948), puis l'ancêtre du C.P.P.T., le comité de sécurité et d'hygiène (dès 1952), il ne prend aucun parti quant à l'opportunité de donner le jour à une instance de revendication, de contrôle, de négociation : la délégation syndicale. Celle-ci n'émerge en droit positif que de la commune volonté des interlocuteurs sociaux eux-mêmes, sous la forme d'une convention-cadre, élaborée au niveau interprofessionnel[113].

Un cas de figure plus inattendu se produit lorsque, comme ce fut le cas en 1986-1987, le législateur annonce son intention de légiférer et sollicite un avis du C.N.T. En l'espèce, il s'agissait de la question délicate du « débriefing » des « expériences Hansenne », du nom du ministre de l'Emploi et du Travail de l'époque[114], en vue d'instaurer des formes inédites (déjà !) de flexibilité en la matière. Pas de *self-restraint* du législateur, ici : au contraire, la ferme volonté d'aller de l'avant. Cependant, la question est affreusement sensible sur le plan politique et complexe sur le plan technique. Les interlocuteurs sociaux vont bien au-delà de ce qui leur est demandé. Ils soumettent au gouvernement leur avis, accompagné d'un avant-projet de loi et d'un projet de convention collective d'exécution. L'offre est claire : si la majorité vote *ne varietur* un texte conforme à l'avant-projet, la C.C.T. sera signée et ce que l'on appelle depuis « la grande flexibilité » pourra prendre son essor en toute quiétude, paix sociale incluse. Aussitôt formulée, voici l'offre acceptée : la loi du 17 mars 1987 coule des jours tranquilles. S'agit-il d'une forme de subsidiarité allant bien au-delà de la réception en droit étatique des accords ? Sans doute. Mais l'expertise pragmatique (cela peut-il se dire ?) des interlocuteurs sociaux eux-mêmes est difficilement « surpassable ». À moins que la garantie de paix sociale sociologiquement attachée à la norme négociée, au moins aux yeux du législateur, ne soit politiquement irrésistible ?

Dira-t-on la même chose de la situation dans laquelle les interlocuteurs sociaux décident – en toute liberté – d'opérer par voie de C.C.T. la transposition d'une directive européenne ? La faculté est

---

[113] C.C.T. n° 5 du 24 mai 1971.

[114] *Cf.* M. Jamoulle, *Seize leçons sur le droit du travail*, Coll. scientifique de la Faculté de droit de Liège, 1994, p. 241.

bien connue en droit européen, et validée de longue date par la Cour de justice[115]. La situation n'est cependant pas sans poser problème. Le droit social européen étant en principe indifférent à la nature privée ou publique de l'employeur, la transposition conventionnelle ne peut suffire, à raison du champ d'application limité de la loi du 5 décembre 1968. De surcroît, aussitôt que la transposition requiert l'aménagement de voies de recours ou un réaménagement quelconque du dispositif normatif étatique, la transposition conventionnelle devra bien entendu être complétée par une initiative législative[116].

Au demeurant, cette dernière remarque illustre une caractéristique générale de la convention collective : celle-ci se heurte à ses propres limites. Ainsi, lorsque les interlocuteurs sociaux se saisissent de la question de la disparité des « statuts » employé et ouvrier et qu'ils décident de contribuer à la résorption de l'écart en allongeant par voie de convention collective les délais des préavis applicables aux ouvriers, perdent-ils de vue qu'il n'y a pas de recouvrement des champs d'application du droit contractuel et du droit collectif de sorte que le législateur doit tout de même intervenir – ce qui conduit à l'illisible article 59 de la loi contractuelle ![117]

---

[115] C.J.C.E., 30 janvier 1985, *Commission c. Danemark*, 143/83, points 8 et 9 ; sur cette question, voir aussi Ph. Martin (dir.), *Le dialogue social, modèles et modalités de la régulation juridique en Europe*, Presses universitaires de Bordeaux, 2007 ; J. Boulouis, « La convention collective à l'épreuve du droit communautaire », in *Écrits en l'honneur de Jean Savatier*, Paris, PUF, 1992, p. 79-84 ; P.-P. Van Gehuchten, « Droit social », in Y. Lejeune (dir.), *La participation de la Belgique à l'élaboration et à la mise en œuvre du droit européen*, Bruxelles, Bruylant, 1999, p. 676 et s.

[116] *Cf.* not. les transpositions à la fois conventionnelle et étatique des dispositifs régissant le comité d'entreprise européen : C.C.T. n° 62 du 6 février 1996 et les lois du 23 avril 1998, respectivement modifiées par la C.C.T. n° 62 *quinquies* du 21 décembre 2010 et par les lois du 26 janvier 2012 pour assurer la mise en concordance avec la directive « refonte » 2009/38/CE.

[117] On sait que cette disposition reprend, en son alinéa 5, au seul bénéfice des ouvriers dont les employeurs ne rentrent pas dans le champ d'application de la loi du 5 décembre 1968, les délais de préavis plus favorables sur lesquels les interlocuteurs sociaux s'étaient accordés par la C.C.T. n° 75 du 20 décembre 1999 (arrêté royal du 10 février 2000, *M.B.*, 26 février 2000). La C.C.T. n° 75, destinée à réduire la discrimination entre régime des préavis ouvrier et régime employé, créait de toutes pièces une discrimination nouvelle entre ouvrier engagé par un employeur relevant du champ d'application de la loi du 5 décembre 1968 et ouvrier engagé par une personne morale de droit public ne relevant pas de ce champ d'application.

Abordons à présent l'incidence des facettes de l'impérativité sur la fonction de source de la C.C.T. Le droit du travail belge ne connaît pas un principe général de faveur[118], aux termes duquel le travailleur aurait le droit de se voir appliquer la norme la plus favorable. Une telle règle n'est consacrée, de manière tout à fait circonscrite, que par l'article 6 de la loi contractuelle du 3 juillet 1978, qui revient à consacrer le caractère impératif de la loi vis-à-vis des stipulations contractuelles. Ceci rappelé, la question sera de déterminer la portée de l'impérativité de la loi. Lorsque le non-respect de l'obligation pénale était érigé en infraction, on retenait la dimension d'ordre public[119] du commandement exprimé. Le même raisonnement se maintiendra-t-il pour les infractions seulement passibles des peines de niveau 1 sous l'empire du nouveau Code pénal social ? Le marqueur d'ordre public gît-il dans l'incrimination (maintenue), ou dans la nature de la peine (disqualifiée) ?

En dehors de ce marqueur, la jurisprudence de la Cour de cassation précise le trait[120]. L'impérativité se décline en droit du travail sous des modalités diverses : unilatérale, bilatérale, semi-impérative. Unilatérale, elle assure un effet de protection à destination du travailleur ou de la prestation de travail. Dans cette perspective, elle peut s'exprimer tantôt de manière inconditionnelle[121], tantôt sous la forme de droits minima ou d'obligations maxima[122]. C'est affaire de

---

[118] Sur le principe de faveur en droit français (*Cf.* not. J. Pélissier, G. Auzero et E. Dockès, *Droit du travail*, 26ème éd., Paris, Dalloz 2012, n° 1223). Il y a ici (notamment) une différence de perspective palpable entre droit du travail français et droit du travail belge. Le premier consacre un ordre public de protection, ou un ordre public social largement étranger aux principes qui régissent le droit belge, au moins en matière de relations individuelles de travail. Sur la controverse à laquelle prête cette différence de perspective (*Cf.* M. Jamoulle, *Seize leçons sur le droit du travail*, *op. cit.*, p. 18).

[119] H. Bosly, *Les sanctions en droit pénal social belge*, Gand-Louvain, Story-Scientia, 1979 ; F. Kefer, *Le droit pénal du travail*, Bruxelles, La Charte, 1997 ; *id.*, *Précis de droit pénal social*, Louvain-la-Neuve, Anthémis, 2009.

[120] Cl. Wantiez, « Dispositions impératives et d'ordre public en droit du travail », in *Imperat lex – Liber amicorum Pierre Marchal*, Bruxelles, Larcier, 2003, p. 443-468 ; *id.*, « La jurisprudence de la Cour de cassation et le droit individuel du travail », *J.T.T.*, 2007, p. 667-672.

[121] Ainsi en va-t-il pour les articles 9 ou 10 de la loi du 3 juillet 1978, par exemple.

[122] Ainsi, l'article 2 de la loi du 10 août 2001 relative à la conciliation entre l'emploi et la qualité de vie porte-t-il, en son § 2, réduction de la durée hebdomadaire

langage. Dans la première hypothèse, la règle impérative, inconditionnelle, s'impose purement et simplement – mais son dispositif ne pourra être mobilisé qu'à l'initiative du bénéficiaire de la protection ; dans la seconde, elle ne sera pas contredite par une règle subordonnée en rang qui viendrait accroître les droits ou limiter les obligations. Bilatérale, elle fixe un point d'équilibre non dérogeable. Semi-impérative, elle consacre un standard de protection mais fixe les conditions procédurales dans lesquelles le standard sera dérogeable, y compris (et surtout ?) *in pejus*[123]

Lorsque la convention collective s'inscrit dans l'espace de négociation laissé ouvert par la norme unilatéralement impérative s'exprimant par minima ou maxima, est-elle une source autonome ou une mesure d'exécution ? Très certainement, elle n'est pas nécessaire, seulement possible : ceci la distingue d'une mesure d'exécution sans laquelle un dispositif-cadre ne sortit pas ses effets. Toutefois, elle s'inscrit en quelque sorte dans les pointillés dessinés par le législateur, elle en poursuit le dessein. Il nous paraît que ce dialogue n'est pas réductible à une posture d'exécution.

La convention collective peut être aussi une « vraie » mesure d'exécution. Mesure d'exécution de la loi[124], tout d'abord. Cette première hypothèse renvoie à différents cas de figure : la mesure d'exécution au sens strict, tout d'abord mais il s'indique alors de parer au risque de blocage qui résulterait de l'absence d'accord en renvoyant, le cas échéant, à d'autres modalités concertées[125]. Mais

---

maximale de travail arrêtée par l'article 19 de la loi du 16 mars 1971, de 40 à 38 heures.

[123] Ainsi de l'article 18 de la loi du 3 juillet 1978, autorisant une C.C.T. rendue obligatoire à déroger au régime d'immunité partielle de responsabilité contractuelle instauré par la loi.

[124] Ainsi de l'article 65 de la loi du 3 juillet 1978 : la convention collective va tracer les contours du champ d'application de la clause de non-concurrence pour ce qui concerne les ouvriers et employés percevant une rémunération supérieure à 16 100 euros, tantôt en indiquant les fonctions ou catégories de fonction auxquelles le dispositif peut s'appliquer, tantôt en en excluant. La question devient plus délicate lorsque le législateur fixe un calendrier aux interlocuteurs sociaux : quid de la liberté collective de ceux-ci ?

[125] Ce que prévoient les dispositions du § 2, al. 2 et 3 de l'article 65 de la loi du 3 juillet 1978 ; cf., pour une stricte identité des fonctions d'exécution de la loi par A.R. ou par C.C.T., l'article 21 de la loi du 16 mars 1971.

aussi mesure d'exécution d'une autre convention collective : c'est par exemple le cas des conventions collectives sectorielles précisant les dispositions à prendre en vue de permettre la mise en œuvre des principes déposés dans la convention-cadre interprofessionnelle en matière de délégation syndicale[126].

Les mesures arrêtées par les interlocuteurs sociaux en présence d'un dispositif de semi-impérativité ne s'analysent pas seulement en un dispositif d'exécution. Encore convient-il de distinguer deux types de semi-impérativité.

Dans le premier cas, dans la figure « classique » de la semi-impérativité que l'on pourrait qualifier de semi-impérativité substantielle, la loi se suffit à elle-même. Elle n'appelle pas le besoin d'une mesure d'exécution pour assurer sa mise en œuvre. Le législateur a tranché : il a déterminé la consistance des droits ou des obligations. La loi se suffit ; il est simplement loisible aux interlocuteurs sociaux d'y déroger. On trouve un grand nombre de ces dispositions, par exemple, dans la loi sur le travail lorsqu'elle régit la durée du travail[127]. Par-là, prenant en considération les besoins de flexibilité que les firmes peuvent avoir à rencontrer, le législateur consacre une faculté de déroger aux règles qu'il a édictées, moyennant un accord collectif. La technique législative n'est plus ici empreinte de la prudence langagière des minima ou des maxima, prudence par laquelle le législateur consacre souvent des dispositifs unilatéralement impératifs via lesquels il laisse le champ libre à une négociation *in melius*. Le dispositif ouvre donc le jeu : la négociation, si elle aboutit, pourra aussi bien se déployer *in pejus*. L'une et l'autre hypothèse ont en commun de laisser libre cours à la négociation collective. Le sens de la négociation diverge. Dans le premier cas, c'est un sens unique, allant vers un mieux : consacrer plus de droits, alléger les obligations des travailleurs, vision idyllique ou triomphaliste, écrivait ironiquement Micheline Jamoulle[128], d'un droit du travail en progrès

---

[126] *Cf. supra* III.
[127] *Cf.* les dispositions des articles 20 et suivants de la loi. On y observe, au demeurant, que la faculté de dérogation sera tantôt le fait des interlocuteurs sociaux, tantôt le fait du Roi. Parfois même les deux compétences sont concurremment autorisées, cf. p. ex. l'article 21.
[128] M. Jamoulle, *Seize leçons sur le droit du travail*, *op. cit.*, p. 18.

perpétuel. Dans la deuxième hypothèse, tout est formellement possible – c'est bien de « déroger » qu'il s'agit – mais on comprend du contexte législatif qu'ici encore, il y va d'un sens unique : adapter, flexibiliser, accroître les obligations, réduire les droits. On ne dira pas, bien entendu, que la loi devient supplétive. Il reste impossible d'y déroger par le contrat. La semi-impérativité, cependant, signe une dérogation possible par le contrat collectif. La loi n'a pas besoin de cette convention collective pour exister. La convention collective dérogatoire n'exécute pas la loi. Le cas échéant, l'autonomie collective des interlocuteurs sociaux trouve à se déployer dans une « fenêtre » ouverte par la loi.

Un deuxième type de semi-impérativité a été consacré[129]. Ici, le législateur ne fixe plus la consistance des droits et des obligations. En ce sens, la loi impérative que l'on pourrait ici qualifier comme dispositif de semi-impérativité procédurale, ne se suffit plus à elle-même. S'il est fait référence à des standards, c'est pour les déplacer ou assigner des limites à la négociation que le législateur rend possible[130].

Plus la fenêtre ouverte porte sur des questions sensibles, plus les garanties attachées à la négociation collective seront exigeantes. Ainsi, Micheline Jamoulle avait pointé que la loi du 17 mars 1987 instaurant la « grande flexibilité » innovait en imposant l'exigence d'un consensus de tous les syndicats représentatifs présents au niveau de l'entreprise dans l'hypothèse d'un accord négocié par C.C.T. d'entreprise : généralement applicable à la négociation au sein d'un organe paritaire, l'accord de tous est ici imposé au niveau de l'entreprise[131].

---

[129] On en trouve l'illustration dans la loi du 17 mars 1987 instaurant la « grande flexibilité » ou encore dans les dispositions des articles 204 et suivants de la loi du 27 décembre 2006 portant des dispositions diverses I, en ce qui concerne le *plus minus conto*.

[130] Nous écrivions, à propos de la loi du 17 mars 1987 : « *l'établissement de normes matérielles est dévolu à la négociation ; l'intervention du législateur fixe le cadre procédural de celle-ci, en l'affranchissant de plusieurs des standards protecteurs qui faisaient les spécificités de la loi en matière de législation sociale* », in « La loi du 17 mars 1987 et la C.C.T. n° 42 relatives à l'introduction de nouveaux régimes de travail dans les entreprises », *J.T.T.*, 1987, p. 380.

[131] *Ibidem*, p. 242.

Ce même mouvement d'extension des garanties préside aussi à l'aménagement du dispositif du *plus minus conto*[132] : sans doute est-on là en présence du dispositif de droit du travail qui pousse aujourd'hui à l'extrême l'intégration des contraintes économiques. Pour rappel, les seules entreprises de construction et d'assemblage de véhicules automobiles et de fabrication de parties et accessoires pour les véhicules automobiles, ressortissant à la commission paritaire des constructions métallique, mécanique et électrique, pour autant qu'elles répondent de manière cumulative aux quatre conditions économiques identifiées par la loi[133], peuvent, au terme du processus décrit par la loi et les conventions, arrêter un régime de travail allant jusqu'à 10 heures par jour et 48 heures par semaine, sur une période de référence de 6 ans.

L'intérêt du dispositif, en dehors des réflexions qu'il suscite, est dans l'intrication des dispositions étatiques et négociées et, pour ces dernières, dans l'intrication entre compétences d'avis et compétences normatives. La mise en œuvre du dispositif appelle en effet i) une convention collective sectorielle, identifiant notamment les motifs économiques ii) qui devront être approuvés par arrêté ministériel, iii) sur avis unanime et conforme du C.N.T., avant qu'une iv) convention

---

[132] Avis n° 1584 du C.N.T. du 6 décembre 2006 ; articles 204 et suivants de la loi du 27 décembre 2006 portant des dispositions diverses ; C.C.T. du 28 mars 2007 instaurant un « *plus minus conto* », C. P. 111, arrêté royal du 5 mars 2008, *M.B.*, 23 avril 2008 ; A.M. du 23 juillet 2007 reconnaissant les motifs pour l'application d'un système *plus minus conto* au sein de la Commission paritaire des constructions métallique, mécanique et électrique (C.P. 111), *M.B.*, 31 juillet 2007. Observons toutefois qu'ici, par contraste avec le régime de la loi du 17 mars 1987, la théorie des dominos s'arrête au niveau de la C.C.T. d'entreprise, sans envisager d'aller vers le règlement de travail. En l'absence de délégation syndicale dans l'entreprise, la convention collective d'entreprise sera négociée avec l'ensemble des organisations représentatives de travailleurs reconnues au sein de la commission paritaire.

[133] Selon l'article 204 précité : – appartenir à un secteur caractérisé par une forte concurrence internationale ; – être soumises à des cycles de production de longue durée qui s'étendent sur plusieurs années, auxquels l'ensemble de l'entreprise ou une partie homogène de celle-ci est confronté(e) à une augmentation ou diminution substantielle et prolongée du travail ; – être confrontées à la nécessité de faire face à une forte hausse ou baisse de la demande d'un produit industriel nouvellement développé ; – être confrontées à des motifs économiques spécifiques qui rendent impossible le respect de la durée hebdomadaire moyenne du travail dans les périodes de références de la loi du 16 mars 1971 sur le travail.

collective d'entreprise, identifiant les motifs économiques pertinents au niveau de celle-ci, v) ces motifs devant être eux aussi approuvés par arrêté ministériel, vi) après avis unanime et conforme du C.N.T., puisse configurer concrètement le régime de travail. L'exercice de la compétence d'avis du C.N.T. commande l'exercice de la compétence d'exécution dévolue au ministre[134]. La mise en œuvre du dispositif appelle donc deux C.C.T., dont, à chaque fois, la validité requerra une décision ministérielle intervenant sur avis conforme et unanime du C.N.T. Ainsi, pour que le *plus minus conto* soit possible, est-il requis que compétence d'avis et compétence normative des interlocuteurs sociaux, d'une part, et compétence ministérielle, d'autre part, marchent à l'amble.

Notons encore qu'ici le législateur lui-même fait œuvre de « législation professionnelle » en circonscrivant par la loi le bénéfice du dispositif aux seules entreprises relevant de la commission paritaire des constructions métallique, mécanique et électrique pour autant que ces entreprises répondent de manière cumulative aux caractéristiques économiques qu'il indique. À la possibilité de conventions interprofessionnelles fait donc aujourd'hui écho l'existence d'une législation sectorielle…

La dernière occurrence qu'il convient d'avoir à l'esprit, en qualité de « source », relève de l'autonomie conventionnelle. Elle a cependant été explorée dans la dynamique de la semi-impérativité, c'est-à-dire dans le sens d'une négociation *in pejus*. Mais ici, il y va d'une telle négociation sans habilitation légale.

En réalité, il n'est pas rare que l'état des avantages contractuels accordés en entreprise aux membres du personnel excède les seuils impératifs minima. Dans cette hypothèse, la convention collective pourra constituer le vecteur juridique d'un « plan social » consistant à revoir les avantages à la baisse, pour autant qu'il ne conduise pas ceux-ci sous les seuils précités. Quand bien même le droit belge recourrait à la théorie de l'incorporation d'avantages conventionnels

---

[134] La chose n'est pas rare en droit social, même à l'égard de la compétence d'exécution réservée au Roi. Par exemple, en matière contractuelle : article 61 de la loi du 3 juillet 1978 ; en matière de protection du travail : article 31 de la loi du 16 mars 1971 sur le travail.

précédents dans les contrats de travail individuels écrits, la modification de ceux-ci se laisse appréhender par la hiérarchie des sources et, de ce point de vue, la C.C.T. d'entreprise primera toujours le contrat[135]. La difficulté majeure, ici, est du côté de la compétence des auteurs de la règle. Mandataires de leurs affiliés, les organisations représentatives doivent disposer d'un mandat spécial afin d'être en mesure de disposer des droits recueillis par ceux-ci[136].

Observons enfin que, parfois, les auteurs d'une convention collective peinent à formuler des droits et des obligations. Il leur est alors possible de faire d'une convention collective le support d'un dispositif de *soft law.* Ainsi adjoignent-ils à la CCT n° 38 relative au recrutement et à la sélection des travailleurs un « code de conduite ».

Enfin, une toute dernière observation nous donne l'occasion de revenir sur les biais juridiques plus haut évoqués. Les interlocuteurs sociaux sont habilités à créer des règles de droit. Donc ils en créent ? Ne font-ils rien d'autre ? En réalité, en dehors des dispositifs institutionnels et des compétences attribuées, nous avons mis en évidence des stratégies de résistance à la colonisation du monde vécu des rapports sociaux par le droit. Dans le refus de la personnalité morale. Dans l'importance d'un dialogue faîtier mené en dehors de toute institutionnalisation. Aussi, dans le fait que, même lorsque l'on peut créer du droit, parfois, seul un geste de *soft law* est pragmatiquement possible…

Les historiens nous le diront, les politologues le confirment : rendre possible, si possible consistant et sensé un espace de dialogue social conduit de toute manière à des rencontres, à des connaissances et reconnaissances mutuelles, par le seul fait de cette dynamique une forme insaisissable de fabrique de la paix sociale se met en marche. Gardons-nous de ne voir dans les dimensions juridiques du dialogue social que ce que nous nous attendons à y trouver. De ce point de vue,

---

[135] En ce sens : Cour du travail de Bruxelles, 25 janvier 2002, *Bull. F.E.B.*, 2002 (5), p. 94 ; pour une réflexion systématique (St. Gilson, « La notion de "renonciation collective" a-t-elle sa place en droit social belge ? », Séminaire de l'Atelier de droit social, 2008).

[136] Un mandat verbal suffit, dont la preuve pourra être rapportée par présomption : Cass., 12 septembre 1977, *J.T.T.*, 1978, p. 5.

il y a un enseignement riche à trouver du côté de l'examen du dialogue social européen, encore tout empreint de formes nouvelles[137].

On songe ici plus particulièrement aux questions de typologie : comment classer et définir les uns par rapport aux autres les différents fruits issus du dialogue social européen ? À partir du moment où l'on en apprivoise encore la description, différentes options apparaissent possibles, le consensus doctrinal ne se consolide pas encore. Ici, en droit belge, ce serait tout l'inverse : nous savons de quoi il retourne. La convention collective est une source de droit. Nous espérons en avoir montré le polymorphisme et la richesse – l'un et l'autre rétifs à rentrer dans les limites de catégories univoques. Peut-être le regard européen peut-il nous rafraîchir l'esprit, et, à la manière dont Thomas Kuhn[138] l'évoque, nous donner à voir la convention collective ou d'autres fruits du dialogue social comme s'ils pouvaient relever aussi d'un monde nouveau ? Nul doute que, plus souvent que nous nous y attendons, nous la verrions comme le dépôt d'un programme de travail entre partenaires, un dispositif d'apprivoisement en commun d'une question nouvelle inédite (et sans issue, pour autant que l'on sache), un élément de *soft law* en somme ? Une autre histoire.

---

[137] Ph. Pochet et P.-P. Van Gehuchten, « Le dialogue social européen, interprofessionnel et sectoriel : quels fruits ? », in *Dynamiques de la concertation sociale*, *op. cit.*

[138] Th. Kuhn, *La structure des révolutions scientifiques*, Flammarion, Paris, 1962.

L'ESPACE DU DIALOGUE SOCIAL EN FRANCE

Valérie LACOSTE-MARY[1]

Bien qu'intéressé de premier chef par le dialogue social, le juriste travailliste français est en difficulté pour le définir alors même que le dialogue social est au cœur des dispositifs législatifs les plus récents[2]. À la question : qu'est-ce que le dialogue social ? Ce dernier répondra presque instinctivement : la négociation collective. Toutefois, cette vision par trop étroite ne saurait donner complètement satisfaction dans la perspective d'une présentation d'ensemble du dialogue social en France. En effet, on s'entend sur le fait que le dialogue social recouvre à la fois la négociation, la consultation et l'échange d'informations[3]. Généralement, il est animé par des acteurs institutionnels comme les organisations syndicales, patronales et parfois l'État. Aussi, la notion de dialogue social est plus large que ce

---

[1] Maître de conférences-HDR, Directrice de l'Institut du travail de Bordeaux.

[2] *Loi n° 2015-994 du17 août 2015 relative au dialogue social et à l'emploi.*

[3] *Pour l'Organisation internationale du travail (OIT) « Le dialogue social inclut tous types de négociation, de consultation ou simplement d'échange d'informations entre les représentants des gouvernements, des employeurs et des travailleurs selon des modalités diverses, sur des questions relatives à la politique économique et sociale présentant un intérêt commun. Il peut prendre la forme d'un processus tripartite auquel le gouvernement participe officiellement ou de relations bipartites entre les travailleurs et les chefs d'entreprise (ou les syndicats et les organisations d'employeurs), où le gouvernement peut éventuellement intervenir indirectement. Les processus de dialogue social peuvent être informels ou institutionnalisés, ou associer - ce qui est souvent le cas - ces deux caractéristiques. Il peut se dérouler au niveau national, régional ou au niveau de l'entreprise. Il peut être interprofessionnel, sectoriel ou les deux à la fois. L'objectif principal du dialogue social en tant que tel est d'encourager la formation d'un consensus entre les principaux acteurs du monde du travail ainsi que leur participation démocratique. Les structures et les processus d'un dialogue social fécond sont susceptibles de résoudre des questions économiques et sociales importantes, de promouvoir la bonne gouvernance, de favoriser la paix et la stabilité sociale et de stimuler l'économie ».*

que le Droit propose car il est également ce que tissent les partenaires sociaux lors de rencontres informelles ou au sein d'institutions dans lesquelles ils siègent.

Le dialogue social en France, comme ailleurs, se déploie hors du champ de la seule négociation collective sur des espaces de participation et de gestion des questions économiques et sociales au niveau national, régional ou local. Le sujet est vaste et complexe, seuls les traits saillants du système français du dialogue social seront mis en avant dans le cadre de ce colloque.

Une première précision s'impose. Le dialogue social français repose sur un droit constitutionnel. L'article 8 du préambule de la Constitution proclame : « *Tout travailleur participe, par l'intermédiaire de ses délégués, à la détermination collective des conditions de travail ainsi qu'à la gestion des entreprises.* ». La loi du 13 juillet 1971 a reconnu explicitement un droit des travailleurs à la négociation collective[4]. Les délégués auxquels la Constitution fait référence ont été « hiérarchisés ». En effet, si le droit français a mis en place une représentation des salariés diversifiée, il donne néanmoins la primeur aux syndicats les plus représentatifs[5] en tant qu'acteurs principaux du dialogue social. Le système de représentativité syndicale est donc un pilier du dialogue social en France[6]. On touche

---

[4] *Loi n° 71-561 du 13 juillet 1971 modifiant certaines dispositions du chapitre IV-bis du titre II du Livre I du Code du travail relatives aux conventions collectives de travail ainsi que certaines dispositions du titre II de la loi n° 50-205 du 11 février 1950 relatives à la procédure de médiation.*

[5] Cette conception a conduit à s'interroger sur l'articulation du pluralisme syndical et du principe d'égalité de traitement liée à la liberté syndicale : J.-M. Verdier, « *Syndicats et droit syndical* », t. 5 Traité de Droit du travail, Dalloz, 2 ° éd. 1987, n° 168 bis p. 484 ; « *Liberté syndicale et négociation collective* », CIT, 81ème session, BIT, 1994, §98 p. 46.

[6] Le système français est passé d'un système de représentativité présumée de manière irréfragable à un système de représentativité bâtie sur des critères mouvants et toujours susceptibles d'être remis en question de façon périodique. Contrairement à une idée reçue, la notion de syndicats « les plus représentatifs » est apparue dans le Traité de Versailles dans son article 389 en 1919, disposition reprise par l'OIT dans l'article 3 § 5 de sa Constitution. En France la notion est introduite en 1925 pour la constitution du Conseil national économique et reprise au travers de divers textes sur les conventions collectives, sur la liste des candidats aux conseils de prud'hommes, et en 1968 sur l'exercice du droit syndical.

ici à un paradoxe. En effet, le dialogue social en France est centré sur les syndicats dont le nombre d'adhérents reste l'un des plus bas des pays de l'OCDE[7], mais dans le même temps, le mécanisme d'extension des conventions et accords collectifs de travail en France fait bénéficier 98% des salariés d'une couverture conventionnelle[8]. La représentativité syndicale/patronale octroie le droit d'être présent dans des instances hors de l'entreprise où se manifeste également le dialogue social.

Dans les entreprises néanmoins, la prérogative attribuée aux syndicats dans le dialogue social, singulièrement dans la négociation collective, laisse une place forte aux représentations élues dans les entreprises[9]. Ainsi, la nouvelle réforme sur le dialogue social autorise les représentants non syndiqués à négocier sous certaines conditions[10], le recours au referendum[11] est également envisagé. Hors du champ de la négociation collective, l'ensemble des instances représentatives du personnel constituent des relais non négligeables du dialogue social par la réception d'information, par la revendication de l'application du droit par exemple et participent de fait au dialogue social français.

En ce qui concerne les organisations patronales, la mise en place de la représentativité se pose de façon moins prégnante[12], car dans le système français, ces organisations représentantes de leurs adhérents au sens du droit commun et n'engagent que ces derniers. Pour autant, leur représentativité est exigée pour l'extension des conventions et accords collectifs et mais également au plan national conditionne leur

[7] La faible adhésion syndicale est le fruit de multiples facteurs dont le désintéressement des salariés n'est que l'une des données

[8] Le bilan chiffré apparaît satisfaisant ; à titre indicatif, 36 500 accords d'entreprise et 951 accords de branche ont été signés en 2014

[9] *Cf.* not. Revue *Droit social* de novembre 2015 relatif à la loi sur le dialogue social. Ce renvoi n'est pas limitatif, la littérature sur la question du dialogue social s'avérant particulièrement foisonnante.

[10] L. 2232-21 du Code du travail.

[11] Article L. 2232-21-1 du Code du travail

[12] Elle est mise en place dans la loi du 5 mars 2014 dite « loi Sapin » : seules les conventions collectives signées par les organisations patronales représentatives dans la branche peuvent être susceptibles d'extension par exemple.

participation aux différents organismes de gestion et à la justice sociale[13].

Enfin, l'État français à une place singulière dans le dialogue social, associé et acteur à la fois incitateur et sanctionnateur[14]. En effet, l'État recourt aux partenaires professionnels en les encourageant à négocier au niveau national sur de grandes réformes reprises ensuite dans une loi. Cette pratique de la « loi négociée » permet l'adhésion des partenaires sociaux aux changements sous menace parfois que l'État engage les réformes sans leur assentiment. Ainsi, les derniers textes de réforme (sauf celui sur le dialogue social…) furent précédés d'un accord national interprofessionnel (ANI)[15]. Dans le même ordre d'idées, l'État doit consulter les partenaires sociaux avant tout projet de grande ampleur sociale, obligation dont on peut douter de l'application systématique.

À ce stade, les règles complexes du dialogue social français laissent à penser que ce dernier est abouti. Or, il n'en est rien[16]. L'une des causes avancées, et non des moindres, est que notre pays n'est pas un pays de négociation et de compromis[17]. Ainsi de récentes études montrent que les salariés n'ont confiance ni dans leurs syndicats[18] ni dans leur encadrement. Les chefs d'entreprises se méfient des syndicats qui se défient de ces derniers. Pareillement, les syndicats entretiennent entre eux des relations conflictuelles ! Certains ont pu y voir un facteur essentiel du manque de compétitivité des entreprises,

---

[13] Le nouveau système de désignation des juges du travail de premier degré (« *prud'hommes* ») nécessite un système de représentativité.

[14] Selon la parabole du rapport Combrexelle : « l'État est à la fois "bison futé", en ce qu'il facilite la circulation et évite les retards et le "gendarme" qui contrôle les violations de la loi. » (J-D. Combrexelle, *op. cit.*, p. 23).

[15] L'ANI du 11 janvier 2008 a permis le dispositif légal sur la rupture conventionnelle ; la position commune du 9 avril 2008 a entraîné la réforme de la représentativité syndicale ; l'ANI du 11 janvier 2013 a abouti à la réforme des plans de sauvegarde de l'emploi (PSE).

[16] Voir l'état des lieux établi dans le rapport Combrexelle (*op. cit.*, p. 37).

[17] Rapport Combrexelle, *op. cit.*, p. 38.

[18] Les conflits sur la question du travail de nuit dans les magasins Sephora ont montré le hiatus entre les syndicats et les salariés qui par referendum avaient approuvé le travail de nuit et du dimanche.

des difficultés à se renouveler, car l'État serait dans cette configuration le seul moteur de changement[19].

Une autre raison se situerait paradoxalement dans l'obligation de négocier. Depuis 1982 en effet, le législateur multiplie les normes incitatives et/ou coercitives afin de favoriser le dialogue social. Ainsi, l'obligation de négocier initiée en 1982[20] est-elle toujours d'actualité alors même que certains soulèvent l'oxymore de l'expression. Ces rendez-vous périodiques sont vécus comme autant de « contraintes administratives »[21] conduisant à la « saturation[22] » des partenaires sociaux. Par ailleurs, si le nombre d'accords est important, leur contenu est souvent déceptif, car beaucoup d'entre eux se contentent de reprendre le texte légal[23].

Paradoxalement, la confiance du législateur dans la négociation collective ne se dément pas, puisque l'ensemble des lois votées pendant la dernière décennie renvoie à la négociation collective les questions concernant l'emploi, le travail et la formation professionnelle (journée de solidarité, épargne salariale, travail dominical...)[24]. En effet, la solution viendrait d'une refondation de la négociation collective comme « l'un des leviers de réforme les plus efficaces[25] » notamment de lutte contre le chômage en privilégiant la négociation d'entreprise. Ce mouvement en vue de rendre aux partenaires sociaux de l'entreprise les leviers de fabrication de la

---

[19] M. Ferracci et Fl. Guyot, *Dialogue social et performance économique*, Les Presses Sciences Po., coll. Sécuriser l'emploi, 2015. Sur ce point, voir également le rapport Combrexelle.

[20] Obligation de négocier dans l'entreprise sur les salaires effectifs et la durée effective du temps de travail.

[21] M. Ferraci et Fl. Guyot, *op. cit.*

[22] Rapport Combrexelle, *op. cit.,* p. 31 ; R. Badinter et A. Lyon-Caen, « *Le travail et la loi* », Fayard, 2015.

[23] M. Ferracci et Fl. Guyot, *op. cit.*

[24] Confiance confortée par le juge de l'UE qui considère que la négociation collective est un principe de niveau européen : CJUE, 8 septembre 2011, aff. Hennings, C./297-10 ; la Chambre sociale proclame la suprématie de l'accord collectif sur l'engagement unilatéral.

[25] Rapport Combrexelle, *op. cit.,* p. 13.

norme s'est accéléré dans la Loi dite Travail[26] qui a dans le domaine très précis de la durée du travail opéré une inversion de la hiérarchie des normes. La faveur accordée à la négociation d'entreprise se traduit par une négociation dite dérogatoire sous-entendue défavorable au salarié[27]. L'espace du dialogue social est vaste et son organisation complexe dont les singularités seront présentées au travers des acteurs qui l'animent (I) et des lieux où il se déroule (II).

I - LES ACTEURS DU DIALOGUE SOCIAL EN FRANCE

Le modèle du dialogue social français est organisé dès l'après-guerre autour des syndicats et s'articulait alors sur un système de représentativité présumée irréfragable[28]. Aujourd'hui, l'introduction de la preuve de la représentativité de l'ensemble des syndicats est consubstantielle à la négociation collective et le pivot du dialogue social en France (A). Une place est faite à d'autres acteurs par le biais de la représentation élue dans l'entreprise qui n'est pas exempte toutefois de la marque syndicale (B).

A – La représentativité, pivot du dialogue social en France

Le système de représentativité mis en place en droit français à partir de 2008 est justifié par le fait que les syndicats étaient appelés à signer des accords donnant-donnant et devaient à ce titre être représentatifs des salariés concernés par l'accord (1). La question de la représentativité patronale fut discutée moins âprement mais connut des difficultés de mise en œuvre (2).

---

[26] Loi n° 2016-1088 du 8 août 2016 relative au travail, à la modernisation du dialogue social et à la sécurisation des parcours professionnels, *JORF* du 9 août 2016.

[27] Dans des matières bien identifiées, la dérogation joue entre la convention ou l'accord collectifs et la loi. Les lois de 2004[27] et 2008[27] ont précipité les dérogations entre les conventions et accords collectifs[27]. Enfin, la loi dite « Macron » a finalisé le système en autorisant une dérogation entre le contrat de travail et la convention et l'accord collectif de travail[27], la loi travail dans des domaines singuliers accentuant le phénomène.

[28] Il était possible toutefois à d'autres syndicats de faire la preuve de leur représentativité.

1 - Les syndicats représentatifs

La représentativité syndicale doit se prouver tous les quatre ans à chaque niveau de représentation. La représentativité syndicale confère aux syndicats qui la possèdent la prérogative de conclure un accord ou une convention collective à tous les niveaux de négociation. La France a opté pour le pluralisme dans la représentativité ; il ne s'agit pas de choisir le syndicat le plus représentatif mais les syndicats *suffisamment représentatifs*.

La représentativité syndicale est construite autour de sept critères cumulatifs[29] : le respect des valeurs républicaines, l'indépendance, la transparence financière, une ancienneté minimale de deux ans[30], l'audience[31], l'influence, prioritairement caractérisée par l'activité et l'expérience, les effectifs d'adhérents et les cotisations. Par ailleurs, la représentativité doit être pondérée par l'exigence d'une implantation territoriale équilibrée au sein de la branche et au niveau national et interprofessionnel ; les syndicats doivent être représentatifs « à la fois dans les branches de l'industrie, de la construction, du commerce et des services »[32]. Au fond, deux finalités sont assignées au « test de représentativité ». D'une part, une « reconnaissance » fixée à 10 % des suffrages exprimés dans l'entreprise[33] lors des élections au comité d'entreprise ou à défaut au délégué du personnel ou de la délégation unique du personnel et à 8 % dans les branches et au niveau national[34]. D'autre part, une capacité d'engagement permettant la conclusion d'accords et conventions collectives de travail.

Les dernières réformes ont modifié en partie les règles de la représentativité d'engagement. Ce système complexe, à la limite de la

---

[29] *L. 2121-1 du Code du travail issu de la loi du 20 août 2008. Cette précision pour éviter que le juge comme dans le droit antérieur n'écarte certains critères au profit d'autres critères en lui laissant toutefois une marge de manœuvre.*

[30] Dans le champ professionnel et géographique couvrant le secteur de négociation. Cette ancienneté s'apprécie à compter de la date du dépôt légal des statuts.

[31] Elle est établie selon les niveaux de négociation conformément aux articles L.2122-1, L. 2122-5, L. 2122-6 et L. 2122-9 du Code du travail.

[32] L. 2122-5 du Code du travail.

[33] L. 2122-1 du Code du travail. Ce seuil permet dans les entreprises du groupe de connaître les syndicats représentatifs en son sein (*Cf.* L. 2122-4 du Code du travail).

[34] L. 2122-9 du Code du travail.

lisibilité, pourrait être résumé de la manière suivante : si le syndicat ou les syndicats représentent 30 % des suffrages exprimés, il(s) peut (peuvent) conclure un engagement sous réserve qu'un syndicat majoritaire ne s'oppose pas à l'entrée en vigueur d'un accord ou d'une convention collective[35]. Mais depuis 2014[36], le système majoritaire a fait une introduction en force dans des matières strictement délimitées par la loi[37]. La loi travail est sans doute annonciatrice d'un mouvement plus large en ce sens.

2 - La représentativité patronale

La représentativité patronale doit être envisagée différemment de celle des organisations syndicales. En effet, notamment dans la négociation collective, les organisations patronales n'engagent par leur signature que leurs adhérents ou ceux qui leur ont donné mandat. Il s'agit ici de représentation plus que de représentativité. L'applicabilité de la convention et de l'accord collectifs de travail dépend en effet de l'adhésion de l'employeur à une organisation signataire notamment pour les conventions de branche ou professionnelle.

La représentativité patronale fut longtemps un sujet tabou, elle n'est d'ailleurs pas réglée de manière globale. Seul l'article L. 2261-19 du Code du travail pose une exigence de représentativité lorsque la convention de branche, l'accord professionnel ou interprofessionnel doit être étendu. Ces textes doivent avoir été négociés au sein de

---

[35] Ce droit d'opposition est enfermé dans une procédure particulière : opposition écrite, motivée et notifiée dans un délai de 15 jours pour les accords interprofessionnels et conventions de branche et 8 jours pour les accords d'entreprise. Ainsi, la validité de la convention collective est conditionnée soit à une majorité d'adhésion, soit à une absence d'opposition du syndicat majoritaire.

[36] Loi n° 2013-504 du 14 juin 2013 relative à la sécurisation de l'emploi, *JORF* 16 juin 2014 et loi 2016-1088 du 8 août 2016 relative au travail, à la modernisation du dialogue social et à la sécurisation des parcours professionnels, *JORF* du 9 août 2016 (dite loi « Travail »).

[37] Par dérogation à la règle de représentativité, la loi oblige à la conclusion d'accords majoritaires (syndicats représentant plus de 50% des salariés) pour l'emploi (accords de maintien dans l'emploi, plans négociés de sauvegarde de l'emploi), pour le regroupement des institutions représentatives du personnel dans les entreprises de 300 salariés ou pour les modalités de la négociation obligatoire. On peut ajouter également pour tout ce qui concerne la durée du travail, les congés, les repos.

commissions paritaires composées notamment d'organisations patronales représentatives. La loi du 5 mars 2014[38] est venue préciser cette notion de représentativité des organisations patronales.

Désormais six critères cumulatifs doivent être réunis pour déterminer la représentativité patronale[39] : le respect des valeurs républicaines, l'indépendance, la transparence financière, une ancienneté de deux ans dans le champ professionnel et géographique couvrant le niveau de la négociation, l'influence prioritairement caractérisée par l'activité et l'expérience, l'audience[40]

Au niveau des branches, seront représentatives les organisations patronales dont les entreprises et les organisations adhérentes à jour de leurs cotisations représentent au moins 8%. Au niveau national et interprofessionnel, sont représentatives les organisations patronales qui représentent au moins 8% de l'ensemble des entreprises adhérant à des organisations professionnelles d'employeurs satisfaisant aux mêmes conditions que précédemment. Les entreprises prises en compte sont celles qui adhèrent à un groupement membre de celle-ci. L'organisation patronale d'employeurs ne doit pas se contenter de cette audience puisqu'elle doit remplir les autres critères de représentativité. La représentativité patronale reste un enjeu d'importance. En effet, les règles de désignation au sein d'organismes nationaux dépendent aujourd'hui de la représentativité. Il en est ainsi notamment pour l'attribution de sièges au sein des Conseils de prud'hommes, juridictions du travail de premier degré.

Ne mettre la lumière que sur les acteurs syndicaux du dialogue social ne donnerait pas une image juste de ce dernier. D'autres relais du dialogue social existent notamment dans l'entreprise.

---

[38] Avant la loi, la jurisprudence appliquait les critères de la représentativité salariale en les adaptant quelque peu : CE, 30 décembre 2013 n° 352901 Lexbase Hebdo, éd. Sociale, n° 555 note G. Auzero.

[39] L. 2151-1 du Code du travail.

[40] *Elle se mesure en fonction du nombre d'entreprises adhérentes et selon les niveaux de négociation en application du 3 des articles L. 2152-1 ou L. 2152-4 du Code du travail.*

B - Les autres acteurs du dialogue social

Dans l'optique bien comprise d'un dialogue social au sens large, il faut noter que le droit français permet à d'autres acteurs d'être des relais du dialogue social en marge - ou à côté - de la question de la négociation collective. Dans le cadre qui nous est ici imposé, la présentation sera extrêmement schématique.

Le droit de la représentation collective recense une multitude de représentants du personnel légaux ou conventionnels. Des délégués du personnel aux membres du comité d'entreprise en passant par les membres du comité d'hygiène de sécurité et des conditions de travail. Le droit français essaime de nombreux relais du dialogue social dans l'entreprise mais aussi dans groupe ou dans l'unité économique et sociale. Si la plupart de ces représentants ne sont pas conviés à la négociation collective, ils constituent pourtant des acteurs incontournables de la réception d'informations ou des vigiles de l'application du droit dans l'entreprise. À ce titre ils sont des dispositifs clés du dialogue social en France. On observera toutefois que le droit national les met souvent sous tutelle syndicale. Il en ainsi pour la présentation des candidatures au premier tour des élections professionnelles qui doit se faire sous étiquette syndicale. Cette tutelle s'est renforcée car la nouvelle loi sur le dialogue social autorise désormais le syndicat à négocier le calendrier de consultation du comité d'entreprise. Symétriquement, le comité d'entreprise n'est plus consulté préalablement à toute négociation menée par le syndicat. L'extrême diversité et le nombre élevé d'acteurs du dialogue social permettent déjà de discerner les lieux d'expression du dialogue social.

II – LES LIEUX DU DIALOGUE SOCIAL

Le dialogue social est tissé de façon à couvrir l'ensemble du corps salarié en France. Le dialogue social se répartit ainsi entre les niveaux de la négociation collective (A) et ceux des organismes participant au dialogue social hors négociation collective (B).

A - La diversité des niveaux de la négociation collective

Les espaces de la négociation collective sont vastes mais très schématiquement le niveau de prédilection fut, jusqu'à une période très récente, le niveau de la branche. On assiste ces dernières années à la volonté de décentraliser la négociation vers l'entreprise comprise comme l'unité de négociation la mieux adaptée aux réalités et permettant une meilleure compétitivité. La libération de la négociation passerait également par une « inversion de la hiérarchie des normes[41] ». L'accord d'entreprise serait sous conditions l'accord référent par rapport à l'accord de branche mais aussi de façon plus nouvelle au regard du contrat de travail[42]. La législation avance lentement mais sûrement sur ce terrain.

La négociation collective trouve semblablement un terrain de jeu hors du champ de l'entreprise et prend place au niveau de la branche qui reste pour un temps encore le niveau pertinent de la négociation collective. C'est à cet échelon que les partenaires sociaux déterminent le salaire minimum, la formation et la qualification, la prévoyance par exemple. Une fusion des branches professionnelles trop nombreuses[43] est envisagée afin de relancer la négociation collective dans certains secteurs défaillants[44]. Enfin, la négociation peut-être professionnelle[45] ou

---

[41] *Cf.* not. Le colloque de l'Institut du travail de Bordeaux sur « L'accord collectif après la loi El Kohmri » (https://institutdutravail.u-bordeaux.fr/Nos-evenements/Le-colloque-annuel/Les-colloques-precedents).

[42] Cette inversion de la hiérarchie des normes ne s'applique en l'état du droit positif qu'en présence d'un accord de mobilité interne.

[43] Le renouveau de la négociation de branche passe par une restructuration de nombreuses d'entre elles. Actuellement il existe 687 branches. La fusion des branches se fera par négociation car le législateur n'a pas défini la branche. L'objectif serait de 700 à 100 branches dans les dix ans qui viennent.

[44] L'article L. 2261-32 du Code du travail, issu de la loi du 5 mars 2014, permet au ministre du Travail de décider d'élargir à une branche le périmètre d'application de la convention collective étendue dans une autre branche ou de fusionner le champ d'application de la convention collective concernée avec celui d'une branche présentant des conditions économiques et sociales analogues notamment lorsque l'activité de négociation est faible sur les 5 ans qui précèdent ou ne pas étendre une convention collective lorsque les caractéristiques de la branche eu égard à sa taille limitée et à la faiblesse du nombre des entreprises, des effectifs salariés et des ressources disponibles pour la conduite de la négociation ne permettent pas le

interprofessionnelle. Le niveau multi professionnel[46] inédit a été introduit dans la loi du 5 mars 2014. Sur le plan géographique, l'accord peut avoir un champ d'application local, départemental, interdépartemental, régional, national. Ce sont les partenaires sociaux qui doivent définir le champ d'application de la convention ou de l'accord collectifs qu'ils concluent. Le champ du dialogue social est d'abord celui de la négociation collective mais le dialogue social s'insinue dans d'autres lieux.

B – Les lieux de dialogue hors négociation collective

Sur un autre terrain où l'enjeu de la représentativité est prégnant, le dialogue social se diffuse aussi dans des organismes nombreux, souvent paritaires, dans lesquels les partenaires ont des rôles variables. Ces organismes sont soit consultés, soit participent à la gestion voire sont acteurs de la prise de décision économique ou sociale. La représentativité syndicale mais aussi patronale confère aux syndicats qui la possèdent le droit de siéger dans ces organismes et leur permet de marquer leur influence. De fait, ils participent ainsi, dans une certaine mesure, à la construction de la politique économique et sociale en siégeant dans des organismes consultatifs ou gestionnaires ou de contrôle. Ainsi les organisations représentatives peuvent-elles siéger au Conseil économique et social et environnemental[47], à la commission de la négociation collective, au comité du dialogue social au haut conseil du dialogue social[48]. On pourrait également citer des

---

développement d'une activité conventionnelle régulière et durable conforme à la vocation des branches et respectant les obligations légales de négocier.

[45] L'accord professionnel n'est pas défini par la loi. Il a pour finalité de régir une profession qui peut elle-même relever de plusieurs branches.

[46] Ce niveau comprend les activités agricoles, les professions libérales, l'économie sociale et solidaire.

[47] Le Conseil économique, social et environnemental (CESE) est une assemblée consultative instituée par la Constitution et placée auprès des pouvoirs publics. « *Représentant les principales activités du pays, le Conseil favorise leur collaboration et assure leur participation à la politique économique, sociale et environnementale de la Nation. Il examine les évolutions en matière économique, sociale ou environnementale et suggère les adaptations qui lui paraissent nécessaires* » (article 1er de l'ordonnance organique n°1360 du 29 décembre 1958).

[48] Prévue par la loi du 20 août 2008 en faveur de la démocratie sociale et de la durée du travail, la création du Haut Conseil du Dialogue Social a été précisée par un décret publié au Journal officiel le 14 novembre 2008. Le Haut Conseil se compose

organismes consultatifs dans le domaine de l'hygiène et de la sécurité comme l'Agence nationale pour l'amélioration des conditions de travail.

Par ailleurs, les partenaires sociaux jouent un rôle essentiel au côté de l'État dans la gestion des organismes sociaux comme pôle emploi ou la gestion de l'assurance chômage au sein de l'Unedic[49]. Il faudrait également ajouter que les syndicats les plus représentatifs siègent dans le conseil d'administration de la caisse d'assurance maladie et des institutions de protection sociale complémentaire. Plus largement, les partenaires sociaux sont acteurs dans des instances de l'Union européenne ou internationales comme l'OIT par exemple.

In fine, une très rapide présentation de l'espace du dialogue social en France montre combien la part du droit y est prégnante, trop diront certains, car la règle contraint un dialogue qui devrait idéalement se dérouler librement, « en confiance ». La part du droit est *de facto* peut-être inversement proportionnelle à celle de la confiance existant entre acteurs créateurs de la norme conventionnelle…

---

de : cinq représentants désignés par les organisations syndicales de salariés nationales et interprofessionnelles, cinq représentants désignés par les organisations représentatives d'employeurs au niveau national, trois représentants du ministère chargé du travail, trois personnes qualifiées proposées par le ministre chargé du travail. Les membres du Haut Conseil sont nommés par le Premier ministre pour une durée de cinq ans. Le Premier ministre désigne une des personnes qualifiées pour présider les séances du Haut Conseil. La loi du 20 août 2008 a modifié les critères de représentativité syndicale en introduisant parmi eux l'audience de chaque organisation syndicale mesurée sur la base des élections professionnelles. Dans ce cadre, le Haut Conseil est responsable de la mise en place du dispositif de collecte, de recensement et de traitement des résultats des élections.

[49] Depuis 1958, la loi confie aux partenaires sociaux la responsabilité de gérer l'Assurance chômage en France. Les partenaires sociaux (Medef, CGPME et UPA côté patronal, et CFDT, CFE-CGC, CFTC, CGT et CGT-FO pour les salariés) ont la responsabilité de déterminer par la négociation le montant des cotisations, les règles d'indemnisation (conditions d'ouverture de droits, montant et durée du versement de l'allocation) ainsi que la nature des différentes aides aux allocataires.

LES TRANSFORMATIONS DU DIALOGUE SOCIAL EN FRANCE

François PETIT[1]

L'univers français du dialogue social serait-il en révolution ? La force de gravité qu'exerce la loi se serait réduite, la négociation collective tendrait à se décentraliser et le bruit de fond de l'espace ferait du Code du travail le serviteur des politiques économiques[2]. La mécanique du système reste pourtant gouvernée par les forces fondamentales de l'autonomie collective et de l'ordre public, et les trajectoires des grands corps[3] patronaux et syndicaux ne semblent pas avoir été tellement affectées par leur relégitimation démocratique[4].

Les premières innovations en la matière ont consisté à obliger les partenaires sociaux à négocier sur des points particuliers. La loi du 13 novembre 1982 a créé l'obligation de négocier sur certains thèmes[5], innovation qui explique en grande partie le développement de la

---

[1] Maître de conférences à la Faculté de droit de Bordeaux, avocat au barreau de Bordeaux.

[2] Ainsi s'agirait-il principalement : « *de développer la négociation et les accords entre les employeurs et les syndicats afin qu'ils puissent jouer un rôle plus important dans la définition de la loi* » (*Cf.* M. de Virville, « *Pour un Code du travail plus efficace* », rapport au ministre des affaires sociales, du travail et de la solidarité, *LdF* Paris 2004, 117 p.) ; dans une telle perspective, préalablement à la loi n° 2016-1088 du 8 août 2016 relative au travail, à la modernisation du dialogue social et à la sécurisation des parcours professionnels, dite « loi travail », une commission d'experts avaient été chargée de présenter des propositions au gouvernement ayant « *pour objectif de donner une place centrale à la négociation collective et d'élargir ses domaines de compétence et son champ d'action* ».

[3] *Cf.* P. Rosanvallon, *Histoire moderne et contemporaine du politique*, cours au Collège de France, « Les corps intermédiaires dans la démocratie », 2002.

[4] Loi n° 2008-789 du 20 août 2008 portant rénovation de la démocratie sociale et réforme du temps de travail, *JORF* n° 0194 du 21 août 2008, p.13064.

[5] Loi n° 82-957 du 13 novembre 1982 relative à la négociation collective et au règlement des conflits collectifs du travail, *JORF* du 14 novembre 1982, p. 3414.

négociation collective de ces trente dernières années en France. Même si la multiplication des obligations de négocier[6] contredit la notion d'autonomie collective, il est certain que ces obligations jouent un rôle moteur du dialogue social. Elles sont bien connues et acceptées des entreprises et la question est moins de savoir s'il faut les intensifier ou les renforcer par de nouveaux objets de négociation que de déterminer les objets ouverts à la négociation d'accords dérogatoires, c'est-à-dire destinés à assouplir la règle fixée par la loi.

L'injonction de négocier s'adresse au législateur lui-même, ce qui relève d'une certaine logique, puisque la convention collective doit elle-même être analysée comme une loi, s'agissant de ses effets. Le couple formé par la loi et la convention collective s'enchevêtre à tel point qu'il devient difficile de distinguer ce qui relève de l'une et de l'autre. Ce phénomène n'est pas récent[7] : depuis longtemps il y a de la négociation dans la loi et de la loi dans la négociation. Depuis les années 1970, des accords nationaux anticipent la préparation des lois[8] et le dialogue social devient le laboratoire du législateur. C'est

---

[6] Aujourd'hui, les obligations de négocier visent, dans l'entreprise, tous les ans, les salaires effectifs, la durée effective du travail et l'organisation du temps de travail, l'accès et le maintien dans l'emploi des salariés âgés et leur formation professionnelle (articles L. 2242-8 et s. du Code du travail) ; dans la branche : tous les ans, les salaires (article L. 2241-1 du Code du travail), tous les trois ans, l'égalité professionnelle entre hommes et femmes et les conditions de travail, la gestion prévisionnelle des emplois et des compétences et la pénibilité du travail (article L. 2241-4 du Code du travail), l'insertion professionnelle et le maintien dans l'emploi des travailleurs handicapés (article L. 2241-5 du Code du travail) et la formation professionnelle (article L. 2241-6 du Code du travail) ; et tous les cinq ans, les classifications professionnelles (article L. 2241-7 du Code du travail) et l'épargne salariale (article L. 2241-8 du Code du travail).

[7] A. Supiot, « Un faux dilemme : la loi ou le contrat », *Droit social,* 2003, p. 9 ; F. Ost, « Les lois conventionnellement formées tiennent lieu de convention à ceux qui les ont faites », I Gérard, F. Ost et M. Van de Kerchove (dir.), « Droit négocié, droit imposé ? », F.U.S.L. 2002.

8 Lois sur la formation professionnelle ; loi du 12 juillet 1990 sur le contrat à durée déterminée ; loi du 12 novembre 1996 et ANI du 31 octobre 1995 relatif à la politique contractuelle. J.-M. Verdier et Ph. Langlois, « Aux confins de la théorie des sources du droit : une relation nouvelle entre la loi et l'accord collectif », *Dalloz* 1972, chron. 258.

ainsi que le législateur français « co-produit »[9] des lois avec les partenaires sociaux, consultés en préalable[10].

Cette poussée du dialogue social dans le travail législatif est parvenue plus loin encore avec la loi du 31 janvier 2007 qui a institué un dispositif permettant aux partenaires sociaux de négocier (sauf urgence) les projets de réforme envisagés par le gouvernement[11]. Ce dispositif a été symboliquement inscrit au tout début du Code du travail, dans un chapitre préliminaire intitulé « dialogue social »[12]. Cette reconnaissance de la loi négociée en droit du travail a été suivie de plusieurs textes importants : la loi du 25 juin 2008 de modernisation du marché du travail[13] et la loi du 20 août 2008 portant rénovation de la démocratie sociale et réforme du temps de travail[14].

L'informatisation et la publication électronique des textes conventionnels constitue un autre changement, moins remarqué mais tout aussi profond, est intervenu ces dernières années en matière de négociation et d'application des accords collectifs. Il est particulièrement utile que ces documents, longs, nombreux et parfois obscurs, puissent être partagés et diffusés. C'est la condition de leur

---

[9] J. Le Goff, « Une aventure législative partagée », *in Les lois Auroux. 25 ans après (1982-2007). Où en est la démocratie participative ?*, Presses universitaires de Rennes, 2008.

[10] C'était le cas des lois Auroux, qui ont apporté d'importantes réformes : loi n° 82-689 du 4 août 1982 relative aux libertés des travailleurs dans l'entreprise ; loi n° 82-915 du 28 octobre 1982 relative au développement des institutions représentatives du personnel ; loi n° 82-957 du 13 novembre 1982 relative à la négociation collective et au règlement des conflits du travail ; loi n° 82-1097 du 23 décembre 1982 relative aux comités d'hygiène, de sécurité et des conditions de travail.

[11] En ce sens : D.-J. Chertier, « *Pour une modernisation du dialogue social, rapport au Premier ministre* », La Documentation française, 2006, 108 p.

[12] « *Tout projet de réforme envisagé par le Gouvernement qui porte sur les relations individuelles et collectives du travail, l'emploi et la formation professionnelle et qui relève du champ de la négociation nationale et interprofessionnelle fait l'objet d'une concertation préalable avec les organisations syndicales de salariés et d'employeurs représentatives au niveau national et interprofessionnel en vue de l'ouverture éventuelle d'une telle négociation* ».

[13] Accord national interprofessionnel signé le 11 janvier 2008.

[14] *Cf.* « Position commune » conclue le 10 avril 2008 entre le MEDEF, la CGPME, la CGT et la CFDT.

étude[15], de leur effectivité et de leur développement. Le libre-accès gratuit des textes des conventions collectives joue à cet égard un rôle non négligeable[16]. D'une manière générale, la mise à disposition des représentants du personnel de bases d'information régulièrement mises à jour facilite certainement le dialogue social[17]. Au-delà des techniques, on peut constater que le dialogue social en France se transforme surtout par le renouvellement de ses objets (I) comme des formes de la négociation (II).

I - LE RENOUVELLEMENT DES OBJETS DU DIALOGUE SOCIAL

Le renouvellement des objets du dialogue social se caractérise par la nécessité éprouvée de faire porter la négociation sur le dialogue social lui-même (A) et par l'ouverture de champ qui résulte de certaines incitations à négocier sur des thèmes particuliers (B).

A - Le dialogue social, comme objet du dialogue social

Plusieurs techniques sont utilisées pour faire du dialogue social un objet du dialogue social. Parfois, la négociation porte sur les règles de procédure qui doivent s'appliquer en matière d'information et de la consultation des représentants du personnel de l'entreprise. Il en est ainsi des accords de méthode et assimilés[18] : ces accords visent les

---

[15] En France, l'étude systématique du contenu des conventions collectives est encore peu développée, au profit de la loi et de la jurisprudence de la Cour de cassation.

[16] https://www.legifrance.gouv.fr/initRechConvColl.do (site internet gouvernemental).

[17] Par exemple : la « base de données économiques et sociales » mise à jour par l'employeur et accessible en permanence par les représentants du personnel : article L. 2323-7-2 du Code du travail (loi n° 2013-504 du 14 juin 2013 relative à la sécurisation de l'emploi, *JORF* 16 juin 2013, p.9958).

[18] Aujourd'hui de deux types, on peut les désigner par la formule « accords sur la procédure de consultation » ; le premier type, (les accords de méthode) a été instauré à titre expérimental par la loi du 3 janvier 2003, puis il a été pérennisé par la loi de cohésion sociale du 18 janvier 2005 et enfin modifié par la loi n°2012-387 du 22 mars 2012 (article 43) et par la loi n°2013-504 du 14 juin 2013 (article 18 V) : article L. 1233-21 du Code du travail.

projets de licenciement collectifs comportant l'obligation pour l'employeur de consulter les représentants du personnel, en particulier le comité d'entreprise. La loi fixe pour cela des règles de procédure de consultation assez complexes et qui avaient généré d'importants contentieux. Par de tels accords, les partenaires sociaux peuvent définir un certain nombre de dispositions, le cas échéant dérogatoires, pour définir elles-mêmes les règles de procédure qui devront être suivies en de telles circonstances. Ainsi, les représentants du personnel seront informés et consultés par le chef d'entreprise au sujet du projet de licenciement, ce qui est censé améliorer la qualité du dialogue social.

On voit comme ces règles ouvrent le champ du dialogue social. Rien n'interdit d'ailleurs de négocier sur d'autres sujets. Des accords similaires ont pu être conclus dans des domaines où la concertation entre les partenaires sociaux n'est pas toujours obligatoire, mais souhaitable, par l'intensité des obligations qui pèsent sur le chef d'entreprise, spécialement dans le domaine de la santé des travailleurs, la prévention des accidents du travail et la qualité de vie au travail[19]. L'objet de ces accords est de fixer une méthodologie de l'information des représentants du personnel, de définir la nature des informations et les méthodes d'analyse communes, et parfois de créer un observatoire ou une commission paritaire favorisant la diffusion des informations et les travaux de concertation.

À ce titre, des accords de dialogue social ont été conclus dans des branches d'activité et dans de grandes entreprises, renouant avec la pratique plus ancienne des accords de droit syndical. Ces accords sont médiatisés et commentés[20]. Il s'agit le plus souvent d'accorder du

---

[19] Accord-cadre sur la qualité de vie au travail à La Poste du 20 janvier 2013 (http://www.anact.fr/web/dossiers/performance-durable/qvt?p_thingIdToShow=35617709) ; accord sur les conditions de travail au sein des Caisses Régionales du Crédit Agricole du 15 février 2011.

[20] *Cf.* not. Accord du 26 avril 2010 relatif au dialogue social dans la métallurgie ; protocole d'accord du 4 novembre 2013 portant reconduction de l'accord rénovant le dialogue social dans l'assurance du 3 janvier 2011 ; accord du 30 septembre 2013 sur le dialogue social dans le commerce de gros ; accord du 15 mars 2013 relatif au dialogue social dans la branche des industries électriques et gazières ; accord du 9 juillet 2015 sur le dialogue social et le droit syndical dans les offices publics de l'habitat ; accord (de groupe) de dialogue social du 5 novembre 2012 du groupe

personnel des droits supplémentaires à ceux qui sont prévus par la loi (droit syndical) et d'y ajouter des dispositions sur les méthodes de travail, la communication des informations, le calendrier des réunions, la délimitation des thèmes à traiter, la prise en charge d'indemnités ou de certains frais. Plusieurs de ces accords contiennent l'affirmation que le dialogue social suppose que les parties signataires (patronale et syndicale) s'engagent, mais une lecture attentive montre que les représentants du personnel ne s'engagent souvent à rien qui soit juridiquement sanctionné. Les dispositions arrêtées par les parties visent moins à créer des normes de fond qu'à installer des habitudes ou à créer des processus à suivre en cas d'incident ou de crise.

B - Les incitations à négocier sur certains thèmes

En matière de négociation, les sanctions sont généralement considérées comme peu efficaces : comment le dialogue social peut-il s'exprimer librement, si les parties sont sous la contrainte d'une loi et la menace d'une sanction ? Il est d'ailleurs impossible d'obliger les partenaires sociaux à conclure des accords : le principe de l'autonomie collective s'y oppose. C'est pourquoi la loi prévoit seulement des obligations[21] de négocier. Théoriquement, l'employeur peut être condamné s'il refuse de négocier ; mais il lui suffit de rencontrer les organisations syndicales et d'envisager de chacun des sujets prescrits par la loi pour échapper à la sanction. Le concept de bonne foi joue à cet égard un rôle « complétif »[22], guidant l'analyse du comportement des parties, mais les condamnations sont rares.

Le législateur a plutôt porté ses efforts du côté des incitations à négocier, accordant des avantages aux entreprises qui concluent

---

Casino ; accord (d'entreprise) sur le développement du dialogue social du 12 novembre 2012 au commissariat à l'énergie atomique et aux énergies alternatives.

[21] En France, on considère plutôt, bien que ce point reste flou, que c'est la partie patronale qui est débitrice de l'obligation de négocier (*Cf.* not. A. Jeammaud, « Les principes dans le droit français du travail », *Droit social,* 1982, p. 618).

[22] Sur les ressources parfois surprenantes de la notion de bonne foi en droit du travail : J. L. Gil y Gil, *Principio de la buena fe y poderes des empresario,* Monografias de Temas Laborales, 2003, 402 p. (« *La función completiva de la buena fe* »).

effectivement certains accords collectifs. Ces avantages sont le plus couvent constitués par des allégements ou des exonérations de charges sociales (accords d'intéressement et de participation, prévoyance), mais parfois aussi par la possibilité de mettre en place des règles plus souples que celles que la loi prévoit (durée du travail). Ces accords posent en des termes nouveaux la question du rôle de l'État dans la négociation collective : certains accords sont contrôlés *a posteriori* par les organismes sociaux, qui vérifient si l'accord respecte les prescriptions légales ouvrant droit aux avantages. Pour d'autres accords (accords dérogatoires), la validité de leur contenu n'est pas contrôlée et pour déceler une clause illicite, il faut qu'un contentieux soit engagé, le plus souvent par un salarié.

On peut trouver à cette situation une certaine incohérence, mais ne serait-il pas tout aussi contradictoire de souhaiter que l'État joue un rôle plus actif, alors qu'un des buts assignés au législateur est de favoriser l'autonomie collective ? Quoi qu'il en soit, l'efficacité de ces mesures reste floue, en raison de leur effet d'aubaine, qui rend difficile de savoir si l'accord aurait été conclu sans l'avantage incitatif. En réalité, les incitations économiques opèrent si elles correspondent à un besoin plus profond, comme l'utilité pour les entreprises exerçant une activité identique ou similaire d'harmoniser le statut collectif de leurs salariés. Le risque de distorsion de concurrence lié à des statuts très différents les conduira à rechercher des règles communes, négociées au niveau de la branche d'activité et à solliciter ensuite les pouvoirs publics, par une procédure adaptée, en vue de l'extension du texte conventionnel qui le rendra applicable à toutes les entreprises de la branche[23].

II - LE RENOUVELLEMENT DES FORMES DE DIALOGUE SOCIAL

On voit se développer des formes de dialogue social informel, non spécialement dévolues à la négociation collective (A), alors que le législateur autorise de nouvelles formes de négociation, dérogeant au monopole des représentants syndicaux (B).

---

[23] Article L. 2261-15 du Code du travail.

A - Le dialogue social informel

Il est aisé de constater qu'il existe aujourd'hui « de multiples formes de dialogue social informel, c'est-à-dire des espaces de discussion, qui ne reposent pas sur des dispositions du Code du travail, mais sur des initiatives prises au sein des entreprises »[24]. Si on inclut dans la notion de dialogue social toutes formes de négociation, de consultation ou simplement d'échange d'informations entre partenaires sociaux[25], on peut concevoir le dialogue social non seulement comme un espace d'autonomie relative au sein duquel les partenaires sociaux peuvent définir des règles sociales, mais aussi comme toute forme d'échange. Il est vrai qu'à côté des discussions ou des négociations formelles, on s'aperçoit que des discussions et des négociations ont lieu là où on ne les attendait pas. La question qui se pose alors est de savoir si les règles formelles applicables à la négociation collective et à l'information et la consultation des représentants élus ne risquent pas d'occulter les autres formes de discussion.

Un bon exemple de dialogue social informel est celui qui s'instaure parfois en vue de résoudre un conflit collectif. Le législateur français se préoccupe depuis longtemps de favoriser le dialogue social dans les conflits collectifs, spécialement les grèves, en vue d'un règlement amiable plus rapide. Plusieurs textes offrent la possibilité de négocier un accord sous diverses formules (conciliation, médiation et arbitrage), mais ces dispositifs ne fonctionnent pas. Peut-être faut-il y voir un manque de culture de la négociation et du compromis chez les partenaires sociaux en France et penser que la conception française du conflit repose surtout sur les rapports de forces et leur confrontation.

Ce qui semble fonctionner au contraire, ce sont des modes de règlement qui s'établissent en marge des dispositifs offerts par le

---

[24] J.-D. Combrexelle, *La négociation collective, le travail et l'emploi*, rapport au Premier ministre, *LdF* Paris 2015, 140 p.

[25] Résolution de la Conférence générale de l'OIT concernant le tripartisme et le dialogue social (2002) ; la convention OIT n° 154 sur la négociation collective de 1983 insiste aussi sur le rôle des autorités publiques. De même, en droit de l'Union européenne, la notion de dialogue social est centrée sur la consultation des partenaires sociaux et leur participation aux politiques de l'emploi.

législateur, non pas de manière illicite, mais selon des modalités que le législateur n'a pas prévues. Par exemple, les parties en conflit font appel à un inspecteur du travail pour les conseiller et tenter de rapprocher leurs points de vue[26], à moins qu'elles fassent appel à un juge pour trancher un point de droit particulier - mais à cette occasion, génèrent une discussion plus large qui débouchera peut-être sur un accord. Ces expressions diverses du dialogue social dans les conflits collectifs mériteraient un cadre juridique mieux construit, à l'instar de ce qui existe dans d'autres pays[27]. Mais paradoxalement, alors que les partenaires sociaux déplorent les dégâts causés aux travailleurs et aux entreprises par des grèves dont la durée et l'issue sont difficiles à contrôler, ils ne semblent pas réclamer l'instauration d'une réglementation du dialogue social dans les conflits collectifs, ni être capables de le faire eux-mêmes par la négociation collective.

B - Les nouvelles formes de négociation collective

Depuis longtemps, on observe la pratique qui consiste à négocier des accords d'entreprise avec des représentants élus du personnel. Ces accords atypiques ont pendant un temps posé une difficulté, car le principe de monopole que la loi accordait aux syndicats s'opposait à ce qu'on les puisse les considérer comme des accords collectifs valides. Une solution aurait consisté à les déclarer nuls et sans effet, puisque les conditions de validité prévues par la loi n'étant pas respectées ; mais la jurisprudence a préféré déclarer simplement sans valeur[28] la signature des représentants élus du personnel, tout en conservant l'effet de la signature de l'employeur : n'étant pas des conventions collectives, ils peuvent néanmoins être appliqués à titre d'engagements unilatéraux de l'employeur et en suivre le régime.

La loi a ensuite admis plus facilement que l'employeur puisse négocier des accords avec d'autres représentants, spécialement lorsque

[26] Ph. Auvergnon, « L'intervention médiatrice de l'administration du travail dans les conflits collectifs », *Droit ouvrier,* 2003, p. 501.
[27] F. Petit (dir.), *Le règlement amiable des différends sociaux : étude juridique France, Espagne, Québec*, L'Harmattan, 2007, 270 p.
[28] Cass. soc. 18 mars 1997, *Droit social,* 1997. 546, note G. Couturier et J. Savatier ; Cass. soc. 4 février 2003, *Droit social* 2003, p. 532 note C. Radé.

l'entreprise est petite et qu'elle ne comporte pas de représentants syndicaux. Parfois, le législateur admet que l'accord peut être conclu avec un salarié mandaté, qui représente le syndicat, mais sans détenir toutes les attributions d'un délégué syndical. Cette modalité, initiée à titre expérimental en 1996[29], utilisée lors de la réduction du temps de travail à 35 heures[30] et développée en 2004[31] puis en 2008[32], a été perfectionnée par la loi du 17 août 2015[33], qui s'efforce de faciliter cette forme dérogatoire de négociation, en permettant de négocier avec des représentants élus du personnel, avec des salariés mandatés par une organisation syndicale[34] ou avec le représentant de la section syndicale[35]. Puis la loi du 8 août 2016 a généralisé la possibilité de conclure des accords avec un salarié mandaté sur toutes les mesures relevant de la négociation d'entreprise, quitte à réserver le domaine de l'ordre public et préciser ce qui relève du conventionnel et du supplétif[36].

L'ouverture du champ du dialogue social se manifeste enfin par l'apparition de la négociation collective dans la fonction publique. Certes, les agents qui sont au service des collectivités publiques ne sont pas assujettis au droit du travail. Ils sont soumis à un statut réglementé par la loi, non négocié, où les syndicats jouent un rôle limité. Un certain paritarisme s'exprimait toutefois de plus en plus, depuis l'établissement de comités techniques paritaires, que l'autorité administrative devait consulter dans certains domaines et qui rendait

---

[29] Loi n° 96-985 du 12 novembre 1996 relative à l'information et à la consultation des salariés dans les entreprises et les groupes d'entreprises de dimension communautaire, ainsi qu'au développement de la négociation collective.

[30] Loi n° 2000-37 du 19 janvier 2000 relative à la réduction négociée du temps de travail.

[31] Loi n° 2004-391 du 4 mai 2004 relative à la formation professionnelle tout au long de la vie et au dialogue social.

[32] Loi n° 2008-789 du 20 août 2008 portant rénovation de la démocratie sociale et réforme du temps de travail.

[33] Loi n° 2015-994 du 17 août 2015 relative au dialogue social et à l'emploi.

[34] Article L. 2232-21 du Code du travail.

[35] Article L. 2143-23 du Code du travail. La validité de l'accord dépend lors de sa ratification par les salariés, à la majorité des suffrages exprimés (article L. 2232-14 du Code du travail).

[36] Loi n° 2016-1088 du 8 août 2016 relative au travail, à la modernisation du dialogue social et à la sécurisation des parcours professionnels, dite « loi travail » ou « El Khomri » : article L. 2232-24-1 du Code du travail.

des avis, des propositions et des recommandations, mais sans que l'administration ait l'obligation de les suivre. Le modèle s'est fissuré ensuite quelque peu, car des réformes ont nécessité des négociations préalables avec les syndicats, même si les accords conclus sur cette base n'avaient encore jamais été reconnus comme ayant une force juridique quelconque[37]. C'est la loi du 5 juillet 2010 relative à la rénovation du dialogue social dans la fonction publique qui décline les accords de Bercy du 2 juin 2008[38] : le champ de la négociation n'est désormais plus cantonné à la seule question des rémunérations, l'accès des syndicats à la table des négociations est conditionné par leur score électoral et la validité de l'accord dépend du nombre de voix recueillies par ses signataires aux dernières élections. Ces dispositions, radicalement nouvelles, montrent comme le droit du travail a pénétré la forteresse, à moins qu'on préfère parler de « mimétisme »[39].

Ces transformations conduisent à s'écarter des schémas classiques de la négociation collective. On peut douter qu'elles soient de nature à affecter profondément les pratiques des partenaires sociaux ; mais elles ne sont pas contraires à la nécessité démocratique de faire vivre le dialogue social.

---

[37] CE, 27 octobre 1989, Syndicat national des ingénieurs des études et de l'exploitation de l'aviation, *Recueil Lebon*, 1989, p. 766.

[38] Comme la loi du 20 août 2008 découle de la « *Position commune* » du 10 avril 2008.

[39] A. Supiot, « La crise de l'esprit de service public », *Droit social* 1989, p. 777.

LE DIALOGUE SOCIAL EN ESPAGNE

José Luis GIL y GIL[1]

En Espagne, depuis la transition démocratique débutée en 1975 après la mort du général Franco, une politique de dialogue et de « concertation sociale » et de recherche d'accord avec les syndicats les plus représentatifs a été développée. Elle a été accompagnée et facilitée par le passage d'un syndicalisme de type révolutionnaire à un syndicalisme de négociation. Il n'y a pas qu'en Espagne que le dialogue ou la concertation sociale sont aujourd'hui envisagés essentiellement comme des techniques permettant l'acceptation préalable des dispositions de la loi par ses destinataires ; toutes sortes de procédés de type plus ou moins conventionnel préparant la procédure parlementaire d'approbation de la loi sociale, ont ainsi aujourd'hui le vent en poupe[2]. La négociation de toute ou partie d'une loi sociale est un signe distinctif des pratiques néo-corporatistes actuelles. Malgré les critiques développées, notamment au titre de la séparation des pouvoirs, de telles tendances se sont imposées ; on ne rappellera pas ici l'importance qui leur est accordées, y compris en droit social de l'Union Européenne[3]. On s'attachera dans un premier temps à tenter de cerner le concept de dialogue social (I) avant, dans un second temps, de traiter de l'application du dialogue social en tant que méthode (II).

I – LE CONCEPT DE DIALOGUE SOCIAL

Il est certain qu'il existe différentes définitions du concept de dialogue social[4]. Il paraît toutefois nécessaire d'en avoir une approche

[1] Professeur de droit du travail à Université d'Alcalá de Henares

[2] *Cf.* St. Rodotà, *Repertorio di fine secolo*, Laterza, Roma-Bari, 1992, p. 156 et s.

[3] *Cf.* les articles 154 et 155 du traité sur le fonctionnement de l'Union Européenne.

[4] *Cf.* not. M. Ozaki et M. Rueda-Carty, « Le dialogue social : aperçu international », in *Syndicats et dialogue social : situation actuelle et perspectives d'avenir*,

large telle que celle proposée par l'Organisation internationale du Travail (A). Plus que la définition ce sont ici les conditions préalables au dialogue social et ses modalités qui doivent être soulignées (B).

A – La définition retenue

Il convient, à notre sens, de s'en tenir à la définition offerte par l'OIT[5]. Celle-ci entend le dialogue social comme incluant tous les types de négociation, de consultation ou simplement d'échange d'informations entre les représentants des gouvernements, des employeurs et des travailleurs sur des questions présentant un intérêt commun relatives à la politique économique et sociale. Le dialogue social peut ainsi se présenter sous la forme d'un processus tripartite, dans lequel le gouvernement participe officiellement au dialogue, ou de relations bipartites entre les syndicats et les organisations d'employeurs. L'OIT considère le dialogue social comme une structure et un processus susceptible de contribuer à résoudre des questions économiques et sociales importantes, à promouvoir la bonne gouvernance, à favoriser la paix et la stabilité sociales, et à stimuler

---

Education ouvrière, 2000/3, n° 120, BIT Genève, 2000, pp. 1 à 10 ; M. Quiñones, « Las nuevas dimensiones del diálogo social », in *Boletín Cinterfor*, n° 156, 2005 p. 9 ; R. D. Otero, « El diálogo social: fundamentos y alternativas », in *Boletín Cinterfor*, n° 156, 2005, p. 107 ; O. Ermida, « Dialogue social: théorie et pratique », in *Syndicats et dialogue social : situation actuelle et perspectives d'avenir*, *Education ouvrière*, 2000/3, n° 120, BIT, Genève, pp. 51 à 60 ; O. Ermida, « Diálogo social: teoría y práctica », in *Boletín Cinterfor*, núm. 157, 2006, pp. 11-25 ; E. Goldstein, « Diálogo social y Seguridad Social en el Uruguay del siglo XXI », in *Boletín Cinterfor*, n° 157, 2006, p. 98 et s. ; J. Cruz, « Une caractérisation de la concertation sociale en Espagne », in Ph. Martin (dir.), *Le dialogue social, modèles et modalités de la régulation juridique en Europe*, Presses Universitaires de Bordeaux, 2007, pp. 131-174.

[5] *Cf.* OIT, « Dialogue social » (http://www.ilo.org) ; OIT, *Dialogue social. Discussion récurrente en vertu de la Déclaration de l'OIT sur la justice sociale pour une mondialisation équitable*, CIT, 102ème session, 2013, Rapport VI, ILC.102/VI, BIT, Genève, p. 5, § 15 et 16 ; OIT, *Le dialogue social tripartite au niveau national. Guide de l'OIT pour une meilleure gouvernance*, BIT, Genève, p. 12; voir aussi : R. Hessel, *Analyse comparative du dialogue social dans les administrations centrales des États membres de l'UE*, Étude de la présidence de l'UE, DGAFP, coll. Études et Perspectives, 2008, p. 8.

l'économie[6]. Dans la perspective de l'OIT, le dialogue social est une méthode et une fin en soi[7] et, depuis 1999, l'un des éléments du concept de travail décent[8].

Le dialogue social, saisi sous l'angle de l'une de ses manifestations possibles, se définit comme une activité de création de normes juridiques qui tend à se voir assimilée à la négociation collective. À travers le dialogue social, les représentants des syndicats et des employeurs peuvent conclure des accords pour organiser la négociation collective ou réglementer un sujet particulier, tel que la résolution des conflits collectifs. Parfois, et notamment quand l'État participe à la négociation, les parties du dialogue social aspirent à voir les accords conclus repris par le législateur ; la force de la norme juridique dépend dès lors du consensus obtenu, lequel exige que les

---

[6] L'OIT a réaffirmé le dialogue social comme modèle de gouvernance en plusieurs occasions (*Cf.* OIT, *Dialogue social (...), op. cit.*, p. 6, § 19, renvoyant à : BIT, *Résolutions (et conclusions) concernant la consultation tripartite au niveau national sur la politique économique et sociale*, CA 267ème session, Genève, 1996, document GB.267/ESP/3/1; BIT, *Suite à donner aux résolutions adoptées par la Conférence internationale du Travail à sa 90ème session*, CA 285ème session, Genève, 2002, document GB.285/7/1; Commission mondiale sur la dimension sociale de la mondialisation, *Une mondialisation juste : Créer des opportunités pour tous, BIT* Genève, BIT, 2004 p. 55, § 240. En 2008, il a été rappelé que « *le tripartisme et le dialogue social entre les gouvernements et les organisations d'employeurs et de travailleurs sont essentiels pour maintenir la cohésion sociale et traduire le développement économique en progrès social* » (*Cf.* OIT, *Déclaration de l'OIT sur la justice sociale pour une mondialisation équitable,* CIT 97ème session, *10 juin 2008*, BIT, Gèneve, Préface). En 2009, le Pacte mondial pour l'emploi a souligné que le dialogue social « *permet d'asseoir la détermination des employeurs et des travailleurs à mener avec les gouvernements l'action commune requise pour surmonter la crise dans l'optique d'une reprise durable* » (OIT, *Surmonter la crise : Un Pacte mondial pour l'emploi,* CIT 98ème session, 19 juin 2009, BIT, Genève, § 16). Voir également : BIT, *Plan d'action (2010-2016): Pour une large ratification et une application effective des conventions de gouvernance,* Genève, 2011, p. 7).

[7] J. L. Gil et T. Ushakova, « Le dialogue social sur le mode de l'OIT: consolidation et promotion du tripartisme », in Ph. Martin (dir.), *Le dialogue social, modèles et modalités de la régulation juridique en Europe, op. cit.*, pp. 97-130.

[8] OIT, *Un travail décent. Rapport du Directeur général*, Conférence internationale du Travail, 87ème session, juin 1999, Rapport I, ILO, Genève, 98 p. ; J. L. Gil, « Concepto de trabajo decente », in *La promoción del trabajo decente como respuesta de la OIT ante la crisis económica y financiera, Relaciones Laborales*, 2012 n° 15-18, pp. 77-120.

destinataires de la norme participent à son élaboration[9]. En ce sens, les débats doivent favoriser la coopération des protagonistes[10]. Précisément, le développement d'un droit négocié suppose le dépassement du droit formel libéral, mais aussi du droit matériel de l'État social. De fait, dans le domaine de la politique sociale, se propage de plus en plus largement l'idée selon laquelle une législation efficace, c'est-à-dire pertinente au regard de la réalité économique et sociale, pour cette raison, légitime, doit avoir l'assentiment des partenaires sociaux[11].

L'influence de la notion de *consensus* pénètre ainsi dans les ordres juridiques nationaux. En raison de circonstances diverses, et notamment des exigences de la participation et de la délibération pour une confrontation dans l'expression de la volonté politique au sein des démocraties occidentales, les organes de gouvernement en sont venus, souvent, à renoncer à l'*imperium* et à composer avec différents acteurs sociaux et forces sociales (organisations patronales, syndicats, ordres professionnels, associations et groupes d'intérêts divers) afin d'éviter le conflit ouvert avec ces derniers. C'est ainsi qu'on a recouru à des solutions de *consensus* qu'on pensait, jusqu'il y a peu, réservées au domaine de l'ordre international. Au plan interne, le phénomène a été essentiellement circonscrit au dialogue social en ce qui concerne l'entreprise et les relations de travail. Néanmoins, il faut constater que les instances du dialogue social sont parfois des organes de conciliation intervenant à un moment donné dans le processus

---

[9] J. Habermas, *Faktizität und Geltug. Beiträge zur Diskurstheorie des Rechts und des demokratischen Rechtsstaats,* 1992. Il existe une traduction française sous le titre *Droit et démocratie. Entre faits et normes*, Gallimard, Paris, 1997, 554 p.

[10] Avec beaucoup de scepticisme, Jean-Michel Bonvin écrit à ce sujet : « *La raison communicationnelle de Habermas apparaît par trop déconnectée de la réalité sociologique et les fonctionnaires du Bureau doivent déployer de nombreux efforts pour parvenir à concrétiser l'idéal plus modeste de la collaboration entre les parties à la négociation* » (J.-M. Bonvin, *L'Organisation international du travail*, Puf, Paris, 1998, p. 325.

[11] St. Rodotà, *Repertorio di fine secolo, op. cit.*, p. 156; A. Supiot, « La loi dévorée par la convention ? », in Ph. Gérard, F. Ost et M. van de Kerchove, (dir.), *Droit négocié, droit imposé ?*, Facultés universitaires Saint-Louis, Bruxelles, 1996, pp. 631 à 642; M. Ozaki et M. Rueda-Catry, « Le dialogue social : aperçu international », in *Syndicats et dialogue social : situation actuelle et perspectives d'avenir, Education ouvrière*, 2000/3, n° 120, BIT Genève, pp. 1 à 10.

d'élaboration des normes étatiques. C'est le cas, en Espagne, du Conseil économique et social.

Ainsi, le terme de « dialogue social » peut être distingué de celui de « concertation sociale ». Parmi les éléments qui caractérisent la concertation sociale, il y a le fait qu'on présuppose une participation de l'État dans les négociations et les accords avec les organisations représentant les intérêts des travailleurs et des employeurs ; il y a là le plus souvent une méthode visant à incorporer ultérieurement les accords conclus dans le droit étatique, ce qui revient à consacrer des modèles « néo-corporatistes » de relations professionnelles[12]. La concertation sociale se caractérise donc, entre autres éléments de définition, par la présence de l'État et par la finalité poursuivie, à savoir l'échange politique[13]. Selon les sujets qui interviennent dans la concertation, celle-ci peut être tripartite, si se trouvent représentés à la fois l'État, les syndicats et les associations d'employeurs, ou bien bipartite, si l'État négocie seulement avec les syndicats ou seulement avec les associations d'employeurs[14]. La forme la plus usuelle de la concertation sociale est la forme tripartite. En général, la concertation sociale se passe au niveau national et interprofessionnel, ce qui n'est pas nécessairement le cas du dialogue social. Dans les développements qui suivront, nous considérerons le dialogue social tantôt dans sa forme bipartite, tantôt dans sa forme tripartite, car il ne suppose pas nécessairement un échange politique[15].

Il faut peut-être distinguer le dialogue social au sens strict du terme des autres formes de négociation collective et d'information, consultation et participation des salariés dans l'entreprise. Dans le

---

[12] *Cf.* not. M. Alonso Olea et M. E. Casas Baamonde, *Derecho del Trabajo*, 21ª edición, Civitas, Madrid, 2003, spéc. p. 884.

[13] *Cf.* M. A. Solans, *Concertación social y otras formas de neocorporativismo en España y en la Comunidad Europea*, Tecnos, Madrid, 1995, p. 68.

[14] *Cf.*, pour tous ces cas de figure, M. A. Solans, *Concertación social y otras formas de neocorporativismo en España y en la Comunidad Europea*, *op. cit.*, 1995, p. 73.

[15] Sur la concertation sociale : A. Espina, *Concertación social, neocorporativismo y democracia*, Ministerio de Trabajo y Seguridad Social, Madrid 1991, 326 p.; AA.VV., *Parlamento e concertazione. Atti dell'incontro di studio, Roma, 18 febbraio 1999, CNEL*, Cedam, Padova 1999, 141 p. ; U. Romagnoli, « La concertación social en Europa : luces y sombras », *Revista de Derecho Social*, 2004, nº 26, pp. 11 à 20.

concept de dialogue social, au moins celui proposé par l'OIT, il y a une dimension qui n'est pas nécessairement présente dans ses autres formes : le fait que l'échange d'informations, la consultation ou la négociation portent sur des questions relatives à la politique économique et sociale. Enfin, il faut distinguer le dialogue social en tant que méthode de traitement de certains sujets par les interlocuteurs sociaux et en tant que résultat d'un processus. Il ne faut pas confondre le dialogue social en tant que processus avec les produits de la négociation, tels que les procédures de médiation, conciliation et arbitrage. Ainsi, en Espagne, les syndicats les plus représentatifs CCOO[16] et UGT[17] et les associations patronales CEOE[18] et CEPYME[19] ont conclu un accord cadre concernant la résolution autonome des conflits collectifs de travail[20]. De fait, les sujets traités et les accords possibles sont très variés : lignes directrices de la négociation, pactes pour influencer les décisions politiques, ou matières spécifiques telles que le règlement des conflits,... En tout cas, même si le dialogue social n'aboutit pas à un résultat concret, il est important en lui-même et a une valeur non négligeable. Même si les parties n'arrivent pas à un accord, il sert à rationaliser, à canaliser le conflit et à préserver la paix sociale.

B – Les conditions et modalités

Les conditions minimales nécessaires au dialogue social sont, selon l'OIT, essentiellement au nombre de quatre : en premier lieu, il faut des organisations de travailleurs et d'employeurs fortes et indépendantes, qui aient la capacité technique et l'accès aux informations pertinentes de manière à assurer une participation effective ; en deuxième lieu, il doit exister une volonté politique affirmée d'engager le dialogue social de la part de toutes les parties; en troisième lieu, il doit y avoir consensus sur le respect des droits

[16] Lire : Commissions ouvrières.

[17] Union Générale des travailleurs.

[18] Confédération espagnole des organisations entrepreneuriales (Grandes entreprises).

[19] Confédération espagnole des petites et moyennes entreprises.

[20] *Cf.* Résolution du 10 février 2012 de la Direction Générale de l'Emploi, qui enregistre et publie le Vème accord sur le règlement autonome des conflits du travail.

fondamentaux que sont la liberté syndicale et la négociation collective ; en dernier lieu, la volonté de dialogue doit bénéficier d'un soutien institutionnel approprié[21]. Le droit peut donc contribuer à créer les conditions de base du dialogue social, en protégeant le droit fondamental de la liberté syndicale, en reconnaissant le droit à la négociation collective et en offrant un cadre juridique et institutionnel. En toute hypothèse, il faut à notre sens une approche du dialogue social qui soit fondée sur les droits. Il faut en effet se rappeler que les droits ne tombent pas du ciel. En reprenant le titre de l'un des ouvrages de Jhering, la lutte pour le droit est une nécessité[22]. Par ailleurs, il faut souligner qu'il y a une indivisibilité et une interdépendance entre les droits civils et politiques et les droits sociaux[23]. Là où le respect des droits essentiels à tout État de droit n'existe pas, le dialogue social ne peut pas se développer. Réciproquement, là où il n'y a pas de dialogue social, on ne peut parler de véritable État social et démocratique de droit[24].

Dans l'approche de l'OIT, le dialogue social est l'un des éléments de la notion de travail décent, à côté des principes et des droits fondamentaux aux travail, de l'emploi et la protection sociale, avec l'objectif transversal d'égalité et de non-discrimination[25]. Il y a, là aussi, un rapport d'interdépendance entre ses éléments[26]. Cependant,

---

[21] *Cf.* not. J. Cruz, « Une caractérisation de la concertation sociale en Espagne », *op. cit.*, p. 143.

[22] R. von Jhering, *Der Kampf um's Recht (1872)*, in F. Ermacora (Her.), *Zum hundertsten Todesjahr des Autors, Propyläen Verlag*, Berlin, 1992, 158 p.

[23] *Cf.* Conférence mondiale sur les Droits de l'Homme, *Déclaration et programme d'action de Vienne adoptés par la Conférence mondiale sur les droits de l'homme le 25 juin 1993*, in *Déclaration et programme d'action de Vienne. 20 ans au travail pour vos droits*, Haut-Commisariat des Nations Unies aux Droits de l'Homme, 2013, Point I, 5.

[24] Le dialogue social permet la participation des représentants des travailleurs et des employeurs dans un État social et démocratique de droit.

[25] OIT, *Déclaration de l'OIT sur la justice sociale pour une mondialisation équitable, op. cit.*, I, A) et B)

[26] Les quatre objectifs stratégiques « *sont indissociables, interdépendants et se renforcent mutuellement. Toute défaillance dans la promotion de l'un d'eux porterait préjudice à la réalisation des autres. Pour avoir un impact optimal, les efforts visant à les promouvoir devraient s'inscrire dans une stratégie globale et intégrée de l'OIT en faveur du travail décent. L'égalité entre hommes et femmes et*

le droit ne peut créer ou imposer le dialogue social. Pour dialoguer, il faut tout d'abord un ou des interlocuteurs indépendants. Il faut aussi la volonté politique d'engager le dialogue mais aussi de construire une culture du dialogue social. Il est donc essentiel que les gouvernements et les interlocuteurs sociaux prennent conscience de l'intérêt et de l'importance du dialogue social, qu'ils fassent le choix d'y recourir en tant que méthode utile à la préservation de la paix sociale, à la promotion de la justice sociale, à l'amélioration de l'efficacité et de la légitimité des normes du travail, y compris aujourd'hui pour faire face aux défis de la globalisation et de la crise économique.

Quant aux formes du dialogue social, l'OIT n'impose pas un modèle unique. Elle admet des variantes d'un État à l'autre, en fonction des nécessités et des particularités du système juridique national. En définitive, le dialogue social peut correspondre à un processus tripartite associant officiellement le gouvernement ou bien bipartite avec ou sans participation indirecte de l'État. En ce sens, il convient de prendre en considération une différence par rapport à l'Union Européenne. En droit social de l'Union Européenne, le dialogue social bipartite, voir *autonome*, semble être plus valorisé que le dialogue social « multipartite », dans la mesure où il constitue le meilleur moyen pour définir de nouveaux équilibres entre flexibilité et sécurité[27].

Cependant, l'OIT souligne que pour que le dialogue social fonctionne, l'État ne peut pas rester passif, même s'il n'est pas un intervenant direct dans le processus. Il a pour mission de créer un climat politique et civil stable qui permette aux organisations d'employeurs et de travailleurs autonomes de négocier librement, sans crainte de représailles. Même lorsque les relations dominantes sont officiellement bipartites, il faut que l'État fournisse un soutien essentiel aux actions des parties en mettant à leur disposition le cadre

la non-discrimination doivent être considérées comme des questions transversales aux objectifs stratégiques mentionnés précédemment » OIT, *op. cit.*, I, B.

[27] *Cf.* Communication de la Commission « Le dialogue social européen, force de modernisation et de changement », du 26 juin 2002 [COM (2002) 341 final]. Consultable sur : http://eur-lex.europa.eu/legal-content/FR/TXT/?uri=URISERV%3Ac10716.

juridique, institutionnel et autre qui leur permette d'agir efficacement[28].

De fait, dans le cadre de son activité normative, l'OIT crée des instruments destinés à consolider et développer le dialogue social, en particulier, ce qui est logique, dans sa forme tripartite. Les actes les plus liés à cette question ont été adoptés dans la période postérieure à la Seconde Guerre mondiale, avec l'élaboration et l'incorporation à la Constitution de l'OIT de la Déclaration de Philadelphie. A partir de là, les droits de l'Homme ont commencé à occuper une place centrale dans l'œuvre de l'Organisation. Dans ce contexte, ont été adoptées une série de conventions et de recommandations, en particulier la convention nº 87 de 1948 sur la liberté syndicale et la protection du droit syndical, la convention nº 98 de 1949 sur le droit d'organisation et de négociation collective, et la recommandation nº 113 de 1960 sur la consultation aux échelons industriel et national ; ces instruments « *affirment le droit des employeurs et des travailleurs d'établir des organisations libres et indépendantes et demandent que des mesures soient prises pour promouvoir des consultations efficaces au niveau national entre les autorités publiques et les organisations d'employeurs et de travailleurs [...].* »[29]. Enfin, ont été adoptées la convention nº 144 en 1976, sur les consultations tripartites relatives aux normes internationales du travail, et la recommandation nº 152, de la même année, sur les consultations tripartites relatives aux activités de l'OIT.

Sans nous attarder sur la façon dont le droit de l'Union Européenne encourage le dialogue social bipartite ou autonome[30], nous allons traiter de l'application de la méthode du dialogue social en Espagne.

---

[28] BIT, Dialogue social, *op. cit.*

[29] Préambule de la convention OIT nº 144, consultable sur http://www.ilo.org.

[30] *Cf.* not. J. L. Gil et T. Ushakova, « Le dialogue social sur le mode de l'OIT: consolidation et promotion du tripartisme », *op. cit.*, p. 111 et s.

II – L'APPLICATION DE LA MÉTHODE

En Espagne, il y a eu, dans les dernières décennies, des périodes de dialogue et de confrontation (A) et on pratique plusieurs types de dialogue social (B).

A – La confrontation et le dialogue

En ce qui concerne le développement du dialogue social en Espagne, certaines études distinguent trois stades : un premier temps de 1977 à 1986 ; une période de confrontation de 1986 à 1994 et la consolidation du dialogue social de 1994 à aujourd'hui. Un autre point de vue, se chevauchant quelque peu avec le précédent, met en relief les périodes les plus fécondes de dialogue social : une première phase, allant de 1977 à 1986, caractérisée par de grands pactes sociaux, une deuxième phase de 1994 à la fin de 1997, une troisième phase initiée par les élections législatives de 2004 et se poursuivant jusqu'au début de la dernière crise économique[31]. Une innovation majeure a en effet eu lieu en 2004 avec la signature d'un accord-cadre, passé en début de législature par le gouvernement et les partenaires sociaux[32]. Rédigé à l'initiative du gouvernement mais à l'issue de discussions tripartites approfondies, il intégrait d'une part un diagnostic sur les défis à relever dans le champ économique et social, d'autre part un agenda de réformes présenté par thèmes, et, pour ces thèmes, la répartition entre les champs réservés au bipartisme ou au tripartisme dès lors que le sujet impliqué l'État, singulièrement du fait des conséquences sur les finances publiques. De plus, le gouvernement d'alors, celui de Monsieur José Luis Zapatero, avait annoncé d'entrée de jeu son

---

[31] J. Aragón *et alii*, *La concertación social territorial en España. Una aproximación a los acuerdos autonómicos*, CCOO, Fundación 1er de Mayo, Doc. 2/2008, p. 7; J. I. Pérez Infante, « La concertación y el diálogo social en España: 1977-2007 », *Revista del Ministerio de Trabajo e Inmigración*, 2009, n° 81, p. 43; L. Munduate, A. García, E. Pender, P. Elgoibar et F. Medina, « Capítulo 11: Spain. El rol de los representantes de los trabajadores en España. ¿Cuáles son las expectativas de los directivos ? », version espagnole du chapitre 11 « Spain », in M. Euwema, *et alii* (eds.), *Promoting Social Dialogue in European Organizations*, Springer Publisher, 2014.

[32] *Cf. Competitividad, empleo estable y cohesión social. Declaración para el Diálogo Social 2004* (www.cntvalladolid.es/declaracion-para-el-dialogo-social).

intention de ne pas légiférer en cas d'absence d'accord des partenaires sociaux, donnant ainsi une importance toute particulière aux discussions qui s'engageaient. Sous cet « accord chapeau », plus d'une dizaine d'accords ont été passés entre 2004 et 2006, certains de portée majeure ont notamment concerné l'immigration de travailleurs, la formation professionnelle, la modernisation du service public de l'emploi, la prise en charge de la dépendance, la sécurité sociale, le salaire minimum et l'égalité hommes / femmes. De même ainsi a été initiée une réforme globale du contrat de travail portant à la fois sur le contrôle du recours au contrat à durée déterminée, sur les indemnités de licenciement et les cotisations d'assurance chômage.

On observe que le succès du dialogue social n'est pas nécessairement lié à l'idéologie du parti au pouvoir. Dans la première phase des gouvernements socialistes, qui a commencé en 1982 pour se terminer en 1996, il y a eu une période de dialogue social jusqu'en 1986, et une autre, plus conflictuelle, jusqu'en 1994[33]. À l'époque des gouvernements Aznar (1996-2004), avec le Parti populaire, les quatre premières années ont été fécondes dans le domaine du dialogue social. En revanche, les quatre dernières ont été marquées par une dégradation de la paix sociale[34]. Dans le gouvernement socialiste de Zapatero (2004-2011), le dialogue social a commencé à s'affaiblir en raison notamment du contexte de crise financière et économique[35]. Plus récemment, avec les gouvernements de Mariano Rajoy, on a vu

---

[33] Entre 1986 et 1994, les syndicats les plus représentatifs CCOO et UGT ont déclenché trois grèves générales : le 14 décembre 1988 contre la réforme du marché du travail; le 28 mai 1992 contre la réforme des allocations de chômage et le 27 janvier 1994 contre la réforme du marché travail.

[34] *Cf.* not. Ph. Auvergnon et J. L. Gil, « Le droit social espagnol au temps des gouvernements Aznar », *Droit Social* 2004, pp. 1011-1020. Le 20 juin 2002, CCOO et UGT ont appelé à une grève générale contre la réforme des allocations de chômage par le gouvernement conservateur de José María Aznar. Le 10 avril 2003, l'UGT, des fédérations des CCOO, la CGT et la CNT ont déclenché une grève générale contre la participation de l'Espagne dans la guerre en Irak et ses conséquences socio-économiques.

[35] Entre 2010 et 2012, les syndicats les plus représentatifs CCOO et UGT ont convoqué trois grèves générales pour protester contre les réformes du marché du travail : le 29 septembre 2010, le 29 mars 2012 et le 14 novembre 2012. En outre, les syndicats ELA, LAB, CIG, CGT et CNT ont convoqué une grève générale le 27 janvier 2011 contre la réforme des pensions.

échouer le dialogue social[36] et imposer, par le Parti populaire, une réforme du marché du travail ayant donné lieu à deux grèves générales[37]. À cet égard, on observera qu'il est difficile d'établir une relation entre crise économique et dialogue social. Cependant, en Espagne, face à l'importance du dialogue social tout au long de la transition démocratique, il convient de noter son relatif effacement depuis la récente crise financière et économique[38].

B – Les types de dialogue

En pratique, on rencontre des formes de dialogue social bipartite et tripartite, fonctionnant avec un grand pragmatisme et une absence de formalisme, ainsi qu'un dialogue social institutionnalisé au sein d'organes tels que le Conseil économique et social[39]. En Espagne, comme dans la majorité des systèmes juridiques européens, on recourt à un *dialogue social bipartite* ou autonome entre organisations syndicales et patronales. Le Statut des travailleurs fait une distinction entre les conventions ou les accords-cadres[40] et les accords thématiques[41]. Le but spécifique des conventions ou des accords-cadres est la mise en place d'un ensemble de règles ou de critères pour un champ d'application donné, ou bien l'orientation de la négociation d'accords à des niveaux inférieurs. Il peut en aller ainsi à propos des salaires, de la protection sociale complémentaire, de l'emploi et du

---

[36] La prévision d'un délai pour les négociations des interlocuteurs est une arme à double tranchant. Ça peut décourager le dialogue social, quand l'une des parties compte avec la complicité du gouvernement.

[37] Les grèves ont eu lieu le 29 mars 2002, pour protester contre la réforme du 19 février, et le 14 novembre 2012, pour contester les politiques sociales du gouvernement.

[38] Néanmoins, l'OIT souligne que le dialogue social est un processus constructif permettant d'optimiser l'impact des mesures anticrise prises pour répondre aux besoins de l'économie réelle, et que l'instauration d'une culture de dialogue social est particulièrement utile en temps de crise (*Cf.* OIT, *Surmonter la crise: Un Pacte mondial pour l'emploi, op. cit., II)*. Sur le dialogue social en tant qu'instrument pour faire face à la crise financière et économique : OIT, *Dialogue social. Discussion récurrente en vertu de la Déclaration de l'OIT sur la justice sociale pour une mondialisation équitable*, 2013, *op. cit.*

[39] Il ne faut pas trop pousser la distinction : Il y a des accords tripartites comportant une « partie bipartite ». C'est le cas, par exemple, de l'accord social et économique du 2 février 2011 pour la croissance, l'emploi et la garantie des retraites.

[40] Article 83.2 du Statut des travailleurs.

[41] Article 83.3.

recrutement, de l'égalité de traitement et des chances, de santé et sécurité au travail, et même de structure et de processus de la négociation collective. En général, ces conventions ou accords-cadres ont un caractère interprofessionnel ; ils peuvent également être négociés pour un seul secteur, voire à un niveau inférieur (par exemple, un groupe de sociétés). Un des derniers est l'accord national pour l'amélioration de l'emploi et la négociation collective de 2015-2017, signé le 8 juin 2015 par les syndicats les plus représentatifs UGT et CCOO et les organisations patronales CEOE et CEPYME[42].

De leur côté, les accords thématiques ont un contenu circonscrit à un sujet particulier ou à quelques matières précisément identifiées. Leur but est de fournir une réglementation commune, et parfois pas trop détaillée, sur un sujet donné, lequel est susceptible, parfois, d'être développé ou complété à des niveaux inférieurs. Généralement, ils ont une nature interprofessionnelle, mais ils peuvent aussi être signés pour un secteur ou pour une entreprise. Des accords interprofessionnels sur des questions spécifiques ont été, par exemple, signés ces vingt dernières années à propos des lacunes de couverture conventionnelle (AICV)[43], sur la formation professionnelle continue (ANFC)[44] ou encore que les modes extra-judiciaires de règlement des conflits du travail (ASAC-V 2012)[45]. Ceci étant, de nombreux accords interprofessionnels témoignent d'une nature quelque peu « mixte », associant normes substantielles et normes « cadres » ou d'orientation de négociations de niveaux inférieurs.

---

[42] Résolution du 15 juin 2015 de la Direction Générale de l'Emploi, enregistrant et publiant le IIIème accord pour l'emploi et la négociation collective 2015, 2016 et 2017 (*BOE* du 20 juin 2015).

[43] Résolution du 13 mai 1997, de la Direction Générale de Travail, qui enregistre et publie l'accord sur la couverture des vides de la négociation collective (*BOE* du 9 juin 1997).

[44] L'accord national de formation IV, bipartite, a été signé le 1er février 2006, avec une durée jusqu'au 31 décembre 2010, et a été prolongé. Le contenu de cet accord a été recueilli et développé par l'accord de formation pour l'emploi, tripartite, qui a été signé le 7 février 2006, avec une durée indéterminée.

[45] Résolution du 10 février 2012 de la Direction Générale de l'Emploi qui enregistre et publie le Vème accord sur le règlement autonome des conflits du travail (*BOE* du 23 février 2012).

Il arrive, dans certains cas, que soit repris par le législateur le contenu d'un accord bipartite. Ainsi, l'accord interprofessionnel du 7 avril 1997, intitulé « Pour la stabilité de l'emploi », et signé par les principales organisations patronales - CEOE et CEPYME – et les syndicats les plus représentatifs - CCOO et UGT -, a fait l'objet d'un décret-loi n° 8 du 16 mai 1997 relatif à des mesures urgentes pour l'amélioration du marché du travail et le développement du contrat à durée indéterminée, ainsi qu'à un décret-loi n° 9 du 16 mai 1997 incitant au recours au contrat à durée indéterminée et à la lutte contre la précarité de l'emploi au travers de la mise en place d'exonérations sociales et fiscales.

Dans d'autres cas, le *dialogue social tripartite* peut aboutir à un accord tripartite comprenant une partie « bipartite ». A titre d'exemple, on peut mentionner l'accord social et économique pour la croissance, l'emploi et la garantie des retraites, signé le 2 février 2011 par le Gouvernement et les partenaires sociaux. L'accord se compose de trois parties. Il regroupe des matières hétérogènes ne concernant pas que le droit du travail. Outre un accord pour réformer et renforcer le système public de pensions de retraite, le document contient également un accord sur les politiques actives d'emploi et autres questions liées à l'emploi, ainsi qu'un accord bipartite entre les syndicats et les organisations d'employeurs sur les critères de réforme de la négociation collective.

A propos de réformes issues de procédures parlementaires reprenant des accords intervenus entre gouvernement et acteurs sociaux, quelques exemples peuvent être donnés. Ainsi, l'accord-cadre inter-confédéral du 5 janvier 1980, signé par l'UGT et la CEOE, a préfiguré les droits des représentants des travailleurs dans l'entreprise tels qu'ils ont été ensuite développés par le Statut des travailleurs de 1980 et la loi organique sur la liberté syndicale de 1985[46]. Le 13 novembre 1998, un accord sur le travail à temps partiel a été conclu entre le Gouvernement et les centrales syndicales les plus représentatives au plan national ; cet accord a été repris par le décret-

46 *Cf.* Résolution de l'Institut de Médiation, Arbitrage et Conciliation sur la publication de l'accord-cadre inter confédéral pour la négociation collective signé par l'Union générale des travailleurs (UGT) et la Confédération espagnole des organisations d'Employeurs (CEOE) (*BOE* du 24 janvier 1980).

loi royal n° 15 du 27 novembre 1998 portant diverses mesures pour l'amélioration du marché du travail en rapport avec le travail à temps partiel et la promotion de sa stabilité[47]. De même, la loi n° 43 du 29 décembre 2006 relative à l'amélioration de la croissance et de l'emploi constitue une reprise des prévisions de l'accord du 9 mai 2006 signé par le Gouvernement, les syndicats CCOO et UGT et les associations patronales CEOE et CEPYME[48].

Dans le domaine de la Sécurité sociale, les accords tripartites ont été fréquents. Le droit de la Sécurité sociale est immergé dans un processus de réforme permanente[49]. La dernière étape de l'évolution est marquée par les recommandations du Pacte de Tolède, adoptée par le Congrès des députés en 1995 et rénové en 2003. Depuis les débuts de la période démocratique, le système espagnol des retraites a été modifié à six reprises : en 1985, en 1997, en 2002, en 2007, en 2011 et en 2013. On peut considérer, cependant, que les réformes majeures sont celles de 1985[50], 1997[51], 2011[52] et 2013[53]. Les réformes de 1997 et de 2011 ont

---

[47] *BOE* du 28 novembre 1998. Le cas est intéressant d'un point de vue technique. Accordée par les interlocuteurs sociaux, la rédaction de l'article 12 du Statut des travailleurs, concernant le contrat à temps partiel, est très longue et descend à des questions propres du règlement, et non pas de la loi.

[48] *BOE* du 30 décembre 2006. L'accord avait préalablement donné lieu à un décret-loi royal n° 5 du 9 juin 2006 (*BOE* du 14 juin 2006). Le Congrès des députés a validé ce décret-loi royal et décidé de le reprendre sous forme de projet de loi dans le cadre d'une procédure d'urgence.

[49] *Cf.* J. L. Gil et Ph. Martin, « Le système espagnol de protection sociale à l'épreuve de la crise », in P. Turquet (dir.), *La crise de la protection sociale en Europe. Adaptation ou refondation*, Presses Universitaires de Rennes, coll. Économie et Société, 2015, pp. 53-66.

[50] Loi n° 26 du 31 juillet 1985 portant mesures urgentes pour la rationalisation de la structure de l'action protectrice de la sécurité sociale (*BOE* du 1er août 1985).

[51] En 1996, le gouvernement du Parti Populaire de José María Aznar entreprit une grande réforme de la sécurité sociale, avec l'appui des deux grands syndicats représentatifs au plan national, CCOO et UGT. Ainsi fut conclu l'Accord social d'octobre 1996 repris et développé par la loi n° 24 du 15 juillet 1997, de consolidation et de rationalisation du système de sécurité sociale (*BOE* du 16 juillet 1997).

[52] Loi n° 27 du 1er août 2011 sur la mise à jour, l'adéquation et la modernisation du système de sécurité sociale (*BOE* du 2 août 2011).

[53] Loi n° 23 du 23 décembre 2013 réglemente le facteur de durabilité et l'indice de revalorisation du système de pensions de la sécurité sociale (*BOE* du 26 décembre 2013).

été menées dans le cadre du Pacte de Tolède, avec l'accord des partenaires sociaux, dans l'optique de garantir la viabilité du système pour l'avenir. En revanche, la réforme de 2013 n'est pas le fruit du dialogue social. En effet, le Gouvernement, les syndicats UGT et CCOO ainsi que les organisations patronales CEOE et CEPYME ont souscrit, le 13 juillet 2006, à un accord sur les mesures en matière de sécurité sociale. La loi n° 40 du 4 décembre 2007 concernant les mesures en matière de sécurité sociale, donne rang légal à une bonne partie des engagements sur l'action de protection incluse dans l'accord. En outre, le 2 février 2011, le Gouvernement et les partenaires sociaux ont signé l'accord social et économique pour la croissance, l'emploi et la garantie des retraites. La loi n° 27 du 1er août 2011 sur la mise à jour, l'amélioration et la modernisation du système de Sécurité sociale a repris l'accord et a achevé le processus de réforme des pensions. La réforme socialiste de 2011 a reçu un large soutien social et politique, ce qui n'est pas le cas de la réforme conservatrice de 2013 menée par le Parti populaire.

Enfin, il existe aussi en Espagne un *dialogue social institutionnalisé* au sein d'institutions telles que le Conseil économique et social (CES)[54]. Ce dernier est un organe consultatif du gouvernement, prévu à l'article 131.2 de la Constitution espagnole et réglementé par une loi du 17 juin 1991. Un tiers de ses membres sont réservés à des représentants de syndicats et un autre tiers aux organisations patronales. Le tiers restant inclue diverses organisations pour la défense des intérêts économiques et

---

[54] On peut mentionner aussi la Commission consultative nationale des conventions collectives, organe collégial tripartite, dans lequel l'Administration générale de l'État, les associations patronales et les syndicats les plus représentatifs sont représentés. Cette instance est autonome, même si, du point de vue organisationnel, elle est rattachée à la Direction générale de l'emploi du Ministère de l'Emploi et de la Sécurité sociale (*Cf.* décret-royal n° 1362 du 27 septembre 2012). En outre, les associations patronales et les syndicats les plus représentatifs ont une représentation au sein des institutions telles que la Sécurité sociale, le Service public de l'emploi de l'État (SPEE), ou les sociétés commerciales publiques. (*Cf.* not. la loi n° 10 du 18 décembre 2014, loi de participation institutionnelle des syndicats et des organisations patronales les plus représentatives des îles Canaries (*BOIC* n° 250 du 26 décembre 2014, et *BOE* n° 32 du 6 février 2015). Aux termes de l'article 129.1 de la Constitution espagnole, « *la loi établit les formes de participation des intéressés à la sécurité sociale et à l'activité des organismes publics dont la fonction concerne directement la qualité de la vie ou le bien-être de tous* ».

sociaux ainsi que des experts[55]. Le Gouvernement n'est pas représenté en tant que tel mais c'est lui qui nomme les experts. Le CES est en fait ouvert à la société civile et à l'expertise technique. Sa fonction principale est la consultation des projets de lois sur les questions socio-économiques et d'emploi. Il élabore également divers avis, rapports et études à la demande du Gouvernement ou de sa propre initiative[56]. Le CES est un organe indépendant ; ses analyses et ses opinions peuvent (ou non) être prises en compte par le Gouvernement. In fine, on relèvera que sous une dénomination identique ou voisine et avec des compétences similaires, de nombreuses « communautés autonomes » se sont dotés d'un organe consultatif équivalent au Conseil économique et social.

CONCLUSION

Le concept de dialogue social renvoie à des questions complexes de théorie générale du droit, telles que celles concernant les fonctions du droit, le rapport entre l'imperium et le consensus, la place du droit négocié dans un État de droit, social et démocratique, ou encore à l'importance de l'efficacité et de la légitimité du droit.

En Espagne, il existe aujourd'hui une longue tradition de concertation et de dialogue social, selon des procédures plus ou moins formalisées. Le pays remplit indéniablement les conditions nécessaires à l'existence d'un dialogue social : les syndicats sont forts et indépendants, malgré un taux d'affiliation très bas ; il y a une volonté politique de faire vivre le dialogue social ; on respecte, en général, les droits fondamentaux de la liberté syndicale et de la négociation collective. Il y a un soutien institutionnel indéniable au dialogue social. En pratique, avec plus ou moins de succès, selon les périodes, les deux formes de dialogue social, bipartite et tripartite, coexistent.

---

[55] Le Conseil économique et social est composé de soixante et un membres dont vingt représentants des syndicats les plus représentatifs, vingt représentants les organisations patronales les plus représentatives. Un troisième groupe de conseillers comprend des membres proposés par les organisations professionnels du secteur agricole, les organisations de producteurs du secteur maritime et de la pêche, le conseil des consommateurs et des utilisateurs, les associations de coopératives et de sociétés à participation ouvrière, et six experts nommés par le Gouvernement (Article 2 de la loi n° 21 du 17 juin 1991).

[56] Article 7 de la loi n° 21 du 17 juin 1991.

L'expérience montre que le tripartisme et le dialogue social sont d'une grande utilité aussi bien au niveau international qu'au plan national. En définitive, ils permettent d'un côté la consultation des partenaires sociaux qui deviennent *mutatis mutandis* les créateurs et les destinataires des normes et, d'un autre côté, la coordination ou la participation des représentants des États qui doivent veiller au respect de l'intérêt général ou, si on veut, à l'intérêt étatique. Les trois acteurs du dialogue social assurent ensemble l'efficacité et la justice dans le cadre de ce qui en soi un processus, ainsi que la matérialisation de ces principes dans des normes concrètes.

Le tripartisme et le dialogue social semblent donner de meilleurs fruits dans les périodes critiques tant au plan international que national. La création même de l'OIT, avec sa structure et sa vocation tripartites, est due aux nécessités de l'époque, juste après la Première Guerre mondiale. En Espagne, à partir des *Pactes de la Moncloa* d'octobre 1977, le dialogue et la concertation sociale ont contribué, après la mort du général Franco, à légitimer le changement de régime. Ils ont joué un rôle important dans la consolidation d'une démocratie balbutiante et précaire. Ce qui est sûr, c'est qu'un tripartisme juste et effectif exige un certain niveau de maturité des partenaires sociaux. La représentativité de ces derniers est donc un facteur essentiel, ce que souligne avec insistance l'OIT, depuis l'origine. Cet aspect est néanmoins souvent oublié en pratique. De ce point de vue, on ne peut que s'inquiéter qu'en Espagne, le taux d'affiliation syndicale soit très faible et que les syndicats, y compris les plus représentatifs, soient en crise.

Dans le contexte actuel de l'Union européenne, on peut observer une nette tendance à la décentralisation du dialogue social ainsi qu'un pari fait sur le dialogue social bilatéral ou autonome, avec un rôle primordial accordé aux partenaires sociaux et, corrélativement, un rôle affaibli ou inexistant des représentants de l'État. Il est évident qu'un tel pari n'est envisageable et possible que dans les systèmes démocratiques les plus avancés, tels que ceux de l'Europe occidentale. Toutefois, ce modèle suscite quelques interrogations. Jusqu'à quel point l'État peut-il se tenir à l'écart du processus de négociation ? L'État peut-il abandonner son pouvoir législatif ? Les Gouvernements n'utilisent-ils pas le dialogue social pour s'exonérer de leurs responsabilités politiques dans des dossiers très sensibles comme celui des licenciements ou celui de la réforme des retraites ? Qu'on pardonne cette évidence : la Révolution française n'a-t-elle pas supprimé les corps intermédiaires pour que la volonté populaire se manifeste à travers les organes de l'État ? Dans un système démocratique, ce sont les Parlements et les Gouvernements qui détiennent les pouvoirs législatif et exécutif et auxquels il incombe de garantir l'autonomie des partenaires sociaux. Ce contexte recèle des spéculations politiques et des situations dans lesquelles le créateur peut être injustement dévoré par ses créatures. Les observations précédentes ne prétendent pas magnifier le tripartisme ni critiquer les alternatives existantes. Elles sont une simple invitation à réfléchir et à chercher un modèle de dialogue social à la fois juste, cohérent et équilibré.

Les choses se présentant ainsi, il convient de partager, avec de nombreux auteurs, l'opinion selon laquelle le dialogue social n'est pas une panacée, mais plutôt un modèle utile, tout comme l'est la démocratie elle-même, et de nature mixte : le dialogue social intègre la consultation, la négociation et l'action para-législative. Ce qui compte réellement, c'est que ses résultats impliquent la responsabilité solidaire de ses principaux acteurs : les représentants des pouvoirs publics, des employeurs et des travailleurs. En Espagne, le système repose sur un grand pragmatisme et sur une absence de formalisme : en témoigne notamment la succession de différentes périodes de pratiques très différentes des partenaires sociaux. Parfois, le dialogue social a triomphé ; parfois, la confrontation a dominé la scène. Mais, en regardant ce qui s'est passé en Espagne depuis la mort du général Franco, on peut conclure que le dialogue social a contribué à consolider la démocratie, à préserver la paix sociale et à légitimer les réformes du Droit du travail et de la Sécurité sociale pour faire face à la mondialisation et à la crise économique.

LE DIALOGUE SOCIAL AU ROYAUME-UNI

Jo CARBY-HALL[1]

L'expression « dialogue social » renvoie à l'idée de communication entre *a priori* deux parties pouvant inclure de l'information comme diverses formes de consultation, avant tout un échange de points de vue, voire une véritable négociation entre « partenaires sociaux » entendant influencer le traitement de questions relevant du champ des relations de travail. Ce dialogue social peut être bipartite ou tripartite. Dans le cas de négociations bipartites, le partage d'information, les échanges de vues ou les consultations ont lieu entre les employeurs ou leurs représentants et les travailleurs ou leurs représentants. En cas de négociations tripartites, le Gouvernement ou des représentants des pouvoirs publics participent au processus de dialogue. Le dialogue social concerne donc les relations entre partenaires sociaux avec ou sans implication d'autorités gouvernementales ou publiques. L'expression elle-même de « dialogue social » témoigne d'une « flexibilité », d'un flou – diraient certains ! – recouvrant diverses pratiques participant à la gestion par les partenaires sociaux de l'adaptation au fil de l'eau des conditions d'emploi et de travail.

Lorsqu'on parle de « partenaires sociaux », on pense en particulier aux syndicats. Au Royaume-Uni, depuis la fin des années 1970, un déclin systématique de leur influence s'est produit. Ceci a eu notamment pour effet de limiter l'effectivité et l'efficacité du dialogue social. L'assaut mené contre les syndicats par les gouvernements conservateurs de Madame Thatcher et de Monsieur Major[2] a

[1] Professeur de Droit, Centre d'Etudes Législatives de l'Université de Hull.

[2] *Cf.* not. Jo Carby-Hall, "The Employment Act 1980 – A Means of Redressing the Balance", *Managerial Law*, 1981, vol. 23, n° 1 ; « The Commissioner for the Rights of Trade Union Members – An Evaluation of her Work and Achievements, *Managerial Law* 1992, vol. 34, MCB University Press. *Le rôle du "Commissioner for the Rights of Trade Union Members" - Une fonction unique au monde, Revue International de Droit Comparé,* 1993, n° 1, pp. 99-115.

considérablement affaibli le mouvement syndical britannique. Ceci s'est tout particulièrement traduit dans le domaine des relations industrielles en matière de négociation collective, élément important de ce que l'on dénomme le dialogue social[3]. Cette dynamique n'a pas été modifiée avec les gouvernements ultérieurs du New Labour de Messieurs Blair et Brown, ainsi que de celui dit de coalition de Monsieur Cameron. Pareille offensive antisyndicale, associée aux effets sociaux de la crise économique et à l'austérité imposée alors au Royaume-Uni, a abouti au déclin du nombre des adhésions aux syndicats[4] et, par conséquent, à celui des structures de négociation, *in fine* à celui de la place des conventions collectives au Royaume-Uni[5]. Ce résultat est celui d'un véritable projet ; il suffit pour s'en convaincre de rappeler les paroles d'un Secrétaire d'État à l'emploi des années 90 : « *les modèles traditionnels de relations industrielles basées sur les négociations et les conventions collectives semblent de plus en plus inadéquates et en déclin* »[6]. En revanche, ceci ne s'est pas traduit, loin s'en faut, par la disparition de tout « dialogue social ». Ce constat conduit à rappeler la polymorphie d'un processus qui, pour être effectif, doit rassembler un certain nombre d'ingrédients.

Quels sont les ingrédients nécessaires à tout dialogue social ? Premièrement, il faut qu'il y ait une reconnaissance des intérêts légitimes des partenaires sociaux et l'acceptation du fait que les employeurs et les syndicats ont des intérêts différents. Chacun des partenaires doit donc faire preuve d'un certain degré de bonne volonté, de confiance, de respect des intérêts de l'autre. Deuxièmement, pour qu'il y ait un véritable partenariat, il faut que la transparence soit au rendez-vous. Il faut un partage d'information complet entre les

---

[3] *Cf.* not. J. Carby-Hall, *Le Syndicalisme en Grande Bretagne – État Actuel et Perspectives », in* H. Lewandowski et Z. Hajn (eds.), *Le Syndicalisme Contemporain et Son Avenir*, 1995) Wydawnictwo Uniwersytetu Lodzkiego, Lodz 1995, pp. 74-112.

[4] En 1979 le nombre de syndiqués au Royaume Uni était de 13,212 millions. En 1994 le nombre de syndiqués est tombé à 8,231 millions et en 2011 le nombre s'est stabilisé à 7,200 millions. (*Cf. Annual Reports of Certification Officier*).

[5] Au Royaume Uni, il y a plus de dix ans déjà près de 64% d'employeurs ne reconnaissaient pas un ou des syndicats, (*Cf.* not. B. Kersley *et alii, Inside the Workplace*, Routledge. London 2006).

[6] *Cf.* W. Brown, "The Contraction of Collective Bargaining in Britain", *British Journal of Industrial Relations*, 1993, vol. 31.

partenaires. C'est ce qui permet une discussion informée et réaliste pouvant aboutir à un accord. Troisièmement, il est nécessaire que le travailleur se sente en sécurité dans son emploi : il sera ainsi plus motivé dans son travail et assurera son employeur de sa loyauté qui sera tout bénéfice pour ce dernier. Quatrièmement, il faut qu'il y ait des tentatives d'amélioration de la qualité de vie au travail pour les travailleurs et de leur développement personnel. Cinquièmement, il faut que les partenaires sociaux mettent en place des systèmes qui insufflent chez les travailleurs la motivation et l'engagement. *In fine*, il doit exister un sens des responsabilités et de volonté de voir l'entreprise réussir ; ceci sous-entend une compréhension partagée des buts de l'entreprise.

Pour arriver à cet idéal de dialogue social l'attitude des syndicats comme celle des travailleurs doit passer de la confrontation à la collaboration. Cependant, le partenariat n'est pas un *deus ex machina* qui résoudra tous les conflits. Les conflits sont inévitables en raison des différences d'intérêts des parties. Mais, du fait de l'existence d'un partenariat, il y a une base de confiance et de respect mutuel qui devrait aider à résoudre le conflit d'intérêts. Si l'on promeut la culture du partenariat, les syndicats doivent se rendre compte que les changements sont inévitables et qu'ils doivent s'y adapter, être flexibles en s'associant aux réponses à trouver à la concurrence, à l'amélioration de la productivité, *etc*. De leur côté, les employeurs doivent montrer plus de transparence dans l'information, la consultation et les négociations avec les syndicats, y compris en coopérant avec ces derniers dès lors qu'il y a accord sur des objectifs stratégiques.

En attendant qu'adviennent partout un partenariat idéal et un vrai dialogue social, plus pragmatiquement nous tenterons d'indiquer la diversité des voies du dialogue social « à l'anglaise » (I) et de souligner combien ce dernier connaît des changements singulièrement sous influences européennes (II).

I – LA DIVERSITÉ DES VOIES DU DIALOGUE SOCIAL A L'ANGLAISE

Le terme « social dialogue » recouvre une multitude de significations. Dans l'acception initiale britannique de 1891, il voulait dire « démocratie industrielle » (*industrial democracy*)[7]. Il peut aussi signifier « participation des travailleurs » *(workers' participation)*, terme qui lui aussi a différents sens[8] car les différents groupes intéressés l'entendent de façon différente[9]. L'une des formules de participation des travailleurs est le partenariat (*share and profit participation scheme*)[10] par lequel les travailleurs partagent, dans une certaine mesure, le contrôle et les bénéfices de la compagnie. La dimension de contrôle implique qu'un certain degré de dialogue social existe. Toutefois, il faut indiquer que ce type de dialogue social est aujourd'hui peu pratiqué au Royaume-Uni[11]. De même, il n'existe pratiquement pas de mise en œuvre de la forme de participation qui permet aux travailleurs de prendre part aux décisions dans l'entreprise *(employee participation in the establishment's decision making body)*.

La représentation constitue une autre modalité de participation des travailleurs par l'entremise collective des conseils d'entreprise *(Works councils)* ou par l'intermédiaire des délégués syndicaux *(Shop stewards)*. Dans ce cas de figure, le dialogue social est explicite. Des informations sont données par l'employeur ; des opinions sont exprimées des deux côtés ; des consultations ont lieu.

De fait, le dialogue social garde une certaine importance au travers de la participation des travailleurs que ce soit par l'intermédiaire de

---

[7] Cette expression a été utilisée au Royaume Uni pour la première fois par Sydney et Beatrice Webb dans leur livre sur les syndicats et les négociations collectives intitulé *The Co-Operative Movement in Great Britain.*

[8] Le terme « participation des travailleurs » vise au-delà de la négociation collective, une certaine forme de participation au processus de décisions dans l'entreprise.

[9] Le sens donné par l'Union Européenne à cette expression est plus « statique ».

[10] Dans ce type de participation, les salariés peuvent acheter des actions (shares) de l'entreprise dans laquelle ils travaillent et peuvent ainsi éventuellement peser sur les orientations de l'entreprise (*Cf.* not. *John Lewis Partnership, Kalamazoo Ltd, le Scott Bader Commonwealth et Landsman (Co-Ownership) Ltd*).

[11] Il existe aussi des situations où les salariés peuvent acheter des actions lors de la privatisation de leur entreprise

systèmes de participation, par le partage des bénéfices, la participation aux décisions, la représentation individuelle ou collective. Malgré le déclin de l'influence des syndicats et du nombre de syndiqués, on peut toujours affirmer que la négociation collective reste, au Royaume-Uni, la formule la plus importante de participation des travailleurs incarnant le dialogue social[12]. Il convient cependant de noter que seulement 29,3% des travailleurs sont « couverts conventionnellement » et que parmi ces seulement 16,1% relèvent du secteur privé.

La conclusion de conventions collectives résulte au Royaume-Uni d'un dialogue social accepté par les partenaires sociaux. A la différence de ce qui existe dans autres pays, la convention collective britannique, celle relevant de la *common law*[13] comme celle résultant d'une législation[14], n'est pas, par tradition, un document légalement exécutoire. C'est un « *gentlemen's agreement* » exécutoire sur l'honneur et qui n'est pas exécutoire en Justice. La sanction d'une violation de la convention collective par l'une des parties relève du domaine des relations industrielles, c'est-à-dire d'une interruption des négociations et, en dernier recours, d'un mouvement de grève[15].

Ceci repose sur le fait qu'il existe une présomption selon laquelle les partenaires sociaux n'entendent pas que leur accord soit légalement

---

[12] Un tel dialogue social résulte de la conclusion d'une convention collective conclue, dans la majorité des cas, pour un an (91% des conventions collectives). Il y a cependant quelques exceptions : 4% des conventions collectives sont conclues pour deux ans, 1% pour trois ans, 4% pour des périodes très variables (http://www.workerparticipation.eu/National-Industrial-Relations/Countries/United-Kingdom/Collective-Bargaining).

[13] *Cf. Ford Motor Company Ltd v Amalgamated Union of Engineering and Foundry Workers* [1969] VI KIR 50; voir aussi : *Stuart v MOD* [1973] IRLR 143 (NIRC).

[14] *Cf.* Trade Union and Labour Relations (Consolidation) Act 1992 s. 179 (1) (2).

[15] La grève n'est pas le seul recours. Il peut également s'agir de grève du zèle, du refus de faire des heures supplémentaires (over time), de travailler plus lentement, *etc.* Il faut souligner que depuis les années 1980 il est plus difficile de faire grève ou d'initier toutes sortes d'action industrielle (*Cf.* not. J. Carby-Hall, « Essor et Déclin du « Closed Shop » en Grande Bretagne », RIDC 1991, n° 4, pp. 775-827 ; « *Le délit d'incitation à la rupture du contrat et l'immunité des syndicats en Grande Bretagne.* RIDC 1992, n° 4, pp. 883-938. Les lois de Madame Thatcher ont contribué au déclin des grèves : 1338 en 1981, 357 en 1991, 187 en 2001, 139 en 2011 (*Cf. Office of National Statistics* - UK).

exécutoire[16]. Les employeurs et les syndicats n'ont aucun désir que la Justice se mêle des relations industrielles. En outre, il existe, traditionnellement, au sein des syndicats une méfiance à l'égard de la Justice en raison de décisions prises historiquement par les juges qui ont affecté leurs intérêts[17]. Une convention collective britannique n'a pas non plus d'effet immédiat et automatique ; elle ne se substitue pas aux termes et conditions d'un contrat d'emploi. Il doit y avoir incorporation – soit directe soit indirecte – des termes de la convention collective dans le contrat d'emploi[18]. Enfin, on sait que le système de négociation repose sur le fait que l'employeur doit reconnaître un syndicat pour pouvoir entrer dans un dialogue social avec lui[19].

---

[16] Les partenaires sociaux peuvent naturellement voir leur accord devenir légalement exécutoire s'ils le veulent à condition que leur intention soit couchée par écrit et que tous les critères statutaires soient respectés. Mais il s'agit pour le moment d'une hypothèse très théorique.

[17] *Cf.* not. L'affaire *Taff Vale Railway Company Ltd v Amalgamated Union of Engineering and Foundry Workers* dans laquelle en 1901 la *House of Lords* (aujourd'hui dénommée "*Supreme Court*") a estimé que le syndicat avait commis un certain nombre de délits industriels, notamment des incitations à la rupture du contrat de travail et/ou de contrats commerciaux entre l'employeur et ses fournisseurs, un délit de conspiration, *etc.* (*Cf.* not. J. Carby-Hall "The Digestive System of the British Judge » *in* J. Garcia Murcia (coord.), *El Estatuto de los trabajadores en la jurisprudencia del Tribunal supremo. Estudios dedicados al Catedratico y Magistrado Don Antonion Martin Valverde*, Madrid, Editorial Tecnos, 2015).

[18] Sur l'incorporation de la convention collective dans le contrat du travail : J. Carby-Hall, « T*he Concept of Direct Incorporation in Great Britain »,* in R. Pérez Bustamente (coord.), *Estudios de Historia del Derecho Europeo. Homenaje al Profesor G. Martinex Diez*, Madrid, Editorial Complutense, Madrid 1994, pp. 173-227.

[19] Sur la question de la reconnaissance du syndicat par l'employeur : J. Carby-Hall, « State Function of Collective Bargaining *», Managerial Law* 1984, vol. 26, n° 5, MCB University Press aux pp. 6-11. Voir également le *Trade Union and Labour Relations (Consolidation) Act* de 1992 ; celui-ci précise les règles qui doivent être suivies pour une reconnaissance statutaire, c'est-à-dire si les partenaires sociaux ne peuvent pas se mettre d'accord pendant la procédure volontaire. En principe la plupart des accords de reconnaissance au Royaume-Uni sont conclus de façon volontaire. Le volontarisme est encouragé dans le système de relations industrielles britanniques. Si l'employeur ne veut pas reconnaître le syndicat de façon volontaire, le syndicat peut suivre la procédure statutaire de reconnaissance notamment par l'intermédiaire du *Central Arbitration Committee* (CAC). La procédure statutaire est applicable seulement aux entreprises qui emploient vingt et un travailleurs ou plus.

II – LES CHANGEMENTS DU DIALOGUE SOCIAL VENUS DE L'EXTÉRIEUR

Ce qui vient d'être exposé à propos du système des relations industrielles britanniques illustre la nature traditionnellement volontaire, facultative de la reconnaissance du syndicat, des négociations collectives, de la communication d'informations par l'employeur pour entamer des négociations collectives, et de la conclusion par les partenaires sociaux de conventions collectives. Toutefois la nécessité d'information et de consultation, ne relevant pas des négociations collectives classiques mais de la mise en œuvre du droit social européen communautaire – jusqu'au Brexit ! – a suscité une nouvelle forme de dialogue social et, d'une certaine façon, des changements dans les voies et modalités que traditionnellement celui-ci empruntait au Royaume-Uni.

Il en est allé ainsi par exemple lors de la mise en œuvre de *l'Acquired Rights Directive*[20], la *Collective Redundancies Directive*[21] et la *Health and Safety at Work Directive*[22]. Dans ces cas, une approche seulement « volontaire » du dialogue social n'était pas possible ; on a dû recourir à un système de représentation obligatoire afin que soit assurée l'information et la consultation des travailleurs là où un syndicat n'était pas reconnu par l'employeur[23] au titre des négociations collectives. En pratique, la transposition dans la législation britannique des directives concernant le transfert d'entreprises, les licenciements économiques et l'amélioration de la

[20] Directive 2001/23/CE du Conseil du 12 mars 2001 concernant le rapprochement des législations des États membres relatives au maintien des droits des travailleurs en cas de transfert d'entreprises, d'établissements ou de parties d'entreprises ou d'établissements.

[21] Directive 98/59/CE du Conseil du 20 juillet 1998 concernant le rapprochement des législations des États membres relatives aux licenciements collectifs.

[22] Directive 89/391/CEE du Conseil du 12 juin 1989 concernant la mise en œuvre de mesures visant à promouvoir l'amélioration de la sécurité et de la santé des travailleurs au travail.

[23] Ce règlement (*Regulation*) a été promulgué, entre autres suite à la décision de la Cour de Justice européenne dans l'affaire C-382/92 [*Commission v U.K.* [1994] ECR 1-2435]. La Cour de justice avait alors estimé qu'en limitant les obligations d'information et de consultation aux seuls employeurs reconnaissant un syndicat, le Royaume-Uni violait les dispositions de la Directive.

santé et de la sécurité au travail ont donné lieu à des textes légaux ou réglementaires : *Transfer of Undertakings (Protection of Employment) Regulations*[24], *Trade Union and Labour Relations (Consolidation) Act* de 1992[25], *Health and Safety (Consultation with Employees) Regulations* de 1996[26]. Au titre de ces lois britanniques, l'employeur est dans l'obligation de consulter et d'informer avant qu'un transfert d'entreprise n'ait lieu, avant qu'il ne procède à des licenciements massifs[27]. Il a également l'obligation d'informer et de consulter en matière de santé et de sécurité au travail. Au titre de ces conditions requises par la législation, l'employeur se doit de consulter le syndicat agréé. Quand il n'y a pas de syndicat agréé, ce sont les représentants des travailleurs concernés par le transfert, les licenciements ou la santé et la sécurité, qu'ils soient élus ou nommés, que l'employeur se doit de consulter. Cette « alternative obligatoire » imposée par les obligations de transposition de normes européennes a constitué une nouveauté et constitue une évolution en quelque sorte contre-nature du système de relations industrielles. Ceci s'éloigne totalement du système traditionnel britannique de négociations collectives et s'est accompagné d'un rôle nouveau tenu, notamment, par les *Works councils*

Il est possible de définir ces derniers comme des structures réunissant employeur et travailleurs au sein d'une entreprise afin de discuter de sujets d'intérêt commun concernant la politique de l'entreprise, sa direction, ses projets, une usine, un non couvert par des accords syndicaux. Le *Works council* prend part au dialogue social *via* l'information, la consultation et les négociations avec la direction de

[24] La transposition a été à l'origine effectuée par les « *Transfers of Undertakings (Protection of Employment) Regulations* » ou *TUPE Regulations* de 1981 qui ont été révisées par les *TUPE Regulations* de 2006.

[25] *Trade Union and Labour Relations* (*Consolidation*) *Act, 1992,* (*Part II, Procedure for Handling Redundancies*).

[26] Les *Regulations* sont applicables aux salariés dont l'employeur ne reconnaît pas un syndicat au titre de négociations collectives, ou dans le cas où l'employeur décide de ne pas négocier directement avec le syndicat. Les *Safety Representatives and Safety Committees Regulations* de 1977 sont applicables à tous les salariés quel que soit le choix de leur employeur.

[27] *Cf.* not. J. Carby-Hall, "Redundancy in the United Kingdom", in B. Venziani et U. Carabelli (eds.), *Licenziamenti per Reducione di Personale in Europa*, Cacucci Editore 2001, pp. 387-537.

l'entreprise à propos des conditions de travail, des salaires, des réclamations, des procédures disciplinaires et autres points relatifs à l'entreprise ou l'établissement de travail. Les *Works councils* avaient été jusqu'alors essentiellement des organismes *ad hoc,* mis en place par les partenaires sociaux à titre tout à fait volontaire et facultatif, des instances tout à fait différentes des comités ou conseils d'entreprise institués légalement dans d'autres pays européens tels que l'Allemagne, l'Autriche, la France, la Norvège,...

Le fait que le Royaume-Uni ait dû accepter d'appliquer à toutes les entreprises la directive 2002/14/EC sur l'information et la consultation[28] et l'ait mise en œuvre *via* les « *Information and Consultation of Employees Regulations* » de 2004[29] a mécaniquement conduit au développement des *Works councils* et à la modification du rôle de ceux qui existaient antérieurement, tout au moins en matière de droit du travail.

Depuis le 6 avril 2008, tous les employeurs du Royaume-Uni employant au moins cinquante salariés, peuvent être conduits à créer un « *Works council* », de leur propre chef ou à la demande d'au moins quinze salariés, représentant 10% des effectifs de l'entreprise. Dans cette dernière hypothèse, les travailleurs doivent faire une demande officielle à l'employeur. Dans les six mois suivants, les partenaires sociaux doivent se mettre d'accord sur la manière dont fonctionnera leur *Works council.* Ils sont libres de négocier le *modus operandi* à condition de respecter un certain nombre de prescriptions légales parmi lesquelles l'obligation pour l'employeur d'informer sur la situation économique et financière et les projets de l'entreprise.

Si les partenaires sociaux ne parviennent pas à se mettre d'accord, une procédure dite « statutaire »a été réglementairement prévue. Ainsi, si l'employeur ne parvient pas à répondre dans les six mois à la

---

[28] Directive 2002/14/CE du Parlement européen et du Conseil du 11 mars 2002 établissant un cadre général relatif à l'information et la consultation des travailleurs dans la Communauté européenne - Déclaration conjointe du Parlement européen, du Conseil et de la Commission sur la représentation des travailleurs (*Cf.* not. C. Barnard, *EU Employment Law*, 4e edition, Oxford University Press, 2012, pp. 732-735).

[29] *Cf.* http://www.legislation.gov.uk/uksi/2004/3426/contents/made.

requête déposée par les salariés, les clauses concernant l'information et la consultation spécifiées par les *Regulations* entrent automatiquement en vigueur[30]. L'employeur doit, au titre desdites dispositions, informer et consulter des représentants élus sur tout développement récent ou probable des engagements et activités de l'entreprise, sur la situation financière, sur la situation, la structure et le développement probable de l'emploi ainsi que sur toutes les mesures envisagées en cas de menace pour l'emploi, évidemment également an cas de licenciements collectifs, transferts d'entreprises, *etc.* L'effet des dispositions des *Regulations* britanniques sur l'information et la consultation est tel qu'il nous rapproche des obligations prévalant dans des pays européens tels que l'Allemagne qui ont une tradition de législation exécutoire sur le sujet.

Quand il existe déjà des accords prévoyant que l'employeur informe et consulte ses salariés, il est nécessaire que ces accords prévoient des instances équivalentes aux *Works councils.* Là où il existe déjà des accords, les salariés peuvent exiger la création d'un *Works council* et surtout l'employeur se doit alors de ratifier officiellement ces accords ; ils doivent, par ailleurs, être couchés par écrit et intéresser tous les salariés de l'entreprise, décrire la manière dont l'information et la consultation sont assurées, etc.[31] En revanche, dans les hypothèses où ni l'employeur n'initie la création d'un *Works council*, ni les salariés ne la demandent, il n'existe aucune obligation d'agir et les dispositions statutaires sur l'information et la consultation ne s'appliquent pas.

Hors l'intervention du syndicat ou d'un *Works council*, d'autres instances ou structures peuvent au Royaume-Uni contribuer au dialogue social. Il s'agit notamment des associations professionnelles (*staff associations)*, et des *Joint consultative Committees. Ces derniers peuvent réunir des* représentants du patronat et des travailleurs autour de questions telles que l'organisation du travail, l'emploi, l'avenir de l'entreprise, les projets en cours, les finances et la production. Les *Joint Consultative Committees* sont créés de façon parfaitement facultative le plus souvent dans le secteur public. Ils n'ont toutefois,

---

[30] *Idem.*
[31] *Idem.*

en règle générale, qu'une influence très relative[32]. Il peut arriver enfin de rencontrer des instances dénommées *Employee Forum* ou *Joint Working Parties* qui sont mises en place à titre toujours facultatif pour résoudre des problèmes spécifiques affectant une entreprise, ainsi en cas de changement de l'organisation du travail ou d'intégration de nouveaux personnels.

CONCLUSION

A l'issue de ces quelques indications concernant le dialogue social au Royaume-Uni, le lecteur pourrait être tenté d'applaudir les gouvernements britanniques successifs qui ont assuré de façon aussi diverse qu'effective le dialogue social. Les apparences sont trompeuses ! En réalité, à la différence des pays européens continentaux, le Royaume-Uni n'a dans son histoire prôné le dialogue social au mieux que de manière facultative. Si celui-ci a connu, somme toute récemment[33], un développement c'est en grande partie grâce à l'impulsion de l'Union Européenne, à sa politique, sa législation et son influence sur celle de chacun des États membres. C'est grâce à l'Union Européenne que le dialogue social britannique a fait de grands pas. Sans l'Union européenne demain qu'adviendra-t-il ?

Il faut en tous cas se souvenir que la traduction la plus importante de l'idée de dialogue social au Royaume-Uni a été la négociation collective. Or le taux de négociations collectives a connu un déclin important au cours des dernières années. Le nombre de travailleurs syndiqués dans le secteur privé est très bas, au regard notamment de la syndicalisation qui prévaut dans le secteur public[34]. Les syndicats n'ont pratiquement plus voix au chapitre dans le processus de prise de

---

[32] *Cf.* not. B. Van Wanrooy, H. Bryson, J. Forth, S. Freeth,, L. Stokes et S. Wood The Workforce Employment Relations Study, 2013.

[33] *Cf. supra* l'incidence de la transposition des directives européennes sur l'instauration de formes de dialogue social pas seulement facultatif.

[34] Dans le secteur public plus de 80% des établissements reconnaissent des syndicats. Dans le secteur privé, seuls un plus de 15% des employeurs font de même (*Cf.* not. *Department of Business, Innovation and Skills Trade Union Membership Statistical Bulletin, 2013*).

décisions gouvernementales. Un article publié par le TUC résume la situation en soulignant : « *Premièrement, après une période de stabilité relative dans le nombre de syndiqués, nous sommes à nouveau dans une période de déclin. Les syndicats ont non seulement rencontré des difficultés d'organisation dans de nouveaux lieux de travail mais aussi ils ont subi un déclin marqué dans des entreprises déjà organisées du secteur privé et du secteur public. Deuxièmement, les négociations collectives semblent en phase terminale ; ceci est dû, en grande partie, au fait que les employeurs s'éloignent de cette méthode de fixation des taux de salaire confrontés qu'ils sont à l'intensification de la concurrence. Troisièmement, le soutien de la loi aux syndicats est faible en comparaison de ce qu'il est dans d'autres pays tels que la France. Les syndicats au Royaume-Uni ne perçoivent que peu ou pas de soutiens financiers de la part du Gouvernement ; ils sont pratiquement exclus de la gestion des systèmes d'assurance contre le chômage ce qui, dans d'autres pays, leur confère un rôle capital d'un point de vue institutionnel mais aussi aux yeux des travailleurs. Enfin, malgré une récente innovation en matière de procédure de reconnaissance, les syndicats ont peu de poids pour obtenir des employeurs qu'on leur donne accès aux lieux de travail* »[35].

Par-delà ce constat, malgré les politiques gouvernementales dictées par le climat économique mais aussi idéologique, le concept de dialogue social tel qu'il s'applique au Royaume-Uni a eu un impact considérable dans des domaines tels que la santé et la sécurité dans l'entreprise[36], les licenciements collectifs et les transferts d'entreprises[37], différents aspects concernant les congés parentaux[38], le travail à temps partiel ou à distance[39], la formation,…

---

[35] *Cf.* not. A. Bryson, J. Forth, *Union Organisation and the Quality of Employment Relations* (http://www.tuc.uk/sites/default/files/extras/unionorganisationreport.pdf).
[36] *Cf. supra.*
[37] *Idem.*
[38] *Cf.* Directive 2010/18/UE du Conseil portant application de l'accord-cadre révisé sur le congé parental conclu par BUSINESSEUROPE, l'UEAPME, le CEEP et la CES et abrogeant la directive 96/34/CE.
[39] *Cf.* not. L. Mella y Mendez (coord.), *Trabajo a distancia y teletrabajo*, Ed. Aranzadi Madrid 2015, pp. 265-283.

Les employeurs britanniques commencent à se rendre compte de l'intérêt du dialogue social pour leur entreprise. Certains se rendent compte qu'il peut contribuer à élever le niveau de motivation et de bien-être au travail, améliorer la productivité et même la qualité des prestations professionnelles. D'autres comprennent qu'il encourage l'investissement des travailleurs dans la politique suivie par l'entreprise dès lors qu'ils sont associés à l'élaboration de celle-ci, qu'en discutant on arrive à mieux se comprendre. Toutefois, il convient de ne pas là aussi trop rêver. Au Royaume-Uni, les exemples intéressants de dialogue social se trouvent surtout dans le secteur public (municipalités, compagnies d'eau, etc.) et dans les grandes compagnies, notamment dans les entreprises multinationales. Dans le reste du secteur privé, la pratique du dialogue social est faible ou inexistante. Les statistiques sur les négociations salariales montrent que quatre travailleurs sur cinq et quatre entreprises sur cinq dans le secteur public sont régis par des conventions collectives. Dans le secteur privé seuls 6,5% des travailleurs et 14% des entreprises le sont...

Jacques Delors accusa un jour le Royaume-Uni de réclamer « une Europe à la carte » en raison de ses nombreuses « *opt-outs* »[40]. Dans le domaine du dialogue social, il n'y a pas d'*opt-outs :* Le Royaume-Uni a ouvert les bras au concept de dialogue social véhiculé par la législation de l'Union Européenne dans certains domaines, en continuant par ailleurs à laisser vivre sa tradition d'un dialogue social « choisi », « volontaire », « facultatif ». Qu'adviendra-t-il de cet amalgame réussi après la sortie du Royaume-Uni de l'Union européenne ? Ceci est une autre histoire !

[40] *Cf.* J. Carby-Hall, « Opt Outs and Variations in Working Time – British Style », *in* Ch. Mestre, C. Sachs Durand, M. Stocks (dir.), *Le Travail Humain au Carrefour du Droit et de la Sociologie – Hommage au Professeur Nikitas Aliprantis* Presses Universitaires de Strasbourg 2014, pp. 53-71.

A PROPOS DU DIALOGUE SOCIAL : UNE COMPARAISON DES CAS DU BRÉSIL ET DU PORTUGAL

Antonio MONTEIRO FERNANDES[1]

L'immense Brésil a été, pendant plus de quatre cents ans, une colonie du petit Portugal. L'exploitation économique de ce vaste territoire n'a pas été exclusivement portugaise. D'autres pays européens ont participé, d'une manière plus ou moins intense et durable, à la colonisation du Brésil, avant et après la Déclaration d'Indépendance intervenue en 1822. Des flux migratoires importants, provenant principalement de l'Europe du sud et de l'Extrême-Orient, ont alimenté un peuplement multiethnique, en contribuant à la quasi-élimination de la population indigène. Mais, dans tout ce processus de formation de ce qui est aujourd'hui l'un des plus vastes et des plus riches pays du monde, la présence portugaise – due, surtout, à l'émigration – a été constante et dominante. De cette prévalence témoigne l'adoption de la langue portugaise, bien que modifiée dans la phonétique et même la grammaire.

L'exploitation économique du Brésil a été réalisée en grande partie grâce à l'utilisation massive de la main-d'œuvre esclave. Les esclaves sont venus, en partie, de la population indigène, mais, pour la plupart, d'Afrique, plus précisément de la côte ouest du continent africain, notamment du territoire qui constitue aujourd'hui la République du Bénin. Des millions d'individus – hommes et femmes – originaires de cette région d'Afrique ont été vendus comme des objets et conduits par la route des esclaves à travers la porte du non-retour. Les conditions subies par ces hommes et ces femmes, entre le lieu de la vente et le point de départ, puis au cours de la traversée de l'Atlantique, sont inimaginables. La moitié y a perdu la vie.

---

[1] Professeur à l'Institut universitaire de Lisbonne.

L'esclavage a été officiellement aboli au Brésil en deux étapes. Tout d'abord au cours du XVIIIème siècle, le gouvernement métropolitain a imposé l'abolition de l'esclavage des indigènes ; puis, plus de soixante ans après la Déclaration d'Indépendance, c'est-à-dire, dans la seconde moitié du XIXème siècle, l'État brésilien a finalement adopté une loi abolissant l'esclavage en général ou, plus précisément, une loi déclarant libres tous ceux qui étaient des esclaves. Cette loi, connue sous le nom de loi « Dorée » (*Lei Áurea*) a constitué une sorte de point culminant dans le processus de décadence du système commencé en 1850, avec l'interdiction du trafic d'esclaves africains pour le Brésil.

Les impacts sociaux immédiats de la loi « Dorée » ont été largement négatifs. Les anciens esclaves ont été jetés soudainement sur un marché du travail qui leur était hostile ; ils y étaient en effet en concurrence avec des immigrants européens avides de gains. Ils ont de fait été plongés dans le chômage et la pauvreté extrême Par ailleurs, la transition directe de la dépendance totale à la liberté a pris beaucoup d'entre eux au dépourvu ; sans ressources, ils n'ont aucun moyen d'organiser leur subsistance. La misère de ces anciens esclaves a conduit la plupart d'entre eux à une mort prématurée. Mais, cette loi mérite un jugement historique néanmoins positif. Avec elle, le Brésil fut le dernier pays des Amériques à interdire l'esclavage. Bon nombre des esclaves libérés allaient pouvoir progressivement devenir de petits producteurs indépendants, jouissant de la confiance des anciens propriétaires. La construction d'un Brésil « métis » a vraiment commencé à cette époque-là. Cependant, dans un pays de telles dimensions, la loi ne parvient pas partout avec la même force. On sait que dans les gigantesques propriétés agricoles (les « *fazendas* ») de l'intérieur profond, loin des grandes villes, il y a encore aujourd'hui des situations de travail esclave. De temps en temps, les autorités mettent en évidence de tels cas. La loi « Dorée » n'est en réalité pas encore pleinement effective.

S'il est vrai qu'au fil des siècles du XVIème au XIXème, on a pu envisager comme un phénomène naturel la réduction d'hommes libres à l'état d'esclaves, le commerce dont ils furent l'objet, puis leur utilisation intensive, sans retenue et sans règles, dans toutes sortes de travaux, rien ne peut atténuer la désapprobation de l'histoire à un tel processus violent et terriblement cruel de négation de la dignité humaine et de la valeur du travail. Il est impossible de relativiser complètement l'appréciation de ce phénomène, notamment au travers de la prise en considération des conditions réelles ou supposées, du contexte culturel, sociologique ou économique. En même temps, l'élément de violence qui a caractérisé l'esclavage de cette époque-là était clairement lié à la réalisation d'objectifs économiques ; de nos jours, d'autres types de violence découlent également de la demande incessante et « globalisé » d'un travail *low cost*, l'un des moteurs de la compétition économique actuelle. Si, au XVIème siècle, on importait le travail d'esclaves dont le coût était quasiment réduit à celui du transport et de moyens de subsistance de base, au XXIème siècle on exporte des entreprises dans les pays où existent les plus bas les salaires et les risques les plus limités de résistance à l'exploitation.

Quoiqu'il en soit, la dette historique liée à l'exploitation du travail des esclaves dans la construction du Brésil demeure une dette due essentiellement au titre de l'histoire de la colonisation portugaise et qui reste entièrement ouverte. Ceci ne nous empêche pas de parler du présent et même du dialogue social à présent.

Avant de lancer un regard comparatif sur les expériences de dialogue social au Brésil et au Portugal, il faut clarifier la notion même de dialogue social à laquelle on se réfèrera dans le cadre de ces quelques observations nécessairement sommaires. En fait, l'expression « dialogue social » comprend une pluralité de significations. Elle est trop ambiguë ; en tous cas, son ambiguïté l'expose à des usages idéologiques parfois abusifs. Le « dialogue social » dont nous parlerons couvre un large éventail de procédures par lesquelles les organisations représentant des intérêts collectifs - intérêts qui peuvent se manifester dans le domaine spécifique des relations de travail, mais aussi en dehors de ce domaine - sont appelées à participer, sous forme de consultation ou même par la négociation, dans les processus de prise de décisions politiques qui affectent ou pourraient affecter la réalisation de ces intérêts collectifs.

Compris en ces termes, le dialogue social implique l'existence d'organisations légitimement constituées pour représenter les intérêts respectifs, reconnues et se reconnaissant mutuellement en tant que « partenaires sociaux ». Le fait que le dialogue social puisse conduire à des interférences avec les politiques publiques n'impose pas nécessairement une participation de représentants des pouvoirs publics. Certes, il peut arriver que le dialogue social prenne une forme tripartite mais il est aussi souvent conçu et menée de façon bipartite. Lorsque c'est le cas il ne comprend que des organisations d'intérêt collectif. Il a alors le plus souvent pour objectif la définition des lignes directrices pour la conduite des organisations représentées, ou même vise à construire des positions communes qui cherchent à influencer les décisions gouvernementales.

Une condition fondamentale du dialogue social authentique est donc, bien sûr, la pleine consécration de la liberté d'association en général et de la liberté syndicale en particulier, intégrant tous les aspects dans lesquels ces libertés peuvent se manifester et se réaliser. Une importance particulière doit être accordée ici à la nécessaire pleine indépendance des organisations de défense d'intérêts collectifs entre elles et vis-à-vis de l'État ; elles doivent être capables de s'exprimer en toute liberté pour représenter les intérêts qu'elles invoquent.

Par ailleurs, les produits du dialogue social ne sont pas réductibles à une seule espèce. La tension inévitable entre intérêts collectifs qui se confrontent, et cherchent chacun un degré maximal de réalisation concrète, peut conduire à des résultats aussi divers qu'un accord normatif - par exemple, un programme législatif acceptable pour toutes les parties, y compris le Gouvernement -, ou tout simplement un constat de désaccord, avec ou sans prévision d'une reprise des discussions. Cependant, quelle que soit la nature du résultat final, la pratique du dialogue social aura contribué, au moins, à une certaine rationalisation de l'approche du ou des problèmes discutés et, en conséquence, à un apaisement des tensions sociales suscitées. Si le produit final est quelque chose de commun aux acteurs sociaux intervenants, il bénéficie le plus souvent à un public beaucoup plus large que celui des acteurs représentés, quelle que soit l'ampleur de leur représentativité.

Pour mieux comprendre le contexte dans lequel se développent les expériences portugaises et brésiliennes de dialogue social, il faut tenir compte d'une autre observation concernant la relation entre cultures juridiques des deux pays. S'il est vrai que le Brésil est, avant tout, du point de vue civilisationnel, un pays américain, où la latinité se combine avec une forte influence culturelle des États-Unis, il est également vrai que la base de sa culture juridique est européenne - et, plus précisément encore, d'inspiration euro-latine, c'est-à-dire, française, italienne, espagnole et portugaise. Cette dernière influence - portugaise - est certainement la moins importante de toutes. Cependant, cela facilite la comparaison tentée.

La différence la plus importante entre les réalités des deux pays, dans le domaine où le dialogue social se développe, concerne la situation des syndicats. Le système syndical brésilien est encore fortement marqué par les caractéristiques qui lui ont été imprimés dans les années 40 du siècle dernier, dans un cadre politique non démocratique, inspirées par les expériences corporatistes européennes. S'il existe un pluralisme considérable au niveau des organisations supérieures (confédérations), ces dernières ne disposent pas de la personnalité juridique. De son côté, la constitution des syndicats de base obéit au principe d'unicité, chacun d'eux disposant du monopole de représentation d'une catégorie professionnelle respectivement dans chaque région. Le modèle corporatiste s'étend aux modalités de financement : tous les travailleurs d'une catégorie, affiliés ou non, doivent payer une cotisation obligatoire. On sait que le Comité de la Liberté syndicale de l'OIT a déjà plusieurs fois exprimé ses doutes quant au respect par le Brésil de la convention n° 87.

Au contraire, tout le système syndical portugais est dominé par le principe du pluralisme, l'exclusion de tout prélèvement obligatoire et la reconnaissance de la personnalité juridique aux organisations à tous les niveaux. Bien que très affaibli par une évolution négative du contexte économique et politique de ces dernières décennies, le mouvement syndical portugais est fortement institutionnalisée ; sa rupture avec la tradition corporatiste est consommé. Ce constat concernant les syndicats de travailleurs est également valable pour les organisations d'employeurs. Ces dernières couvrent pratiquement tous les secteurs pertinents de l'économie nationale, et bénéficient de la reconnaissance en tant qu'interlocuteurs des organisations de travailleurs.

On peut donc dire que la base organisationnelle du dialogue social est plus structurée et consolidée au Portugal qu'au Brésil. Mais il existe toujours un curieux trait commun aux deux réalités nationales.

Dans les deux pays, l'évolution des systèmes syndicaux a toujours dépendu davantage du législateur que d'une dynamique sociale « spontanée ». La présence de la loi dans le réglage des organisations, de leurs systèmes de fonctionnement et de leurs espaces d'intervention a toujours été très forte dans les deux pays. Peut-être doit-on voir là encore une expression de l'influence persistante de la culture corporatiste ? Il est en tous cas significatif que, justement dans le contexte du dialogue social en évolution au Brésil, le thème prioritaire soit précisément la réforme législative du système syndical. Un projet de loi sur le sujet, établissant des lignes directrices plus proches du modèle de liberté syndicale recommandé par l'OIT, est, depuis des années, « immobilisé » au Parlement – dénommé « Congrès National » - du fait de pressions politiques aussi intenses que récurrentes, pressions provenant aussi du milieu syndical.

Un autre aspect commun concernant l'idée et les réalités du dialogue social dans les deux pays est le fait que l'adoption de ce type de démarche a été, en quelque sorte, précédée et rendue possible, ou même imposée, par des mouvements sociaux de grande ampleur. C'est ce qui est arrivé au Brésil, après l'entrée en vigueur de la Constitution démocratique de 1988, et surtout au cours des années 90 du siècle dernier. On avait assisté à la même chose au Portugal dix ans plus tôt, après la révolution de 1974. Dans les deux cas, les mouvements sociaux ont associé à des revendications économiques des ambitions de participation politique.

Dans le domaine de la participation politique institutionnalisée, il faut aussi reconnaître la similitude entre le Conseil économique et social portugais - structuré selon le modèle européen commun - et le Conseil de développement économique et social existant au Brésil depuis 2003. Les deux organismes ont un rôle consultatif auprès du pouvoir politique. Ils comprennent des représentants des entreprises, des mouvements syndicaux, du gouvernement, mais aussi des dirigeants de divers secteurs d'activités de la vie nationale. Ils ont également en commun, il est vrai avec nombre d'instance de ce type dans le monde, de favoriser le développement de processus de dialogue social directement liés au jeu des intérêts contradictoires qui se produit, en particulier, dans le domaine des relations professionnelles.

Cependant, en ce qui concerne le dialogue social, presque tout le reste est différent entre Brésil et Portugal. Dans ce denier pays, l'expérience du dialogue social s'est développée, à ce jour, en trois étapes, toujours dans un cadre institutionnel défini – actuellement dénommé « Comité permanent du dialogue social », présidé par le Premier ministre. Depuis 1986, et devant la menace de graves pressions inflationnistes, le Gouvernement et les partenaires sociaux (deux confédérations de travailleurs et trois confédérations patronales) ont adopté la pratique de la négociation de paramètres pour la négociation collective sur les salaires. Plusieurs accords ont eu lieu, le tout avec l'objectif d'assurer une évolution modérée et ordonnée des salaires.

En 1990, avec un important « accord économique et social», a été inaugurée la pratique d'une négociation tripartite des actes législatifs dans le domaine du droit du travail. Cet accord contenait des lignes directrices très précises sur le contenu d'un certain nombre de projets de loi qui devraient être – et ont été – présentés par le Gouvernement au Parlement. Les « négociations législatives » entre le Gouvernement et les partenaires sociaux se poursuivent encore aujourd'hui, même si l'on note une diminution sensible du degré d'influence des partenaires sociaux sur le contenu des projets de loi.

Au Portugal, l'évolution du modèle de dialogue social ne s'est pas arrêtée avec la pratique de la négociation des lois. En effet, depuis le milieu des années 90 du siècle dernier, la négociation tripartite a étendu sa portée à pratiquement tous les domaines de la gouvernance. Lesdits « accords sociaux » ont traité de domaines aussi variés que l'énergie, les transports, la santé, la fiscalité et, bien sûr, les relations de travail. Dans cette dernière phase du développement du dialogue social, on peut entrevoir une perte progressive de l'efficacité et du poids réel des accords sur la décision politique. Ce déclin apparent peut être expliqué par deux facteurs convergents. D'une part, on constate un affaiblissement des organisations confrontées à des pertes importantes d'affiliation et de capacité d'intervention. D'autre part, on ne peut qu'enregistrer une extension excessive des domaines couverts et les questions de compétence et de légitimité que cela ne peut que soulever.

Au Brésil, la multiplicité des expériences de dialogue social, depuis le début de ce siècle, n'a pas encore produit un cadre institutionnel fort et stable. En 2003, le Président de la République a institué un « Forum National du Travail » à composition tripartite, en lui assignant la tâche de préparer la réforme de la législation du travail et de la main-d'œuvre. Ce collège très représentatif a fonctionné jusqu'en 2006 ; il a produit plusieurs consensus sur des points clés : le pluralisme syndical, l'exigence de la clarté de la représentativité des associations, l'impératif d'autonomie financière associé à la suppression des cotisations obligatoires, et le renforcement de l'efficacité normative des conventions collectives de travail. Toutefois, comme indiqué plus haut, le projet de loi a été bloqué au Parlement. Par ailleurs, il fait indiquer l'existence de plusieurs instances de dialogue social tripartite créées dans le cadre du ministère du Travail. Ces dernières disposent de pouvoirs consultatifs dans des domaines tels que l'éradication du travail des enfants et du travail forcé, l'égalité des chances et de traitement entre sexes et races. L'agenda du « Travail décent », lancée par l'OIT, a lui-même suscité, au Brésil, des formes spécifiques de dialogue social, à compter de 2009, avec pour objectif la conception d'un « Plan national pour l'emploi et le travail décent ».

Ce très bref aperçu de l'expérience brésilienne n'a pas, bien sûr, l'ambition de conduire à des conclusions sur la vitalité et le potentiel du dialogue social dans ce pays. Il est certain qu'on y est aujourd'hui beaucoup plus persuadé qu'hier des avantages de ce type de méthode de régulation des relations de travail. Il existe cependant encore des obstacles et de fortes résistances provenant du conservatisme de certains secteurs syndicaux, du pessimisme de certains secteurs patronaux, et de la difficulté d'établir un lien cohérent entre l'action des partenaires sociaux et celle des partis politiques au Parlement. Toutefois, le Brésil est la puissance de l'avenir et l'avenir comporte tous les espoirs.

TROIS FORMES DE DIALOGUE SOCIAL EN CHINE : QUEL BILAN ?

Aiqing ZHENG[1]

Selon la définition de l'Organisation Internationale du Travail (OIT), le dialogue social inclut toutes les formes de négociation, de consultation et d'échange d'informations entre les représentants des gouvernements, des employeurs et des travailleurs sur des sujets d'intérêt commun. Il existe actuellement en Chine trois formes ou lieux principaux de dialogue social : la « Réunion tripartite de coordination des relations du travail » (I), la consultation ou la négociation collective dans certaines entreprises et branches (II), et l'Assemblée des délégués du personnel (III)[2]. Ces trois instances jouent indiscutablement un rôle positif en matière d'échange d'informations entre les salariés et les entreprises ainsi que de résolution des conflits collectifs. Cependant, pour de multiples raisons, leur rôle demeure en pratique restreint. La Chine a encore manifestement beaucoup de chemin à faire pour trouver des modalités de dialogue social à la fois respectueuses de sa propre histoire et voisines des conceptions et exigences en matière de dialogue social de l'OIT.

---

[1] Docteur en droit de l'Université Panthéon-Sorbonne, Professeur associé de la Faculté de droit de l'Université Renmin à Pékin. L'auteur remercie Thierry Schwarz pour sa relecture.

[2] A part ces trois formes principales, il existe une réunion bilatérale entre le gouvernement et le syndicat, conformément à la loi sur le syndicat.

I - LA « RÉUNION TRIPARTITE » : UNE FORMULE EN ÉMERGENCE

Historiquement, l'instauration de formes de dialogue social a été directement liée en Chine aux développements de conflits sociaux; ces derniers ont été largement suscités par les réformes ou les restructurations des entreprises publiques à partir du milieu des années 1990 ; les litiges individuels comme les conflits collectifs ont alors sans cesse augmenté. Les premières expériences de réunion tripartite dans certaines provinces ont été lancées vers la fin des années 1990 pour résoudre des conflits avec les ouvriers massivement « déportés » dans le cadre du processus d'approfondissement de la réforme des entreprises d'État. Entre 1996 et 2007, le taux annuel de croissance des conflits sociaux s'est élevé à 17%.A la nécessité de résoudre les conflits massifs de l'époque, s'est ajouté également le besoin de s'adapter aux normes internationales dans la perspective de l'adhésion à l'Organisation mondiale du Commerce (OMC)[3].

Au niveau national, en août 2001, une première « Réunion tripartite de coordination des relations du travail » (plus avant dénommée « Réunion tripartite ») a eu lieu à Pékin. Elle a donné lieu à la participation conjointe des représentants du ministère du Travail, de la Fédération Pan-Chinoise des syndicats (FPCS) et de la Fédération Nationale des Entreprises de Chine (FNEC) ; ceci marqua le démarrage officiel du système de « Réunion tripartite ». Progressivement, ce dernier a été étendu à tous les échelons administratifs ; on compte actuellement dans le pays environ 20000 « Réunions tripartites ».Ce type d'instance a pour mission d'harmoniser les relations du travail ; à ce titre, il joue un rôle très actif dans l'élaboration des politiques du travail, dans la résolution des grands conflits collectifs ; il participe également à l'élaboration de la législation du travail. Toutefois, pour des raisons à la fois politiques, organiques et culturelles, la « Réunion tripartite » est loin d'être un système permettant de régler tous les conflits sociaux. Au regard du dialogue social tripartite prôné par l'OIT, la « Réunion tripartite » chinoise apparaît comme une esquisse, un premier pas dans le sens

[3] J. Qiao, Le système tripartite à la chinoise : le premier pas vers le tripartisme et le dialogue social, *Guangdong Social Science*, 2/2010, pp. 31-37.

d'un véritable dialogue social. On indiquera plus avant ses principales caractéristiques (A), ses fonctions et ses faiblesses (B).

A - Les principales caractéristiques de la « réunion tripartite »

Du fait de la culture politique et de l'histoire, la Chine est connue pour la puissance de l'État dans tous les domaines. « État-parti », « gouvernement puissant » et « société civile faible » sont des mots-clés illustrant bien deux caractéristiques de la pratique de la « Réunion tripartite ».

Tout d'abord, le Gouvernement a une place tellement dominante dans la « Réunion tripartite » qu'il est difficile de considérer ce système comme un processus du dialogue social fondé sur l'égalité de statut entre les parties. On utilise d'ailleurs officiellement en Chine le terme de « coordination » des relations du travail plutôt que celui de « consultation sociale » ou de « dialogue social ». La coordination signifie que le Gouvernement dirige et oriente les relations du travail tout en écoutant les aspirations et les conseils des représentants des entreprises et des salariés. Le bureau d'une « Réunion tripartite » est installé au sein de l'Administration du travail. Le travail préparatoire est confié aux personnels de l'Administration du travail. C'est toujours le Gouvernement qui décide de l'ordre du jour et des choix de la « Réunion tripartite », les représentants des employeurs et ceux des salariés participent en exprimant leurs points de vue, en faisant part de leurs souhaits, en donnant des conseils.

Par ailleurs, les associations représentant les entreprises et les salariés ne sont pas indépendantes du Gouvernement. Selon leur statut officiel, leurs intérêts sur le fond sont considérés comme identiques. La FNEC et la FPCS avancent, dans leur communication avec leurs membres, des propositions visant à protéger aussi bien les intérêts des travailleurs que ceux des entreprises. Les entrepreneurs et les représentants des entrepreneurs sont d'ailleurs tous considérés comme des travailleurs ; en effet, selon la vulgate marxiste, les intérêts des deux catégories sont devenus communs après l'anéantissement de la classe exploitante. Le Gouvernement défend cette idée d'indifférenciation des intérêts avec l'objectif avoué d'éviter tout antagonisme entre capital et travail. Mélanger les intérêts du capital et du travail serait favorable à la conciliation et à l'harmonie des relations du travail. On fait donc comme si tout le monde voyageait dans un seul bateau.

B –Les fonctions et faiblesses de la « Réunion tripartite »

Née à l'époque de l'explosion des conflits ouvriers de masse, la « Réunion tripartite » joue un rôle positif, voire irremplaçable, dans la résolution des conflits sociaux. Ceux-ci sont souvent compliqués ; ils touchent plusieurs centaine de personnes, nécessitent une coordination entre les diverses parties concernées afin de trouver une solution acceptable par tous. Cette fonction de pacification est surtout assurée par la « Réunion tripartite » du niveau le plus bas à savoir municipal ou communal. A ce même niveau, cette instance constitue également un lieu d'échange d'informations et d'alerte sur de potentiels conflits du travail. De telles informations remontent des districts ou quartiers industriels dans lesquels les membres de la « Réunion tripartite » entretiennent des liens avec des ouvriers ; ceci leur permet de connaître de façon assez précise l'état du climat social, les bonnes relations ou les tensions se développant entre les ouvriers et leur entreprise.

La « Réunion tripartite » contribue par ailleurs à la promotion de la négociation collective dans les entreprises. C'est le cas au plan national mais surtout au niveau local. Les exemples sont nombreux, ainsi la « Réunion tripartite » du quartier *Jianshe* de la ville de *Jiaxing*, dans la province du *Zhejiang*, a aidé plusieurs entreprises, telles que l'Hôtel *Xinkaiyuan*, *Aodeli*, *Holiday Touriste Agence*, à organiser l'élection de délégués du personnel et à encourager la consultation de ces derniers par la direction de leur entreprise[4]. Ces efforts ont abouti y compris à la conclusion de conventions collectives prenant en compte, de façon équilibrée, les intérêts des deux parties, et aidant surtout les entreprises à surmonter les difficultés rencontrées suite à la crise financière. Grâce aux efforts déployés au niveau de chaque ville, le projet officiel dénommé « arc-en-ciel », destiné à promouvoir la négociation collective de 2010 à 2012 a obtenu de bons

[4] Reportage du *Journal de Jiaxing* des 16 avril 2009 et 8 septembre 2010.

résultats : 80% des entreprises ayant un comité syndical ont, à l'époque, signé une convention collective[5].

Enfin, la « Réunion tripartite » joue un rôle en matière d'élaboration de la législation du travail ou des politiques du travail. Sur le plan national, ce type d'instance a activement participé à l'élaboration et à l'adoption de la loi sur le contrat de travail, mais aussi à la loi sur la promotion de l'emploi, ou encore à celle relative à la médiation et à l'arbitrage des litiges du travail de 2007. Sur le plan local, la discussion sur « l'ajustement du salaire minimum » constitue une tâche relevant de la « Réunion tripartite ». De même, il peut arriver que des instances locales élaborent des règlements relatifs à la protection des intérêts des entrepreneurs et des entreprises ; il en est allé ainsi avec les « Réunions tripartites » du *Guangdong* et de l'*Anhui*.

Il convient cependant de souligner que les faiblesses de ce type d'instance les conduisent souvent à avoir, *de facto*, un rôle relativement limité. Les structures de « Réunion tripartite » pâtissent généralement d'insuffisances dans leur organisation. Au plan national, la « réunion » doit se tenir trois fois par an, chaque fois durant trois journées ; mais, dans les faits, elle se tient seulement une fois par an pendant une journée ; elle reste donc très symbolique. On ajoutera que depuis 2007, sur le plan national, dans le cadre de la « Réunion tripartite », cinq commissions spécifiques ont été créées : la commission du droit et de la politique du travail, la commission du salaire, la commission de la consultation collective, la commission de la sécurité sociale et la commission des normes du travail. Cependant, aucune de ces commissions n'a jamais fonctionné jusqu'au présent. La situation est quasiment la même au plan provincial. En revanche, à des niveaux inférieurs, municipaux ou communaux, il est fréquent qu'il y ait plusieurs tenues de « Réunion tripartite », dès lors notamment qu'il y a nécessité de répondre à l'existence de conflits sociaux. Par ailleurs, on l'a déjà souligné, il existe de réels problèmes d'indépendance des représentants des employeurs comme des travailleurs. La Fédération Nationale des Entreprises de Chine (FNEC) ou la Fédération Nationale de l'Industrie et du Commerce

---

[5] Statistiques de la FPCS (Source : www.acftu.org.cn).

(FNIC) sont des organes officiels auxquels il n'est pas permis de défendre les seuls intérêts des entreprises. Il en va de même pour la Fédération Pan-Chinoise des Syndicats (FPCS) en ce qui concerne les intérêts des travailleurs. Enfin, les instances comme les acteurs de ce « dialogue social tripartite » ne bénéficient d'aucune véritable protection ou garantie légale. Certes, la Chine a ratifié en 1990 la convention OIT n°144 sur le tripartisme. Certes, la loi sur le travail de 1994, la loi sur le syndicat de 2001 et la loi sur le contrat de travail évoquent brièvement la consultation tripartite. Mais au niveau du droit national, on ne trouve aucune disposition précise relative à l'organisation de la consultation tripartite et à son champ de compétences. En la matière, un seul règlement local existe, celui du *Guangdong* adopté en septembre 2011et entré en vigueur le 1er janvier 2012.

II - LA NÉGOCIATION COLLECTIVE A L'ÉTAT EXPERIMENTAL

La négociation collective en Chine reste à l'état d'expérimentation depuis deux décennies. Au demeurant, au lieu d'employer le terme de la « négociation collective », on préfère utiliser celui de « consultation collective » pour ne pas risquer de souligner l'antagonisme entre deux parties que le terme de « négociation » suggère. « Consultation collective », en revanche, traduit bien la volonté du Gouvernement central de ne pas mettre en confrontation les intérêts des employeurs et des salariés. Pour notre part, nous estimons que le terme « consultation » atténue le poids dans le processus de dialogue de la collectivité des travailleurs. Cette dernière est d'évidence moins forte dans le cadre d'une « consultation sur un pied d'égalité »[6]qu'elle ne le serait s'il s'agissait de « négociation ». En effet, dès lors que la collectivité des travailleurs n'apparaît pas de façon autonome, la consultation ou la négociation ne sauraient prendre en compte en tant que telle la protection des intérêts des salariés[7]. En tous cas, on doit constater d'une part que le cadre légal de la « négociation collective » demeure modeste (A), d'autre part qu'il existe néanmoins une forme

[6] *Cf.* Article 6 de la loi chinoise sur le syndicat de 2001.

[7] P. Guanghua, « Le sujet des relations collectives de travail et ses méthodes de recherche », *Théorie et pratique du syndicat*, 4/2003, p. 3.

ou plutôt deux types d'expérimentation de la convention collective (B).

A - Des dispositions légales trop modestes

La première loi sur le travail de 1994 n'a consacré que trois articles à la convention collective[8]. Son article 33 a prévu que les salariés « peuvent » conclure par l'intermédiaire du syndicat une convention collective. Ici, l'utilisation du verbe « pouvoir » signifie qu'il n'existe aucune obligation de conclusion d'une convention collective. Par rapport à la concision et à la généralité de cette loi, la loi sur le syndicat de 2001 a pourtant renforcé la place de la convention collective et le rôle du syndicat en la matière. Il est ainsi depuis prévu que le syndicat contribue à l'harmonisation de la relation de travail et sauvegarde les intérêts des salariés à travers la « consultation sur un pied d'égalité » et la « convention collective »[9]. Dans le quatrième chapitre de cette loi intitulée « Droits et obligations des syndicats », ces derniers se voient expressément confier le droit à la consultation (négociation) collective dans la perspective de conclure une convention collective. L'atteinte à ce droit du syndicat est accompagnée d'une sanction symbolique : la loi prévoit une mise en demeure de l'entreprise par le Gouvernement local en cas de refus de consultation avec le syndicat sans motif sérieux[10].

Comme aucune disposition légale n'impose une obligation de consultation ou de négociation à l'entreprise, la négociation/consultation collective demeure en Chine au stade de l'essai ou de l'expérimentation depuis deux décennies. Si l'on observe en la matière une attitude en retrait des entreprises, on note que les syndicats de manière générale se montrent plutôt demandeurs, sans doute afin d'améliorer leur image auprès des travailleurs. En pratique, c'est au niveau provincial qu'il est possible de constater quelques modestes avancées ; il arrive ainsi que localement soit imposée une obligation à l'entreprise d'accepter de s'entretenir avec le syndicat si celui-ci a lancé un appel à consultation. Le règlement du *Guangdong*

[8] Articles 33, 34, 35 de la loi sur le contrat de travail de 1994.
[9] Article 6, alinéa 2.
[10] Article 53.

sur la convention collective de 2014 prévoit dans son article 19 que le syndicat ou l'entreprise peuvent lancer un appel de consultation à l'autre partie ; celle-ci dispose d'un délai de 30 jours pour répondre et entamer une « consultation collective ». Malheureusement lorsque pareille obligation existe, son irrespect ne fait l'objet d'aucune prévision de sanction précise.

De façon générale, les principes et l'organisation de la « consultation collective », tout comme les droits et devoirs des parties, sont prévus dans un règlement ministériel de 2004 relatif à la convention collective. Mais, le droit à la négociation collective des travailleurs, comme l'obligation de négocier de l'employeur, n'est confirmé nulle part, ni dans ce règlement de 2004, ni dans la loi sur le travail de 1994, ni même dans la loi sur le contrat de travail de 2007.

B - Deux types d'expérimentation

On peut observer deux types de « mise à l'essai » de la convention collective. Le premier qui est aussi le principal, est dû à une promotion officielle « venue d'en haut » depuis deux décennies(1). L'autre, « venu d'en bas », est un phénomène récent, visible surtout dans le sud du pays, suscité par la demande spontanée des ouvriers au niveau de l'entreprise (2).

1 - La promotion officielle et son impact

Il est possible d'affirmer que la promotion officielle de la consultation collective au niveau de l'entreprise n'est d'aucun effet. Même lorsqu'il existe une convention collective, on observait il y a dix ans déjà son caractère purement formel, singulièrement dans les entreprises publiques[11]. Il en est de même dix ans plus tard ; de nombreuses conventions collectives demeurent formelles et ne produisent pas d'effets. Ceci est caricatural au regard du nombre en augmentation constante des conventions collectives évoqué fièrement par la FPCS. Selon les statistiques du Ministère du travail, fin de 2014, 1,7 million de

---

[11] A. Zheng, *Libertés et droits fondamentaux des travailleurs en Chine*, L'Harmattan, Paris 2007, pp. 190-194.

conventions collectives auraient été signées, couvrant environ 10% des entreprises[12].

Ce formalisme est révélé tant au cours du processus de « consultation » qu'au travers du contenu desdites conventions collectives qui souvent reprend essentiellement des dispositions légales. Le processus de la consultation collective consiste en effet fréquemment à étudier les dispositions légales, sans véritablement négocier. Les sujets négociés ne concernent que les deux points suivants : les congés payés et le taux d'augmentation annuel du salaire. La plus grande partie du temps, le temps de consultation est consacré à régler des divergences d'interprétation des textes nationaux ou provinciaux. Comme indiqué plus haut, la majorité des clauses conventionnelles répètent les dispositions légales. De surcroît, les syndicats qui rédigent la convention collective, lui donnent une forme standardisée. Les conventions collectives de nombreuses entreprises contiennent ainsi souvent des clauses identiques.

Le peu d'utilité de cette pratique est constatée y compris dans de nombreuses entreprises publiques. Les entreprises choisies pour ces expériences de conventions collectives sont souvent des entreprises qui fonctionnent bien et dans lesquelles les intérêts des salariés sont relativement mieux protégés qu'ailleurs. A quoi bon ici conclure une convention collective si elle ne contient pas des clauses plus favorables aux salariés que les dispositions légales ? Par ailleurs, dans les entreprises où les dispositions légales sont plus ou moins respectées, pourquoi envisager une négociation collective ? Certes, on constate une augmentation des « consultations » et du nombre des accords collectifs conclus sur les salaires. Mais, ces derniers paraissent en pratique connaître un faible impact.

Il convient toutefois de prendre en compte un phénomène récent pouvant suggérer quelques espoirs. Consciente depuis quelques années des difficultés syndicales au niveau de l'entreprise, la FPCS a commencé à promouvoir la consultation collective au niveau de la branche. De fait, la Fédération syndicale de la branche est moins faible que le comité

[12] Selon les statistiques de l'Administration nationale de l'Industrie et du Commerce, fin 2014 le nombre des entreprises était de 18, 2 millions (source : www.saic.gov.cn).

syndical d'entreprise. Dans quelques provinces, des conventions collectives de branche ont été signées, notamment dans les secteurs de la restauration, de la construction, de la fabrication de chaussures, etc. Ces conventions établissent des standards en matière de salaire minimum et de conditions de travail. A titre d'exemple, fin 2014, dans la ville de *Longyan* de la province du *Fujian*, les représentants de 1136 chauffeurs de taxi ont signé une convention pour la « branche taxi » ; celle-ci précise que le salaire minimum des chauffeurs de taxi est fixé à 110% du salaire minimum municipal, et que l'augmentation des salaires pour 2015 serait au minimum de 4,5%[13].

2 - La pratique initiée par les ouvriers dans certaines entreprises du sud

Parallèlement au modèle officiel et superficiel de « consultation collective », on observe depuis quelques années l'émergence d'un modèle de négociation « spontanée » lié à des actions revendicatives : des ouvriers appellent au dialogue des directions d'entreprise sur le salaire, les cotisations sociales, les indemnités du licenciement, etc. Ces cas restent limités et se rencontrent surtout dans le sud du pays. Par exemple, c'est une grève spontanée chez Honda à *Fushan* dans le *Guangdong* en 2010 qui a conduit l'entreprise à conclure un accord salarial valable pour plusieurs années. De même, les ouvriers travaillant à la propreté de la ville de *Guangzhou*, capitale du *Guangdong*, ont réussi à faire aboutir un accord collectif sur le salaire. Le résultat de ce type d'actions est loin d'être toujours certain. En effet, l'appel des ouvriers au dialogue se solde souvent, dans un premier temps, par un refus des responsables d'entreprise ; ceci a provoqué ces dernières années de nombreuses grèves et conflits en tout genre[14]. Si dans la majorité des cas, ceci a conduit *in fine* à une négociation collective, il est arrivé que soient imputées à des ouvriers des actions fautives et que cela se termine par leur condamnation à des sanctions pénales[15].

---

[13] Reportage du *Journal de Fujian*, 12 janvier 2015.

[14] *Cf.* site web : www.jttp.cn.

[15] A. Zheng, Une affaire pénale liée à la revendication ouvrière en Chine, *Revue du droit comparé du travail et de la sécurité sociale*, 1/2015, pp.104-108.

III – L'ASSEMBLÉE DES DÉLÉGUÉS DU PERSONNEL EN TRANSITION

L'Assemblée des délégués du personnel (ADP) existe en tant que forme principale de participation des travailleurs dans les entreprises publiques depuis les années 1980. Il s'agit cependant d'une institution formelle dont l'inutilité est avérée (A). Toutefois, avec l'essor du secteur privé, l'ADP doit s'adapter aux nouvelles circonstances. Certaines provinces commencent à réformer cette instance pour qu'elle devienne la modalité essentielle et réelle de participation dans les entreprises au XXIème siècle (B).

A - L'ADP dans les entreprises publiques : une institution formelle

On reviendra tout d'abord sur les originesde l'ADP et son organisation (1), avant d'indiquer ses compétences officielles et ses insuffisances bien réelles (2).

1 - L'établissement de l'ADP et son organisation

Depuis le 3ème plénum du XIème Comité central de décembre 1978, l'accent a été mis en Chine sur la construction économique, au détriment de toute référence à la lutte des classes. Dans ce nouveau contexte, Deng Xiaoping[16] a réaffirmé le principe de gestion démocratique dans l'entreprise. En 1978, dans un discours au IXème Congrès national des syndicats, il a avancé l'idée que pour

---

[16]*Deng Xiao Ping* (1904-1996), vice-premier ministre de *Zhou Enlai* en 1952 est devenu membre du Comité permanent du Bureau politique et Secrétaire général du Comité central en 1956. Il est, avec *Liu Shaoqi*, l'un des principaux architectes du réajustement économique de 1960-1963. Il disparaît de la vie politique en 1966 en raison de ses propositions pragmatiques. Il est réhabilité en 1973, et redevient alors vice-premier ministre et vice-président du Parti communiste en 1975. Après la mort de *Zhou Enlai* en janvier 1976, il est à nouveau écarté du pouvoir en avril de la même année, et on lui impute la responsabilité des manifestations de *Tiananmen* le 4 mai. Après la mort de *Mao Zedong* en septembre 1976 et la chute de la « bande des quatre » le mois suivant, il est réhabilité et réinstallé de nouveau dans ses fonctions en juillet 1977. Il est l'architecte de la politique de réforme et d'ouverture menée en Chine depuis 1978.

effectivement réaliser « les quatre modernisations »[17], le système de gestion démocratique doit s'appliquer dans toutes les entreprises sans exception et qu'il faut combiner direction centralisée et gestion démocratique[18]. La première étape de la réforme des entreprises, au début des années 1980, a consisté à leur donner un pouvoir d'auto-décision. Le Conseil des Affaires d'État, dans un rapport sur l'essai d'élargissement du pouvoir d'auto-décision de l'entreprise, publié en 1980, a souligné que l'ADP est un organe fondamental de la gestion démocratique qui doit accompagner la démarche réformatrice de l'entreprise. A la suite de ce rapport, l'ADP a été créée dans la plupart des entreprises d'État.

Pour intégrer l'ADP dans le cadre législatif, après en avoir discuté à de nombreuses reprises, le Comité central du Parti communiste chinois (PCC) et le Conseil des Affaires de l'État (CAE) ont conjointement promulgué en 1981 (puis modifié en 1986) trois règlements, respectivement sur l'Assemblée des délégués du personnel, sur le travail du directeur d'usine et sur le comité du PCC dans les entreprises industrielles. Il s'agissait du premier pas dans la démarche d'encadrement de l'ADP. La Constitution de 1982 a, pour sa part, affirmé que la gestion démocratique s'applique dans les entreprises publiques sous diverses formes dont l'Assemblée des délégués du personnel[19]. L'ADP trouve là son fondement constitutionnel. Le règlement sur l'Assemblée des délégués du personnel dans les entreprises d'État de 1986 définit pour la première fois l'ADP comme « *une forme fondamentale de la gestion démocratique de l'entreprise, un organe de l'exercice du pouvoir de la gestion démocratique des salariés* ».

La loi sur les entreprises industrielles d'État en Chine, adoptée en 1988, revêt une importance significative pour le statut des entreprises d'État ainsi que pour l'ADP en tant qu'entité indépendante et non plus subordonnée à l'administration. Les dispositions sur l'ADP figurent dans un chapitre de cette loi. La nouveauté se trouve dans le droit de veto accordé à l'ADP sur les projets concernant le salaire, la

[17] Les « quatre modernisations » sont celles de l'industrie, de l'agriculture, de la défense, des sciences et technologies.
[18] G. Huai, *Droit du travail*, Editions du droit, 1996, p. 483.
[19] *Cf.* article 16 de la Constitution chinoise de 1982.

distribution des primes, le règlement intérieur et la sécurité au travail.

Le règlement de 1986 prévoit que l'ADP est composée de délégués du personnel élus, parmi lesquels certains représentent les ouvriers, d'autres les ingénieurs, ou d'autres encore les responsables d'ateliers et de l'entreprise[20]. Les sièges accordés aux dirigeants ne peuvent pas dépasser un cinquième du total. Il faut, en outre, que soit assurée une répartition des sièges tenant compte du nombre de jeunes et de femmes. Les délégués du personnel sont élus au niveau des groupes de travail et de l'atelier au suffrage direct, au suffrage indirect au niveau de l'établissement. L'ADP est une instance qui s'entrecroise avec le comité syndical. Elle est composée des délégués du personnel mais ces derniers comprennent non seulement ceux des employés, mais aussi les représentants de l'entreprise et ceux du comité syndical. La composition est donc tripartite.

2 –Les attributions et insuffisances de l'ADP

L'ADP s'est vue reconnaître quatre droits : le droit à l'information et à la suggestion, le droit de codécision, le droit d'auto-décision, le droit d'élire et de contrôler les dirigeants de l'entreprise[21]. Cependant, en pratique, ces attributions ne sont pas respectées ; elles sont même bafouées. Ceci rend l'ADP inutile dans la majorité des cas.

L'ADP a été conçue dans la perspective politique d'établissement d'une structure démocratique dans l'entreprise[22]. Elle a joué un certain rôle dans la transformation de la notion de démocratie dans le cadre d'entreprise[23]. Cependant, la mise en œuvre de cette représentation n'a pas été accompagnée de mesures suffisantes pour assurer son efficacité dans la pratique. Ses déficiences congénitales sont, principalement, au nombre de trois.

---

[20] *Cf.* article 12 du règlement sur l'Assemblée des délégués du personnel dans les entreprises d'État de 1986.

[21] Dans le contexte de promotion de la convention collective, l'ADP s'est également vue reconnaître un rôle d'approbation du texte de la convention collective.

[22] Z. Jing, *Etude sur l'ADP à la base des cas précis*, Éditions des Sciences sociales de Chine, 2001.

[23] L. Yuanwen, « Concord and confrontation : research on the extent of democracy » in *Entreprises in contemporary China*, Éditions du travail et de la sécurité sociale de Chine, 2004, p. 234.

En premier lieu, l'absence de précisions nécessaires dans le règlement de 1986 et la loi de 1988 rend ceux-ci inefficaces en pratique. Sur la tenue de l'ADP, les textes n'ont précisé ni l'auteur de la convocation, ni la sanction en cas de manquement à la convocation. Il est seulement prévu que la convocation a lieu au moins une fois par semestre. Quant aux attributions de l'ADP prévues dans les textes, elles sont nombreuses, mais aucun moyen concret n'est prévu pour permettre aux délégués du personnel d'accomplir leurs missions. Parmi les moyens apparaissant indispensables, on peut citer : la possibilité de recours à un comptable pour examiner le projet de budget ou encore la mise à disposition des informations nécessaires. En outre, on ne dispose d'aucune indication légale ou réglementaire concernant l'organisation d'un vote.

En deuxième lieu, les attributions, qui sont larges pour bien montrer l'importance que les autorités voulaient accorder à l'ADP dans la vie de l'entreprise, sont en fait dépourvues de garanties et par-là mêmes d'autant moins réalistes. Sans des procédures strictes d'accompagnement, la mise en œuvre des attributions est des plus aléatoires, si ce n'est illusoire dès lors, par exemple, qu'il n'existe aucune disposition prévoyant l'élection et la révocation de ses responsables.

En troisième et dernier lieu, il n'existe d'une part aucun organisme de contrôle de l'ADP, d'autre part aucune prévision de sanction en cas d'atteinte ou d'entrave à ses attributions. Il n'est donc pas étonnant que l'ADP ne fonctionne pas dans la plupart des entreprises publiques. Cet état de fait est un phénomène admis par tous. Aucune solution ne permet d'y remédier dans le cadre juridique actuel.

B - L'adaptation de l'ADP aux circonstances du XXIème siècle

A l'occasion de l'intervention de la loi sur le contrat de travail de 2007 et des modifications du règlement intérieur qu'elle emportait, plusieurs provinces ont élaboré leur propre règlement relatif à la participation des salariés. A travers ces règlements provinciaux, on a pu découvrir la possibilité de diverses formes de participation ainsi des dispositions adaptant et étendant les attributions de l'ADP à différents types d'entreprise y compris « non publiques ». Il en est allé ainsi notamment avec les règlements provinciaux, du *Zhejiang*[24], du *Shanxi*[25], de l'*Anhui*[26] ou encore du *Hebei*[27]. Ces normes, par-delà leurs spécificités, ont en commun d'attribuer à l'ADP le droit d'être informée et consultée par l'entreprise sur tout projet concernant la marche des affaires, les contrats du travail, la sécurité et l'hygiène, les cotisations sociales, le droit d'approuver et de contrôler la convention collective, le droit de discuter et de suggérer sur tous les sujets liés aux intérêts des salariés, tel que le temps de travail, le salaire, la discipline au travail, la quantité de travail, le bien-être, le droit d'élire les représentants salariés au Conseil d'administration et au Conseil de surveillance de la société.

Outre les droits reconnus ainsi à l'ADP, ces règlements provinciaux organisent une évolution des attributions de cette instance dans les entreprises d'État. Il s'agit ici clairement d'une adaptation aux nouvelles circonstances économiques. Sont à ce titre prévus le droit d'être informé et consulté lors des rapports budgétaires ou financiers, en cas d'innovation technique, de projets de fusion, de restructuration, de fermeture, de faillite de la société ; à l'occasion de ces projets, l'ADP se voit reconnaître y compris un droit de contrôle et d'approbation des mesures envisagées. Par ailleurs, l'ADP a le droit d'évaluer le travail des dirigeants de la société. Enfin, une ADP d'entreprise collective a le droit de décider du statut de l'entreprise et celui d'élire ou de recruter les dirigeants de l'entreprise.

Pour s'adapter à l'essor des très petites et micro-entreprises (TPME), certains règlements provinciaux prévoient une ADP de branche ou de quartier regroupant l'ensemble des TPME d'une même branche. Ces règlements provinciaux ont également précisé les conditions d'élection des délégués, d'organisation et de fonctionnement de l'ADP, sans toutefois prévoir de sanctions en cas de violation d'une de leurs dispositions ; en la matière, ils se bornent à prévoir l'intervention de l'échelon syndical supérieur à faire référence au droit pénal général, le cas échéant au droit administratif. La seule

---

[24] *Cf.* Règlement sur la participation démocratique des entreprises de *Zhejiang*, 2010.

[25] *Cf.* Règlement sur la participation démocratique des entreprises du *Shanxi*, 2012.

[26] *Cf.* Règlement sur la participation démocratique des entreprises de l'*Anhui*, 2014.

[27] *Cf.* Règlement sur la participation démocratique des entreprises du *Hebei*, 2015.

nouveauté réside ici dans la possibilité pour l'inspection du travail de contrôler la mise en pratique d'une ADP.

Laisser chaque province publier son propre règlement sur la participation des salariés dans les entreprises, témoigne de la volonté du législateur national de laisser prospérer une forme d'expérimentation, de laisser se développer le plus largement possible les initiatives locales, afin ultérieurement d'élaborer une norme nationale.

CONCLUSION

Issue d'un système d'économie planifiée, d'une situation dominée par des entreprises d'État et d'un accent mis sur la « collectivité », la gouvernance de la Chine est fortement marquée par un État tout puissant, malgré une vingtaine d'année d'introduction du marché dans l'économie. Trois formes ou instances de dialogue social existent parallèlement. Elles interviennent à différents niveaux, jouant un rôle plus ou moins positif, souvent encore problématique et dépourvu de garantie juridique. Ces faiblesses sont d'autant plus patentes que la pratique du dialogue social progresse. Toutefois, en se souvenant que c'est à force de tâtonnements que la réforme économique chinoise s'est consolidée, on peut espérer qu'il en ira de même de la gouvernance sociale. Expérimenter d'abord, légiférer après. Rome ne s'est pas construite en un jour !

OBSERVATIONS CONCLUSIVES

L'APRÈS-DIALOGUE SOCIAL

Joseph DJOGBENOU[1]

Les quelques réflexions sur les droits des parties après dialogue que nous voudrions proposer ne sont pas celles d'un travailliste, d'un spécialiste du droit du travail. Ce sont des réflexions d'un profane, sans doute juriste, mais juriste assez profane de ce qui concerne cette spécialité, heureuse tout de même, délicate sans doute, difficile aussi. Mais quand on regarde de l'extérieur, il est possible d'avoir quelques vues notamment dès lors qu'on s'intéresse aux questions procédurales. C'est de cette lucarne que nous voudrions regarder l'après-dialogue social.

Sans doute, certains peuvent à juste titre affirmer que les cadres formels du dialogue social ont échoué[2]. C'est possible ! Il est aussi possible d'appeler à revenir sur l'endogénéité, au règlement sous l'arbre à palabres... Sans être trop enthousiaste quant aux solutions que proposeraient les ressources endogènes, nous considérons que c'est peut-être l'après-dialogue qui n'est pas très bien organisé, que l'échec ou les échecs importants du dialogue social résident peut-être dans la difficulté d'appréhender, d'organiser l'après-dialogue social. La solution, c'est peut-être de commencer à préparer et à entrevoir l'après-dialogue social.

En réalité, si le dialogue social se conclut par un accord qui consacre des droits, ces droits n'ont de signification effective que s'ils sont consommés, appropriés. Tant que l'on ne s'intéresserait pas aux règles de l'appropriation des droits consacrés par les accords, on peut être enthousiaste quant à leur formation ou négociation ou conclusion mais déçu quant à leur appropriation. Nous devons préciser les hypothèses de la réflexion et indiquer quelques caractéristiques du

---

[1] Agrégé des facultés de droit, Professeur à l'Université d'Abomey-Calavi.

[2] NDLR Allusion à la contribution de Brice Armel Adanhounme, « Dialogue social et ethnicité en Afrique sub-saharienne : la citoyenneté au travail pour qui ? », publiée dans le présent ouvrage.

dialogue en question, en rappelant encore une fois qu'il s'agit d'observations de quelqu'un assez éloigné des questions de droit du travail. Alors quelles sont les hypothèses et les caractéristiques du dialogue envisagé ?

D'abord les hypothèses ! L'après-dialogue social dont il est question ici n'est pas pris du point de vue de l'échec, le dialogue pouvant se solder par un échec. Sans doute peut-il y avoir un après dialogue après échec ! Mais au fond il n'y a pas d'après dialogue après échec ! Il n'y a que la réitération du dialogue, la poursuite du dialogue ! Et donc la réflexion se positionne plutôt du point de vue du succès. Après un dialogue qui débouche sur un accord, que fait-on ?

D'un autre côté, il est question des droits des parties mais il ne s'agit pas des droits des parties quant au contenu de l'accord. Peut-être de ce point de vue, il y a lieu d'infléchir notre position quant aux questions relatives à la modification de l'accord. Mais, au sens théorique, nous ne percevons pas dans les hypothèses de travail les droits des parties quant au contenu de l'accord consacré. Si on devait rester dans l'espace judiciaire classique on parlera des recours possibles en ce qui concerne l'accord intervenu. Ce sont les hypothèses de travail dont l'examen conduit à appréhender les caractéristiques de l'accord intervenu.

Ensuite, les caractéristiques de l'accord ! Il s'agit d'un accord qui corrige une situation et on dira qu'il est un accord correctif. C'est aussi un accord collectif, sans doute un accord collectif spécifique en matière sociale. Cet accord peut intervenir dans une branche déterminée avec des intérêts bien spécifiques. C'est, en outre, un accord collectif spécifique portant sur des droits évolutifs. Nous sommes de ceux qui pensent que l'accord collectif ne consacre pas un droit dur, mais un droit souple, un droit évolutif, un droit qui peut et qui ouvre des fenêtres, un droit qui peut migrer. Ces éléments du caractère nous permettent aussi dans la suite de préciser les éléments d'analyse. Alors quelle est la question essentielle ?

La question essentielle est de savoir quelles sont la nature et la mesure des droits des parties à la suite d'un dialogue social soldé par un accord. Les droits des parties sont délétères, qu'en reste-t-il ? Deux lucarnes d'analyse sont envisageables. Elles ne sont pas exhaustives certes, mais elles sont tout de même introductives d'analyse. La première lucarne envisage les droits des parties en ce qui concerne la modification d'un accord, de l'accord heureux obtenu (I). La seconde lucarne appréhende les droits des parties en ce qui concerne l'exécution de l'accord intervenu (II).

I - LES DROITS DES PARTIES EN CAS DE MODIFICATION : LA REMISE EN CAUSE DE L'ACCORD

C'est lorsque l'on a l'impression que tout est fini que tout recommence, que tout est possible. Finalement en matière de dialogue social, c'est une continuité. Le premier élément de la continuité c'est le droit à obtenir la modification de l'accord intervenu. De ce point de vue, deux situations s'observent. La première concerne les mécanismes de modification et la seconde les droits des parties en lien avec les résultats de la modification.

En ce qui concerne les mécanismes de modification, il y a des cadres permanents qui convergent vers l'accord, qui conduisent vers l'accord. Ces cadres conduisent également à la modification de l'accord. Il peut y avoir aussi des cadres *ad hoc.* Chacun des systèmes juridiques y compris même dans l'espace OHADA ici entendu comme l'ensemble des législations des États membres de l'OHADA qui constituent un socle juridique de solutions aux difficultés de ces États. Ainsi, dans chaque État, il y a des cadres permanents qui aménagent des éléments non seulement de direction, de formation de l'accord mais également de modification de l'accord. Il s'agit d'éléments non juridictionnels, des mécanismes non juridictionnels, très peu, de mécanismes juridictionnels, exceptionnellement, l'intervention d'un président de juridiction pour le démarrage de la négociation en vue de la modification.

Les cadres non juridictionnels, cadres sociaux *ad hoc* ou permanents sont beaucoup plus sollicités. Alors la question se posera de savoir qui a l'initiative de la modification. En raison du caractère collectif de l'accord et en vertu du parallélisme des formes, on peut considérer que l'individualisation trop poussée est exclue. De manière exceptionnelle, il peut être admis que l'un des bénéficiaires, à titre individuel, provoque la réouverture des négociations. Ce sont davantage les organes prévus par les différentes législations qui provoquent la réouverture des négociations en vue de la modification de l'accord. Mais au demeurant, il se pose la question du quoi modifier. C'est ce qui a été discuté qui peut être modifié. C'est dans ce cadre social qu'il n'y a pas de chose jugée ! Il n'y a pas de fin de non-recevoir sur une chose déjà discutée puisque les accords collectifs en matière sociale consacrent des droits évolutifs, des droits dynamiques et non des droits statiques. De ce point de vue, tout peut faire l'objet de modification, de renégociation.

L'on peut aussi s'interroger à propos des mécanismes de la modification. On a déjà insisté sur celles et ceux qui ont l'initiative, à titre exceptionnel les bénéficiaires individuels, à titre ordinaire, les différents cadres prévus, les différents organes prévus par les législations nationales. En termes de résultats de la modification, il y a sans doute un nouvel accord qui est peut-être l'accord initial modifié en la forme ou l'accord initial modifié dans le fond, en partie ou en totalité et dont l'exécution aurait pu conférer des droits essentiels aux parties.

II - LES DROITS DES PARTIES DANS LE CADRE DE L'EXÉCUTION DE L'ACCORD

Ici, nous envisageons le droit d'obtenir l'exécution de l'accord. L'obligation d'exécuter nous conduit à identifier un débiteur de l'exécution. En matière sociale, le débiteur est plural. Il peut s'agir des salariés comme il peut s'agir des employeurs. Mais, l'exécution de l'accord n'intéresse pas seulement les parties à l'accord puisque nous sommes en matière sociale. Il y a une silhouette présente, l'État qui constitue une garantie à la fois *a priori* et *a posteriori* de la consommation de l'accord.

Au reste, il faut envisager ce droit des parties dans le cadre de l'exécution de l'accord sous deux aspects. Le premier, c'est de retenir que cette exécution n'est pas comme l'exécution des droits civils, des conventions ou des contrats qui consacrent les droits civils, les droits économiques. Elle ne ressemble non plus à l'exécution des décisions de justice. Pour cause, les accords collectifs en matière sociale consacrent plutôt des droits programmatiques. Ce ne sont pas des droits créances en tant que tel. Les droits consacrés, ne sont que des droits créances *a posteriori*, au moment de l'exécution. Et de ce point de vue, la question est de savoir si on peut recourir à une juridiction pour obtenir l'exécution du contenu des accords. La réponse n'est pas avec enthousiasme affirmative. Elle est plutôt avec prudence dans la négative. L'exécution mue par la volonté des parties est l'idéale. Elle est la normale parce qu'encore une fois ce ne sont pas des droits créances *ab initio*.

Le second élément appréhendé dans le cadre des droits des parties dans l'exécution de l'accord, c'est de considérer que ces accords consacrent plutôt des droits sociaux et non des droits individuels en tant que tel. L'exécution ne ressortit pas des canaux ordinaires d'exécution qui sont organisés pour la consommation des droits subjectifs. Nous ne sommes pas dans l'identification ou la consécration des droits subjectifs au premier degré, nous sommes sur le terrain des droits collectifs et l'exécution de ce point de vue n'est pas obtenue sous la même lucarne que l'exécution des droits individuels et donc il n'y aura pas une juridiction d'exécution des accords collectifs. C'est d'ailleurs pour cela qu'en matière de règles de procédure, la procédure sociale s'autonomise et l'exécution en matière sociale n'est pas à identifier à l'exécution en matière commerciale ou en matière civile.

Nous voudrions juste conclure et demander à ce qu'on considère que c'est avec beaucoup de prudence que j'ai proposé ces quelques vues. Nous devrions considérer que l'après-dialogue est plutôt un dialogue prolongé. Le dialogue social est permanent. Il ne s'arrête pas à la détermination de l'objet du dialogue, à la détermination des parties au dialogue, à la détermination du moment du dialogue, à la conclusion d'un accord, mais il est un processus à perpétuel recommencement dans la perspective d'atteinte de la solution la plus juste, la plus équitable, la plus opportune, la plus commode.

CE N'EST QU'UN DÉBUT LE DIALOGUE CONTINUE !

Philippe AUVERGNON et Chrysal KÉNOUKON[1]

Tout en cuisinant le dialogue social chacun à sa façon, les pays de l'espace OHADA ont indiscutablement en commun de se mouvoir comme poissons dans l'eau dans la conception tripartite de ce concept retenue par l'Organisation internationale du Travail (OIT), c'est-à-dire « *la participation des travailleurs, des employeurs et des gouvernements aux décisions relatives à l'emploi et à toute question afférente au lieu de travail* », ceci englobant « *toutes les formes de négociation, de consultation et d'échange d'informations entre les représentants des trois groupes susmentionnés qui portent sur les politiques économiques et sociales et les politiques du travail* »[2]. Tous les pays membres de l'Organisation pour l'harmonisation en Afrique du droit des affaires (OHADA), à la seule exception de la Guinée-Equatoriale, connaissent des institutions nationales incarnant le modèle tripartite de dialogue social soutenu et diffusé par le Bureau international du travail (BIT). Il ne reste bien sûr pas interdit de s'interroger sur le fait de savoir si ces instances sont toujours là pour mener le dialogue social, ou pour cautionner les décisions des gouvernements ou encore, plus pragmatiquement, pour rendre service, « recycler » diverses personnalités en manquent de positions ou de financements[3].

---

[1] Respectivement directeur de recherche au CNRS, membre du Centre de droit comparé du travail et de la sécurité sociale de l'Université de Bordeaux et enseignant-chercheur à l'ENAM du Bénin, directeur du Centre africain du travail de l'Université d'Abomey-Calavi.

[2] *Idem.*

[3] Sur ce point certains pays européens n'ont rien à leur envier en ce qui concerne leurs conseils économiques et sociaux, environnementaux ou non, nationaux et régionaux…

S'il existe une adéquation africaine au modèle de dialogue social tripartite, en va-t-il de même de la conception bipartite ? On peut en douter franchement si l'on pense au modèle nord-américain de relations industrielles ou au « dialogue social européen ». Les éclairages de droits de pays non africains agissent ici comme des révélateurs : le droit nord-américain, canadien dans le présent ouvrage, ne connaît que la négociation collective ; il n'intègre pas ce « truc », regardé le plus souvent comme très européen, dénommé « dialogue social ». Si l'on se tourne alors vers le « dialogue social européen », trouvant ses racines dans le modèle « social-démocrate » nordique[4] et institué aux articles 138 et 139 du Traité de la Communauté européenne[5], on doit constater qu'il n'en existe pas vraiment de traduction ou d'équivalent dans les pays africains de l'espace OHADA. On constate également au passage que le dialogue social « à l'européenne » n'a que peu de chose à voir avec ce que les britanniques se laissent aller à considérer comme tel. Leur modèle éclaté de dialogue social n'a lui-même quasiment aucune accointance avec les pays actuels de l'espace l'OHADA, hormis un écho en droit camerounais[6].

Pour sa part l'expérience chinoise de modalités de régulation sociale référables au concept de « dialogue social » est sans doute d'un apport relatif pour des pays connaissant aujourd'hui, le plus souvent, de réelles libertés d'association, de représentation et de négociation. On observera cependant qu'une société non occidentale peut elle-même être amenée à se doter d'outils de dialogue social, sans doute formellement à des fins d'intégration du concert mondial, mais aussi pragmatiquement face à la croissance de conflits sociaux liés au développement économique. Si l'on reconnaît avoir du chemin à faire pour être conforme aux conceptions et exigences de l'OIT, on affirme surtout que ce chemin doit être respectueux de sa propre histoire. Il n'y a qu'un pas dès lors pour dire « respectueux de sa ou de ses

---

[4] *Cf.* not. Ph. Martin, « Dialogue social et régulation juridique. Une problématique européenne », in *Le dialogue social, modèles et modalités de la régulation juridique en Europe*, Presses universitaires de Bordeaux, 2007, p. 32 et s.
[5] *Cf.* not. http://eur-lex.europa.eu.
[6] *Cf.* not. J.-M. Tchakoua, Sources d'inspiration et logique du droit camerounais des conflits collectifs de travail, *Bulletin de droit comparé du travail et de la sécurité sociale*, 2005, spéc. p. 186 et s.

cultures »… ce qui interpelle directement les pays de l'espace OHADA qui sont indiscutablement appelés à une appropriation ou réappropriation du concept de dialogue social.

Un plus grand nombre de correspondances formelles se rencontre entre les prévisions des législations des pays de l'espace OHADA et les voies classiques, pour ne pas dire anciennes, du dialogue social dans les pays européens tels que la Belgique, l'Espagne, la France ou le Portugal. On doit évidemment y voir la trace formellement forte de « transferts normatifs » opérés par les puissances coloniales en direction de territoires africains colonisés ainsi que d'un « mimétisme juridique » postérieur aux indépendances, malheureusement parfois aussi important qu'immaîtrisé. Il y a là une donnée de l'histoire. Même si certains veulent oublier pour n'assumer aucune responsabilité, il faut rappeler que parmi les dix-sept États membres de l'OHADA, on retrouve trois anciennes colonies de la Belgique, de l'Espagne et du Portugal et quatorze territoires qui, sous divers statuts, ont été colonisés par la France. On sait que les transferts normatifs en provenance des métropoles coloniales, relevant d'un droit protecteur du travail, sont intervenus très tardivement[7]. Ils ont de plus concerné un salariat quantitativement faible.

A la fin des années 1950, à propos des relations professionnelles en Afrique, le BIT observe de façon générale : « *le travail salarié ne constitue la norme de l'activité productive de la collectivité que dans un secteur relativement restreint de l'économie* »[8]. Par ailleurs, il souligne quelques facteurs de réception de ce droit « venu d'ailleurs » et, notamment, « *l'ampleur des migrations de travailleurs » liées au fait que « les besoins de main-d'œuvre des grandes entreprises modernes sont satisfaits, dans une large mesure, par des travailleurs qui viennent de terres lointaines, généralement sans leur famille et qui, pour le plus grand nombre, retournent à leur foyer à l'expiration d'une certaine période de travail salarié. (...). Le caractère fluide et changeant de cette main-d'œuvre, la nature diverse de l'expérience qu'elle acquiert, les différences de langue et de mœurs et le fait que*

---

[7] Ph. Auvergnon, Modèles et transferts normatifs en droit du travail de pays africains, *Bulletin de droit comparé du travail et de la sécurité sociale*, 2005, p. 117 et s.

[8] BIT, *Les problèmes du travail en Afrique*, Genève 1958, p. 245.

cette main-d'œuvre comprend généralement un pourcentage important de travailleurs dont les habitudes et les traditions sont étrangères à la discipline du salariat aboutissent à créer des conditions qui sont évidemment défavorables au développement de l'action collective dans les relations entre employeurs et travailleurs »[9]. En termes moins diplomatiques, c'est dire que les conditions minimales nécessaires au développement d'un dialogue social ne sont, pour le moins, pas réunies ... Plus précisément, à l'époque, le BIT s'interroge sur le fait de savoir dans quelle mesure les relations professionnelles dans les territoires africains sont « influencées par la loi et la pratique suivies en la matière dans les différentes métropoles »[10]. Il est alors observé que « *le but de la politique suivie à cet égard soit en général l'adaptation des systèmes métropolitains aux différents territoires, compte tenu des conditions locales* »[11]. Il est également relevé que « *dans quelques cas, il peut être estimé inopportun de favoriser la mise sur pied d'un système moderne de relations professionnelles fondé sur la négociation collective et la formation de syndicats (...)* »[12]. De là à dire qu'on veille, au mieux, à un « transfert formel », il n'y a qu'un pas...

Très concrètement, dans les territoires belges en 1958 il y a à peine un an qu'une législation a mis un terme au régime prévoyant une réglementation distincte pour les Africains et les non africains, en ce qui concerne le droit de constituer des syndicats[13]. A la date dans les territoires français, les dispositions les plus importantes sur la liberté d'association sont celles du Code du travail des territoires d'outre-mer de... 1952. Elles prévoient la liberté de constitution de syndicats ayant exclusivement pour objet l'étude et la défense des intérêts économiques, industriels, commerciaux et agricoles[14]. En revanche, dans les territoires

---

[9] *Ibidem*, p. 246.
[10] *Ibidem*, p. 247.
[11] *Ibidem.*
[12] *Ibidem.*
[13] Décret du 25 janvier 1957 et ordonnance n° 21/57 du 8 mars 1957 (*Cf.* not. BIT, *Les problèmes du travail en Afrique*, *op. cit.*, p. 248).
[14] *Cf.* le Titre II « Syndicats professionnels et les articles 3 à 28 du Code du travail dans les territoires et territoires associés relevant du ministère de la France d'Outre-mer (loi n° 52-1322 du 15 décembre 1952).

portugais, encore à cette époque, il n'existe pas de dispositions prévoyant le bénéfice du droit d'association pour les travailleurs indigènes[15].

Aux difficultés d'existence d'acteurs pourtant essentiels au développement d'un « dialogue social », il faut également ajouter le constat, dès avant les indépendances, que « *le fait que les dirigeants syndicaux et politiques, aussi bien que les activités syndicales et politiques, ne se différencient pas nettement* »[16] et que cela peut constituer « un obstacle, dans une certaine mesure, au développement des syndicats »[17]. Par ailleurs, après les indépendances, « *dans les années soixante-dix, dans la majeure partie des pays africains, les syndicats ont été inclus dans une alliance avec les partis au pouvoir et les mouvements patriotiques dans le cadre du développement national et du processus d'émancipation. Parallèlement, le système « un parti – un syndicat » était installé et imposé dans la plupart des pays. Cette situation a perduré jusque dans les années quatre-vingt-dix* »[18] et n'a pas favorisé l'éclosion d'un libre dialogue social.

Ce rappel succinct permet en tous cas de faire l'hypothèse d'un dialogue social « historiquement handicapé » dans la plupart des pays de l'actuel espace OHADA. Il conduit aussi certainement à avoir une analyse critique mais nuancée, c'est-à-dire « compréhensive » des situations prévalant à ce jour dans les pays considérés en matière de dialogue social. Les droits de ces derniers affichent en réalité, de façon commune, tous les ingrédients nécessaires à l'existence de diverses modalités de dialogue social ; il en va ainsi du droit à la représentation et à l'action collective, avec toutefois certainement un souci particulier de restriction de l'expression des conflits collectifs ; il en va également de droits à l'information en vue d'un éventuel dialogue, à la

---

[15] La législation portugaise concernant la formation et les activités des syndicats de travailleurs et des association d'employeurs avait été étendue aux territoires non métropolitains d'Afrique dès 1933 mais son champ d'application dans ces territoires étaient limités aux Européens et travailleurs assimilés (BIT, *Les problèmes du travail en Afrique*, *op. cit.*, p. 258).

[16] BIT, *Les problèmes du travail en Afrique*, *op. cit.*, p. 247

[17] *Ibidem.*

[18] BIT, « L'histoire du syndicalisme africain : un héritage douloureux », in *Pluralisme syndical et prolifération des syndicats en Afrique francophone*, BIT Genève 2010, p.7.

consultation, à la négociation collective, et de la prévision de modes de prévention et de résolution des conflits, certes toujours peut-être dans la quasi obsession de l'évitement de ces conflits. De réelles différences existent toutefois entre sous-régions d'Afrique centrale et de l'Ouest et, en leur sein, entre États. On relèvera néanmoins une tendance commune à situer l'éventuel dialogue social plutôt au niveau national, y compris au travers parfois de la figure originale de la convention collective interprofessionnelle[19]. En revanche, si le dialogue sectoriel existe dans quelques pays et pour quelques branches professionnelles, on relève une réticence ou, en tous cas, peu de réalités concernant le dialogue social au plan de l'entreprise. A ce niveau, y compris lorsqu'est prévue une représentation du personnel, on semble clairement privilégier les délégués du personnel aux délégués syndicaux. Il y a là implicitement un choix dû sans doute à de forts ressorts culturels. Ne souhaite-t-on pas souvent en Afrique éviter dans l'entreprise tout contre-pouvoir, en tous cas toute possible mise en cause du chef d'entreprise ?

Bien souvent également on retrouve, dans les droits du travail des pays de l'espace OHADA, tous les signes « officiels » de permission voire d'organisation (pas forcément de promotion) du dialogue social : sont ainsi affirmés les principes de liberté d'association et d'organisation, les principes et droits sociaux fondamentaux de la Déclaration OIT de 1998, mais aussi des critères établissant la « représentativité » des organisations, des moyens qui leurs sont alloués, y compris la protection de toute ou partie des représentants contre le licenciement. La question de la formation et de l'entretien des compétences des interlocuteurs sociaux paraît, elle, plutôt marginalisée ou en déshérence. Les mauvais esprits verront là un indice du fait que s'il est aujourd'hui de bon ton internationalement d'afficher une pleine adhésion au mot d'ordre du « dialogue social », il n'est pas nécessaire de réellement le mettre en œuvre.

En réalité, on peut faire l'hypothèse que si les acteurs dans l'entreprise mais aussi certains responsables d'organisations de travailleurs gardent quelque méfiance vis-à-vis du dialogue social, une

[19] On a pu à ce propos souligner dans certains cas une « *omniprésence de l'Etat dans la négociation collective* » (*Cf.* Élise Panier, *L'État et les relations de travail au Togo*, L'Harmattan, Paris 2014, spéc. p. 219 et s.).

bonne partie des employeurs attentifs au besoin de paix sociale et, surtout, les responsables gouvernementaux sont acquis au dialogue social en tant que moyen de prévention et de résolution des tensions sociales et de facilitation de l'attraction des investisseurs. Il a été rappelé que ce souci est présent dans le projet d'acte OHADA portant droit du travail[20]. De même on a souligné l'importance que pourrait prendre, au sein de l'UEMOA, le Conseil du travail et du dialogue social. On ajoutera que la Communauté économique et de développement des États d'Afrique de l'ouest (CEDEAO) envisage aujourd'hui de prendre une directive d'harmonisation du droit du travail dont le projet comporte un chapitre relatif à la liberté d'association et de négociation collective[21] et un chapitre consacré au droit à l'information, à la consultation et à la représentation[22] ; ce dernier chapitre se termine par l'affirmation selon laquelle « *Hors l'entreprise, au plan national et/ou régional, une instance officielle est dédiée à l'information et à la consultation régulière, par les pouvoirs publics, des représentants des employeurs et des travailleurs, et aux échanges tripartites, notamment sur les projets de législations sociales, afin de mettre en œuvre effectivement un dialogue social facteur de paix sociale et de progrès économique durable* »[23].

Si l'on doit saluer l'affirmation de dynamiques institutionnelles en faveur du dialogue social, par-delà la diversité des incitations et des réticences des droits des pays de l'espace OHADA, il reste que le grand problème demeure comme ailleurs mais peut-être plus qu'ailleurs, celui de la très relative effectivité et efficacité du dialogue social. On retrouve ici des débats classiques et moins classiques. Au titre du classique : il s'agit d'abord des capacités d'interventions réelles des acteurs sociaux, des risques tout simplement d'être ostracisé parce que syndicaliste, de l'accès problématique au droit et à la justice, de la faiblesse des moyens mais aussi du rôle incertain de l'administration et/ou de l'inspection du travail ; il s'agit aussi de l'exécution des décisions issues du dialogue social, singulièrement de

[20] Véritable « scoop » du présent ouvrage, le projet d'acte uniforme portant droit du travail « en attente » d'adoption depuis 2010, ne serait pas enterré…

[21] Chapitre VIII du projet de directive portant harmonisation du droit du travail au sein de la CEDEAO en son état d'octobre 2017.

[22] Chapitre IX du projet de directive, *op. cit.*

[23] Article 65 du projet de directive, *op. cit.*

l'irrespect des accords de fin de conflits, matrice de prochains conflits. On touche ici à un point essentiel il est vrai en partie a-juridique celui de la confiance, condition *sine qua non* de l'engagement et du développement du dialogue social. Au titre d'un questionnement « moins classique » mais « très en vogue », on note l'interrogation récurrente, latente ou explicite, sur le fait que l'ineffectivité du droit du travail[24] et du dialogue social résiderait dans l'inadaptation de ce droit et de ce « dialogue » venus d'ailleurs, alors même qu'on disposerait de formes de régulations proprement africaines qu'on nierait officiellement, alors que de fait elles fonctionneraient ou pourraient fonctionner…

Il faut certainement veiller ici à ne pas tout confondre, droit moderne, coutumier ou traditionnel. Cela a été dit et redit mais le salariat est venu en Afrique avec la colonisation. Si l'on prend l'exemple des territoires « français », le code de 1952 a bien veillé à réglementer les relations de travail subordonnées en excluant le travail coutumier ou rural. Il n'y a jamais eu de droit du travail coutumier (à la différence du droit de la famille et des successions…). En revanche, il faut certainement militer pour l'adaptation des droits du travail dans le sens de l'intégration de valeurs et réalités africaines ; si d'évidence s'impose la prise en compte de pratiques liées par exemple au deuil, et plus largement à la solidarité familiale, est-il pertinent de recourir à l'arbre à palabres dans une entreprise située sur un segment économique soumis à la concurrence internationale ; de même, si l'on peut envisager certains modes de régulations fonctionnant sur tel ou tel terrain africain, il convient de se méfier d'un renvoi à une régulation ethnicisée porteuse certainement de discrimination, de négation de la diversité des collectifs et des divergences d'intérêts, d'absence de liberté de la personne… au temps de la métropolisation galopante de l'Afrique.

Enfin, un fantôme hante le présent ouvrage. Une ou deux fois il a été aperçu. C'est celui du pseudo « secteur informel » et de la très réelle économie informelle des pays de l'espace OHADA. Il y a une

---

[24] *Cf.* not. Ch. Kénoukon, *Effectivité des principes et droits fondamentaux de l'OIT en Afrique francophone de l'Ouest : autour et alentours du droit béninois*, Thèse de doctorat, Université catholique de Louvain et Université d'Abomey-Calavi, 2011, 464 p.

recherche à engager sur le dialogue social, ses acteurs et ses objets dans l'informel. Le grand défi à relever comme nous y invite la recommandation n° 204 de l'OIT, est la transition de l'économie informelle à l'économie formelle. Cette dynamique, essentielle pour les pays de l'espace OHADA s'ils veulent à la fois se développer et faire reculer la misère, faire progresser le bien être du plus grand nombre, ne peut être engagée que par le dialogue social. Par ailleurs, les formes de ce dernier existantes ou expérimentées dans l'économie informelle pourraient nous apprendre beaucoup sur la façon d'adapter, de vitaliser les dispositions actuelles des droits du travail des pays de l'espace OHADA. Il reste que dans ces derniers comme ailleurs dans le monde, l'idée commune terrible est que : « tout ça ne marche pas vraiment ». Il convient ici de ne pas céder au catastrophisme en se demandant tout simplement : où en serions-nous si tout cela ne marchait pas un peu » ? En réalité, le dialogue social ne se conçoit que dans la continuité. Ses insuffisances, ses échecs, tant qu'ils ne révèlent pas un dialogue de façade poursuivant l'endormissement des acteurs syndicaux, contribuent, comme ses succès, à l'approfondissement du sillon d'un bien-être plus partagé. Sachant que ce n'est que « petit à petit que le coton devient pagne ». Il faut donc continuer à tisser du lien, à dialoguer. Pareil objectif est aussi celui du Centre Africain du Travail de l'Université d'Abomey-Calavi, appelé à continuer à favoriser les échanges sur l'évolution des droits du travail en Afrique subsaharienne et ailleurs !

Table des matières

DIALOGUE SOCIAL EN AFRIQUE SUBSAHARIENNE : ANALYSES ET PERSPECTIVES NATIONALES

AILLEURS QU'EN AFRIQUE : QUEL DIALOGUE SOCIAL ?

OBSERVATIONS CONCLUSIVES

L'Afrique
aux éditions L'Harmattan

Dernières parutions

ETHNIES, NATIONS ET DÉVELOPPEMENT EN AFRIQUE : QUELLE GOUVERNANCE ?
Actes du colloque de Brazzaville (Congo), du 26 au 28 mai 2014
Sous la direction de Hugues Mouckaga, Scholastique Dianzinga, Jean-François Owaye
En 1962, quelques années seulement après que la parenthèse coloniale eut commencé à se fermer, un agronome français, René Dumont, osa ce pronostic : « l'Afrique noire est mal partie ». Que de protestations ! Pourtant, plus de 50 ans après les indépendances, le continent africain est à la peine et patine. L'explication : la mal gouvernance. Du fait de ses ethnies, l'Afrique fait face à un épouvantable écueil ! Elle n'arrive pas à se constituer en nations ! Il importait donc d'agir, de réfléchir autour de cette problématique.
(Coll. Études africaines, 55.00 euros, 704 p.)
ISBN : 978-2-343-05785-9, ISBN EBOOK : 978-2-336-37944-9

ÉLECTIONS, VOTE ET REPRÉSENTATION POLITIQUE DES AFRICAINS DE L'ÉTRANGER
Suivi du *Guide des opérations électorales en dehors des frontières nationales*
Wongo Ahanda Antoine
Quels sont aujourd'hui les types d'élections, les mécanismes et les procédures du vote à l'extérieur adoptés par les pays africains ? Dans cet ouvrage, qui fait la synthèse des connaissances et des pratiques du vote à l'extérieur et de la représentation politique des Africains de l'étranger, l'auteur entend apporter une contribution pédagogique au processus d'appropriation de la citoyenneté externe par les États africains. Un ouvrage qui intéressera les leaders africains, les migrants africains et tous ceux qui sont impliqués dans le processus de vote à distance à travers l'Afrique et les pays d'immigration.
(Coll. Études africaines, 21.00 euros, 202 p.)
ISBN : 978-2-343-02009-9, ISBN EBOOK : 978-2-336-38129-9

MANUELS SCOLAIRES, ENVIRONNEMENT INFORMATIF ET NUMÉRIQUE AU SERVICE DE LA LECTURE
Enjeux nouveaux pour une école émergente
Thioune Birahim - Préface de Michèle Verdelhan Bourgade
Aujourd'hui, l'environnement socioculturel s'est complexifié du fait de l'émergence de technologies nouvelles qui ont envahi l'univers des apprenants et qui se révèlent, dans les espaces d'éducation et de formation, à la fois comme des promesses d'enrichissement et des menaces. Ce livre fixe quelques contours de l'utilisation des TIC (Technologies de l'Information et de la Communication) et des limites à observer dans leur application, sous peine de mettre en péril tout un patrimoine pédagogique.
(16.50 euros, 164 p.)
ISBN : 978-2-343-06236-5, ISBN EBOOK : 978-2-336-37731-5

L'ÉCOLE, GAGE DU DÉVELOPPEMENT DE L'AFRIQUE

Zénith Laurent - Préface de Mathias Eric Owona Nguini

Si plusieurs facteurs et secteurs sont à considérer pour sortir rapidement l'Afrique de son retard, le domaine scolaire revêt une importance capitale. Malheureusement, ce levier du développement qu'est l'école regorge de nombreuses tares dans la quasi-totalité des pays subsahariens. Un système académique bien pensé participerait fortement à l'essor de l'Afrique. À partir de propos, témoignages et de cas vécus, l'auteur met à nu tous les manquements qui handicapent l'émergence de ces pays.

(Harmattan Cameroun, 16.50 euros, 158 p.)

ISBN : 978-2-343-06203-7, ISBN EBOOK : 978-2-336-38133-6

LE CAMÉLÉON ET LA MORT EN AFRIQUE

Eschenlohr Nicole

La question de la mort hante nos esprits rationnels. Pour mieux maîtriser cette angoisse existentielle, les civilisations traditionnelles ont détourné le problème en attribuant une origine à cette mort : pourquoi et comment est-elle apparue ? En réponse à ses interrogations, la mythologie africaine, riche de liens tissés entre les hommes et les animaux, a désigné un responsable qu'elle a placé au cœur de ses récits et légendes : le caméléon. Accusé de lenteur, sa défense repose sur l'inéluctabilité de la mort...

(Coll. Ethnographiques, 14.00 euros, 132 p.,)

ISBN : 978-2-343-05818-4, ISBN EBOOK : 978-2-336-37485-7

APPROCHE CRITIQUE DU DÉVELOPPEMENT EN AFRIQUE SUBSAHARIENNE

Zagre Ambroise

Le sous-développement de l'Afrique subsaharienne constitue une préoccupation majeure pour les pays concernés, la communauté internationale, les milieux intellectuels et la société civile. Cet ouvrage interroge la notion de développement et envisage l'avenir de ce sous-continent vers un nouveau paradigme de développement : l'»auto-développement humain», capacité des sociétés à se développer en comptant d'abord sur leurs forces intérieures, leur capacité de création et leurs potentialités matérielles et spirituelles.

(Coll. Politique et dynamiques religieuses en Afrique, 27.00 euros, 260 p.,)

ISBN : 978-2-343-05939-6, ISBN EBOOK : 978-2-336-37427-7

LA PRÉCARITÉ QUOTIDIENNE EN AFRIQUE DE L'OUEST

Culture et développement

Ernoux Jules - Préface de Michaël Singleton

Cet ouvrage propose des tranches de vie prises sur le vif dans la population, plutôt urbaine, de Côte d'Ivoire, de Guinée et du Niger. À l'issue de 33 séjours riches de rencontres collectives et individuelles, l'auteur s'interroge : comment vivre au jour le jour dans le manque permanent, seulement soucieux de manger à sa faim, de sauvegarder une santé précaire, de confier ses enfants à des écoles surpeuplées, de vivre dans l'insécurité d'un pays où l'État de droit n'est qu'une illusion ?

(Coll. Écrire l'Afrique, 15.50 euros, 154 p.)

ISBN : 978-2-343-05748-4, ISBN EBOOK : 978-2-336-37417-8

LE MARKETING DE RUE EN AFRIQUE

Mouandjo Lewis Pierre

Cet ouvrage, abondamment illustré d'exemples, se veut un outil pédagogique pour faciliter la compréhension de ce «Marketing de rue» tant développé par ses acteurs en Afrique. Son but est de mettre à la disposition des étudiants et responsables d'entreprises un manuel leur permettant de saisir les opportunités qui leur sont offertes par ce nouveau marché que représente la rue et où se déroulent des pratiques commerciales «agressives» et une concurrence farouche entre les entrepreneurs individuels, les grandes sociétés et les Petites et Moyennes Industries.

(Coll. Études africaines, 44.00 euros, 512 p., Illustré)

ISBN : 978-2-343-05770-5, ISBN EBOOK : 978-2-336-37547-2

L'AGENCE SPATIALE AFRICAINE
Vecteur de développement
Ouedraogo Sékou - Préface de Jean-Loup Chrétien
L'Algérie est en train de finaliser la conception de son premier satellite national ALSAT2B qui devrait être entièrement conçu par ses ingénieurs. Le Nigéria veut envoyer un astronaute dans l'espace avant la fin 2015. Qui peut le croire ? Et pourtant, l'Afrique possède des agences spatiales nationales crédibles et des organisations panafricaines qui travaillent sur le sujet. Pour utiliser efficacement ces applications spatiales au service du développement, l'auteur défend la création d'une Agence Spatiale Africaine.
(Coll. Diplomatie et stratégie, 18.50 euros, 188 p.)
ISBN : 978-2-343-05942-6, ISBN EBOOK : 978-2-336-37375-1

UN CHEF-D'ŒUVRE DES ARTS D'AFRIQUE
La plateau de Fa (golfe du Bénin), collection Christoph Weickmann Ulm, 1659
Biton Marlène-Michèle
Dans cet ouvrage, l'auteur a tenté de mener une enquête sur un plateau de divination provenant des côtes de Guinée, importé il y a 350 ans à destination du cabinet de curiosités d'un marchand d'Ulm, Christoph Weickmann. Il s'agit d'abord de replacer cet objet dans son contexte historique et culturel et de retrouver les conditions de son arrivée en Europe. L'auteur entreprend également une analyse plastique précise ouvrant des perspectives sur les modalités de représentations utilisées et l'accès à une mythologie foisonnante.
(Coll. Ethnoesthétique, 30.00 euros, 290 p.)
ISBN : 978-2-343-04282-4, ISBN EBOOK : 978-2-336-37491-8

DE LA CEAO À L'UEMOA
Ou la genèse d'une intégration sous-régionale réussie
Sawadogo Fatimata - Préface de Cheikhe Hadjibou Soumaré
Cet ouvrage est un solide argumentaire de la trajectoire de l'intégration ouest-africaine. Cette analyse historique sur les principales organisations qui ont précédé la CEAO (Communauté économique de l'Afrique de l'Ouest), se concentre sur les acquis et les insuccès de cette dernière. L'auteur analyse le passage de la CEAO à l'UEMOA (Union économique et monétaire ouest-africaine) pour mieux démontrer les grandes avancées sur le difficile chemin de l'intégration sous-régionale. Elle insiste sur le bilan positif de l'UEMOA eu égard aux nombreuses actions concrètes dans tous les secteurs de la vie socio-économique au profit des populations.
(15.50 euros, 152 p.,)
ISBN : 978-2-343-05985-3, ISBN EBOOK : 978-2-336-37437-6

CHEIKH HAMAHOULLAH
Homme de foi et résistant
L'Islam face à la colonisation française en Afrique de l'ouest
Traoré Alioune
Cheikh Hamahoullah fut l'un des principaux propagateurs du tijânisme en Afrique occidentale. Il mena un combat inlassable pour la liberté et la dignité des peuples d'Afrique pendant la période coloniale. En s'appuyant sur des documents d'archives, la tradition orale africaine et des manuscrits conservés par les fidèles et les adversaires du Cheikh, l'auteur rejette l'image d'un Hamahoullah agitateur sans culture et sans foi, que répandaient complaisamment les rapports des administrateurs coloniaux.
(34.00 euros, 404 p.)
ISBN : 978-2-343-04694-5, ISBN EBOOK : 978-2-336-37070-5

QUELLE AFRIQUE POUR LES JEUNES ?
Lettre ouverte
Barry David
Ce livre est une lettre ouverte d'un panafricaniste convaincu. Il s'adresse aux jeunes, car ce sont eux qui peuvent encore nourrir de grands rêves et qui ont encore la capacité de s'indigner. Le panafricanisme est pour l'auteur la seule voie royale qui permettra aux jeunes de retrouver une

certaine cohérence, un sens et surtout de reprendre l'initiative. Cette lettre ne comporte pas de recettes mais propose une démarche en fournissant des repères.
(Harmattan Burkina Faso, Coll. L'Harmattan International Burkina Faso, 16.50 euros, 166 p.,)
ISBN : 978-2-343-06009-5, ISBN EBOOK : 978-2-336-37484-0

DYNAMIQUES DES GUERRES CIVILES EN AFRIQUE
Sous la direction d'Arsène Brice Bado
Cet ouvrage offre un essai de typologie des nombreuses hypothèses concurrentes dans l'analyse des causes des guerres civiles en Afrique. Il distingue 3 éléments dans la chaîne causale de leur émergence : les facteurs structurels, les éléments amplificateurs et les facteurs déclencheurs. Si les causes peuvent être similaires pour certains conflits, il restitue à chacun sa complexité selon les acteurs en présence, l'histoire sociopolitique particulière des sociétés et les conditions matérielles.
(Coll. Études africaines, 21.00 euros, 212 p.)
ISBN : 978-2-343-05586-2, ISBN EBOOK : 978-2-336-37590-8

LES MENACES ÉMERGENTES À LA PAIX ET À LA SÉCURITÉ EN AFRIQUE DE L'OUEST ET DU CENTRE : DE 1990 À NOS JOURS
Bamba Mamadou - Préface du Pr Ismaïla Madior Fall
Cet ouvrage apporte des éléments de réponse aux questions que soulève la problématique de la paix et de la sécurité dans ces deux sous-régions du Continent, si différentes et si proches l'une de l'autre par la géographie, les similitudes socio-historiques et le caractère transnational des défis qui émergeront sur l'un des territoires communautaires et qui ne manqueraient d'atteindre l'autre.
(Coll. Études africaines, 24.00 euros, 242 p.)
ISBN : 978-2-343-06163-4, ISBN EBOOK : 978-2-336-37576-2

VIOLENCES ET CONFLITS EN AFRIQUE DES GRANDS LACS
Polémologie et géo-systémisme
Mashimango Abou-Bakr Abelard - Préface de Daniel Derivois
Ce livre esquisse les diverses recompositions géopolitiques et stratégiques de la région des Grands Lacs et appréhende la problématique de la conflictualité sous l'angle de la polémologie. Il propose une réflexion transversale sur la bellicité en Afrique des Grands Lacs et analyse les facteurs qui se rapportent au «phénomène de guerre», à savoir les «complexes belligènes» et les causes du déclenchement des hostilités, de l'éclatement de la guerre, principalement en RDC et au Rwanda.
(Coll. Études africaines, 20.00 euros, 198 p.)
ISBN : 978-2-343-03586-4, ISBN EBOOK : 978-2-336-37473-4

LE PAGNE AFRICAIN ET SA SYMBOLIQUE
Femmes et féminité au travers de motifs d'un objet majeur de la culture africaine
Mukundila Kembo Dieudonné - Préface de Masiala ma Solo
Ce livre explore la manière dont le signe de la femme est utilisé dans les illustrations des pagnes africains. Il montre le caractère sexué du pagne en relation avec les fonctions sociales de la femme, lesquelles contribuent à la structuration de la société. L'objet n'est pas seulement artistique, il est culturel et social et se trouve à la fondation des croyances, des institutions, des structures sociales. Il cesse d'être uniquement un vêtement et devient un lieu de savoir et de culture, un reflet de la société africaine. (illustrations en couleur)
(Coll. Culture Africaine, 20.00 euros, 174 p.)
ISBN : 978-2-343-04531-3, ISBN EBOOK : 978-2-336-37124-5

Structures éditoriales du groupe L'Harmattan

L'Harmattan Italie
Via degli Artisti, 15
10124 Torino
harmattan.italia@gmail.com

L'Harmattan Hongrie
Kossuth l. u. 14-16.
1053 Budapest
harmattan@harmattan.hu

L'Harmattan Sénégal
10 VDN en face Mermoz
BP 45034 Dakar-Fann
senharmattan@gmail.com

L'Harmattan Cameroun
TSINGA/FECAFOOT
BP 11486 Yaoundé
inkoukam@gmail.com

L'Harmattan Burkina Faso
Achille Somé – tengnule@hotmail.fr

L'Harmattan Guinée
Almamya, rue KA 028 OKB Agency
BP 3470 Conakry
harmattanguinee@yahoo.fr

L'Harmattan RDC
185, avenue Nyangwe
Commune de Lingwala – Kinshasa
matangilamusadila@yahoo.fr

L'Harmattan Congo
67, boulevard Denis-Sassou-N'Guesso
BP 2874 Brazzaville
harmattan.congo@yahoo.fr

L'Harmattan Mali
Sirakoro-Meguetana V31
Bamako
syllaka@yahoo.fr

L'Harmattan Togo
Djidjole – Lomé
Maison Amela
face EPP BATOME
ddamela@aol.com

L'Harmattan Côte d'Ivoire
Résidence Karl – Cité des Arts
Abidjan-Cocody
03 BP 1588 Abidjan
espace_harmattan.ci@hotmail.fr

L'Harmattan Algérie
22, rue Moulay-Mohamed
31000 Oran
info2@harmattan-algerie.com

L'Harmattan Maroc
5, rue Ferrane-Kouicha, Talaâ-Elkbira
Chrableyine, Fès-Médine
30000 Fès
harmattan.maroc@gmail.com

Nos librairies en France

Librairie internationale
16, rue des Écoles – 75005 Paris
librairie.internationale@harmattan.fr
01 40 46 79 11
www.librairieharmattan.com

Librairie l'Espace Harmattan
21 bis, rue des Écoles – 75005 Paris
librairie.espace@harmattan.fr
01 43 29 49 42

Lib. sciences humaines & histoire
21, rue des Écoles – 75005 Paris
librairie.sh@harmattan.fr
01 46 34 13 71
www.librairieharmattansh.com

Lib. Méditerranée & Moyen-Orient
7, rue des Carmes – 75005 Paris
librairie.mediterranee@harmattan.fr
01 43 29 71 15

Librairie Le Lucernaire
53, rue Notre-Dame-des-Champs – 75006 Paris
librairie@lucernaire.fr
01 42 22 67 13

www.ingramcontent.com/pod-product-compliance
Lightning Source LLC
LaVergne TN
LVHW021135061026
849535LV00002B/253